Oskar Weggel

DIE
ASIATEN

Oskar Weggel

DIE ASIATEN

Verlag C. H. Beck München

Dies ist eine Forschungsarbeit
des Instituts für Asienkunde, Hamburg

CIP-Kurztitelaufnahme der Deutschen Bibliothek

Weggel, Oskar:
Die Asiaten / Oskar Weggel. – München : Beck, 1989
ISBN 3-406-33655-8

ISBN 3-406-33655-8

© C. H. Beck'sche Verlagsbuchhandlung (Oscar Beck), München 1989
Satz: Fotosatz Otto Gutfreund, Darmstadt
Druck und Bindung: May & Co, Darmstadt

Inhaltsübersicht

Inhaltsverzeichnis

Vorwort

«Die Asiaten?», «Was unterscheidet die Asiaten von uns?», «Wie sollte man sich ihnen gegenüber verhalten?», «Werden sie uns nicht immer ähnlicher?» und «Gibt es sie überhaupt, *die* Asiaten?»

Fragen dieser Art sind letztlich Fragen nach dem Wertesystem, das in der westlichen Forschung bisher sträflich vernachlässigt wurde. Man untersucht zwar Rohstoffe, Ausbildungsleistungen, gesamtwirtschaftliche Zielsetzungen und Verwirklichungsdefizite, doch bleibt die Frage unbeantwortet, warum China bemerkenswert stabil, das politische Indien aber unstabil, warum das rohstoffarme Japan reich, das rohstoffreiche Indonesien aber arm, warum das einst kolonisierte Singapur höchst modern, das nichtkolonisierte Thailand aber modernisierungsgehemmt ist.

Jeder Betriebsleiter weiß, daß die Motivation seiner Mitarbeiter zwar in keinem Bilanzeintrag vorkommt, daß sich fehlende Motivation aber augenblicklich in Verlustposten niederschlägt. Mit dem Wertesystem der Völker verhält es sich nicht viel anders!

Vor allem in den sechziger Jahren – man denke zum Beispiel an das damalige China oder Vietnam – glaubte man, die Vergangenheit abschreiben zu können, doch heute weiß man, daß die Tradition noch lange nicht zum alten Eisen gehört: Die meisten Asiaten beginnen sich auf ihre überkommenen Werte zu besinnen und zeigen ein neuerwachtes Selbstbewußtsein. In den islamischen Ländern wirkt der Fundamentalismus als treibende Kraft, in China kommen, allen marxistischen Lippenbekenntnissen zum Trotz, überall wieder metakonfuzianische Vorstellungen zum Durchbruch, und in Japan hat der wirtschaftliche Aufschwung erneut zum Glauben an die Einzigartigkeit der eigenen Nation geführt. Überall beginnt sich die Überzeugung durchzusetzen, daß das 21. Jahrhundert ein «asiatisch-pazifisches» sein werde. In diesem Sinne ist die in Malaysia verbreitete Parole «Look East» zu verstehen, die den Blick von Europa nach Japan oder Südkorea lenken soll.

Wie sehr sich das Blatt gewendet hat, wurde für den Autor des vorliegenden Buches auch bei seinen Vorträgen spürbar. Richtete sich das Interesse in den sechziger oder siebziger Jahren noch ganz auf den Vietnamkrieg, auf die chinesische Kulturrevolution oder auf die Spielformen des asiatischen Sozialismus, so gehört heute auf die Tagesordnung fast jedes Seminars ein Exkurs über Vorstellungs- und Verhaltensweisen asiatischer Geschäftspartner. Galt es ferner jahrzehntelang als ausgemacht, daß für das Schicksal eines Landes die Entscheidungen der Elite und keineswegs die meist traditionsbehafteten Wertvorstellungen der breiten Massen prägend seien, so hat sich nach dem

Abtritt der charismatischen Führerpersönlichkeiten vom Format eines Mao
Zedong, Ho Chi Minh, Nehru oder Sukarno deutlich die Tradition wieder
zu Wort gemeldet und beginnt, ihr Recht einzufordern. Fast physisch
greifbar wurde dies in China, wo die seit 1978 laufenden Reformen wie
eine Eigenblutimpfung wirken, nachdem die Bevölkerung vorher drei
Jahrzehnte lang mit «körperfremden» Mitteln behandelt worden war.
Ähnliche Entwicklungen zeigen sich auch im Indonesien der Nach-Su-
karno-Zeit oder im neuen Malaysia, das im Zeichen der Re-Islamisierung
steht.

Überall regen sich wieder die alten Werte, die sich in der Zwischenzeit
freilich erheblich modifiziert und den neuen Bedingungen angepaßt haben.
Es sind nicht mehr die «Großen Traditionen» der mandarinären, der brahmanischen oder der javanischen Prijaji-Welt, die das Denken besetzt halten,
sondern die zähen und mit tausend Organen klammernden «Kleinen Traditionen» des Handwerker- und Bauernkonfuzianismus, des Dorfhinduismus
und des «Adat-Islam», die sich in soliden, für den Überlebenskampf im Alltag nutzbringenden Regeln niedergeschlagen haben und die völlig unabhängig sind vom Verschwinden oder Fortbestehen der traditionellen Eliten.

Angesichts dieser neuen Situation steht die nachfolgende Darstellung unter einem Doppelziel: Zum einen geht es darum, die traditionellen Wertesysteme durch die asiatische Brille zu sehen und «verstehen» zu lernen, zum
anderen ist danach zu fragen, inwieweit die traditionellen Elemente der
«Modernisierung» dienen oder wieweit sie ihr im Wege stehen.

Was der Autor vermeiden möchte, ist eine Darstellungsweise, wie sie zur
Kolonialzeit noch durchaus üblich war, als nämlich asiatische Wertesysteme
entweder als «Eingeborenen-Brauchtum» abgetan oder umgekehrt zu weih-
rauchumkräuselten Weistümern hochstilisiert wurden. Vermieden sei deshalb auch das in der Asienliteratur so beliebte Wort «geheimnisvoll». Ein
Land wie China ist, wenn man es mit seinen eigenen Maßstäben begreifen
lernt, nicht «geheimnisvoller» oder «rätselhafter» als etwa Frankreich oder
Italien.

Ein moderner Autor befindet sich in der angenehmen Lage, häufig reisen,
Erfahrungen sammeln und Arbeitshypothesen immer wieder falsifizieren
oder verifizieren zu können. Gleichzeitig weiß er sich unter der Kontrolle
zahlreicher Leser, die ebenfalls empirische Eindrücke sammeln konnten.
Darüber hinaus hat sich sogar die Optik solcher Zeitgenossen verändert, die
keine praktischen Reiseerfahrungen haben. Man vergleiche nur einen In-
dien-Film aus den fünfziger mit einem solchen aus den achtziger Jahren. Die
Versuchung, von den Realitäten abzuheben, ist angesichts dieser Doppel-
kontrolle nicht besonders groß.

Der Autor hat sich bemüht, ein Begegnungsbuch zu schreiben, wie er es
selbst gern zur Hand gehabt hätte, als er – vor einem runden Vierteljahrhun-
dert – zum erstenmal nach Asien kam.

Grundbegriffe wie «Asien», «Die Asiaten», «Wertesystem», «Normalität», «Entwicklung» und «Kulturwandel/Wertewandel» werden im Text näher erklärt.

Als Leitkulturen sollen «China» und «Indien» in der Darstellung eine Hauptrolle spielen.

Noch bei keinem seiner Bücher hat der Autor das ursprüngliche Manuskript so radikal zusammenstreichen müssen wie bei der vorliegenden Darstellung. Jedes einzelne Kapitel hätte sich mühelos auf den zehn- bis zwanzigfachen Umfang ausspinnen lassen.

Möge die vorliegende Darstellung zu besserem Verständnis, zu einer konfliktfreieren Kommunikation und vielleicht sogar zur «Begegnung» mit «den» Asiaten beitragen.

Besonders zu danken hat der Autor seinen Mitarbeiterinnen Frau Marianne Köhne, Frau Grethe Meier-Gildemeister und Frau Wiebke Timpe, die Niederschrift und Korrektur des Manuskripts besorgt haben.

Oskar Weggel

Einleitung

I.
«Asien» und «Die Asiaten»

Mit «Asien» sind hier fünfundzwanzig Staaten und Stadtstaaten gemeint, die diesem Kontinent üblicherweise zugerechnet werden: die sieben Länder Ostasiens, China, Hongkong, Japan, Korea-N., Korea-S., Macao und Taiwan; ferner sieben Staaten Südasiens, Bangladesch, Bhutan, Indien, Malediven, Nepal, Pakistan und Sri Lanka; zehn Länder Südostasiens, und zwar die sechs ASEAN-Mitglieder Brunei, Indonesien, Malaysia, Philippinen, Singapur und Thailand, die drei Indochina-Staaten Kambodscha, Laos und Vietnam sowie Birma und schließlich ein zentralasiatischer Staat, die Mongolische Volksrepublik.

Drei Schritte sollen der Annäherung an die Asiaten und ihre Verhaltenskultur dienen. Zunächst ist die Frage zu beantworten, ob es überhaupt «die» Asiaten sowie panasiatische Verhaltensmuster gibt; sodann sind die asiatischen Subsysteme zu ermitteln, und schließlich gilt es zu untersuchen, in welcher Weise sich wiederum die Angehörigen dieser jeweiligen Subsysteme voneinander unterscheiden.

Die Antwort auf die erste Frage, ob es panasiatische Verhaltensmuster gibt, fällt deshalb nicht leicht, weil Asien zwar als geographische, nicht aber als soziokulturelle Einheit existiert. Zwar ist «Asien» großstaatlicher, geschichtlich tiefer verwurzelt, religiös autochthoner und historiographisch älter als die Kulturen irgendeines anderen Erdteils. Gleichwohl handelt es sich hier nicht um eine Einheit, sondern um eine Vielheit, sogar ein vielfaches Gegeneinander. «Asien» war sich auch nie einer Zusammengehörigkeit bewußt und darf deshalb wohl als europäische Erfindung gelten. Sieht man einmal von kurzlebigen Integrationsbestrebungen unter Führung Japans während der vierziger Jahre ab, so gibt es auch im 20. Jahrhundert nirgends panasiatische Zielsetzungen, die darauf hindeuten, daß Asien in absehbarer Zeit zu einer Einheit zusammenwachsen könnte.[1] Dies gilt grundsätzlich auch für die Verhaltenskulturen. Gleichwohl lassen sich zahlreiche Gemeinsamkeiten ermitteln, die einen durchaus panasiatischen Eindruck erwecken, freilich nicht deshalb, weil sie wirklich gesamtasiatisch wären, sondern weil sie so erscheinen müssen, sobald sie mit jenem europäischen Wertesystem konfrontiert werden, das in der Geschichte der Menschheit zwar als Ausnahmefall gelten muß, das inzwischen aber gleichwohl universale Verbindlichkeit gewonnen hat. Die bei einem solchen Vergleich hervortretende asiatische «Gemeinsamkeit» ist nachfolgend unter dem Stichwort «Ganzheitlichkeit» im Gegensatz zur europäischen Differenzierungstendenz zu beschreiben.

Sieht man jedoch von diesem größten gemeinsamen Nenner ab, so treten schnell zwischenasiatische Unterschiede zutage, aus denen sich bei näherem Zusehen freilich immer noch verhältnismäßig homogene Verhaltenssubsysteme herausfinden lassen, und zwar fünf an der Zahl:

1. Zu nennen sind hier einmal die metakonfuzianischen Gesellschaften, denen sich die Chinesen, die Japaner, die Koreaner, die Vietnamesen sowie die Auslandschinesen in Südostasien – und hier wiederum die meisten Bewohner Hongkongs und Singapurs – zurechnen lassen. Bei ihnen handelt es sich durchweg um stark «zellularisierte» Gruppierungen mit zentralistischer Staatsideologie und ausgeprägt wirtschaftsfreundlichen «Tugenden». Magneten für den Zellenbildungsprozeß sind überschaubare Gruppen mit Danwei-Charakter (siehe S. 57ff.).

2. Ganz am entgegengesetzten Ende der Skala stehen die Thai, die Laoten, die Birmanen und die Khmer, aber auch die Singhalesen, deren gemeinsames Wertesystem so nachhaltig vom Theravadabuddhismus (siehe S. 59ff.) geprägt ist, daß ihre vorbuddhistischen Traditionen fast zur Marginalie zusammenschrumpfen. All diesen Völkern ist eine höchst «individualistische» Lebenshaltung eigen, die sowohl von der überkommenen Produktionsweise als auch vom Theravadabuddhismus beeinflußt ist und deren «aufgelockerte Gesellschaftsstruktur» Aufspaltungstendenzen fördert, die eine staatliche bürokratische Gegensteuerung nötig machen.

3. Die hinduistische Gesellschaft setzt sich aus zahlreichen Lokalkulturen unterschiedlichster Prägung zusammen, deren Verschiedenheit aber letztlich doch wieder durch eine Reihe von Gemeinsamkeiten überbrückt wird. Man denke an die Organisation des Alltagslebens durch das Regelungsfiligran des Kastenwesens, an literarische Hauptüberlieferungen wie die beiden Epen Mahabharata und Ramayana oder die zahlreichen Regelbücher, nicht zuletzt aber auch an religiöse Grundüberzeugungen, die sich mit Stichworten wie Karma, Samsara, Atman oder Brahman wiedergeben lassen. Auch hier gibt es ein ausgeprägtes Gruppendenken, das jedoch, anders als in den metakonfuzianischen Gesellschaften, nicht an Danweis, sondern an Familien- und Subkastenstrukturen orientiert ist.

4. Die islamischen Gesellschaften Asiens weisen noch weniger Gemeinsamkeiten auf als die verschiedenen hinduistischen Völkerschaften; gibt es bei ihnen doch gleich zwei Varianten, nämlich die malaio-islamischen – Brunei, Indonesien, Malaysia, Südphilippinen, zum Teil auch Singapur – und die indo-islamischen Gesellschaften – Bangladesch, Malediven und Pakistan –, denen zwar der Islam gemeinsam ist, die sich aber angesichts des kräftigen Nachlebens vorislamischer Traditionen voneinander unterscheiden.

5. Eine Gesellschaft eigener Art bildet die Mehrheit des philippinischen Volkes, das den Katholizismus angenommen hat und dem außerdem ausgeprägtes Großfamiliendenken eigen ist.

Das hier gezeichnete Bild wäre unvollständig, würden nicht auch noch die über ganz Asien, vor allem aber Südostasien, verstreuten Minderheiten erwähnt, die teils «absorbiert», teils «verschichtet» (vgl. S. 331 ff.) wurden, die aber daneben auch, wie in Birma, ihre Identität bewahrt haben, ja um staatliche Eigenständigkeit kämpfen.

Auf die im vorliegenden Zusammenhang nicht erwähnten Nomadenvölker Zentralasiens wird auf S. 87 eingegangen.

Bei aller Differenzierung gilt es Proportionen zu wahren: Java und Sumatra beispielsweise mögen zwar aus der Sicht eines Indonesien-Spezialisten äonenweit auseinanderklaffen – aus der Perspektive eines China- oder Japan-Wissenschaftlers oder gar aus dem Blickwinkel eines «unvoreingenommenen Europäers» tun sie es ganz gewiß nicht! Es gilt also, eine mittlere Schärfeneinstellung zu finden, die weder die Gemeinsamkeiten noch die Unterschiede übertreibt.

II.
Verhaltenskultur, Volkscharakter und Wertesystem

Ob in Hongkong, Jakarta oder Bombay: überall findet der westliche Besucher Kontaktpersonen, die in Städten leben, nicht selten auch im Ausland studiert und praktiziert haben und die mehr oder weniger gut englisch sprechen. Vermutungen, daß es sich hier um Europäer mit asiatischem Gesicht handelt, erweisen sich oft schnell als Irrtum; denn hinter der «westlichen» Fassade tauchen unversehens Verhaltensweisen und Erwartungen auf, die dem europäischen Wertesystem diametral entgegengesetzt sind.

Man kann sich dem Ziel, die Verhaltenskulturen Asiens aus sich selbst heraus zu erklären, so nähern: Man geht entweder filigranhaft vor und füllt, wie es vor allem in der anthropologischen Literatur nicht selten zu geschehen pflegt, mit der Beschreibung eines einzelnen Volkes ganze Bibliotheken, verliert sich dabei aber hoffnungslos im Detail, oder man verzichtet überhaupt auf eine solche Darstellung, weil es nämlich unmöglich sei, mit einer Kurzbeschreibung über Oberflächlichkeiten hinauszukommen.

Dem Leser ist weder mit einem Pointillismus noch mit einem vielleicht noch so wohl begründeten Agnostizismus gedient. Der Autor wählt hier deshalb einen mittleren Weg, beschränkt sich also auf holzschnittartige Umrisse und erläutert typische Aktions- und Reaktionsweisen, wie sie in der jeweiligen Gesellschaft mit hoher Wahrscheinlichkeit zu erwarten sind und die man kennen sollte, wenn man keinen «Kulturschock» auslösen oder erleiden möchte. Gegenstand der Darstellung soll nicht ein wie immer definierter «objektiver Geist» («Nationalcharakter», «nationale Grundpersönlichkeit» etc.) sein, sondern eine eher auf das Subjektive abzielende Betrachtung, nämlich die Beschreibung «typischer» Erlebnis- und Verhaltensweisen von Großgruppen: Was wird von ihnen jeweils als «normal» und was als «nicht wünschenswert» gewertet? «Völkerpsychologie» ist eher im Sinne von «Kulturpsychologie» zu verstehen, womit der Begriff «Kultur» ins Zentrum der Betrachtungen rückt. Darunter sei hier die Gesamtheit der erlernten Verhaltensweisen und der übernommenen Einstellungen, Wertesysteme und Kenntnisse verstanden, die von Mitgliedern einer Großgruppe geteilt und tradiert werden. «Kultur» ist sowohl Ausdruck als auch Bedingungsstruktur für das Verhalten der Mitglieder einer bestimmten Gesellschaft. Zu beschreiben sind institutionalisierte Verhaltensmuster, denen sich die Angehörigen einer bestimmten Gesellschaft zu stellen haben und die auch ihr Verhalten kanalisieren. Wie wird sich der Angehörige eines bestimmten asiatischen Kulturkreises voraussichtlich verhalten, wenn er in diese oder jene Lage kommt?

Werte und Verhaltensmuster kommen nirgends in «chemisch reinem» Zustand vor und befinden sich überdies ständig im Wechsel. Der Kulturschock der Kolonialzeit, vor allem aber die nachkolonialen Wandlungsprozesse haben im Denken und Verhalten zahlreicher Asiaten Verwerfungen, ja Erdrutsche ausgelöst. Gleichwohl leben die alten Muster weiter, auch wenn sie durch westliche Tünche überdeckt sind. Es müßte in der Tat nicht mit rechten Dingen zugehen, gerieten viele Jahrhunderte einer höchst autochthonen Tradition des Denkens und der gesellschaftlichen Organisation vom einen auf den anderen Tag in Vergessenheit; auch in Asien – und hier vielleicht sogar erst recht – gilt das «Plus ça change, plus c'est la même chose», «Je mehr es sich ändert, um so mehr ist es dasselbe»!

III.
Begegnung mit Asien

1. «Begegnung»

Die Geschichte der Berührung zwischen Ost und West ist uralt, die der Begegnung dagegen reicht allenfalls Jahrzehnte zurück, wobei mit «Begegnung» nicht etwa ein bloßes Zusammentreffen oder ein harmonischer «Verschmelzungs»-, sondern vielmehr ein konfliktreicher Auseinandersetzungsprozeß gemeint ist, in dessen Verlauf das andere als solches akzeptiert oder aber leidenschaftlich abgelehnt wird. «Asien» nicht nur durch die Fensterscheibe eines Schnellzugs oder eines Flugzeugs wie ein Objekt zu betrachten, sondern den gläsernen Vorhang wegzureißen und sich mit ihm existentiell auseinanderzusetzen, fällt einem Europäer nicht gerade leicht, da er hier auf so völlig anders geartete Kulturen stößt. Zur Ehrenrettung «des Westens» sei hier jedoch angemerkt, daß sich die Asiaten untereinander eher noch viel fremder geblieben sind – man denke an das chinesisch-indische Verhältnis! – und daß ferner Europa von den Asiaten lange Zeit noch weniger der Kenntnis für wert befunden worden ist als umgekehrt.

Die «abendländischen Grundwerte» lassen sich in Asien zwar vereinzelt, doch nicht in ihrer europäischen Kombination antreffen. Sie sind geprägt durch das vierfache Erbe griechischen Denkens, römischen Rechts, germanischer Gesellschaftsvorstellungen und christlichen Glaubens und haben über die Renaissance und Reformation zur Aufklärung und zur modernen Wissenschaftlichkeit geführt. Als besonders charakteristisch vor allem im Vergleich mit Asien dürfen folgende Eigenschaften gelten: Individualität, Diesseitigkeit, Rationalität, Gesellschaftsvertragsgesinnung, Gesetzesorientierung und Leistungsethik.

Am fremdesten erscheint den Asiaten immer noch der westliche Individualismus, der letztlich auf die christliche Prämisse der Gotteskindschaft und der freien Gewissensentscheidung des einzelnen zurückgeht und durch Renaissance, Humanismus und Aufklärung auch erkenntnistheoretisch herausgearbeitet und weithin verinnerlicht worden ist. In Asien steht demgegenüber zumeist nicht das Ich, sondern das Wir im Vordergrund. Der einzelne ist selten «er selbst», sondern vielmehr ältester Sohn, «dritter Onkel», Angehöriger der Y-Kaste oder der X-Danwei.

Was die «Diesseitigkeit» anbelangt, so ist sie zwar auch im metakonfuzianischen Kulturkreis geschätzt, erscheint hier ansonsten aber in Kombination mit ganz anderen Werten.

«Rationalität» entstand im Vollzuge christlicher Forderungen – «Macht Euch die Erde untertan» – durch frühzeitige Enttabuisierung der Natur. Unglück beispielsweise hatte jetzt nicht mehr magische, sondern «natürliche» und innerweltliche Ursachen. Der Körper galt nicht mehr, wie beispielsweise im konfuzianischen Kulturkreis, als unantastbares Eigentum der Eltern, sondern wurde der Chirurgie und der Erforschung der menschlichen Anatomie zugänglich gemacht. Es entstanden rationale Zeit-, Raum- und Kausalitätsbegriffe sowie der Wille, in die Natur einzugreifen und «Fortschritt» zu produzieren.

Während in Asien fast sämtliche Gemeinschaftsbildungen mit Blutsbanden, Kastenregelungen oder Patronagegesichtspunkten zusammenhingen, bildete sich in Europa schon früh ein Gemeinschaftsdenken heraus, das dem Gesellschaftsvertragsschema entsprach – man denke an die antike Polis oder aber an die mittelalterliche Stadt oder Rousseaus «Contrat social».

Auch das europäische Gesetzesdenken, das von einer Trennung zwischen säkularem und kirchlichem Recht sowie von Recht und Moral ausgeht, läßt sich in keiner asiatischen Tradition beobachten, und zwar weder in den islamischen Gesellschaften, die ohnehin jede Trennung von Diesseits und Jenseits ablehnen, noch in der konfuzianischen Welt, wo das Recht heteronom zu sein pflegt, das heißt moralisch vorgegebene Regelungen lediglich bestätigt, jedoch nicht aus sich selbst heraus «gilt».

Was schließlich die Leistungsethik anbelangt, so ist sie den hinduistischen, buddhistischen und islamischen Gesellschaften weitgehend unbekannt. Irdische Wohlhabenheit gilt hier entweder als Konsequenz eines wohlgefälligen Lebens in der vorangegangenen Existenz, so im Hinduismus und Buddhismus, oder aber als Resultat einer willkürlichen und möglicherweise ganz unverdienten Schickung Allahs. Lediglich in den konfuzianischen Gesellschaften hat die Leistungsethik, die konkret in Form des Erziehungs- und Prüfungswesens hervortrat, eine wichtige Rolle gespielt, jedoch in einem anderen Sinne als beispielsweise im christlichen Abendland, wo Arbeit immer etwas mit Sinnerfüllung des diesseitigen Lebens, mit «Ora et labora» (Bete und arbeite) und Erfolg, ja sogar, wie in der calvinistischen Prädestinationslehre, mit «Erlösungsbestätigung» zu tun hatte.

Mit Europa und «Asien» standen sich also zumindest anfangs höchst verschiedene Welten gegenüber, denen eine «Begegnung» nicht leichtfallen konnte.

2. Begegnungs- und Rezeptionsgeschichte

Das Asienbild Europas wurde bis in die fünfziger Jahre des 20. Jahrhunderts hinein von drei großen Überlieferungen bestimmt, die teils jüngerer, teils altersgrauer Herkunft sind.

Der erste «Asienforscher» auf europäischem Boden war Herodot, dessen Gesichtskreis sich zwar nur bis Altpersien erstreckte, der aber mit seinen Schilderungen ein negativ-düsteres Asienbild schuf, das noch lange nachwirken sollte.

Kein Wunder, daß auch die zweite Tradition unter einem ungünstigen Stern stand, zumal sie mit zahlreichen «heidnischen» Einfällen – Hunnen und Awaren im 4. bis 6., Mongolen und Türken im 14. und 15. Jahrhundert – zusammenhing, vor allem aber im Zeichen der Kreuzzüge stand. Damals hatte Europa keinen Anlaß, sich den «Asiaten» überlegen zu fühlen; vielmehr konnte es von den hochentwickelten Zivilisationen, mit denen die Kreuzritter in Berührung kamen, vieles übernehmen, nämlich Philosophie – griechische Philosophie vermittelt über arabische Schulen –, Mathematik – «arabische», in Wirklichkeit indische Zahlen – und bestimmte Technologien, z. B. die Papierherstellung.

Das eigentliche, noch weit «hinter» dem «Morgenland» liegende Asien aber wurde für Europa erst von Marco Polo (1254–1324) entdeckt. Marco Polo stammte aus Venedig, das im Mittelalter zu den größten Handelsmächten gehörte und Beziehungen bis in den Fernen Osten unterhielt. Die Polos kamen 1275 nach einer beschwerlichen Reise über die zentralasiatischen Seidenstraßen an den Hof Khubilai Khans, jenes Mongolenkaisers, dessen Dynastie damals nicht nur Zentralasien, sondern auch China beherrschte. Der Khan schickte den sprachbegabten Marco wiederholte Male mit Sonderaufgaben durch sein Reich, das er auf mehreren Streifzügen von West- bis Ostchina und bis hinunter nach Birma kennenlernte. Erst 1292, also 17 Jahre nach seiner Ankunft, verließ Marco Polo das Reich Khubilais und kehrte über Indochina, Java, Ceylon und die Westküste Indiens via Persien und Georgien zurück nach Venedig, wo er 1295 eintraf und jenen Reisebericht mit dem Titel «Beschreibung der Welt» diktierte, dessen Einzelheiten den europäischen Zeitgenossen so märchenhaft und unglaublich erschienen, daß sein Verfasser schon bald den Beinamen «Il Milione» («Aufschneider») erhielt. Nach Art der Zeit wurde der Bericht von Kommentatoren und Zweiteditoren immer märchenhafter ausgeschmückt, so daß man von dem Wunderland «Kithai» am Ende auch die unsinnigsten Geschichten als glaubwürdig erzählen konnte.

Zu erneuten Kontakten kam es zweieinhalb Jahrhunderte später im Zeichen der Jesuitenmission, die mit Matteo Ricci (1552–1610) begann, von seinen Ordensbrüdern Adam Schall aus Köln und dem Flamen Ferdinand Verbiest glanzvoll weitergeführt wurde, am Ende aber durch Ausweisung der Jesuiten 1838 ein Ende fand. Grund dafür war der sogenannte «Ritenstreit», der sich daran entzündete, daß die Jesuiten die christliche Liturgie dem chinesischen Brauchtum anzupassen suchten, um auf diese Weise China für das Christentum zu gewinnen. Dieser Versuch wurde vor allem auf Betreiben der Franziskaner durch eine päpstliche Bulle von 1715 verurteilt. Die konfuzianische Staatsdoktrin wurde als Irrlehre hingestellt und sowohl der Ahnenkult als auch die Konfuziusverehrung unter den Gläubigen verboten, eine Maßnahme, die das Mandarinat als unerträgliche Einmischung in innerchinesische Angelegenheiten empfinden mußte.

Trotz des unrühmlichen Endes der Mission übten die Chinaberichte der Jesuiten einen tiefgehenden Einfluß auf die europäische Philosophie, auf Voltaire, Leibniz und Christian Wolff sowie auf die Kunst des Rokoko aus. Chinesische Porzellane, Lacke, bemalte und bedruckte Seidenstoffe, Papiertapeten, Gartenanlagen und Ornamente gehörten schon bald zur kanonischen Ausstattung aller europäischen Paläste und können noch heute in Sanssouci, Versailles oder Schönbrunn bewundert werden.

Während China im hellen Licht der europäischen Diskussion stand, blieben die anderen asiatischen Kulturen einstweilen noch unbeleuchtet. Dies sollte sich erst im späten 18. Jahrhundert ändern.

Die dritte Rezeptionsphase fiel mit dem Zeitalter des eigentlichen Kolonialismus zusammen. War das Vordringen Europas in Asien zwischen 1500 und 1750 ohne besondere Folgen gewesen, so ereigneten sich in den zweihundert Jahren zwischen 1750 und 1950 entscheidende Umbrüche. Sämtliche asiatischen Reiche, mit Ausnahme Japans und Thailands, kamen damals unter koloniale Vorherrschaft. Diesmal ging es den Europäern nicht um Unterwerfung der «Heiden», sondern um Rohstoffe und Absatzgebiete; auch erfolgte der Vorstoß diesmal nicht mehr auf dem Land-, sondern auf dem Seeweg. Schließlich wurde nicht nur die westliche Peripherie Asiens, sondern der gesamte Kontinent erfaßt und durchdrungen.

Waren die früheren Zusammenstöße Episoden geblieben, über deren Auswirkungen schnell wieder Gras zu wachsen begann, so sollte sich das europäische Vordringen diesmal als «Kulturschock» ohnegleichen auswirken.

Für die Europäer andererseits begann Asien ein höchst ambivalentes Gesicht zu zeigen: Auf der einen Seite schälte sich ein Asienbild heraus, das nicht gerade schmeichelhaft war und das vom «trägen Eingeborenen» über «Fellachenvölker», so Oswald Spengler über China, bis hin zur These von der «geschichtlichen Unwandelbarkeit» Chinas reichte, so Hegel.

Doch gab es neben diesen düsteren auch helle Aspekte. Ein Autor, bei dem beide Seiten zum Durchbruch kamen, war der Brite Rudyard Kipling, der in seinem Frühwerk an den Asiaten kaum ein gutes Haar ließ und dessen berühmter Satz «Ost ist Ost, und West ist West, und beide werden sich niemals finden können» zu einem klassischen Zitat des 19. Jahrhunderts wurde. In seinem zweiten Lebensabschnitt jedoch, das im Zeichen großer Indien-Romane, vor allem seines Hauptwerks «Kim» stand, brach eine tiefe Sympathie für jenes Land durch, das er inzwischen verlassen hatte und nach dem er sich offensichtlich in nostalgischer Sehnsucht verzehrte.

Nachdem lange Zeit China das Rennen bei den europäischen Intellektuellen gemacht hatte, war kurz vor der Wende zum 19. Jahrhundert Indien an der Reihe. Damals übersetzte Charles Wilkens den «Gesang des Erhabenen»

(Bhagavadgita); William Jones übertrug Kalidasas «Shakuntala», das auch von Goethe hochgeschätzt wurde, sowie das Gesetzbuch des Manu.

Ferner folgten bahnbrechende Monographien aus der Feder von Fergusson, Cunningham und Colebrook.

Vor allem die Deutschen stürzten sich auf die neuentdeckte indische Philosophie, allen voran Schopenhauer, Friedrich von Schlegel, Hermann Oldenburg, später auch Helmut von Glasenapp. 1818 wurde der erste deutsche Lehrstuhl für Indologie an der Universität Bonn eröffnet und mit August Wilhelm von Schlegel besetzt.

Internationalen Ruhm erlangte der Indologe Max Müller (1823–1900), der durch seine Indienforschungen, nicht zuletzt aber auch durch seine indologischen Vorlesungen für Königin Viktoria II., die «Kaiserin von Indien», Weltruhm erlangte. Die Goethe-Institute in Indien tragen die Sonderbezeichnung «Max Müller Institute».

Deutsche Wissenschaftler beschäftigten sich aber daneben auch mit China, man denke an Otto Franke, Richard Wilhelm oder, um hier einen der fruchtbarsten Übersetzer chinesischer Literatur zu erwähnen, Franz Kuhn. Die in der Literatur wohl anregendsten religionssoziologischen Studien über China und Indien stammen aus der Feder Max Webers.

Um 1900 setzten zwei neue Modeströmungen ein, die diesmal im Zeichen Indiens und Japans standen. Es war das Werk des bengalischen Nobelpreisträgers Rabindranath Tagore, der mit seiner tröstenden Botschaft überall in Europa, vor allem aber in dem vom Elend gezeichneten Deutschland nach dem Ersten Weltkrieg eine begeisterte Leserschaft fand, nicht zuletzt auch unter deutschen Schriftstellern. Vor allem Hermann Hesse, Waldemar Bonsels, Max Dauthendey und Stefan Zweig gehörten zu den Rezeptoren eines durch Tagore verklärten Indienbilds. Da man freilich bei einer Reise nach Asien in der Regel nicht nur dem Erhabenen, sondern dem Alltäglichen mit seinen grellen Farben, schrillen Tönen, scharfen Gerüchen und höchst gewöhnungsbedürftigen «schwitzenden» Manifestationen begegnet, sind Enttäuschungen unausbleiblich. Dies mußten auch Hesse und Bonsels erfahren, als sie zum ersten Mal das wirkliche Indien betraten, vom ersten Rikschafahrer hereingelegt wurden und auf der Straße über Bündel von Menschen hinwegstiegen. Nach Jahren der Klärung fand das Indienbild aber dann doch noch einen geläuterten Niederschlag, so z. B. in Hesses «Siddharta» (1922) sowie in seinem «Glasperlenspiel» (1946).

Auch Japan fand inzwischen rege Aufmerksamkeit. Schon aus früherer Zeit hatte es zwar Berichte über dieses damals noch so ferne Land gegeben; so aus der Feder des Arztes und Naturheilkundigen Franz von Siebold, der nach 1830 im Solde der holländischen Regierung 15 Jahre lang auf der Insel Dejima vor Nagasaki praktizierte, dem einzigen damaligen Nadelöhr Japans zur Außenwelt. Von einigen Reisen ins Landesinnere hatte Siebold Tagebucheintragungen mitgebracht, allerdings hauptsächlich mit Kuriositäten.

Erst nachdem Japan durch Commodore Perry 1850 zur Öffnung gezwungen worden war, um sodann, im Zuge der Meiji-Reform 1868 einen kometenhaften Aufstieg durchzumachen, begannen sich die Augen der westlichen Welt voll auf dieses Inselreich zu richten. Bereits die Pariser Weltausstellung von 1867 hatte den Startschuß zu einem «Japonismus» ohnegleichen gegeben. Was die Europäer an den Farbholzschnitten eines Utamaro, Hiroshige oder Hokusai entdeckten, war eine neue Raumperspektive und eine Fülle von Motiven, die vor allem von Van Gogh, Gustav Klimt und Gauguin verarbeitet wurden, wie das Wellen-, das Brücken-, das Kimono- und das Felsmotiv, aber auch die Diagonale (Ernst Ludwig Kirchners «November»), die «Vergitterung» der Landschaft durch Bäume im Vorder-, Mittel- oder Hintergrund, das «angeschnittene Objekt» und die sich daraus ergebende formelhafte Verkürzung einer Gestalt oder eines dynamischen Vorgangs (Degas' «Tänzerinnen», Toulouse-Lautrecs «Szenen aus der Demimonde»), die Fächermalerei (Kokoschka), die Wandschirmmalerei (Monet) und das extrem schmale Hochformat (Monet, Klimt), der silhouettierte Stil (Frauendarstellungen Bonnards und Schieles) und der ausgeprägte Symbolismus mit Pflaumenblüte, Herbstmond, Kirsche und Leuchtkäfer.[2]

Ein schwärmerisches und verklärtes Japanbild zeichnete auch Lafcadio Hearn, ein Amerikaner, der fast sein ganzes Leben in Japan verbracht hatte. Die deutsche Ausgabe von Hearns Werken zieren, in prachtvollen Jugendstilausgaben, noch heute das Bücherbord jedes Asienliebhabers. Hearn war Vorläufer jener Japanverherrlichung, die dafür gesorgt hat, daß zum Beispiel während des Zweiten Weltkriegs die alten Kaiserstädte Nara und Kyoto von US-Bombenangriffen verschont blieben, ähnlich etwa wie das von den Amerikanern verklärte Heidelberg in Deutschland.

Die Entdeckung der Kultur Südostasiens begann im frühen 19. Jahrhundert, als ein holländischer Offizier in Mitteljava den von Lianen überwachsenen buddhistischen Borobodur-Tempel aus dem 8. Jahrhundert entdeckte und die niederländische Kolonialverwaltung daraufhin mit ersten Freilegungsarbeiten begann, die sich später an anderen Objekten, wie dem hinduistischen Prambanan, fortsetzten.

Daneben stellten die Holländer geographische und geologische, aber auch soziokulturelle Forschungen an, die unmittelbar der praktischen Kolonialpolitik dienen sollten. Man denke etwa an die Arbeiten des Islamisten Snouck Hurgronje, der als erster die Bedeutung des Adat (s. S. 119f.) erkannte und der eine Doppelstrategie gegenüber den «widerspenstigen» Muslims empfahl: Gegenüber dem Islam als Religion sei eine Politik der Neutralität und der Toleranz, gegenüber dem politischen Islam aber Wachsamkeit und Hellhörigkeit zu empfehlen. Außerdem möge das Adat verstärkt gegen die Shariah des Islam ausgespielt werden, und zwar in der Weise, daß die Kolonialregierung sowohl die Adat-Herrscher auf den Außeninseln als auch die Prijaji-Elite auf Java systematisch unterstützte. Letztlich aber führe der

Königsweg zur «Rettung» Indonesiens über die westliche Erziehung. Hurgronjes Vorschläge enthielten trotz seines doppelten Denkfehlers – Glaube an die Möglichkeit der Trennung von Politik und Religion sowie Fortschrittsgläubigkeit – richtige Vorstellungen über das Doppelgesicht des javanischen Islam. Gleichwohl wurden sie von den engstirnigen Kolonialbürokraten, die wenig von einer Beteiligung der Einheimischen an der Verwaltung und schon gar nichts von einer umfassenden Erziehung hielten, übergangen. Vom Hurgronjes Empfehlungen fiel nur eine auf fruchtbaren Boden, nämlich die Überwachung der Mekkapilger; dabei hatte man allerdings übersehen, daß der politische Islam seine Impulse damals nicht mehr aus Mekka, sondern aus Kairo bekam.

Aus Holland kam auch die erste große Anklage gegen den Kolonialismus, die 1859 wie eine Bombe einschlug, nämlich der Roman «Max Havelaar oder die Kaffeeversteigerungen der Niederländischen Handelsgesellschaft» aus der Feder des früheren Kolonialbeamten Eduard Douwes Dekker, der dieses weithin autobiographische Werk unter dem Pseudonym «Multatuli» (Ich habe viel ertragen) veröffentlichte.[3]

Verdienste um die Erforschung der malaiischen Kultur erwarb sich nicht zuletzt auch der britische Kolonialoffizier und Gründer Singapurs, Raffels, der selbst des Malaiischen mächtig war und über einen gut ausgebildeten wissenschaftlichen Stab verfügte.

Was die Franzosen anbelangt, so waren sie nicht nur begeisterte Sinologen, sondern erwarben sich auch Verdienste um die Erforschung südostasiatischer Kulturen: Die Entzifferung von Hunderten von Stelen-Inschriften ist das Lebenswerk von Georges Coedès, dessen Monographie «Les Etats Hindouisés d'Indochine et d'Indonésie» (Paris 1948) auch heute noch zu den Standardwerken gehört. Das Verdienst der Ecole Française d'Extrème Orient war es ferner, das von Käsebäumen, Flechten und Moos überwucherte kambodschanische Angkor freigelegt zu haben.

Im Gegensatz zu Ost-, Süd- und Südostasien wurde Zentralasien erst in den zwanziger und dreißiger Jahren des 20. Jahrhunderts zum Gegenstand exakter Forschungen, und zwar vor allem durch das Wirken dreier Gelehrter, nämlich des Schweden Sven Hedin (1865–1952), der seine Reiseerlebnisse in Xinjiang und Tibet durch packende Schilderungen einem weiten Lesepublikum vermittelte, ferner des in britisch-indischen Diensten stehenden Ungarn Aurel Stein (1862–1941) sowie des deutschen Archäologenduos Albert Grünwedel (1856–1935) und Albert le Coq (1860–1930), die Ausgrabungen entlang der Seidenstraße durchführten und deren umfangreiche Fundsammlungen heute im Indischen Museum in Berlin zu bewundern sind.

Unter den Schriftstellern, deren Romane und Novellen z. T. in Asien spielen, sind Somerset Maugham, Graham Greene, Robert Louis Stevenson sowie Pearl S. Buck und Han Suyin zu nennen, um hier nur einige typische Namen herauszugreifen. Während hier Asien mehr oder weniger nur die

Kulisse für eine zumeist «westliche» Handlung abgibt, kommt es im Werk einiger weniger Schriftsteller zur existentiellen Auseinandersetzung und damit zur wirklichen «Begegnung». Man denke an die erschütternden «Burmese Days» von George Orwell (dem Verfasser von «1984»), an die zwischen Traum und Wirklichkeit angesiedelten und fast immer um den malaiischen Archipel kreisenden Erzählungen Joseph Conrads (vor allem «Lord Jim», «Allmeyer's Folly» und «An Outcast of the Islands») sowie an E. M. Foster, dessen asienkritische Emotionen vor allem im Roman «A Passage to India» Form angenommen haben.

Im deutschen Sprachraum sind neben Hermann Hesse noch zwei Schriftsteller zu erwähnen, deren Asienbetrachtungen in den zwanziger und dreißiger Jahren beträchtliches Echo auslösten, nämlich der Kulturhistoriker Veltheim-Ostrau sowie vor allem der baltische Philosoph und Privatgelehrte Hermann Graf Keyserling, der seinen Grundsatz «Der kürzeste Weg zu sich selbst führt um die Welt herum» durch ausgedehnte Reisen Genüge tat und seine Eindrücke aus Indien, Südostasien, China und Japan in seinem «Reisetagebuch eines Philosophen» niederlegte. Keyserling, der die Philosophie als Lebenskunst und nicht als abstrakte Kathederlehre verstand, gründete in Darmstadt die «Schule der Weisheit», die zu einem Treffpunkt des literarischen und asieninteressierten Europa wurde.

Charakter und Verhaltensweise *der* Asiaten waren schon früh Gegenstand sorgfältiger, wenn auch manchmal höchst voreingenommener Darstellungen, die zumeist aus der Feder von Missionaren stammten. Man denke an die Jesuitenbriefe aus dem 18. Jahrhundert, aber auch an Darstellungen des 19. Jahrhunderts wie Arthur H. Smiths «Chinese Characteristics», die bis 1894 in fünfzehn Auflagen erschienen, nicht zu vergessen auch das großartige Buch der Schweizer Journalistin Lily Abegg mit dem bezeichnenden Titel «Ostasien denkt anders».

Eine der fruchtbarsten Auseinandersetzungen mit dem asiatischen, vor allem aber dem japanischen Wertesystem erfolgte ausgerechnet während des Zweiten Weltkriegs, als der Angriff der Japaner auf Pearl Harbour den Amerikanern einen Gegner bescherte, von dessen Denk- und Verhaltensweise wenig bekannt war. In dieser Situation erhielt die Anthropologin Ruth Benedict 1944 den Auftrag, mit einem Stab die gesamte verfügbare Literatur über Japan zu durchforsten und zugleich die in den USA lebenden Auslandsjapaner systematisch zu befragen. Das Ergebnis dieser Arbeit war das Standardwerk «The Chrysanthemum and the Sword, Patterns of Japanese Culture», in dem die Eigenschaften und Widersprüche des japanischen Nationalcharakters beschrieben werden: sie seien sowohl «aggressiv als auch nicht-aggressiv, sowohl militaristisch als auch ästhetisch, sowohl unverschämt als auch höflich, sowohl rigide als auch anpassungsfähig, sowohl loyal als auch verräterisch, sowohl tapfer als auch ängstlich».[4]

Erst gegen Ende des 20. Jahrhunderts zeigt sich ein Wandel, der Europa vom Präzeptor zum Partner Asiens werden läßt. Allerdings geht dieser Prozeß nur mühsam voran und ist auch nicht das Ergebnis gewollter «geistiger Partnerschaft», sondern die Reaktion auf die wirtschaftliche Konkurrenz, die vor allem von Japan ausgeht und zu widerwillig-grimmiger Anerkennung des ostasiatischen Konkurrenten sowie der «vier kleinen Drachen» geführt hat.

Kein Wunder, daß unter diesen Umständen Bücher über die «Gefahr aus Fernost» oder über das «Lernen von Japan» inzwischen zu Bestsellern geworden sind. Könnte das 21. Jahrhundert am Ende nicht doch ein «japanisches», zumindest aber ein «ostasiatisches Jahrhundert» werden?

Auf einem anderen Gebiet geht man dagegen gern in die asiatische Schule, nämlich bei allem, was mit Mystik, Innenleben und Über-Rationalität zu tun hat. Drei Richtungen sind hier zu unterscheiden.

Da ist erstens ein ernsthaftes, manchmal selbstquälerisches Bemühen um den Weg nach innen. Protagonisten sind hier Wissenschaftler und Kulturphilosophen wie die Amerikaner John Blofeld und Alan Watts, der Engländer Douglas Harding, der Schweizer Jean Herbert, die Franzosen Arnaud Desjardins, Jean Klein und Patrick Ravignant, der Deutsche Karlfried Graf Dürkheim u. a. Ihre Schriften unterscheiden sich von den Untersuchungen ihrer rein wissenschaftlich ausgerichteten Universitätskollegen vor allem dadurch, daß sie «östliche Weisheit» selbst praktiziert haben, ihr Wissen nicht nur lehren, sondern selbst in ihm leben. Der Erfolg dieser esoterischen Schulen setzte in dem Augenblick ein, als die neomarxistische Welle Mitte der siebziger Jahre verebbte. In westlichen Universitätsstädten verwandelten sich nicht wenige frühere «Arbeiterbuchhandlungen» über Nacht in Anbieter von Literatur über Magie, Okkultismus, Parapsychologie, Symbolismus und orientalische Geistesströmungen. Auch die Anthroposophie erfuhr einen neuen Aufschwung und brachte u. a. Titel hervor wie «Wiederholte Erdenleben. Die Wiederverkörperungsideen der deutschen Geistesgeschichte» von Emil Bock[5], in dem der Reinkarnationsgedanke von Herder über Goethe und Jean Paul bis hin zu Friedrich Nietzsche und Hermann Hesse verfolgt und Goethes Philosophie mit der hinduistischen Seelenwanderungslehre in Zusammenhang gebracht wird: «Des Menschen Seele gleicht dem Wasser. Vom Himmel kommt es, zum Himmel steigt es, und wieder nieder zur Erde muß es, ewig wechselnd.»

In eine andere Richtung als die esoterische Schule zielt die Bewegung «Neues Zeitalter». Ist doch «New Age» vor allem eine westliche Lebensphilosophie, die auf dem Umweg über die moderne Naturwissenschaft zu Einsichten gelangen konnte, wie sie asiatischen Traditionen aufgrund mystischer Erfahrungen seit langem vertraut sind. Angestrebt wird eine Aussöhnung von Naturwissenschaft und Mystik, wie sie dem westlichen Denken durch das «mechanistische», die Welt in isolierte Teile zerlegende Newtonsche Weltbild jahrhundertelang verbaut worden war.

An der Wiege der N.A.-Bewegung standen die großen Existenzkrisen der heutigen Welt, die ihrer Natur nach Isolierungskrisen sind; hier Millionen von Hungernden, dort Vernichtung von Nahrungsmittelüberschüssen, hier Unterentwicklung, dort Überrüstung, hier Überkonzentration von Macht, dort Machtlosigkeit. Also durchweg Konflikte, aus denen sich zwar die Friedens-, Ökologie- und Frauenbewegungen entfalten konnten, ohne daß gleichzeitig aber auch der Überbau als Ganzes affiziert worden wäre.

Hier hakt N. A. ein. Die moderne Physik/Chemie/Naturwissenschaft beweise, daß erstens nichts isoliert-vereinzelt, sondern alles in interdependente Systeme integriert, also gegenseitig «vernetzt» sei und daß der Austausch zwischen diesen Systemen sich, zweitens, dynamisch vollziehe, insofern sie nämlich lernfähig und damit in der Lage seien, ihre eigenen «systemaren» Grenzen zu überschreiten. Wenn schon «unbelebte» Systeme aus der Welt der Teilchen zur Verschmelzung mit dem Ganzen fähig sind, so erst recht der Mensch, dessen Aufgabe es sein müsse, entsprechend den neubegriffenen Gegebenheiten sein «Bewußtsein zu erweitern» und sich zum Einssein mit dem Ganzen, mit der Menschheit, mit der Natur, mit dem Numinosen zu entwerfen. «Denk global, handle lokal» lautete der kategorische Imperativ dieses «ganzheitlichen» Denkansatzes, in dessen Zeichen eine «Neue Menschheit» entstehen soll.

Die Leitideen des N. A. waren vom Philosophen, Theologen und Biologen Teilhard de Chardin entworfen worden und hatten zunächst vor allem in Universitätskreisen Kaliforniens Wurzeln geschlagen. Von Anfang an stand die Bewegung in einer Art Wahlverwandtschaft zur altasiatischen Spiritualität, vor allem zum All-Einheits-Gedanken[6].

Die dritte, eher hedonistische Richtung, wird vertreten von einer wachsenden Zahl von Blumenkindern und Aussteigern, die sich, Hermann Hesses Bücher in der Tasche, zu Tausenden auf den Pfad nach Indien begaben und dazu beigetragen haben, daß Begriffe wie Guru, Ashram und Tantrismus im Westen mittlerweile verwechselt werden mit Scharlatanerie, Bordellerie und Promiskuität.

Daneben gibt es verstärkt den allgemeinen Tourismus, dessen Teilnehmer hin und her gerissen werden zwischen dem trostlosen und dem «wunderbargeheimnisvollen» Indien mit seinen Millionen von Swamis, Yogis, Gurus, heiligen Kühen, königlichen Elefanten, Maharadschas für Touristen und seinem schier endlosen geistigen Basar voll von Gottheiten, Fakiren und fabelhaften Weisen, die sich so prächtig fotografieren lassen.

Unter allen Staaten Asiens hat sich das Chinabild in den vergangenen Jahren am schnellsten verändert. Aus einem Mekka der Revolution ist es zu einem Mekka der Kaufleute und Touristen geworden. Unwillkürlich taucht die Frage auf, wo denn nun eigentlich das «wirkliche» China angesiedelt ist. Hat sich eigentlich alles verändert, oder sollte China am Ende gar das geblieben sein, was es immer schon war?

Erster Teil

Asien und «der Westen»

I.
Unwesentliche Unterschiede

Die Suche nach einer bündigen Formel für den Unterschied zwischen «Asien» und dem «Abendland» geht weit zurück und hat zu einer Fülle von Formeln geführt, die sich schlagwortartig folgendermaßen wiedergeben lassen: Dynamik/Statik, Jugendlichkeit/Alter, Freiheit/Despotie, Verstandeskultur/Gefühlskultur, geschichtlich/unhistorisch («ohne Entwicklung»), Diesseits/Jenseits-Bezogenheit, Materialismus/Geistigkeit und wie ähnliche Dichotomien noch lauten mögen.

Zur größten Berühmtheit hat es Hegels Antithese von Freiheit und Despotie sowie von Geschichtlichkeit und «Entwicklungslosigkeit» gebracht. Sie hat dem Urteil der Zeit nicht standgehalten: «Despotie» gibt es nicht nur in Asien, und andererseits ist Demokratie keineswegs auf den Westen beschränkt: Die «Dorfdemokratie» ist über weite Teile Asiens selbstverständlich (zur Danwei/Transdanwei-Theorie vgl. unten S. 57 ff.).

Von «Entwicklungslosigkeit» andererseits kann man in Asien nur dann sprechen, wenn man als Maßstab das europäische Tempo der letzten 200 Jahre anlegt. Vor der Renaissancezeit ist asiatische Geschichte nicht wesentlich langsamer verlaufen als europäische.

Seit dem «Erwachen» Japans und dem wirtschaftlichen Vordringen der ostasiatischen Konkurrenz käme auch niemand mehr auf die Idee, Asien als «statisch» und «passiv», den Westen dagegen als Inbegriff der Dynamik zu bezeichnen. Auch die Diesseits/Jenseits- oder aber die Materialismus/Geistigkeitsthese vermag angesichts der raschen sozioökonomischen Entwicklung in einigen Teilen Asiens kaum noch zu überzeugen – ganz zu schweigen von der Antithese Jugendlichkeit/Alter. Soweit von physischer Jugendlichkeit die Rede ist, erscheint Europa gegenüber Ländern wie Indien, China oder Vietnam als geradezu greisenhaft. Aber auch geistig steht die Aufbruchstimmung der asiatischen Gesellschaften denjenigen des Westens ganz gewiß nicht mehr nach.

II.
Der eigentliche Unterschied:
Ganzheitlichkeit

1. Ganzheitlichkeit als «Harmonie»

So gäbe es am Ende überhaupt kein eindeutiges Unterscheidungsmerkmal? Auf den ersten Blick scheint dies der Fall zu sein. Sogar eine Autorität vom Range Nakamuras, der dem «asiatischen Denken» eine so gründliche Untersuchung gewidmet hat, sieht sich angesichts der Uneinheitlichkeit Asiens außerstande, einen klaren Trennungsstrich zu ziehen[1]. Zuzustimmen ist ihm insoweit, als es, wie oben ausgeführt, »Asien« in der Tat nicht gibt; gleichwohl läßt sich auch heute noch ein panasiatisches Durchschnittsverhalten und -denken ausmachen, das sich vom westlichen beträchtlich unterscheidet. Gemeint ist hier die zumindest in der Tradition so selbstverständliche Ganzheitlichkeit, wie sie sich sowohl im Denken als auch im Einzelverhalten und im Gesellschaftsaufbau ausdrückt und wie sie in so bemerkenswertem Gegensatz zur westlichen Differenzierungs- und Aufspaltungstendenz steht.

Diese Ganzheitlichkeit liefert, wo sie sich gehalten hat, den Schlüssel für das Verständnis, wo sie aber verlorengegangen ist, die Erklärung für das Unbehagen und die Reizbarkeit vieler Asiaten in der modernen Welt.

Ganzheitliche Denk- und Verhaltensweisen sind überall dort zu Hause, wo, wie im traditionellen Asien, ein existentielles Grundbedürfnis nach «Harmonie» besteht. Westlichen Gesellschaften ist eine solche Einstellung spätestens seit dem Ende des Mittelalters abhanden gekommen. Vor allem heutzutage neigen sie dazu, Konflikte nicht etwa als störend zu empfinden, sondern sie im Gegenteil als positiv-aufbauend zu betrachten, da sie den «Fortschritt» vorantrieben, zur Selbstbehauptung des Individuums beitrügen und den Pluralismus förderten. Alle diese drei Grundwerte waren dem traditionellen Asien unbekannt. Dort zählte nur die Vergangenheit (mit ihren überlieferten Verhaltensmustern) und nicht die Zukunft, nur das Wir, nicht das Ich und nur die religiös geheiligte und durch Tabus abgesicherte Lehre, nicht dagegen die Einzelmeinung oder gar die «Originalität». A und O allen sozialen Strebens war die Harmonie.

Zwei Fragen sind nachfolgend zu beantworten: Woher kommt dieses Harmoniebedürfnis, und wie wirkt es sich praktisch aus?

2. Woher kommt das Harmoniebedürfnis?

a) Analogistisches Weltbild und Verkettungsdenken

Sieht man von einigen städtischen Inseln ab, so bestand Asien bis ins 20. Jahrhundert hinein aus Bauern- und vereinzelt auch aus Hirtengesellschaften, denen die schicksalhafte Verkettung zwischen Himmel, Erde und Mensch selbstverständlich war. Eine einzige falsche Note in diesem Dreiklang – und schon herrschte Disharmonie, die von gefährlichen Folgen begleitet sein konnte. Nichts war zufällig in diesem Weltbild (zum Verhältnis zwischen »Zufall« und Ursache vgl. unten S. 206 ff.), und nichts ging verloren – man denke an die hinduistisch-buddhistische Karma-Lehre. Dieser Automatismus führte dazu, daß z. B. auch Natur- und Politkatastrophen miteinander in Zusammenhang gebracht wurden: Eine schlechte Regierung, nahm man an, störte das Gleichgewicht und verursachte damit Naturkatastrophen, wie umgekehrt Naturkatastrophen «himmlische Zeichen» für einen sich ankündigenden dynastischen Sturz sein konnten.

Diese Überzeugung von der Parallelität der drei Ebenen war allen frühen Kulturen Asiens gemeinsam – und lebt zum Teil auch heute noch weiter. Nichts geschah hier ohne Analogie im psychologischen, gesellschaftlichen, kosmischen oder aber im Geisterbereich. Sowohl im javanischen[2] als auch im chinesischen[3] Kulturbereich gibt es genaue Entsprechungen von Farben, Stimmungen, Krankheiten, Himmelsrichtungen, Jahreszeiten, Klimazuständen und seelischen Stimmungen, die durch Fünferreihen festgelegt sind (Tabelle S. 127). Ein praktisches Beispiel: Nach den Spekulationen der von Konfuzius redigierten «Frühlings- und Herbstannalen» gehören der Osten, der Frühling, die grüne Farbe, der Drache als Tierzeichen, die Regierungsparole einer «milden Regierung» und die Materie Holz zur gleichen Entsprechungsordnung. Logischerweise hatte sich der Kaiser in den drei Frühlingsmonaten im östlichen Trakt der Halle des Lichts aufzuhalten, einen Wagen zu fahren, der von Apfelschimmeln gezogen wurde, und grüne Banner mit sich zu führen. Der Hofstaat hatte grüne Gewänder und grüne Jade anzulegen. Die Opferfeiern des Kaisers waren auf dem östlichen Anger abzuhalten. Der Kaiser hatte seinen Ministern zu befehlen, großmütig und milde zu sein und zu verhindern, daß Bäume gefällt und Waffen eingesetzt wurden (Holz wird durch Metall vernichtet). Entsprechende Anweisungsparallelen galten für die Sommer-, die Altweibersommer-, die Herbst- und die Wintermonate, also für alle fünf Jahreszeiten. Kam es zu Naturkatastrophen oder zu anderen unheilvollen Ereignissen, so war damit aus der bäuerlichen Perspektive eo ipso bewiesen, daß der Kaiser, von dessen «richtigem» (d. h. harmoniebedachtem) Verhalten ja alles «unter dem Himmel» abhing, den Auftrag von oben nicht erfüllt und deshalb sein Mandat verloren hatte.

Das Grundschema der chinesischen «Entsprechungs»-Philosophie

Welten-richtung	Herr-scher der zeit Welten-richtung	Jahres-zeit	Wesen der Jah-reszeit	Tages-zeit	Element	Planet	Leitge-danke für die Oberen	Farbe	Klima	Ge-schmack	Einge-weide	Öffnun-gen	Gewebe	Flüssig-keit	See-lische Stim-mung
Osten	Grüner Drache	Frühling	Auf-blühen	Morgen	Holz	Jupiter	Milde üben	Grün	Wind	Sauer	Leber	Augen	Bänder	Tränen	Erregung
Süden	Roter Vogel	Sommer	Reifen	Mittag	Feuer	Mars	An-feuern	Rot	Hitze	Bitter	Herz	Ohren	Arterien	Schweiß	Freude
Westen	Weißer Tiger	Herbst	Ernten	Abend	Metall	Venus	Richten	Weiß	Trok-kenheit	Scharf	Lunge	Mund	Haut u. Haar	Schleim	Kummer
Norden	Schild-kröte	Winter	Ein-lagern	Nacht	Wasser	Merkur	Zurück-ziehen	Schwarz	Kälte	Salzig	Niere	Genita-lien	Knochen	Speichel	Furcht
Mitte	Schwar-zer Tiger	Letzte Tage Sommer und Herbst («Altwei-bersom-mer»)	Bewah-ren		Erde	Saturn	Be-sinnen	Gelb	Fruch-tigkeit	Süß	Milz	Nase	Muskeln		Mitge-fühl

Dieser Zusammenhang wurde erst wieder 1976 deutlich, als Meteoritenregen, Überschwemmungen und Erdbeben in Tangshan und Politkatastrophen mit dem Tod von Zhou Enloi, Zhu De und Mao Zedong koinzidierten und der traditionelle Ausdruck «beng» in seiner Doppelbedeutung «die Erde zittert» und «der Kaiser stirbt» über Nacht wieder in der Presse auftauchte (Näheres unten S. 112f.).

Ein ähnlicher Analogismus zwischen irdischen und überirdischen Erscheinungen ist auch im Hinduismus selbstverständlich. So entspricht zum Beispiel in der altindischen Fünf-Tage-Woche der erste Tag dem Frühling, der irdischen Welt und den Füßen eines Menschen; der zweite dem Sommer, der Schicht oberhalb der Erde (aber unterhalb des Luftraums) und dem Abschnitt des Menschenkörpers, der über den Füßen, aber unterhalb der Mitte liegt; der dritte der Regenzeit und dem Herbst, dem Luftraum und der Körpermitte, der vierte dem Winter, der Schicht oberhalb des Luftraums (aber unterhalb des Himmels) sowie dem Abschnitt zwischen Leibesmitte und Haupt und endlich der fünfte Tag dem Vorfrühling, dem Himmel und dem Haupt. Es herrscht hier eine magische Verkettung von Opferzeit, Jahr, Kosmos und Menschenleib durch die symbolische Fünferzahl[4].

Analogisierungen zwischen Körper und Landschaft nimmt der Daoismus vor: Pagoden, Schreine oder Male stecken beispielsweise wie Akupunkturnadeln in den geomantisch zu ermittelnden «Meridianen» der Landschaft – wie sie auch in den Meridianpunkten des Körpers angebracht werden. Gilt doch der Mensch als Mikrokosmos, in dem sich alles analog zum Makrokosmos und zur Konstellation der Planeten abspielt. Einige Daoistenschulen bevorzugten deshalb bestimmte Meditationsübungen, mit denen sie versuchten, Teile ihres Körpers mit «analogen» Sternen eins werden zu lassen und auf diese Weise dem generellen daoistischen Ziel, unter die «Unsterblichen» (xian) einzugehen, näher zu kommen[5]. Die Grundidee dieser Philosophie bestand darin, daß die Ewigkeit der Sterne zur Ewigkeit des individuellen Lebens führen, daß man also eine Sterngottheit werden könne, habe man sich nur einmal das analogistische Weltbild sowie eine Lebensweise zu eigen gemacht, die aus fünf Elementen (»Reinigung«, Alchimie, Diät, Magie und Zeremoniell) besteht. Populär und überall auf ostasiatischen Flohmärkten zu haben ist der Nanhai shouxing, der «Stern des langen Lebens vom Südmeer», die Figur eines fröhlichen Greises mit einer riesigen «Denkerstirn» und der Pflaume der Unsterblichkeit in der Hand.

Der einzelne wird durch den Himmel, die Umgebung und die Gemeinschaft genauso beeinflußt, wie er durch sein Verhalten umgekehrt Einfluß auf diese drei Elemente seiner Umwelt nehmen kann. De Groot hat diesen durch «Analogismus» oder «Verkettungsdenken» konstruierten Zustand als «Universismus» bezeichnet. Der Ausdruck «Universismus» wird manchmal auch als Oberbegriff für die «drei Lehren» (Konfuzianismus, Daoismus und sinisierten Buddhismus) verwendet.

b) Vorsichtsmaßnahmen

In einer so «verketteten» Welt unterliegt alles den gleichen Gesetzen und hat alles im Himmel, in der Natur und unter den Menschen seine analoge Ordnung; nichts ist zufällig, nichts darf aber auch dem Zufall überlassen bleiben; daher das reiche Regelwerk von Verhaltensanweisungen für die private und die öffentliche Sphäre. Wer sich nicht daran hält, ruft «luan» (Verwirrung, Unordnung) hervor und muß zur Rechenschaft gezogen werden: nicht weil er für eine «Schuld zu sühnen» hat (dieser Begriff ist so gut wie unbekannt), sondern weil das Gleichgewicht im Sinne analoger Ordnungen wiederherzustellen ist.

Da für die Bauernbevölkerung freilich das kühle Wirken automatischer Ausgleichsmechanismen und strenger Analogien schwer nachvollziehbar war, stellte sie sich diese Kräfte lieber als persönliche Wesen (Geister, Dämonen, Animae) vor. Was konnte man tun, um die Mächte der Natur und die von ihnen verkörperten Geister und Dämonen wohlwollend zu stimmen? Wie kann ich wissen, daß ich mich nicht auf einen Dämonen niedersetze, der es sich gerade in der Ecke bequem gemacht hat und der nun für eine solche Beleidigung Rache nehmen könnte? Was sind die Folgen, wenn ich eine Reisähre hastig abschneide und dabei die Reisseele erschrecke? Immer und überall gilt es auf der Hut zu sein: Man bewegt sich zwischen den «Animae» wie in einem Laden, der mit Gläsern und Porzellangefäßen vollgestellt und

in dem tunlichst jede hastige Bewegung zu vermeiden ist. Gläser und Por-
zellanvasen sind greifbar, und man kann sie stets im Auge behalten, die Geister dagegen sind es nicht. Was bleibt also anderes übrig, als ihnen mit «Gespür» und «innerem Radar» zu begegnen? Wie aber kann ich wissen, ob ich
mich zwischen dem «Porzellan» auch richtig bewege und «Scherben ver-
meide»?

Vor allem die javanische Kultur hat hier besonders feine Antennen entwickelt. Man kann die dortigen Denkgewohnheiten folgendermaßen ausdrücken: Angesichts der analogen Verkettung aller Ursachen und Ereignis-
abläufe «erspüre» ich aus der Unruhe in meinem Inneren oder aber aus der
Aufgeregtheit meiner Umgebung, daß auch die Welt der Geister in Aufruhr
ist. Fühle ich mich umgekehrt mit mir selbst eins und erlebe ich Harmonie
mit meiner Familie, meinen Nachbarn und meiner dörflichen Umwelt, so
weiß ich, daß auch kein Dämon (und damit auch keine Naturgewalt) etwas
gegen mich im Schilde führt[6].

Dieses von meinen Vorfahren ererbte «Wissen» liefert mir die Maxime
meines Handelns, die nämlich in dem kategorischen Imperativ besteht, um
jeden Preis zu vermeiden, daß Konflikte an die Oberfläche treten. Stürme
dürfen erst gar nicht aufkommen. «Harmonie» wird hier zum obersten Gebot, vor dem alle anderen, im übrigen noch so anerkannten Werte zurückzutreten haben. Um etwa der «Gerechtigkeit» willen einen Prozeß vom Zaun
zu brechen und damit Streit unter meine Nachbarn hineinzutragen, wäre ein
unverzeihlicher Verstoß gegen die Gesellschaftsordnung.

Je animistischer also eine Lebensordnung ist, um so vorsichtiger, ja ängst-
licher – und am Ende auch harmoniebedachter – bewegt sich der einzelne,
um wenigstens das Seine zur Harmonie beizutragen und dadurch vielleicht
auch die natürliche und die numinose Welt zum Wohlverhalten zu zwingen.
Hier liegt die Wurzel des «guten Vorbilds», dem vor allem in der konfuzianischen Welt magische Bedeutung zugemessen wird.

Je säkularer und naturwissenschaftlicher umgekehrt die Welt interpretiert
wird, um so selbstbewußter, berechnender, planender und entschlußfreudi-
ger geht der Mensch vor. Er kennt seine Umwelt und nimmt notfalls auch
Konflikte in Kauf, sei es nun aus egoistischen oder auch aus durchaus moralischen Erwägungen. Hierzu drei Beispiele: Ein westlicher Entwicklungs-
helfer geht vor Gericht, um die Einhaltung von Zusagen zu erzwingen, die
ihm um des lieben Friedens willen ursprünglich gemacht, dann aber nicht
eingehalten worden waren; er zeigt einen Dorfvorsteher bei den Behörden
an, weil dieser Entwicklungsgelder der Regierung in die eigene Tasche ge-
steckt hat; er legt sich mit einer Dorfgemeinschaft über technische Fragen
eines Kanalisationsprojekts an. In allen diesen drei Fällen pocht er ganz gewiß auf Werte, die in allen asiatischen Gesellschaften anerkannt sind, wie
Gerechtigkeit, Ehrlichkeit und Wahrheit; am Ende aber bleibt er moralisch
doch im Unrecht, da er die oberste aller Wertkategorien, nämlich das Har-

monieprinzip, verletzt hat. Sein Verhalten wird damit verwerfenswert, auch wenn seine Absichten noch so lauter und seine Schritte noch so «korrekt» gewesen sein mögen. Nirgends in Asiens, und schon gar nicht in Java, wird ihm nämlich das Recht zugestanden, autonom, d. h. unter Berufung auf sein eigenes Gewissen, zu entscheiden, ob er der «Gerechtigkeit» notfalls auch auf Kosten der Harmonie die Ehre geben darf. Das Gebot, Störungen der Harmonie zu vermeiden, ist der individuellen Disposition entzogen, wodurch letztlich freilich auch die Moral relativiert wird[7].

Zwei Prinzipien sind in der javanischen Gesellschaft von alles überragender Bedeutung, nämlich Konfliktvermeidung und Rangrespektierung, wobei für letztere ein Repertoire streng stilisierter Sprach- und Gebärdeformen zur Verfügung steht.

So stark ist das Bedürfnis, soziale Mißklänge zu vermeiden, daß man selbst dann ja sagt, wenn man nach Lage der Dinge eigentlich mit Nein antworten müßte. Im Javanischen gibt es sieben Arten des Ja-Sagens, deren Bedeutung von ja über vielleicht bis hin zu nein reichen kann.

Spitzt man das Problem zu, so kann man es in die Frage kleiden: Soll ich ehrlich (treu, gerecht usw.) oder aber harmoniebedacht sein? Die traditionelle asiatische Antwort fiele allemal in letzterem Sinne aus.

Dieses existentielle Harmoniebedürfnis ist ein idealer Humus für konservatives Denken: Wer Konflikte vermeiden will, renne bitte nicht gegen Kasten-, Familien-, Clan- und Danwei-Ordnungen an. Warnend heißt es sogar manchmal: «Kastenordnung oder Anarchie», wobei vorausgesetzt wird, daß die Kastenordnung keine menschliche, sondern eine göttliche Stiftung sei.

3. Die «Drei Harmonien»

Entsprechend dem vor allem in der konfuzianischen Tradition beheimateten Dreiklang «Himmel, Erde, Mensch» seien nachfolgend drei Exemplifizierungen des ganzheitlichen Umgangs mit dem Mitmenschen, mit der Natur und mit dem Übersinnlichen gegeben.

a) Im Einklang mit der menschlichen Umwelt

Eine Warnung vorweg: «Sanfte» Konfliktbewältigung ist keineswegs Konfliktlosigkeit, wie eine Rundfrage in dem äußerlich so harmoniebedachten Malaysia[8] gezeigt hat. Eine Grundvorstellung bei den Befragten war der Wettbewerb um ein gleichbleibend großes Stück Kuchen, von dem eine wachsende Zahl von Konkurrenten zehren möchte. Die Menschen befänden sich dabei in einem steten Überlebenskampf; von Natur aus seien sie schlecht, verstünden es aber, ihre wahren Absichten hinter einer Höflichkeitsmaske zu verbergen. Außerhalb der eigenen Familie gebe es keine Moral; man handle nicht nach

den Befehlen des Gewissens, sondern nach äußerlicher Schicklichkeit. Die
Regierung sei gut beraten, wenn sie vor allem die Polizeifunktionen des Staates stärke. Gleichzeitig gaben die Befragten aber auch zu, daß angesichts dieser durch begrenztes Güterangebot, wachsenden Wettbewerb und soziales
Mißtrauen gekennzeichneten Grundbefindlichkeiten der Bedarf an Mechanismen der Konfliktvermeidung steige. Ob «Harmonie» aus edler Absicht,
aus Berechnung, Trägheit oder aber Opportunismus geübt wird, spiele letztlich keine Rolle – Hauptsache, sie sei da.

Wie der «Harmoniebedarf» zu ganzheitlichem Verhalten führt, sei anhand
einiger Beispiele angeführt:

Während der westliche Mensch bereit ist, in mehrere gesellschaftliche
Rollen zu schlüpfen, bei unterschiedlichen Sachzwängen Rollendissonanz in
Kauf zu nehmen und überhaupt eine rational durchorganisierte Gesellschaft
zu akzeptieren, strebt der Durchschnittsasiate nach Rollenkonkordanz und
möchte eher einer organisch gewachsenen und überschaubaren Wir-Ge-
meinschaft angehören. Den «Einzigen» im Sinne eines Max Stirner gibt es
unter diesen Umständen in Asien genauso wenig wie die «blauen Ameisen».

In den überschaubaren Kleingruppen der Dörfer, Betriebe und Nachbarschaften würde kaum jemand eine 51-%-Demokratie akzeptieren. Statt dessen wird der Konsens aller, aber auch wirklich aller Mitglieder angestrebt,
wobei zeitaufwendige Harmonisierungsprozesse nötig sind, z.B. das javanische Musjawarah, die Ringisei-Praxis im japanischen Industrie- und Behör-
denbetrieb und nicht zuletzt das so unendlich häufige und manchmal auch
lästige chinesische «Kaihui» («Versammlungen abhalten»).

Ganz im Gegensatz zum Westen wird in Asien ferner selten zwischen Pri-
vat- und Geschäftsfragen getrennt. Beziehungen aller Art, ob im Betrieb, im
Behördenalltag oder in der Nachbarschaft, sind vielmehr primär personaler
und erst in zweiter Linie sachlich-funktionaler Art. Kein Wunder, daß der
«Personalismus» in all seinen Ausprägungen, vom Nepotismus bis hin zur
Patronage, als normal gilt!

Harmoniegefährdende Situationen werden entweder durch Einschaltung
einer dritten Person oder durch strikte Ritualisierung entschärft. So ist der
Mittelsmann ein panasiatisches Faktotum, das bei Schlichtungen und
schwierigen Geschäftstransaktionen ebenso in Erscheinung tritt wie bei
heiklen Ehestiftungen.

Was die Ritualisierung anbelangt, so hilft sie auf subtile Weise Streßsitua-
tionen zu entschärfen. Die Trauer der Hinterbliebenen zum Beispiel hat sich
vor allem in korrekten Zeremonialabläufen zu äußern, nicht in individuellen
Bekundungen, die ja allenfalls andere Gemeinschaftsmitglieder «belasten»
würden. Auch sonst geht es wesentlich ganzheitlicher zu als im Westen, so
z.B. beim Lernen, das fast immer in Gemeinschaft erfolgt.

Hier wäre erstens das auch heute noch weitverbreitete Meister-Schüler-
Verhältnis als Beispiel zu nennen, das nicht nur im Hinduismus oder in den

Pesantren (muslimischen Internaten) Malaysias oder Javas weiterlebt, sondern sich sogar im revolutionären China hat halten können, so zum Beispiel bei der Vermittlung der traditionellen Medizin, die gerade im Zeitalter Mao Zedongs eine so erstaunliche Wiedergeburt erfahren hat. Lernen wird hier zum Nachahmen eines majestätischen Lehrers. Einem Asien-Skeptiker wie Arthur Koestler[9] wurde höchst unbehaglich zumute, als er sich mit einer solchen Guru/Schüler-Situation konfrontiert sah. Er hatte in einem Hotel im südindischen Kerala gerade an seinem Schreibtisch Platz genommen, als die Tür sich öffnete und ein Inder ihn bat, der hohe Gast möge doch bitte seinem Sohn erlauben, eine Zeitlang still in seiner Nähe zu verweilen. Typisch der nun folgende Kommentar: «Die ganze Zeit wandte der auf dem Boden hockende Jüngling den Blick seiner großen Bambi-Augen nicht von mir ab. Sie schlürften meine schweißtriefende Erscheinung ein, sie höhlten mich aus, sie hingen an mir wie elektromagnetische Blutegel. Ob ich lächelte oder finster drein sah, ob ich schrieb oder gurgelte, machte für ihn keinen Unterschied: Alles war geistige Bereicherung. Er saß und saugte und labte sich wie eine Zecke im Hundefell. Ich hatte wohl über Yogis gelesen, die in Himalaya-Höhlen mit ihren Gurus lebten und 15 Jahre lang nie das Wort an ihn richteten – aber erst jetzt, unter dem hypnotischen Blick des Jungen, begriff ich die symbolische Wechselbeziehung zwischen Schüler und Meister und fand sie recht unbehaglich.» In Asien hat der Lehrer vor allem ein persönliches und erst in zweiter Linie ein fachliches Vorbild zu sein (Näheres S. 194 f.). Ähnlich ganzheitlich wird auch die Elternrolle gesehen.

Zweitens ist das Lernen nicht nur ein analytisches Durchdringen des Stoffs, sondern ein intuitives Erfassen und Erfühlen, ja «Eintauchen» in die Materie (Näheres dazu unten S. 189 ff.). Daher die weitverbreitete Neigung, Texte auswendig zu lernen und so ein Gespür für das Erlernte zu erlangen. Schriftzeichen etwa werden im metakonfuzianischen Kulturkreis zunächst einfach nur gepaukt, wobei der Lehrende von der Erwartung ausgeht, daß die Stimmungen und Schönheiten des Ideogramms dem Schüler eines Tages schon noch aufgehen. Bezeichnenderweise erfolgt dieses Einpauken häufig nicht solo, sondern in Gemeinschaft mit anderen.

Drittens aber werden die Unterschiede zum Westen deutlich bei der Suche nach einer Definition des «gebildeten» Menschen. Im Westen ist er im allgemeinen ein Wissender, in Asien dagegen ein Bewahrender (Konfuzianismus), ein Entsagender (der Hindu in seinem vierten Lebensabschnitt), ein Dienender (Maoismus) oder ein Ergebener – man denke an den gläubigen Mohammedaner. Fast immer haben diese Eigenschaften Gemeinschaftsbezug, vor allem im Konfuzianismus. Darüber hinaus war bis in die jüngste Zeit hinein das (ebenfalls ganzheitliche) Amateurideal verbindlich, sei es nun beim konfuzianischen Mandarinat, beim japanischen Schwertadel oder in den Hindu- und Islamschulen, deren Lehren nie bloßer «Religionsunterricht» waren, sondern die stets engsten Kontakt zwischen Alltagsleben und Religion herstellten, ja deren eigentliche Legitimation auf der traditionellen Überzeugung beruht, daß nur die Heiligung des Alltagslebens den Menschen zum Besseren führen kann und daß bloßes Fachwissen des Teufels ist.

Die Gemeinschaftsbezogenheit wird auch deutlich im Bereich der Heilkunst, die zumindest traditionell in Asien noch eine echte Human- und nicht eine Apparate- oder Pillenmedizin ist. Die beiden Hauptunterschiede zwischen westlicher Schul- und asiatischer Ganzheitsmedizin bestehen darin, daß nach traditioneller panasiatischer Auffassung Krankheiten selten allein durch physische Ursachen hervorgerufen werden, sondern auf vielfache Einflüsse zurückgehen, die psychosomatischer, psychosozialer, ja manchmal «kalendarischer» Natur sind; kein Wunder, daß Heilung sowohl durch Medikamente als auch durch Gesundbeten herbeigeführt wird. Krankenhäuser waren jahrehundertelang in Tempeln untergebracht, das Heilwesen wurde vielfach von Mönchen ausgeübt, zum Beispiel in der tibetischen Medizin. Zweitens kann Heilung nicht mit nur punktuellen Eingriffen in den Körper des Kranken, sondern muß ganzheitlich erreicht werden, d. h. durch Benutzung pharmazeutischer, magischer und in jedem Fall auch sozialer Mittel. In toto beispielsweise wurde der Mensch «erfaßt» durch die alte singhalesische Zauberheilung, deren Hauptelement darin bestand, daß der Kranke im Kreise der Dorfbewohnerschaft die ganze Nacht lang im Freien zu verharren hatte, wobei die grell bemalten Masken der 18 Krankheitsdämonen an ihm vorbeitanzten. Von dieser Prozedur mußte unbedingt Heilung ausgehen. Hatten sich doch die Erwartungen des ganzen Dorfes auf diese Therapie gerichtet! Hier wurde nicht nur eine Spritze verabreicht oder ein chirurgischer Schnitt vorgenommen, sondern das ganze soziale Umfeld des Kranken zugezogen.

Ferner waren im traditionellen Asien einige der in der westlichen Schulmedizin üblichen Methoden vollends verpönt, so zum Beispiel im konfuzianischen China die Chirurgie, die Verabreichung von Spritzen oder Impfungen, weil man die Vorstellung hatte, der Körper gehöre den Eltern; Eingriffe liefen auf eine Pietätlosigkeit ihnen gegenüber hinaus. Selbst ein aufgeklärter Intellektueller wie Gandhi ließ es nicht zu, daß seine Frau, die an einer Bronchialinfektion sterbenskrank daniederlag, Penicillin erhielt, wobei er die Weigerung mit einem entsprechenden Hindu-Tabu begründete. In China versucht man auch heute noch, den Körper eher durch Anregung der eigenen Abwehrkräfte von innen her (zum Beispiel durch Akupunkturbehandlung oder Moxibustion) als durch Einschnitte von außen her zu heilen. Die chinesische Volksmedizin arbeitet mit Rezepturen, die bis heute, wenn den meisten auch unbewußt, von «Verkettungs»-Regeln (Himmel/Erde; Näheres dazu oben S. 40) mitbestimmt sind.

Medizin erhielt zudem im maoistischen China noch eine politische Dimension, insofern nämlich Millionen von Menschen zur Durchführung hygienischer Grundregeln «mobilisiert» und Hunderttausende von «Barfußärzten» auf die Dörfer geschickt wurden, die zugleich auch eine politische Mission hatten. «Arzt» ist eben nicht einfach nur ein Beruf, sondern deckt ein vielfältiges Spektrum ab, zu dem früher auch noch Zauberei und Magie gehörten.

Besonders deutlich pflegt im allgemeinen das Befremden zu sein, das der Durchschnittsasiate dem neuzeitlichen Individualismus entgegenbringt. Ein Hauptthema der asiatischen Tradition war das Verlangen nach Harmonie nicht nur mit dem Nächsten und der Natur, sondern auch mit dem Jenseitigen. Makro- und Mikrokosmos, Himmel und Erde, Gott und Mensch stehen in engem Bezug zueinander. Nichts ist in diesem analogisierenden Weltbild, wie oben ausgeführt, zufällig oder isoliert. Vereinzelung gilt in China als unglückverheißend, im Buddhismus als «leid»-verursachend oder wird als Irrtum – im Sinne von «Maya» – interpretiert. Glaube an die Substanz einer individuellen Seele ist sowohl nach buddhistischer als auch nach hinduistischer Überzeugung eine der drei Ursachen, die das leidvolle «Rad der Wiedergeburt» in Bewegung halten. Der Mensch wird als Dividuum, nicht als In-dividuum begriffen. Die allseitige Rückbindung, in der sich jeder einzelne befindet, läßt es ratsam erscheinen, alle Extreme und Einseitigkeiten zu vermeiden, da sie ja nur zu entsprechenden Gegenausschlägen führen – sei es im Gefolge der Yin-Yang-Dialektik oder aber der Vergeltungskausalität des Karma. Allen asiatischen Wertesystemen ist das Grundbedürfnis nach Gleichgewichtigkeit und nach einem «Weg der Mitte» eigen – so zum Beispiel im chinesischen «Zhongyong». Jede Einseitigkeit, wie etwa die Betonung des Verstands auf Kosten des Gefühls oder einer einzigen menschlichen Charaktereigenschaft auf Kosten der anderen sind verpönt. Auch asiatische Lebensweisheiten, wie sie in bibliophilen Ausgaben in unzähligen Auflagen auf den westlichen Buchmärkten erscheinen, kreisen fast immer um die «Mitte» und das Ganze und sind von einer alles durchdringenden Dialektik bestimmt – nach dem Schema: Kein Glück ohne Unglück, keine Freude ohne Leid, kein Licht ohne Finsternis, alles hat seinen Preis. Für den Hindu und den Buddhisten ist Glück und Freude nur eine Augenblickserscheinung, die von einer trügerischen Scheinwelt vorgegaukelt wird und auf die es nur eine Reaktion geben kann, wie sie der Vertreter einer ganz anderen Welt, Augustinus, mit seinem «O vanitas vanitatum et omnia vanitas» (Oh Eitelkeit über Eitelkeiten, alles ist eitel) formuliert hat.

Um diese «Abgeklärtheit» wird Asien häufig beneidet. Dafür hat es andererseits aber auch keinen Beethoven oder Bach, keinen Rembrandt, keinen Kant und auch – Dimension des Willens! – keinen Vasco da Gama, Columbus oder Fritjof Nansen hervorgebracht, um hier nur einige wenige repräsentative westliche Vertreter einer ausdifferenzierten Gefühls-, Verstandes- und Willenswelt zu nennen. Gleichzeitig erscheint der Durchschnittsasiate wegen seiner Ausgeglichenheit für den Europäer im allgemeinen als Persönlichkeit nicht besonders interessant.

b) Im Einklang mit der Natur?

Drei Haltungen gibt es gegenüber der Natur: Man unterwirft sich ihr, man «macht sie sich untertan» oder man lebt in Harmonie mit ihr. Das erste ist der frühanimistische, das zweite der westliche und das dritte der traditionell-asiatische Weg, der sich verkürzt mit den zwei Formeln «Einfügung in die Natur» und «Die Natur noch natürlicher machen» umreißen ließe.

Was Einfügung – oder besser das «Einschmiegen» – in die Natur bedeutet, wird nirgends deutlicher als in der ostasiatischen Architektur und Landschaftsmalerei. Man denke an die bezaubernden Teehäuser von Kyoto und an die Pavillons von Suzhou sowie an die «Shanshui» (wörtl.: Berg-Wasser)-Tuschspiele, auf denen der Mensch neben Kiefern, Felsen und Wasserfällen nur als einer von vielen Darstellungsgegenständen erscheint. Er tritt nicht wie in der Renaissance in den Vordergrund, sondern ist Partikel einer allumfassenden Natur und einbezogen in das Gefüge der Polaritäten: von Himmel und Erde, Fels und Baum, von Festgefügtem und Schwebendem, Alltäglichem (Fischer bei der Arbeit) und Numinosem (Tempel auf einem nebelumhüllten Felsgrat), von zehntausend Dingen und dem Leeren.

Schöpfungsfrömmigkeit auch gegenüber Flüssen, Bergen, Pflanzen und Tieren: Heilig sind Flüsse, allen voran der Ganges, der vom Himmel auf die Erde heruntergefallen und dort vom Haupte des Shiva aufgefangen wurde, von dem nun «reinigendes» Wasser ausströmt, in dem der fromme Hindu sich badet und den feinen Sündenschmutz wegwäscht. Und was für den indischen Hindu der Ganges, ist für den nepalesischen Hindu der Pashputinat. An all diesen heiligen Flüssen werden die Toten verbrannt und ihre Aschenreste dem Wasser überantwortet. Auch das Weihwasser spielt eine überragende Rolle – wahrscheinlich hängt dies mit der Gangesverehrung zusammen. Den Thais gilt der Menam Chao Phaya, den Birmanen der Salween und der Irrawady als heilig, den Japanern der Fluß Isuzu, der das Gelände des heiligen Schreins der Sonnengöttin in Ise durchströmt, und dem chinesischen Daoismus die drei Hauptflüsse Nordchinas, die zugleich symbolisch sind für die ersten drei Dynastien, nämlich der Luo (für die Xia-Dynastie), der Gelbe Fluß (für die Shang) und der Wei (für die Zhou-Dynastie). Färbte sich das Wasser rötlich, so deutete sich damit Unglück für die Dynastie an. Alle Flüsse im alten China hatten ihre Flußgötter, denen lange Zeit Menschen geopfert wurden. Einer der wichtigsten Bauerngötter Chinas, der regenspendende Neunköpfige Drachen, stammt ebenfalls aus der Welt der Flüsse und Sümpfe.

Überall in Asien ist auch die Verehrung heiliger Berge heimisch – man denke an die mit daoistischen Schreinen gespickten «Fünf Heiligen Berge Chinas», den Taishan (im Osten), den Hengshan (im Süden), den Huashan (im Westen), den Hengshan (im Norden) und den Songshan (in der Mitte) sowie an den Kunlun im fernen Westen, an dessen Flanke der Gelbe Fluß entspringt und auf dessen neun Etagen zahllose Götter leben, unter ihnen Xiwangmu, die «Westliche Königsmutter». Weltberühmt auch der japanische Fuji-san, dessen majestätisch gleichmäßiger Kegel und dessen mit heißen Quellen und rauchenden Schlünden gespickte Vulkanumgebung das Landschaftsbild im mittleren Honshu bestimmen. Dem Hinduismus ist der im Himalayamassiv gelegene Kailash heilig, den der Gläubige nach mühevoller Pilgerreise im Uhrzeigersinn betend umschreitet und der zum Urbild aller hinduistischen Bergkulte sowie zum Ausgangspunkt der hinduistischen Tempelarchitektur geworden ist.

Auch in Südostasien sind überall Bergkulte verbreitet, was angesichts der imposanten – und numinosen – Vulkanketten eigentlich nicht weiter verwunderlich ist. Auf dem Adams-Peak in Ceylon werden die Fußabdrücke Adams, Vishnus und Gautama Buddhas gezeigt. In der hinduistischen Kosmologie wird das Zentrum der Welt durch den heiligen Berg Meru gebildet, der von sieben Meeren und sieben Landringen umgeben ist und an dessen steil nach oben wachsenden Flanken die Götterwohnungen aufgesetzt sind: die niederen Gottheiten weit unten, die höchsten Götter ganz oben. Dieses Meru-Schema, das vermutlich im Gefolge der Kailash-Verehrung entstanden ist, wurde zum Vorbild für buddhistische und hinduistische Heiligtümer, die ebenfalls in Meru-Form, d. h. bergartig, aufgeschichtet sind.

Auch Pflanzen, vor allem Bäume, gelten vielerorts als heilig. Weit verbreitet sind Baumkulte, so zum Beispiel in Indien und in Südostasien, wo der heilige Bo-Baum, unter dessen Zweigen Gautama Buddha seine Erleuchtung fand, vor keinem Tempel fehlen darf. Verehrung genießt auch der Banyang-Baum, der sich durch Absenken seiner Zweige seitwärts immer neue Wurzelstände schafft, bis er schließlich – ein einziger Baum – ein ganzes Dorf überwachsen hat. Überall an seinem Hauptstamm finden sich Opfergaben aufgestapelt: Der Baum ist ein göttliches Wesen! In Japan besteht die schöne Sitte, einen besonders charaktervollen Baum mit einem vielfach gezwirnten Seil zu umspannen und ihn damit als verehrungswürdig zu kennzeichnen. Als heilig gilt ferner der Sakaki-Baum, der im Legendenkreis um die Sonnengöttin eine prominente Rolle spielt. Mit seinen Zweigen vollzieht der Shinto-Priester über dem Neugeborenen oder über dem Brautpaar apotropäische Bewegungen. In China ist die Akazie der Gegenstand fast religiöser Verehrung. Im Schreingebiet von Qufu, dem Geburtsort des Konfuzius, stehen zahllose Gui-Bäume, die zum Teil schon in der Han-Zeit, also vor etwa 2000 Jahren, gepflanzt wurden. Ferner besitzen der Ahorn, der Bambus, der Buchsbaum, der Holzölbaum (Tong), die Kastanie, die Kiefer, die Persimone, die Pflaume, die Weide, der Zimtbaum und die Zypresse symbolhafte Bedeutungen. Symbolträchtige Pflanzen sind des weiteren der Lotos – als reiner Sitz Buddhas über dem Schmutz der Erde –, die Chrysantheme, der Lorbeer und vor allem der Bambus, der als Symbol der Standhaftigkeit und Ausdauer fast in keiner künstlerischen Darstellung Ostasiens fehlt.

Anders als bei Flüssen, Bergen und Pflanzen gibt es keine einheitliche Haltung «Asiens» zu den Tieren. Zu den tierfreundlichsten Religionen gehören ganz sicher der Buddhismus, der Jainismus und der Hinduismus; beim Buddhismus hängt dies mit dem Seelenwanderungs-, beim Hinduismus vor allem mit dem Alleinheitsglauben zusammen: «Alles ist Gott» – auch das Tier; mit ihm lebt man im ländlichen Indien wie mit Hausgenossen – mit Kühen sowieso, aber auch mit Hühnern, Zikaden und Kakerlaken. Vor allem nachts verwandelt sich das Haus in eine raschelnde, zirpende und bellende Geräuschkulisse. Diese Koexistenz hat nichts mit sentimentaler Tierliebe zu tun; dies weiß jeder, der einmal einen indischen Zoo besucht hat oder Zeuge war, wie unsanft Bauern bisweilen mit ihren Zugtieren umgehen. Tiere gehören auch überall zur religiösen Aura, sei es nun als Reittiere der hinduistischen Götter, als fauchende Schlangen und Drachen an Tempeleingängen oder aber als lebendige Schildkröten, die in zahlreichen daoistischen Tempeln als Symbole der Langlebigkeit gehalten werden. Einem noch tief in der animistischen Tradition verhafteten Politiker wie Sukarno gingen bei der Bandung-Konferenz von 1955 folgende Vergleiche leicht von den Lippen: «Wenn der Drache Chinas mit der Heiligen Kuh Indiens zusammenarbeitet, die Sphinx Ägyptens mit dem Pfau Birmas, der Weiße Elefant Siams mit dem Phönix Vietnams, der Tiger der Philippinen mit dem Banteng-Büffel Indonesiens – dann wird der internationale Imperialismus und Kolonialismus ganz sicher vernichtet werden.» In Ostasien allerdings hat man dem Tier gegenüber eine meist utilitaristischere Einstellung und fragt nach der Eßbarkeit. Aber auch hier wäre niemand auf die cartesianische Idee von der «Maschinenhaftigkeit» und «Seelenlosigkeit» eines Tiers verfallen.

In manchen asiatischen Kulturen findet eine bemerkenswerte Vergewaltigung der Natur statt – aber nicht, um sie zu denaturieren, sondern um sie «noch natürlicher» zu gestalten: Dies gilt für China, vor allem aber für Japan mit seiner Bonsai- und Ikebana-Tradition. Im ganzen konfuzianischen Kulturkreis wandert man nicht durch natürliche, sondern schlendert durch «künstliche Natur» wie Parkanlagen und Miniaturgärten, deren Reiz darin liegt, daß mit einem Maximum an Künstlichkeit ein Optimum an «Natürlichkeit» geschaffen wurde. Die Umgebung taucht in Form der sogenannten geliehenen Landschaft auf, die den bewußt perspektivisch gewählten Hintergrund vieler Gärten in Kyoto oder in Suzhou bildet.

Und das Verhältnis Asiens zur Wissenschaft?
Wissenschaft war dort, anders als in Europa, nie der Versuch, die Natur zu beherrschen, sondern mit ihr in Harmonie zu treten und die Bestätigung der Einheit zwischen Mikro- und Makrokosmos zu erhalten. Das Interesse galt in der Regel nicht den physischen, biologischen oder soziologischen Details, sondern den Beziehungen zwischen diesen einzelnen Erscheinungen. Nach chinesischer Auffassung mußten ja die fünf Elemente in genauer Entspre-

chung zu den fünf Jahreszeiten, den fünf Stimmungen, fünf Richtungen usw. gebracht werden. Diese ganzheitliche Einstellung verbot jegliche Enttabuisierung der Natur, wie sie beispielsweise durch die christliche Ethik gefördert worden ist. «Wissenschaft» darf sich nie von ihrer Umgebung – vor allem auch nicht der Religion – abschotten. Im Hinduismus und im Islam kann sie am Ende nur Ergebnisse hervorbringen, die in den heiligen Offenbarungen ohnehin längst angelegt waren. Selbst Kernspaltung und Lasertechnologie wären nach dieser Lehre nichts anderes als eine Art Wiederentdeckung. Ein Europäer fragt sich immer wieder erstaunt, wieso China und Indien ihre zahllosen Basiserfindungen nicht weiter ausgebaut und nutzbringend umgesetzt haben. Die Chinesen haben ja bekanntlich lange vor den Europäern das Papier, den Kompaß, das Schießpulver, die Porzellan- und Seidenherstellung, den Buchdruck und die Akupunktur entdeckt. In Indien gab es eine fortschrittliche Kalenderforschung und schon früh beeindruckende astronomische Erkenntnisse etwa über die Kugelgestalt der Erde, vor allem aber außerordentliche Leistungen auf dem Gebiet der Mathematik (Erfindung der Null, des Wurzelziehens und der Gleichungen 2. Grades, Ansätze zur Differentialrechnung und Trigonometrie. Nicht zuletzt stammen auch die «arabischen» Zahlen aus Indien). Bedeutsam ferner medizinische und technische Entdeckungen, nicht zu vergessen auch die Sprachwissenschaften und hier vor allem wiederum die Grammatik.

Doch all diese Erfindungen wurden nur partikulär und zu gesamthaften Zwecken, jedoch nie um ihrer selbst willen entwickelt, so zum Beispiel Mathematik und Meßwesen für den Tempelbau, Astronomie (und Astrologie) für die Anpassung der menschlichen und politischen an die himmlischen Gesetzmäßigkeiten und Geschichtsschreibung für die politische Legitimation. Es gab kein Bedürfnis nach Wissen um des Wissens und nach Erkennen um des Erkennens willen.

Aber auch sonst bestand wenig Interesse an Innovationen, die ja erstens nur den Status der politischen Eliten gefährden und zweitens religiöse Tabus verletzen konnten – man denke an den Zorn, der durch neue hydraulische Erfindungen gereizten Boden- und Wassergeister; drittens aber bestand die Gefahr, daß das durch die Tradition einigermaßen unter Kontrolle gebrachte «Gleichgewicht» zwischen den Kräften schnell wieder in Unordnung geraten könnte. Außerdem war der «Fortschritt» im asiatischen Wertesystem nicht positiv besetzt: Der Hinduismus gebietet die demütige Hinnahme des eigenen Schicksals im Kastenrahmen, der Islam befiehlt die «Ergebung», der Konfuzianismus die permanente Selbstvervollkommnung im Rahmen der überkommenen Sittenordnung, und der Daoismus lehrt die Übereinstimmung mit dem Natur-Dao, die man am ehesten durch Nichthandeln, d. h. durch Passivität, erreichen könne.

Kein Wunder, wenn unter diesen Umständen Wissenschaft keine Eigenbedeutung annahm, sondern stets in einem übergeordneten Rahmen eingebettet blieb. Bezeichnenderweise gab es ja auch keinen «Wissenschaftler»; vielmehr behielt das Amateurideal bis in die jüngste Zeit hinein Gültigkeit. Damit blieb den Asiaten zerebrale Einseitigkeit wie auch der Glaube erspart, daß eine Darstellung um so wissenschaftlicher ist, je blutleerer sie zutage tritt.

Soweit ein Asiate moderne Wissenschaft betreibt, dürfte er, von seiner holistischen Einstellung her, als Gestaltpsychologe, Biologe und Philologe erfolgreicher sein denn als Verhaltenspsychologe, Physiker oder als ein mit Phonemen und Morphemen arbeitender Linguist. (Weitere Einzelheiten zum Lernen und Erkennen sowie zum «ganzheitlichen» Raum- und Zeitverständnis vgl. unten S. 189ff.)

c) Im Einklang mit dem Übersinnlichen

Zumindest in drei Aspekten ist die asiatische Haltung zur Religion weitaus undifferenzierter als die europäische:

Da ist erstens die Großzügigkeit in der Abgrenzung zwischen den einzelnen Religionen und Sekten. Einen Chinesen oder Japaner zu fragen, ob er sich zum Buddhismus, zum Daoismus oder zum Shintoismus bekenne, läuft für ihn etwa auf dasselbe hinaus wie für einen Europäer die Frage, welche Blutgruppe er besitzt. Besonders großherzig ist hier der Hinduismus, der sämtliche Religionen als legitime Anleitungen auf dem Wege zum «All-Einen» anerkennt und insofern unbegrenzte Glaubenstoleranz zeigt. Lediglich der Islam bildet hier eine Ausnahme, insofern er, ähnlich wie das Christentum und das Judentum, von Ausschließlichkeit im Dogmatischen und von Intoleranz gegenüber Andersgläubigen geprägt ist, ohne hierbei allerdings überall erfolgreich zu sein – wie das Beispiel Java zeigt (s. unten S. 217ff.).

Zweitens ist es im religiösen Denken Europas zu zahllosen Aufspaltungen gekommen. Aus einer ursprünglich allumfassenden Theologie, der die «artes liberales» (die freien Künste: Arithmetik, Rhetorik, Musik etc.) als «Mägde» dienstbar waren, entwickelte sich nach und nach eine Fülle von Natur- und Geisteswissenschaften: von der Schöpfung zur Evolution, von der Magie zur Chemie und Physik, von der Astrologie zur Astronomie und letztlich zur Weltraumfahrt.

Besonders bedeutsam aber ist eine dritte europäische Besonderheit, die Asien nie nachvollzogen hat, nämlich der Verlust des Numinosen: Wer ja eine daoistische «Baibai» (Prozession) in Taiwan, ein Krishna-Fest in Indien, ein Schlachtfest zu Ehren der Schwarzen Kali in den Bergtälern Nepals, eine von majestätischen Alphornklängen begleitete Mönchsandacht in Lhasa oder eine Beerdigungszeremonie in Bali miterlebt hat, bekommt eine Ahnung für jenes Irrationale, «Ergreifende» und Numinose in der Religion, das Schleiermacher, vor allem aber Rudolf Otto[10] mit Ausdrücken wie «maiestas», «tremendum», «mysterium», «fascinans» oder «energia» umschreibt, um damit einen Gegensatz zu jenem rational abgeglichenen «Gott der Philosophen» herzustellen, wie ihn der gläubige Christ des Abendlandes seit dem Ende des Mittelalters zu verehren pflegt. In Asien dagegen ist die religiöse Ganzheit mit den großen Göttern, vor allem aber den vielen kleinen Geistern und Dämonen vollkommen präsent – und mit ihnen das ganze Reich des Animismus, das sich in einer Milchstraße von Abwehrmechanismen, Verehrungsritualen, Wahrsagepraktiken und Tabus niedergeschlagen hat und auf die unten (S. 227 ff.) noch näher einzugehen ist.

Die panasiatische Vergangenheit war also durch Ganzheitlichkeit geprägt. Wird sich demgegenüber in Zukunft der europäische Differenzierungsstil durchsetzen? Vermutlich wird es keine Entweder-oder-Entwicklung, sondern eine gegenseitige Angleichung geben. Schon heute beispielsweise sieht die westliche Welt Veranlassung, sich verstärkt auf den Holismus zu besinnen – man denke an die Quantentheorie, an das neue Umweltbewußtsein, an ganzheitliche Ansätze in der Medizin, an die Gestaltpsychologie oder aber an Phänomene, die einstweilen zwar noch zu den Randerscheinungen der Gesellschaft gehören, die aber doch gewisse Sehnsüchte nach Ganzheitlichkeit signalisieren – wie z. B. die zahlreichen neuen Religionen oder aber der psychedelische Erlebnishunger, der sich in so verschiedenen – und meist höchst merkwürdigen – Formen ausdrückt. Statt eines einseitigen westlichen «Siegs» könnte es also durchaus zu Begegnungs- ja Kreuzungseffekten kommen.

Zweiter Teil

Querschnitte
durch die asiatischen Gesellschaften
und Verhaltensstile

I.
Wie asiatische Gesellschaften aufgebaut sind

Die Art und Weise, wie Menschen sich gesellschaftlich organisieren, beeinflußt auf fundamentale Weise ihr Verhalten in Familie, Dorf und Staat, aber auch ihr Wirtschaftsgebaren. Es geht hier m. a. W. um eine zentrale Fragestellung, die aus gutem Grund bei den nachfolgenden sieben Querschnittsanalysen an erster Stelle stehen soll. Die voneinander so stark abweichenden asiatischen Organisationsprofile sollen dabei möglichst scharfrandig gezeichnet werden. Dabei stehen fünf Grundmusterpaare im Vordergrund.

1. Straff und schwach gefügte Gesellschaften

China und Vietnam sollen hier als Beispiele für den «straff», Thailand und Malaysia als Vertreter des schwach strukturierten Typs skizziert werden:

a) Straff gefügte Gesellschaften mit Danwei-Charakter:
der metakonfuzianische Gesellschaftstyp

Nirgends in Asien sind die Dörfer von alters her eigenständiger gewesen als in China und Vietnam. In beiden Ländern gibt es seit Jahrhunderten einen ausgeprägten Dualismus zwischen der jeweiligen kaiserlichen Zentralbürokratie auf der einen und den weitgehend autonomen Dörfern auf der anderen Seite. Das traditionelle Dorf hatte der Zentrale gegenüber im wesentlichen drei Pflichten zu erfüllen, nämlich Ruhe zu wahren, Steuern zu zahlen und gewisse Dienstleistungen zu erbringen, z. B. Mauern zu bauen, Kanäle auszuheben, bei den staatlichen Werften auszuhelfen oder aber Militärdienste zu leisten. Im übrigen jedoch «endete das Recht des Kaisers an der Dorfhecke». Die Dörfer hatten ihr lokales Gewohnheitsrecht, ihren eigenen Dorfgott, ihren eigenen Ältestenrat, ihren höchst ortsgebundenen Ahnenkult sowie ihr (zumeist in Tempel- und Schreinfesten zutage tretendes) altehrwürdiges Dorfritual und bestritten im übrigen auch die eigene «Daseinsvorsorge» sowie, in Zeiten der Gefahr, sogar die Dorfverteidigung – man denke an die mächtigen Wehrtürme in Guangdong. Bisweilen bestand, wie zum Beispiel in weiten Bereichen Südchinas, die Idealgleichung 1 Dorf = 1 Clan, 1000 Dorfbewohner = 1 gemeinsamer Ahne. Nichts Zäheres ließ sich denken als der permanente Kampf der Dörfer gegen mandarinäre Beschränkungsversuche, wie sie sich im Laufe der Jahrhunderte unzählige Male wiederholten. Was diese traditionelle Selbständigkeit des Dorfes auch heute noch so bedeutsam erscheinen läßt, ist die Tatsache, daß jeder Vietnamese oder Chinese, der in eine Stadt umzieht, stets «sein Dorf mit sich herumträgt». Möglichst schnell schließt er sich einer neuen «Grundeinheit» – chin.: «Danwei» – an, und zwar einer Fabrik, einer städtischen Nachbarschaft, einer Universitätsfakultät oder dergleichen.

Bei der Danwei tendieren Produktions- und Konsumtionsbereich zur Deckungsgleichheit. In den Städten brechen beide Bereiche zwar manchmal auseinander, insofern der einzelne dort nicht immer am gleichen Ort arbeitet, wo er lebt, doch gehen auch in den heutigen Stadtgemeinden die Bemühungen dahin, solche Trennungsfälle auf ein Minimum einzuschränken und überall «Siemens-Siedlungen» einzurichten. Selbst die größte Stadt der Welt, Shanghai, ist kein Ort anonymen Wohnens, sondern ein nach «Nachbarschaften» durchparzelliertes und mit Nachbarschaftsbetrieben gespicktes Großzellengebilde, in dessen Untereinheiten jeder jeden kennt. Die Danwei fühlt sich nicht nur für die Produktion und Verteilung, Sicherheitsfragen, Freizeitgestaltung, Hygiene und «Kultur» verantwortlich, sondern kümmert sich auch um das Privatleben ihrer Mitglieder und wird notfalls im Wege der Schlichtung (zum Beispiel bei einem Ehestreit) tätig[1].

Die Danwei begünstigt also die «Zellularisierung» der Gesellschaft, fördert partikuläre Loyalitäten sowie «ethischen Relativismus» (man fühlt sich nur dem Danwei-Genossen, nicht aber der anonymen Öffentlichkeit im Transdanwei-Bereich verpflichtet), und sie sorgt durch ihre struktureigenen Mechanismen dafür, daß es Danwei-Demokratie und Danwei-Sozialpolitik gibt, während im Transdanwei-Bereich von Partizipation oder sozialer Unterstützung nur ganz ausnahmsweise die Rede sein kann. Der Dualismus von Danwei- und Transdanwei-Bereich ist das Hauptstrukturmerkmal der metakonfuzianischen Gesellschaften. Wegen ihrer Überschaubarkeit vermittelt die Danwei-Gemeinschaft eine Art Wir-Gefühl; auch ist sie örtlich stabil und auf lange Dauer angelegt: man stelle sich einen Augenblick lang vor, daß nur ein Teil der chinesischen Milliardenbevölkerung umzöge oder mit dem Privatauto einen Feiertagsausflug unternähme. Ein Zusammenbruch der Infrastruktur und der Benzinversorgung wäre die direkte, eine Umweltkatastrophe die indirekte Folge. Kein Wunder, daß die mit Grundrechten sonst so großzügig ausgestattete Verfassung von 1982 keine Freizügigkeit enthält.

Zwei Jahrzehnte lang versuchte Mao Zedong die altehrwürdige Danwei-Autonomie durch Volkskommunen sowie durch Parteigremien auszuhöhlen, die er wie Nägel in die Danweis hineinhämmerte, ohne sich allerdings gegen den passiven Widerstand vor allem der Dörfer durchsetzen zu können. Hauptmerkmal der «Reformen», die Ende der siebziger Jahre begannen, war denn auch nicht von ungefähr die Re-Autonomisierung der Dörfer und Fabrikbetriebe.

Die hochgradige Gerinnungsfähigkeit konfuzianischer Gesellschaften läßt sich besonders deutlich auch unter den chinesischen Auswanderern nach

Südostasien beobachten. Schon kurz nach ihrer Ankunft kristallisierten sich
überall in Indonesien, vor allem aber in den Straits Settlements von Penang,
Georgetown und Singapur Vereinigungen heraus, die nach Verwandtschaft,
landsmannschaftlicher Herkunft, Dialekt oder aber auch Berufen gegliedert
waren und die sich als Wohlfahrts- und Unterstützungsgesellschaften, als
Provinzclubs (zum Beispiel gemeinsame Herkunft aus der Provinz Guangdong), als Beerdigungsvereine, als Kaufmanns- und Handwerkergilden und
– nicht zu vergessen – auch als Geheimgesellschaften verstanden, in welch
letzterer Eigenschaft sie Schutzmaßnahmen gegen Übergriffe der einheimischen Bevölkerung trafen[2].

*b) Schwach gefügte Gesellschaften:
der theravadabuddhistische und malaiische Gesellschaftstyp*

Eine ganz andere Welt betritt man in Thailand, das der Anthropologe
Embree[3] als Paradebeispiel einer «loosely structured society» entdeckt hat.
Jeder gehe hier seinen eigenen Weg; es gebe kaum festen Zusammenhalt, selten ein «Keep in line» und fast nie ein «Be on time». Undenkbar beispielsweise, daß drei oder vier Thais, die nebeneinander auf der Straße daherkom-
men, je in Gleichschritt verfielen. Die «schwache Fügung» beginnt, wie
Embree feststellt, bereits bei der Familie. Zwar sei der Vater dort durchaus
als Oberhaupt anerkannt, doch übe er seine Funktionen, anders als in Vietnam oder China, niemals patriarchalisch aus. Über die Ausdehnung der eigenen Verwandtschaft bestünden höchst wolkige Vorstellungen – ganz zu
schweigen von einem («konfuzianischen») Verlangen, mit «drei Generationen unter einem Dach» zu leben. Angesichts des losen Familienzusammen-
halts könnten sich Eltern ihrer Kinder nie ganz sicher sein; eines Tages seien
sie eben einfach weg. Auch Ehen hielten nicht lange – eine Beobachtung, die
übrigens ebenso für Kambodscha und Birma[4] gilt, besonders aber für
Malaysia, wo die Ehescheidungsraten in manchen Gegenden bei über 70 %
liegen[5].

Bindungen mit Danwei-Charakter wird man auf Dorfebene vergebens suchen. Dies gilt übrigens auch für den Großteil der malaiischen Welt, wo es
selten institutionalisierte, also etwa auf Territorialität oder auf Blutsgemein-
schaft beruhende Bindungen, sondern fast nur «dyadische» (Paar-)Bezie-
hungen gibt, die ganz auf persönlichen Sympathien oder auf Berechnung, in
jedem Fall aber auf Ad-hoc-Überlegungen beruhen. Dies wird vor allem
deutlich bei der Untersuchung eines beliebigen Kampung, also eines jener
typischen «Dörfer», die in der Regel bandförmig entlang von Straßen und
Flüssen angelegt sind und deren Bewohner selten genau zu sagen wußten,
wo das eine «Dorf» endet und das andere anfängt. Diffus auch der Einzugs-
bereich der einzelnen Moscheen; vergeblich würde ein Europäer ferner nach
einem «Zentrum mit Kirche und Rathaus» suchen[6].

Manche Soziologen möchten am liebsten den «Dorf»-Charakter solcher sich überlappender Ansiedlungen überhaupt in Zweifel ziehen und statt dessen lieber von Bauernhausansammlungen oder Weilerkonglomeraten sprechen. Sogar der Dorfvorsteher sei kein Bürgermeister im westlichen Sinne, da er – in Malaysia wie in Thailand – in erster Linie nicht die Einwohner vertrete, sondern sich eher als Auge, Ohr und Mund der staatlichen Bürokratie verstehe. Verglichen mit Vietnam gibt es in der Tat wenig, was das malaiische oder thailändische Dorf als solches zusammenhält: so fehlt es an einem Dorfgott, an einem Dorfgewohnheitsrecht, an innerdörflichen Dauergruppierungen, an Berufsverbänden, Dorfsolidaritätsgruppen oder gar an einer Einrichtung wie dem vietnamesischen Dinh, in dem die dörflichen Versammlungen und religiösen Feiern stattfanden, von Clanbildungen ganz zu schweigen. Der «dörfliche» Zusammenhalt wird lediglich durch zwei Bindungen gewährleistet, nämlich durch die Bodenparzelle, auf die man als Bauer, und durch die Rites de passage, auf die man als Gläubiger nun einmal angewiesen ist.

Auch im politischen Leben ist alles im Fluß. Daß in Thailand nichts so beständig ist wie der Wechsel, zeigt sich vor allem bei den zahlreichen Verfassungen, die seit 1932 verkündet worden sind, ferner beim ständigen Wechsel zwischen Militär- und Zivilherrschaft, nicht zuletzt aber auch in der Außenpolitik, in deren neuerer Geschichte Thailand seine Alliierten wie die Handschuhe wechselte: im 19. Jahrhundert kollaborierte es abwechselnd mit den beiden Kolonialmächten Frankreich und England, im 20. Jahrhundert arbeitete es zuerst mit Japan und dann wiederum mit dessen Hauptgegner, den USA, zusammen, von denen es sich dann allerdings nach dem Verlust des Vietnamkriegs eine Zeitlang abwandte, um sie am Ende erneut als Hauptverbündete zu umwerben. Schließlich ging es 1978 eine Liaison mit eben jenem China ein, mit dem es vorher drei Jahrzehnte lang spinnefeind gewesen war.

Charakteristisch für das politische Leben ist die «Clique», eine informelle Gruppierung von Personen, die sich für mehr oder weniger kurze Zeit zu einem politischen Kampfbündnis solidarisieren. Frontenwechsel sind hier häufig: Die Gegner des thailändischen Ministerpräsidenten Phibun von 1947 waren bereits 1948 dessen Alliierte. Auch die heutzutage nach Dutzenden zählenden thailändischen Parteien sind weniger Programmträger als vielmehr Manifestationen alerter Cliquenbewegungen.

Fast noch stärker ist diese Aufspaltungstendenz in Kambodscha ausgebildet. Der Radikalismus der Roten Khmer erklärt sich nicht zuletzt aus der fast sprichwörtlichen Unorganisierbarkeit des kambodschanischen Volkes. Sogar der auf Leben und Tod angelegte antivietnamesische Widerstand der «Dreierallianz» des Demokratischen Kampuchea (1981 ff.) ist geradezu ein Musterbeispiel permanenter Spaltungen und gegenseitiger Anfeindungen. Fast möchte man sagen, daß es so viele Parteien wie Kambodschaner gibt.

Dasselbe gilt für Birma und Laos, wo die zentrifugalen Kräfte lediglich durch die Machtübernahme des Militärs (Birma 1962) und die der Kommunisten (Laos 1975) eine Zeitlang gebremst wurden. Auch in der malaysischen und indonesischen Welt sind die Gesellschaften im allgemeinen, sieht man von Ausnahmen wie Bali ab, locker gefügt.

c) *Indien: Scheinautonomie der Dorfgemeinschaften*

Und Indien? Hier gab es lange Zeit den Mythos von den «kleinen Dorfrepubliken», der durch einen Bericht des britischen Gouverneurs Charles Metcalfe (1832) zu einem klassischen Topos geworden war, dem sogar Gandhi noch anhing, als er im Zuge der indischen Lokalreform die Dörfer wieder einer «Herrschaft der Fünferräte» (Panchayati Raj) unterstellen wollte, wobei er von zwei unzutreffenden Erwartungen ausging, nämlich der Autonomie des Einzeldorfs und vom Konsensprinzip, also der Einstimmigkeit mittels Kompromiß.

Die moderne Indienforschung hat demgegenüber feststellen müssen, daß beide Prämissen falsch sind: Erstens war das Panchayat-System nie die alleinige Form der dörflichen Selbstverwaltung; allein in Nordindien etwa konnte Retzlaff[7] vier Grundtypen ausfindig machen, nämlich die Kasten-, die Dorf-, die Einzelzweck- und die Schlichtungs-Panchayats, die durchweg oligarchischen Charakter hatten[8], da sie von den Dorfbewohnern weder gewählt waren noch deren Interessen als Gesamtheit vertraten. Die Panchayat-Ideologie Gandhis gilt heutzutage eher als «demokratische Dorfidylle».

Zweitens aber ist die Autonomie des indischen Dorfs mit der Moghul- (16. und 17. Jahrhundert), spätestens aber mit der britischen Herrschaft (17. Jahrhundert) erloschen, und zwar aufgrund einschneidender Besteuerungsmodalitäten, die die dörfliche Selbständigkeit aushöhlten. Schon die muslimischen Moghul-Eroberer hatten auf vier Ebenen – von der Provinz bis hinunter zu den Distrikten – Beamte eingesetzt, deren Aufgabe es war, für die Zentralregierung jeweils einen bestimmten Steuerbetrag auszuheben. Erwiesen sich die Funktionäre als pünktliche Zahler, so erhielten sie die Einzugsrechte als – vererbbares – Steuerlehen. Häufig ernannten sie nun ihrerseits Steuerpächter (Zamindare) zu Hilfseintreibern, deren Effizienz so durchschlagend war, daß Mitte des 17. Jahrhunderts, als das Verwaltungssystem der Moghulen zu verfallen begann, bereits zahllose Dörfer in die Abhängigkeit von «Landlords» und Zamindaren geraten waren, die den traditionellen Dorfräten kaum noch Handlungsfreiheit ließen.

Die britische East India Company setzte diese ihr höchst nützlich erscheinende Tradition fort, indem sie 1793 die «indirect rule» einführte und sich, wie schon die Moghulen, der Zamindare als Mittelsmänner für die Steuereintreibung bediente. Lord Cornwallis, der diese Regelung hauptsächlich

durchsetzte, versuchte sogar, den Zamindaren Landadelsrechte nach briti-
schem Vorbild einzuräumen und sie als Rückgrat für das neue politische System zu gewinnen[9]. Damit freilich wurde die Dorfautonomie nun vollends
liquidiert. Spätestens damals verlor das indische Dorf seinen Danwei-Status
und wurde Teil des Transdanwei-Bereiches. Zwar versuchten die Briten später mehrere Male, die alte Selbstverwaltung neu zu beleben, um sich so der
immer habgieriger werdenden Zamindare wieder zu entledigen; die Pan-
chayat-Idee jedoch war längst tot. Dieselbe Erfahrung mußten auch die
Nachfolger Gandhis machen, die im Geiste des Mahatma seit 1957 versuchten, die Neubelebung der Selbstverwaltung mit einem «Community Development»-Programm zu verbinden, wobei die staatlichen Mittel über drei
Stufen, von den Distrikten (unterste staatliche Instanzen) über die «Blöcke»
bis hin zu den «Panchayats», kanalisiert werden sollten[10]. Doch war auch
hier die Rechnung wieder ohne den Wirt gemacht worden: Zwar erhielten
die Dörfer de jure zahlreiche Selbstverwaltungsrechte; da sie jedoch von Anfang an unter chronischer Finanznot litten, sprach am Ende doch wieder die
staatliche Distriktsverwaltung, von der ja die Hilfsgelder verteilt wurden,
das letzte Wort. Da deren Beamte freilich nicht von den Dörfern gewählt,
sondern von Delhi ernannt wurden, verwandelte sich die eigentlich ange-
strebte Dezentralisierung unterderhand zur administrativen Dekonzentrie-
rung. Praktisch lief dies darauf hinaus, daß nicht der dörfliche «Fünferrat»,
sondern die staatliche Bürokratie auch über solche Fragen entschied, die de
jure zum Selbstverwaltungsbereich gehörten. Da die enttäuschte Dorfbevöl-
kerung daraufhin schnell wieder jegliches Interesse an der Selbstverwaltung
verlor und die Entscheidungen der Beamtenschaft sowie der dörflichen Gen-
try überließ, wurde die von Gandhi geforderte Dorfdemokratie de facto
zum Instrument der mit der Beamtenschaft klientelisierten Dorfoligarchie.
Angesichts dieser kontraproduktiven Entwicklung warfen Kritiker den
Gandhianern vor, sie hätten mit ihrer unkritischen Dorfnostalgie am Ende
das herbeigeführt, was sie gerade hatten verhindern wollen, nämlich die Ver-
bürokratisierung und Verstaatlichung der Dorfentwicklung sowie die Fortsetzung der innerdörflichen Kastengegensätze und der ungerechten Boden-
verteilung[11].

    Anders als die theravadabuddhistischen und malaiischen Gesellschaften
verfügt das hinduistische Indien allerdings über zwei weitere Auffangbek-
ken, die dafür sorgen, daß die Gesellschaft zumindest in ihren Zellen fest
strukturiert ist, nämlich die Kasten/Jatis sowie bisweilen auch die Großfamilien (Näheres dazu unten S. 76 ff.).

d) Woher die Verschiedenheiten?

Als Erklärung bietet sich hier erstens einmal die Unterschiedlichkeit der Produktionsweise an. Für die metakonfuzianischen Gesellschaften liefert die «hydraulische Theorie» Karl Wittfogels brauchbare Hinweise. In fast allen Ackerbaukulturen, die periodisch von zu viel oder zu wenig Wasser bedroht waren, bildeten sich, unter Führung verhältnismäßig großräumiger wasserbauorientierter (hydraulischer) Fürstentümer, hochintegrierte Sippen- und Dorfgemeinschaften heraus, die gemeinsam Staudämme, Entflutungsanlagen und Wasservorratstanks erstellen, wobei es im Laufe der Zeit zur Herausbildung einer die Führung beanspruchenden – und meist in Städten lebenden – Beamtenschaft und einer breiten, Hand- und Spanndienste leistenden Bauernschaft kam. In den sechziger Jahren war die «hydraulische Theorie» an allen Universitäten und Forschungsinstituten große Mode. Es stellte sich jedoch schon bald heraus, daß sie nur auf einige wenige asiatische Gesellschaften paßte, u. a. auf die altchinesische Bauernschaft am Gelben Fluß und am Yangzi, auf die altvietnamesische Gesellschaft im Bereich des Roten Flusses, in abgeschwächter Form auch auf Bali sowie auf die Reisbauernkultur des alten Angkor. Demgegenüber traf sie nicht zu auf andere klassische Reisbauernländer wie Thailand, Birma, das nachangkorische Kambodscha oder auf Java. Dort entwickelten sich zwar Königs- oder Sultanatsherrschaften heraus, doch kam es nirgends zur Bildung zentripetaler Einheiten.

Höchst plausibel erscheint die Theorie, wie gesagt, für Altchina und vor allem für Altvietnam: Das Klima im vietnamesischen Stammgebiet, dem Becken des Roten Flusses, wechselt jährlich zweimal zwischen Überschwemmung (Monsunzeit) und Trockenheit. In der Hochmonsunzeit, nämlich im August, steigt der Wasserspiegel manchmal täglich um zwei Meter. Auf die Saison umgerechnet, kommt es in einigen Teilen dieses Schicksalsflusses sogar zu Höhenunterschieden von bis zu zehn Meter. Schon ein halbes Jahr später allerdings herrscht wieder Trockenheit, und die Saaten lechzen nach Feuchtigkeit. Dieses Hin und Her macht verständlich, warum die Wasserregulierung im Bereich des Roten Flusses einen so alles überragenden Stellenwert einnimmt. Eindeichungs-, Beforstungs- und Bewässerungsmaßnahmen gehören seit Jahrtausenden zum Aufgabenbereich der Gesamtgesellschaft. Kein Wunder, daß kollektive Selbsthilfe unter rahmenhafter obrigkeitlicher Anleitung «dem» Vietnamesen – und «dem» Chinesen – zur zweiten Natur geworden ist und auch außerhalb der Landwirtschaft zur Wirkung kommt. Auch die koreanischen und japanischen Bauern, deren Naßreis-Terrassenfelder in der hügeligen Landschaft immer mehr die Abhänge hinaufwanderten, konnten auf die Dauer nur dann zurechtkommen, wenn sie sowohl beim Bau der Terrassen als auch bei der Wasserverteilung stets aufeinander Rücksicht nahmen und zum Beispiel nicht einfach das von oben kommende Wasser kurzerhand auf das eigene Feld abzweigten.

Ganz anders die Situation in Birma oder Thailand, wo die Fruchtbarkeit der Landschaft und die Problemlosigkeit der Wasserverteilung weniger gemeinsame Anstrengungen verlangte. Was Kambodscha anbelangt, so hatte es in der Angkor-Zeit zwar eine gewaltige hydraulische Kultur gegeben. Mit dem Ende Angkors (1431) verlagerte sich jedoch das Zentrum Kambodschas in Gegenden, die weniger unter dem Zwang des Baus von Bevorratungstanks standen, und an die Stelle der hydraulischen trat in den nachfolgenden Jahrhunderten eine mehr «ichthylische» (fischereibedingte) Produktionsweise, bei der es keiner kollektiven Zusammenarbeit mehr bedurfte[12]. Es war aber nicht nur die Produktionsweise, sondern auch der Überbau, der die Vereinzelung begünstigte. Der Selbsterlösungsbuddhismus (Theravada) lehrt, daß jeder Mensch, auf sich allein gestellt, im wahrsten Sinne des Wortes Schmied seines Glücks oder Unglücks im nächsten Leben sei. Dies ist nicht gerade eine günstige Voraussetzung für Zusammenarbeit mit anderen.

Wie eng Produktionsweise und Überbau miteinander in Zusammenhang stehen, wird am Beispiel des «Auszugs» der kambodschanischen Bevölkerung aus Angkor (1431) deutlich. Kaum war sie der hydraulischen «Plackerei» entgangen, nahm sie eine neue Produktionsweise an und konvertierte gleichzeitig zum Theravada. Wo lagen hier Ursache und Wirkung?

Es sollte den Roten Khmer vorbehalten bleiben, in den Jahren zwischen 1975 und 1978 wieder an die hydraulische Tradition von Angkor anzuknüpfen, das kambodschanische Volk aus seiner Beschaulichkeit herauszureißen und zu versuchen, auch den Theravadabuddhismus auszumerzen. Die aus den Städten evakuierte Bevölkerung wurde für Dammbauten gigantischen Ausmaßes eingesetzt. Die Rigorosität freilich, mit der diese Politik durchgesetzt wurde, sorgte dafür, daß Schanzarbeiten zu einem Synonym für Sklavenarbeit wurden.

Die schwache Fügung an der Basis wird allerdings durch eine feste bürokratische Gegenstruktur wieder wettgemacht. Evers[13] weist darauf hin, daß zum Beispiel die Thai-Bürokratie alle Merkmale einer Nomenklatura auf sich vereinigt, angefangen von bestimmten Privilegien und Statussymbolen über einen ausgeprägten Corps d'esprit bis hin zur Rekrutierung ihres Nachwuchses, der aus einem geschlossenen Personenkreis kommt. Die Bürokraten gelten, ebenso übrigens wie in Laos, Kambodscha oder Birma, auch heute noch als «Regen und Sonnenschein von oben». Der Bauer schreibt ihnen karmabedingte moralische Autorität zu, erwartet von ihnen Anweisungen und Initiativen, macht sie aber andererseits letztlich auch für das Ausbleiben von Regen oder Sonne verantwortlich. Diese Subordinationstradition hat sich trotz demokratischer Reformversuche bis heute erhalten. Als 1960 bei einer Versammlung von Gemeindevorstehern ein Reformvorschlag verlesen wurde, demzufolge die traditionelle Demut der Bauern vor dem Beamten durch den neuen Geist gegenseitiger Freundschaft ersetzt werden solle, plusterten die Zuhörer vor Lachen[14].

Während also in den metakonfuzianischen Gesellschaften eher ein Dialog zwischen Staat und Dorf/Danwei stattfindet, neigen die theravadabuddhistischen Gesellschaften zum Monolog der Bürokratie.

2. Universale und partikuläre Gesellschaften

Ging es im vorausgegangenen Abschnitt um die Verdichtungsfähigkeit von Subsystemen, so ist nachfolgend auf die Integrationsfähigkeit von Gesamtsystemen abzustellen.

a) China und Indien

Als Paradebeispiele seien hier China und Indien angeführt, wobei China die metakonfuzianischen, Indien aber die meisten süd- und südostasiatischen Gesellschaften repräsentiert. Beide sind zwar Großflächenstaaten; während sich China allerdings durch eine nur selten in Frage gestellte Zentralstaatlichkeit profilierte, hängt über der indischen Einheit das Damoklesschwert des Kommunalismus (i. e. unten S. 83 ff.). Dabei sind die Entwicklungen in beiden Reichen lange Zeit durchaus parallel zueinander verlaufen.

Hier wie dort waren die Hauptvölker agrarisch orientiert und wurden im Laufe der Geschichte periodisch immer wieder von Nomadenvölkern angegriffen – und zwar jeweils aus dem Nordwesten. Hier wie dort auch strahlte die Leitkultur von einem agrarischen und meerabgelegenen Herzgebiet hauptsächlich nach Süden aus und führte zur Konfuzianisierung bzw. Sanskritisierung; gleichzeitig erfolgte die Durchdringung weniger auf expansionistische als vielmehr auf impansionistische (kulturell-erzieherische) Weise und weniger durch kriegerische Mittel als vielmehr durch Methoden der inneren Kolonisierung, d. h. der Besetzung des Denkens mit neuen Wertvorstellungen. Hier wie dort auch stand das Altertum im Zeichen von Großreichen (Han-Dynastie, Maurya-Reich), die von Beamtencorps geführt wurden. Des weiteren hat es in Indien genauso eine lange Lernkultur gegeben wie in China – man denke etwa an den buddhistischen Sangha oder an das gelehrte Brahmanentum. Ebenso wie in China hatte es auch in Indien immer wieder das Bestreben gegeben, den ganzen Subkontinent in einen einheitlichen Herrschaftsverband einzubringen. Warum konnte sich der Zentralismus also in China durchsetzen, nicht aber in Indien?

b) Der chinesische Universalstaat und der indische Kastenpartikularismus

Die kontinuierlichste und bei aller Größe auch zentralstaatlichste Gesellschaft Asiens, die im Lauf ihrer Geschichte zwar häufig Spaltungen erlebt, am Ende aber doch immer wieder zur Einheit zusammengefunden hat, ist –

neben Korea und Japan – vor allem China. Immer wieder fragt man sich, wie dieses «Wunder» geschehen konnte, zumal die Gesellschaft ja zugleich auch, wie oben festgestellt, höchst zellular gebaut ist.

Den Schlüssel zur Erklärung liefern zwei Kernelemente, nämlich der durchgehende Normenanalogismus (zum Analogismus im allgemeinen vgl. oben S. 39 ff.) und das Mandarinat mit seiner Wächterfunktion.

Was erstens den Analogismus anbelangt, so ergibt er sich sowohl aus dem sozialen Pyramidensystem als auch aus den konfuzianischen Kontrollmechanismen: Ihrem Bauplan nach ist die chinesische Gesellschaft eine riesenhafte Makropyramide, die sich aus Millionen von Minipyramiden zusammensetzt, die, von lokalen Besonderheiten abgesehen, in sich alle nach dem gleichen Schema aufgebaut sind und denselben Normen gehorchen. Grundmuster ist hierbei das patriarchalisch verstandene Vater-Sohn-Verhältnis, das sich auch in anderen klassischen interpersonellen Beziehungen (lun) analog wiederholt, so zum Beispiel zwischen Kreismagistrat und Untertanen oder aber zwischen dem Kaiser und seiner Beamtenschaft. Was der Vater in der Familie, ist der Mandarin im Kreis, der Gouverneur in der Provinz, der Kaiser im Reich und der «Himmel» in der kaiserlichen Familie – oder, anders ausgedrückt: Der Paterfamilias ist Kaiser der Familie wie umgekehrt der Kaiser Vater des Staates, genauer der «Staatsfamilie» (guojia) ist. Die patriarchalisch geordnete Familie als Mikrokosmos, die Gesamtgesellschaft als Makrofamilie – dies ist das klassische Gesellschaftsprogramm des Konfuzianismus, das hier «pyramidaler Analogismus» genannt wird.

Zur Sicherung analogen Verhaltens stellte die Tradition eine Reihe von Hilfsmitteln bereit, die teilweise typisch chinesisch, zum Teil aber auch universell sind: Nicht ganz leicht nachvollziehbar für einen Europäer ist das «mingfen» (sinngemäß in etwa: bezeichnungsgerechtes Rollenspiel), das einen magischen Bezug zwischen Rollenspiel und Rollenbenennung herstellen soll. «Vater» darf sich danach nur nennen, wer die väterliche Rolle, wie sie von der Tradition definiert wurde, auch wirklich «lebt». Dasselbe gilt für den «König» oder «Kaiser», der, wenn er seinem «Namen» nicht mehr gerecht wurde, zu einem Niemand herabsank und deshalb auch gestürzt werden konnte; bewies er durch sein Verhalten doch, daß er dem mit seinem Namen verbundenen «Auftrag des Himmels» nicht mehr gerecht wurde. Diese Konvergenz von Bezeichnung und Bezeichnungstreue – eine Art kategorischer Imperativ des Konfuzianismus – sorgte dafür, daß die an einen «Namen» geknüpften gesellschaftlichen Erwartungen nicht unverbindlich blieben, sondern einem permanenten Vollzugsdruck unterlagen.

Eine weitere Sicherung bestand in der Erziehung zu hochgradiger Konformität bei gleichzeitigem Verzicht auf individuelle Spontaneität. Angepaßtes Verhalten galt als in sich werthaft, Anpassungsverstöße führten zu Strafen, vor allem aber zu Gesichtsverlusten, die niemand und zu keiner Zeit riskieren wollte. Die panische Angst vor dem «shimian» (Gesichtsverlust) wird bis heute schon im frühkindlichen Stadium verinnerlicht, indem die Kinder lernen, daß nichts schlimmer sei, als von anderen ausgelacht zu werden.

Zwar gab es zwischendurch immer wieder informelle und unorthodoxe Abweichungen von «der Norm», doch sorgte der pyramidale Analogismus dafür, daß alle Teile des Gesellschaftsbaus in einer Art prästabilierter Harmonie zueinander standen und im großen und ganzen berechenbar waren. Selten bedurfte es des Eingreifens der Polizei oder anderer Instanzen äußerer Kontrolle, wie ja überhaupt der Staat mit seinen untersten Ausläufern bei der Kreisebene «endete». Unterhalb davon sorgten die Dörfer, die Clans, die Familien, die Gilden und Zünfte sowie die anderen festgefügten Bezugssysteme dafür, daß innere Kontrolle herrschte und Verhaltensanalogien stimmten.

Was nun demgegenüber die hinduistische Gesellschaft anbelangt, so gab es hier zwar ebenfalls ein ausgeprägtes und mit höchster Intensität verinnerlichtes Regelwerk, doch fehlte es andererseits an der universellen Verbindlichkeit der Verhaltensmuster. Während es in China ein im großen und ganzen durchgängig verbindliches Normensystem gab, verfügt in der hinduistischen Gesellschaft jede der Tausenden von Subkasten (jati) über ihr eigenes kastenspezifisches Regelwerk. Verstärkt wird diese Tendenz zum Partikulären durch einen ausgeprägten Kommunalismus und Regionalismus, der das Besondere auf Kosten des Universellen und Allgemeinverbindlichen betont. Es gibt zwar *den* Chinesen, nicht aber *den* Inder. «Hindi»-Indien als Sprach-, Kultur- und Religionsgemeinschaft ist ein utopisches Kunstprodukt des Hindu-Establishments.

Das zweite integrierende Kernelement der chinesischen Gesellschaft war die Beamtenschaft. Beim Mandarinat handelte es sich um einen durch Staatsprüfungen gesiebten und mit konservativer Gesinnung geimpften Personenkreis, der sich nicht primär durch Fachwissen, sondern durch den aus der Tradition abgeleiteten Anspruch legitimierte, die Gesellschaft im Geiste der überlieferten Moral bewahren und erziehen zu können. Das analogistische Wertesystem war im Zeichen der hydraulischen Schicksalsgemeinschaft entstanden. Wenn es sich weit über die Stammgebiete am Huanghe hinaus verbreitete und über viele Jahrhunderte vorhielt, so war das vor allem das Verdienst des Mandarinats und seines in sich als werthaft empfundenen Konservatismus.

Mag das Mandarinat auch auf die Fortentwicklung der Naturwissenschaft bremsend gewirkt haben, so muß ihm doch andererseits gutgeschrieben werden, daß es die großräumige Entwicklung Chinas gesichert hat. Als hilfreich erwies sich dabei nicht zuletzt auch das einheitliche Schriftsystem, das wegen seiner ideographischen Form gegen Fremdeinflüsse nahezu unempfindlich war und das außerdem die verschiedensten Dialektregionen überspannte, des weiteren eine einheitliche Geschichtsschreibung, eine weitgehend identische Ästhetik und – wie gesagt – eine einheitliche Staatsprüfung – also durchweg Instrumente, derer sich das Mandarinat souverän zu bedienen wußte.

Universalität, Großräumigkeit und mandarinäre Geschicklichkeit äußerten sich nicht zuletzt auch in der «Außenpolitik», die mit der Begründung von Tributsystemen weitgehend identisch war. Das traditionelle China pflegte sich ja nicht durch irgendwelche Grenzbäume von der Außenwelt abzuschirmen; vielmehr konnte jedermann zur «zivilisierten Gesellschaft unter dem Himmel» gehören, der sich in «seiner» Pyramide nach dem konfuzianischen Schema verhielt – man denke an die klassischen «Kopien» Korea und Vietnam. Aufgabe des traditionellen Tributsystems war es nun gerade, die in China üblichen Verhaltensschemata möglichst vielen Nachbarstaaten anzuerziehen und sie dadurch zu «sinisieren» – sowie natürlich auch zu domestizieren.

Beide Traditionen, der pyramidale Analogismus und die Wächterfunktion des Mandarinats haben sich bis auf den heutigen Tag weitervererbt, wenn auch unter veränderten Vorzeichen, nämlich im Rahmen von Danweis und unter Aufsicht eines neuen Roten Mandarinats.

3. Vertikale und horizontale Organisationsmuster

Wer in Vater/Sohn-, Eltern/Kinder- und Führer/Gefolgschafts-Beziehungen zu denken pflegt, ist auf vertikale Organisationsmuster programmiert, während andererseits die vorrangige Beschäftigung mit Berufsgruppen («alle Architekten»), Ständen («alle Adligen»), Klassen («das» Proletariat, «die» Bourgeoisie) oder Funktionsgruppen («alle Wähler») auf einen im Sinne der Soziologie horizontalen Denkansatz hinweist.

Das in Asien mit einsamem Abstand vorherrschende Organisationsmuster ist die «Vertikale» – und zwar unabhängig von den oben beschriebenen subsystemaren Verdichtungs- (Abschnitt 1) oder der gesamtsystemaren Integrationsfähigkeit (Abschnitt 2) – und übrigens auch unabhängig von der Tatsache, daß unter den Bedingungen der Industrialisierung die horizontale Organisation ganz gewiß die «modernere» wäre!

Louis Dumont hat in seinem epochalen Werk mit dem bezeichnenden Titel «Homo hierarchicus»[15] die hinduistische Gesellschaft als Paradebeispiel einer vertikalen Gesellschaft dargestellt. Alle Dinge und Personen würden dort in Kästchen eingeordnet und unterteilt; jedes Unterteilte besitze sein eigenes Dharma (religiöse und schicksalhafte Gesetzlichkeit) und werde in seiner Getrenntheit allein durch Hierarchisierung wieder mit dem Ganzen verbunden. Das auf diese Weise in Hierarchien Eingeordnete dürfte nicht vermischt werden; denn Vermischung sei gleich «Verunreinigung» (zu diesem Begriff Näheres unten S. 78 ff.).

Sollte er damit freilich gemeint haben, daß sich die hinduistische Gesellschaft in «vertikaler» Hinsicht durch keine andere in Asien übertreffen lasse, so wäre dies ein (durch länderspezifisches Spezialistentum) verursachter Irrtum; sind doch die metakonfuzianischen Gesellschaften, allen voran Japan, noch wesentlich «steiler» angelegt; sollte es überdies in Asien überhaupt so etwas wie einen horizontalen Gesellschaftsaufbau geben, so ließe er sich, wie unten noch auszuführen, eigentlich nur in Indien finden.

a) Vertikalprinzip und Kaishaismus: Japan und China

Das Symbol für die durchgängige gesellschaftliche Organisation in Japan ist ein auf den Kopf gestelltes V (Λ). Beherrschend sind mit anderen Worten Gefolgschaftsverhältnisse, die, wie es im Japanischen heißt, nach dem Oyabun/Kobun-Schema (wörtlich: «Elternrolle/Kinderrolle») gestaltet sind. In feudaler Zeit stand das Verhältnis zwischen Lehensherrn und Vasallen, zwischen Grundeigentümer und Pächter sowie zwischen Meister und Jünger im Vordergrund, heutzutage ist es die Beziehung zwischen dem als solchem anerkannten (informellen) Betriebsgruppenführer und seiner Gefolgschaft, die sich ihm freiwillig untergeordnet hat und die nun im Gegenzug Wohltaten im weitesten Sinne erwartet, sei es nun für das berufliche Vorwärtskommen oder aber in privaten Belangen. «Der» Oyabun nimmt zwar einen höheren Rang ein als «der» Kobun, doch ist andererseits nicht jeder Ranghöhere schon automatisch ein Oyabun; dazu bedarf es, wie gesagt, der Begründung eines (informellen) Gefolgschaftsverhältnisses. Soweit zwischen dem Ranghöheren und seinem Untergebenen kein Oyabun/Kobun-Verhältnis besteht, wird er als «Sempai» («Vorgesetzter») bezeichnet. Fast alle Japaner stehen in einer Oyabun/Kobun-Beziehung. Wer, vielleicht von westlichem Denken angekränkelt, ausnahmsweise ohne «Protektion» weiterkommen möchte und daher eine freiwillige Unterordnung ablehnt, gilt als «einsamer Wolf»[16].

Japanische Gruppen und Teams pflegen erfahrungsgemäß nur dann wirklich zu funktionieren, wenn sie nach dem Oyabun/Kobun-Schema aufgebaut sind: Tritt beispielsweise ein neuer Chefarzt seine Stellung im Krankenhaus X an, so wird es von der dortigen Ärzteschaft fast wie ein Naturgesetz hingenommen, daß «der Neue» zumindest sämtliche bisherigen Oberärzte durch eigene Gefolgsleute ersetzt. Oder achtet etwa ein westlicher Leiter bei der Besetzung einer Forschungsprojektsgruppe vor allem auf fachliche Qualifikation, so legt sein japanischer Kollege den Akzent eher auf personelle «Stimmigkeit», wird also im Zweifelsfall «seine» Kobun bevorzugen und dafür einen möglichen Verlust an Sachverstand in Kauf nehmen.

Eine Gruppe steht und fällt mit ihrem Oyabun. Ihre Mitglieder wünschen sich weniger den persönlichen Freund als vielmehr die freundschaftliche Gemeinschaft und die «Geborgenheit». Kaum etwas Delikateres läßt sich unter diesen Umständen denken als die Lösung der Nachfolge für einen (verstorbenen, gefallenen oder aus der Firma ausscheidenden) Oyabun.

Wo das Ganze so unendlich viel mehr bedeutet als seine Teile und wo die «Vasallentreue» so groß geschrieben ist, entwickelt sich ein soziales Milieu, das vom Senioritäts-, Harmonie-, Faktions- und Isolationsprinzip bestimmt wird.

Mit Senioritätsprinzip ist gemeint, daß als Oyabun nur solche Personen in Betracht kommen, die der betreffenden Gruppe am längsten angehören oder sie womöglich gegründet haben – man denke im letzteren Fall an die nach dem Zweiten Weltkrieg neuentstandenen Firmen Matsushitha, Sony, Sanyo oder Honda, deren Gründungsväter auch in den achtziger Jahren noch ohne jede Einschränkung als Führungspatriarchen anerkannt werden. Seniorität zählt mehr als fachliche Leistung, weshalb immer der Ältere – und nicht der Tüchtigere – zuerst an die Reihe kommt.

Mit Harmonieprinzip (wa, chin.: he) ist ein Gruppenverhalten gemeint, das, koste es, was es wolle, auf Vermeidung offener Konflikte, nicht zuletzt aber auch darauf ausgerichtet ist, nach außen hin ein «tadelloses» Gruppenbild zu vermitteln, in dem jeder seinen hierarchisch wohldefinierten Platz einnimmt. Harmonie und «Gegenseitigkeit» sind Uraltbestandteile des Konfuzianismus: Loyalität soll gleichsam automatisch Loyalität und Dankbarkeit wiederum Dankbarkeit nach sich ziehen. In ihrer modernen Form hat die «Gegenseitigkeit» zu einem «Unternehmens-, Belegschafts- und Angestelltenkapitalismus»[17] geführt, in dem das Wir ganz groß geschrieben wird. Zumindest vom Selbstverständnis her gelten als Träger des modernen Großbetriebs nicht die Aktieninhaber, sondern die (festangestellten!) Betriebsmitglieder, also das «menschliche Kapital»! Wer in einen japanischen Betrieb eintritt, bringt idealiter nicht nur seine Arbeitskraft, sondern seine ganze Person ein; der Betrieb verschlingt ihn «mit Haut und Haaren» und beansprucht nicht nur einen Großteil seiner Freizeit und eine Zurückstellung seiner Familienbelange, sondern eine fast vollständige Identifizierung mit der «Kaisha» (Firma). Dies hat positive Seiten, insofern die Firma als eine Art allumfassender Lebensversicherung, als Freizeitgestalterin und im Bedarfsfall sogar als Ehevermittlerin oder –schlichterin dient, aber auch höchst negative Aspekte, insofern nämlich die Außenwelt als eine Art Feindterritorium betrachtet wird, gegen die man entweder im harten Wettbewerb antritt oder die man ohne spontane Skrupel belastet – man denke an die fehlende soziale Verantwortung gegenüber «Außenstehenden» und an die bedenkenlose Umweltverschmutzung, die in Japan zwei Jahrzehnte lang stattgefunden hat. Auch der «Nächste» im christlichen Sinne existiert nur innerhalb der eigenen Gruppe, ist ansonsten aber unbekannt. In der japanischen Praxis läßt das Oyabun/Kobun-Verhältnis überdies sogar das Vater/Sohn-Verhältnis in den Schatten treten – eine Tendenz, wie sie in dieser Zuspitzung in der chinesischen Tradition nicht vorkommt! Die Kaisha ist als «Großfamilie», als «mein Haus» (uchi) und als emotionale Schicksalsgemeinschaft allzuoft idealisiert worden. In der Japan-Literatur der letzten zwei Jahrzehnte haben sich zwei Grundströmungen herausgebildet, die sich als Große und Kleine Tradition bezeichnen ließen, wobei zur ersteren die immer wieder zitierten Beschreibungen des Psychologen Takeo Doi[18], der Soziologin Nakane Chie sowie der beiden Amerikaner Ezra Vogel und Edwin Reischauer gehören. Bei ihnen erscheint Japan durchwegs als etwas Einzigartiges, das nirgendwo sonst auf der Welt eine Entsprechung findet. Im gleichen Tone argumentieren auch Unternehmenszeitschriften, wie beispielsweise «Intersect», das vom Matsushita-Elektrokonzern in einer Auflage von einer Million Stück herausgegeben wird und das in jedem seiner auf Glanzpapier gedruckten Beiträge von den Wohltaten schwärmt, die Japan dem Rest der Welt zuteil werden läßt. Dieses Bild der Konfliktfreiheit, des Selbstopfers für die Gruppe und der Wohltätigkeit für die Menschheit, das den Eindruck vermittelt, als handle es sich hier gleichsam um Bestandteile einer «Biologie des Japanertums», wird inzwischen von einer Reihe linksorientierter Beobachter gestellt, die darauf hinweisen, daß die «Sozialgeschichte Japans größtenteils eine Geschichte des Konflikts» sei und daß vor allem die «Arbeiterklasse» einer Fülle geschickt kaschierter Diskriminierungen unterliege[19]. Die Vorteile des so vielgepriesenen Betriebspaternalismus kämen doch lediglich den Stammarbeitern zugute, während die Leih- und Kontraktarbeiter sowie die älteren Arbeitnehmer von den Firmenwohnungen, Sonderzulagen, Freizeiteinrichtungen und Beschäftigungsgarantien ihrer privilegierten «Kollegen» nur träumen könnten. Benachteiligt seien ferner die Belegschaften der häufig vom Damoklesschwert des Konkurses bedrohten Klein- und Mittelunternehmen, vollends aber die weiblichen Arbeitnehmer, von denen erwartet wird, daß sie im heiratsfähigen Alter ausscheiden oder sich ganz «klein machen».

Das Faktionsprinzip ist Folge des organisatorischen Drangs zur Herausbildung von Gruppen, in denen man sich geborgen fühlt. Wer sich einer solchen Gemeinschaft nicht anschließen kann oder beim Tod des Oyabun dort nicht mehr bleiben will – wird entweder zum «einsamen Wolf» oder aber gründet eine neue Gruppe, die sich schon bald wieder zur Faktion (habatsu) mausert[20]. Diese Segmentationstendenz ist eine Erklärung für die (auch historische) Tatsache, daß es in Japan, China, Korea und Vietnam immer wieder zur Herausbildung einander bekämpfender Politgruppierungen und Denk-«Schulen» gekommen ist!

Damit hängt auch die «Isolation» zusammen, in die sich tendenziell jede Vertikalgruppe begibt: Man ist dann im Konkurrenzkampf mit den andern entweder die Nummer eins oder ein Verlierer. Harmonie nach innen, unerbittlicher Wettbewerb nach außen – dies ist die praktische Folge, die in ihrer Konsequenz eine überbetrieblichen Arbeitsteilung entgegensteht. Wenn Firmen wie Sony, Toshiba u. a., die ja praktisch die gleiche Warenpalette erzeugen, sich nicht zu einem gesamtnationalen – und damit noch leistungsfähigeren – Konzern zusammenfinden, so hängt dies mit dem erwähnten «Kaishaismus» und Vertikalismus zusammen.

Auch Berufsvereinigungen – etwa der Rechtsanwälte oder der Computerfachleute – sind dem japanischen Gesellschaftssystem fremd; ist es ferner ein Zufall, daß 80% aller Gewerkschaften Betriebsgewerkschaften sind, die fast immer Hand in Hand mit dem jeweiligen Unternehmensmanagement arbeiten? «Industriegewerkschaften» im deutschen Sinne konnten sich nur in wenigen Bereichen, zum Beispiel im Eisenbahnwesen, herausbilden.

Ein gutes Beispiel sind auch die japanischen Tageszeitungen, deren drei Spitzenorgane, nämlich die Asahi-, die Yomiuri- und die Sankai-Shimbun, sich in Inhalt und Aufmachung fast wie ein Ei dem andern gleichen. Ähnlich ist es bei den Hochschulen, die ebenfalls nicht zusammenarbeiten, sondern nach Möglichkeit alles «im eigenen Haus» erledigen möchten und deshalb immer gleich sämtliche Fakultäten einzurichten pflegen. Je schärfer der Wettbewerb, desto mehr gleicht sich das Angebot an.

Pyramidal-Organisationen der erwähnten Art gibt es nicht nur in den Firmen, sondern auch in Nachbarschaften, nicht zuletzt aber auch im Bandenwesen sowie in allen Bereichen der Subkultur. Dies gilt übrigens nicht nur für Japan, sondern auch für andere metakonfuzianische Gesellschaften, so zum Beispiel für Singapur. Dort hat es die Polizei seit Mitte der achtziger Jahre immer häufiger mit aufsehenerregenden Gruppen einer großstädtischen Jeunesse dorée zu tun, die sich durch besonders pittoreske Kleidung und demonstratives «Herumhängen» in Kaufhäusern oder auf der Orchard Road bemerkbar machen. Bei diesen jugendlichen «Nonkonformisten» handelt es sich in Wahrheit um höchst konventionell aufgebaute Cliquen von jeweils 10–15 Mitgliedern unter einem «Oyabun» à la Singapur, die gruppenspezifisches Verhalten und bizarre Rufnamen angenommen haben[21]. Ähnliches gilt auch für andere Gruppen: Da beispielsweise den japanischen Intellektuellen («Journalisten», «Architekten» etc.) eine gemeinsame Basis fehlt, kommt es immer wieder zur Bildung zahlreicher exklusiver und geschlossener Untergruppen, die ihre spezielle Ausdrucksweise und ihre Sonderterminologie entwickeln, welche für Außenstehende oft unverständlich bleibt.

Bei aller Differenzierung zwischen dem «Wir» und «Denen da draußen» gibt es allerdings durchaus Erweiterungsspielräume. So dicht nämlich die Pyramiden «seitwärts» abgeschottet sein mögen, so offen sind sie nach oben und unten. Wer bereit ist, sich einer Gruppe einzufügen, wird, wenn er den «richtigen Stallgeruch» mitbringt, von dieser mit offenen Armen aufgenommen, wobei soziale Herkunft oder aber Nationalität eine viel geringere Rolle spielen als der Wille und die Fähigkeit, mit allen Fasern des Herzens in der Gruppe aufzugehen. Das Vertikalprinzip kann sich also, je nach den Anforderungen der Situation, als höchst flexibel erweisen. Es führt zwar in aller Regel dazu, daß die Klein- oder Mittel-«Pyramide» vorherrscht, es ermöglicht aber im Zeichen einer gesamtnationalen Besinnung (oder Not) auch ein Miteinander, indem sich nämlich die Einzelpyramiden vorübergehend zur Großpyramide zusammenfügen, woraus sich ein gewaltiger Synergie-Effekt ergibt.

Eine solche Zusammenfassung wurde beispielsweise von Kaiser Meiji versucht, als er 1867, also kurz vor Beginn der nach ihm benannten Modernisierung Japans, vor dem Ise-Schrein «im Namen der Ahnen» zu gemeinsamen Anstrengungen bei der Modernisierung Japans aufrief. Von nun an sollte nicht mehr *ein* «Haus» (ie, uchi) gegen das andere konkurrieren, sondern Japan als «Gesamthaus» gegen die anderen Nationen antreten. Hier wurden die «kleinen Loyalitäten» der Dörfer und Betriebe geschickt in die «große Loyalität» gegenüber dem Kaiser sowie der Urahnin des Kaiserhauses und der Tenno zum «Übervater» des Großfamilienstaates umgedeutet: eine ideologische Manipulation, die ganz auf der Linie des oben beschriebenen pyramidalen Analogismus lag. Eine ähnliche Wirkung trat während des Zweiten Weltkriegs ein[22]. Ein über die Stufenleiter Dorfgemeinschaft – Betrieb – Nation – «gemeinsames Haus» sich dynamisch ausbreitender Gruppenprozeß könnte eines Tages erneut stattfinden, wenn beispielsweise ein weltweiter antijapanischer Wirtschaftsprotektionismus um sich griffe. Schon das Jahr des Ölschocks, 1973, hatte ja eine Zeitlang an das gesamtjapanische Bewußtsein gerührt, die Pyramiden zusammenwachsen und den Gruppenpartikularismus in den Hintergrund treten lassen.

Nicht nur in Japan, sondern auch in China erweist sich die Herstellung horizontaler Querverbindungen zwischen Regionen, Behörden, Betrieben usw. als höchst strukturwidrig und stößt deshalb auf erhebliche Schwierigkeiten. Selbst die innovationsfreudigen Reformer ließen sich hier acht Jahre Zeit, bis sie endlich 1986 daran gingen, horizontale Klammern zwischen Einzelbetrieben sowie zwischen Produktion und Forschung zu verordnen. Lediglich in den hochmodernen Bereichen der Auto-, Flugzeug- und Werften-Industrie fielen diese Bemühungen auf einigermaßen fruchtbaren Boden. Im übrigen verlaufen die Wettbewerbsfronten hier ähnlich wie in Japan: Stahlwerk gegen Stahlwerk, Universität gegen Universität oder Nachbardorf gegen Nachbardorf.

Allerdings bestehen zwei Unterschiede: Während in der japanischen Gesellschaft das Vater/Sohn-Verhältnis durch die Oyabun/Kobun-Beziehungen in den Schatten gestellt wird, spielen bei den Chinesen, auch bei den so modernen Hongkong-Chinesen, Familienbeziehungen nach wie vor die Hauptrolle[23]. Zweitens ist die Zunft- und Gildetradition hier stärker ausgebildet. Beide hatten ähnliche Überwachungsfunktionen wie im mittelalterlichen Europa und besaßen Danwei-Charakter; typischerweise wurden nämlich nur solche Personen aufgenommen, welche in derselben Stadt oder im selben Bezirk beheimatet – und die (Vertikalprinzip) meist obendrein noch verwandt, verschwägert oder durch Loyalitätsverhältnisse verbunden waren.

b) Der «Vertikalismus» in Südostasien

In sämtlichen Gesellschaften Südostasiens spielt die Patronage eine beherr-
schende Rolle – also ein Verpflichtungsverhältnis zwischen Personen, die
sich von Angesicht zu Angesicht kennen und bei denen der jeweilige «Patron» seiner «Klientel» sowohl an sozialem Gewicht als auch an Besitz überlegen ist, so daß sich zwischen ihnen ein asymmetrisches Verhältnis entwik-
kelt. Im Dorfrahmen zum Beispiel überläßt der Patron «seinen» Leuten in
aller Regel Grundstücke oder Kredite, während der «Vasall» sich dafür ganz
in den Dienst des Patrons begibt.

Aus westlicher Sicht pflegt dieses System eine höchst zweideutige Bewertung zu erfahren; die einen sehen die positiven Seiten und verweisen auf die
gemeinsame Sicherheit, die durch Klientelverhältnisse geschaffen wird, die
anderen entdecken demgegenüber nur den Klassen- und Ausbeutungscha-
rakter. Beide Standpunkte lassen außer acht, daß Patronagebeziehungen
letztlich nichts anderes sind als eine situationsgerechte Ausformung des Ver-
tikalprinzips. Der Dorfpatron übernimmt zwei wichtige gesellschaftliche
Integrationsfunktionen, indem er einerseits ein kleines, lokales Beziehungs-
netzwerk schafft, das er auf der anderen Seite mit dem großen, überlokalen
und nationalen Netzwerk verknüpft. Der politische Klientelismus wird damit zu einem wichtigen Bindeglied (und übrigens auch Forschungsansatz-
punkt) zwischen lokaler und nationaler Politik. Treten mehrere Patrone gegeneinander in Wettbewerb, entsteht auch sogleich wieder Fraktionismus,
der im allgemeinen weniger durch Sachfragen als vielmehr durch unterschiedliche, d. h. nicht-institutionalisierte, sondern rekrutierte Loyalitäten
bedingt ist.

Solche informellen Beziehungen gibt es in Indonesien beispielsweise in
Form des «Bapakismus», d. h. einer persönlichen Beziehung zwischen dem
«Vater» (bapak) und den «Kindern» (anak buah)[24], die in aller Regel dadurch
zustande kommt, daß der potentielle «bapak» über Güter und Privilegien
(zum Beispiel Grundstücke, besondere Kenntnisse, Protektion beim Eintritt
in Partei- und Staatsämter etc.) verfügt, die für den potentiellen Vasallen –
also das «Kind» – begehrenswert oder gar lebenswichtig sind, und daß er
ihm außerdem eines dieser Güter zum Geschenk macht, ohne daß der Empfänger in der Lage wäre, sich mit einer adäquaten Gegengabe zu revanchie-
ren. Durch diese Gabe gerät der Empfänger in ein Patronageverhältnis. In
besonderen Situationen zieht der Bapak das Anak allein durch den Magne-
tismus seiner Persönlichkeit so sehr in Bann, daß sich ein Austausch von Geschenken erübrigt. Im Extrem kann ein «Kind» 70, der «Vater»-Führer aber
nur 30 Jahre alt sein – ein Phänomen, das etwa im japanischen Oyabun/
Kobun-Verhältnis undenkbar wäre. Das «Kind» erwartet vom Bapak Bera-
tung und Sicherheit, während sich dieser umgekehrt darauf verläßt, daß sich
die Kinder für ihn «in Stücke reißen lassen» und ihren «letzten Tropfen Blut

hingeben»[25]. Vor allem während der Rebellion gegen die holländischen Kolonialherren waren diese Bapak/Anak-Beziehungen von ausschlaggebender Bedeutung.

Umfragen aus nachkolonialer Zeit haben ergeben, daß moralische Verpflichtungen besonders gut bei den Armen des Dorfes, bei Wirtschaftsmanagern und bei religiösen Führern, kaum jedoch bei Frauen ankommen[26]. Im Zuge der Urbanisierung zeichnet sich, wie Jackson[27] festgestellt hat, ein Wandel vom eher moralisch begründeten Bapak/Anak-Verhältnis hin zur vorwiegend materiell fundierten Patronage ab. Hier steht also weniger die affektive Hingabe als vielmehr das Entgeltdenken im Vordergrund.

Für die Regierung stellt sich angesichts dieser Tradition die Frage, ob sie sich in ihrer Entwicklungspolitik der Patronage bedienen soll. Zwei Beispiele mögen andeuten, welche Bedenken hier bestehen: Von westlichen Experten wurde der Rat erteilt, die Entwicklung der Region Kalimantan dadurch zu dezentralisieren und zu optimieren, daß Jakarta lokale «Seilschaften» mit der Durchführung betraute. Die Regierung winkte jedoch ab, weil sie Machteinbußen befürchtete. Aus demselben Grund wagte es Jakarta auch nicht, das BIMAS-Programm (zur Durchführung der Grünen Revolution) auf die «traditionelle» Schiene zu setzen und die Kräfte vor Ort stärker mitzubeteiligen. Statt der örtlichen Bapaks wurde die Bürokratie ins Rennen geschickt, mit der dann freilich die Bauern wiederum nichts anzufangen wußten[28]!

Auf den Philippinen entstehen Seilschaften häufig in Form von «Barcadas» (wörtl.: «Schiffsbesatzungen»). Cliquen dieser Art bilden sich vor allem im Hochschulbereich heraus, neigen zu gemeinsamen Unternehmungen, zur Entwicklung einer esoterischen Gruppensprache sowie zu gruppeneigenen Witzen und üben einen beträchtlichen Verhaltensdruck aufeinander aus. Ganz in diesem Sinne auch wirkt das «Utang na loob», ein philippinischer Zentralbegriff, der sich etwa mit «Ehrenpflicht» oder «Verpflichtungsdenken» wiedergeben läßt und Ausdruck für jene «Dankbarkeits»-Philosophie ist, die – neben den familiären Verpflichtungen – das wohl wichtigste Integrationselement der philippinischen Gesellschaft bildet[29]. (Weitere Einzelheiten dazu unten S. 307.)

Auch in Südasien ist Patronage weit verbreitet. In der bengalischen Bauernschaft beispielsweise gibt es einerseits die islamisch legitimierte koordinative Partizipation in Form der Dorfgemeinschaft, der «Samaj», doch verwandelt sich dieses Gleichgewicht angesichts des durch die unterschiedlichen Bodenverhältnisse bedingten steilen Sozialgefälles schnell in Über/Unterordnungs-Verhältnisse zwischen denjenigen Personen, die etwas zu vergeben haben, und den anderen, die darauf angewiesen sind. Dadurch wird die Samaj-Führerschaft informell, d. h. unterderhand, immer mehr durch eine «Sardari»(Vorsitzenden)-Führung ersetzt. An die Stelle der Samaj treten einzelne «Patrone» (paramanic) mit einer jeweils genau identifizierbaren Seilschaftsklientel. Da sie zueinander in Konkurrenz treten, üben sie bei der Einwerbung von Regierungshilfe einen bisweilen unheilvollen Einfluß aus[30].

c) Organisatorische Antipoden:
Oyabun/Kobun-Beziehungen und Kastenordnung. Sechs Unterschiede

Die Eigenarten der hinduistischen Kastenordnung lassen sich am schärfsten im Vergleich mit dem oben zum Teil bereits beschriebenen japanischen Gesellschaftsmuster herausarbeiten. Sechs Unterschiede seien hervorgehoben:

Beitritts- contra Geburtsprinzip

Ein Oyabun/Kobun-Verhältnis entsteht durch freiwilligen Beitritt, ja es läßt sich eine für den europäischen Beobachter oft befremdlich erscheinende «Sehnsucht nach Abhängigkeit» nach «Flucht vor der Freiheit» sowie nach Selbstverleugnung in der Gruppe statt Selbstbehauptung beobachten. «Amae» (Anlehnungsbedürfnis) ist ein Grundbegriff, den der japanische Psychologe Doi Takeo[31] in die Diskussion eingeführt hat. Prototyp des Amae ist, Doi zufolge, die Sehnsucht des Kindes nach Nähe zu seiner Mutter sowie, im späteren Leben, der «Versuch, psychologisch die Augen vor der Tatsache zu verschließen, daß man von der Mutter getrennt worden ist»[32]. Sobald das Kind den mütterlichen Schutz verläßt, werde es – angesichts der «allgemeinen Furcht vor anderen Personen»[33] – von einer anderen «mütterlichen Struktur» übernommen, nämlich der Schule, später der Universität, dann vom «Club» und schließlich von der Betriebsgemeinschaft – eine geradezu «pathologische» Flucht in immer neue Strukturen, die Geborgenheit vermitteln sollen.

Ganz anders im Hinduismus. Hier wird man in eine (Sub-)Kaste hineingeboren und gehört damit von Anfang an fest in ein Beziehungsgefüge mit genau umschriebenen und von der Tradition geheiligten Regeln. Das Kastenschicksal gilt als unabweisbar, weil es durch gute oder böse Taten in den vorangegangenen Erdenexistenzen «verdient» worden sei. Man habe, wie es in allen hinduistischen Regelwerken seit Jahrtausenden heißt, seine Pflicht – das sogenannte «Dharma» – widerspruchslos hinzunehmen, widrigenfalls in der nächsten Existenz eine abermalige Verschlechterung eintritt: Jeder ist hier im wahrsten Sinne sein eigenes Schicksal und seines Glückes oder Unglücks Schmied.

So tief verwurzelt ist dieses Denken, daß kastenähnliche Bindungen auch außerhalb der hinduistischen Gesellschaft des Subkontinents eintreten, zum Beispiel in der buddhistischen Gesellschaft Sri Lankas, in den christlichen Gemeinden Keralas oder sogar im muslimischen Pakistan[34]! Die mit einem Inder verheiratete chinesische Schriftstellerin Han Suyin z.B. beklagt, daß die «Unberührbaren in den katholischen Kirchen Südindiens keinen Platz auf Bänken und Stühlen erhalten»[35].

Regelfindung contra Regelvorgabe

Um Reibungen zu vermeiden, betreiben Japaner und Chinesen eine fast permanente gegenseitige Abstimmung, woraus sich u. a. auch die japanische Gewohnheit des «Ringisei» (wörtl.: «Umlaufabzeichung») und in China das permanente «Kaihui» («Versammlung abhalten») entwickelt hat. Während ein deutscher Jurist zuerst im Gesetz blättert und dann entscheidet, holt sein chinesischer (oder japanischer) Kollege lieber eine «Entscheidung von oben» ein oder aber lädt zu einer «Versammlung» ein, bei der alles «abgestimmt» wird. Ins Gesetz pflegt er, wie die chinesische Parteipresse beklagt[36], immer erst dann zu schauen, wenn etwas schiefgelaufen ist.

Diese Kaihui-Mentalität muß einem Kastenangehörigen exotisch erscheinen; braucht er sich doch nur nach den wohlvertrauten (Sub-)Kastenregeln zu richten, um sogleich einen seit unvordenklichen Zeiten bewährten Verhaltensleitfaden an der Hand zu haben, der selten Konflikte oder Dilemmata aufkommen läßt. Solche Regeln gelten nicht nur für alltägliche Verhaltensweisen, sondern auch für die Kleidung, für die Sprechweise gegenüber Älteren oder gegenüber Angehörigen anderer Gruppen, für die Taburegeln bei Essen und Trinken, für die Art von Gefäßen, die man zu verwenden hat, und dergleichen mehr. Selbst Wanderasketen, die geradezu einen Paradefall des «Individualismus» zu verkörpern scheinen, sind einem engmaschigen Regelwerk unterworfen. Die jeweiligen (Sub-)Kastenregeln sind der einzige verbindliche Maßstab – und sonst nichts: sie regeln das Wer, Was, Wo, Wodurch, Warum, Wie und Wann in minutiösester Weise. Jeder weiß, woran er ist: Dies tut man und dies tut man nicht. Nur daran hat man sich zu halten; nur darin auch besteht das Dharma. Vertreter des Staates und seine Gesetze werden mit Mißtrauen betrachtet. Wo staatliche Vorschriften und Kastenregeln aufeinanderprallen, kommt es meist zu schweren Konflikten wie bei der Gleichstellung der «Unberührbaren» mit den Oberkasten im modernen Indien. Nichteinhaltung des traditionellen Regelwerks bedeutet nach überkommener Lehre eine Verletzung des Dharma, die ratsamerweise augenblicklich rituell zu sühnen ist, andernfalls sie in der nächsten Existenz fatale Folgen nach sich ziehen kann, zum Beispiel in Form der Wiedergeburt als «Unberührbarer».

Alle Regelwerke sind partikularistisch: Fragt man, ob der Hinduismus «pazifistisch» ist, so besteht die Antwort in einem Zwar-Aber: Die meisten Hindus sind es, nicht dagegen die Angehörigen der Kriegerkaste. Dies gilt für das Alltagsleben. Wenn die große Autostraße von Delhi nach Kalkutta mit Autoleichen wie nach einer Schlacht übersät ist, so hängt dies in erster Linie nicht mit unzureichendem Material oder mit dem Durcheinander von Ochsenkarren und Lkws zusammen, sondern mit kastenbedingten Verhaltensweisen. Der Lastwagenfahrer (meist ein Angehöriger der Kriegerkaste oder ein Sikh) fährt «gefährlich, weil gefährliches Fahren von ihm erwartet wird. Er prahlt und provoziert mit seiner Kleidung, mit seiner Rede, mit

seinen Gelagen und seinem Gang...»[37] Es gibt also keine allgemeinverbind-
liche Sittlichkeit, sondern nur kastenspezifische Gebote und Verbote, so daß
sich nirgends auf der Welt eine «pluralistischere» Ausformung der Berufe,
der Anschauungen, Trachten und Wertvorstellungen herausgebildet hat als
in der hinduistischen Gesellschaft.

Berufsfreiheit contra Berufsbindung
Obwohl die «Berufsfreiheit» in den traditionellen konfuzianischen Gesellschaften durch Zünfte und Gilden sowie durch eine üppige «Anti-Luxus-
Gesetzgebung» eingeschränkt war, gab es doch Bewegungsmöglichkeiten.
Klassisches Beispiel hierfür ist das Mandarinat, das, von wenigen besonders
niedrigen Bevölkerungsschichten abgesehen, für jedermann theoretisch zu
erreichen war, falls er erfolgreich die «Prüfungshölle» überstand.

Im Hinduismus dagegen überfängt die Subkaste (Jati: «Geburten») jeden,
der in sie hineingeboren wird, von Anfang an mit einem feinmaschigen Be-
rufsvorschriftennetz. Schon früh hatte sich ja das Kastenwesen von der
Hautfarben- zur Berufsideologie entwickelt. Die vier «Varnas» (wörtl. «Farben»), die in vedischer Zeit (2. Jahrtausend v. Chr.) noch als Kriterien für die
damaligen vier Kasten im Vordergrund gestanden hatten, waren nach und
nach durch berufsbildgeprägte Subkasten, deren Zahl in die Hunderte geht,
in den Hintergrund gedrängt worden.

Säkulare Ordnung contra religiöse Verankerung
In den konfuzianischen Ländern sorgte ein schon früh einsetzender Rationa-
lismus dafür, daß Gesellschaft und Religion größtenteils voneinander getrennt wurden, und daß die soziale Stellung des einzelnen sich fast ausnahmslos nach «weltlichen» Kriterien bestimmte, vor allem nach seiner Bereitschaft, sich in eine Gruppe einzugliedern.

Ganz anders im Hinduismus: Die traditionelle Rangordnung richtete sich
dort lange Zeit nach dem Grad der «Reinheit»; dies ist ein Begriff, der nicht
nur für einen Europäer, sondern auch für einen Chinesen oder einen Thai
auf Anhieb schwer zu begreifen ist. Nirgends gab oder gibt es «neutrale»,
sondern nur unterschiedlich «reine» Personen, Tiere oder Gegenstände, und
nichts im traditionellen Indien blieb von der sich daraus ableitenden Hierarchisierung verschont:

Bei den Menschen ergibt sich die Reinheitsstufenfolge aus der Rangordnung der Kasten. Ganz oben stehen die Brahmanen, ganz unten die «Unberührbaren». Der Brahmane hat seine «Reinheit» dadurch zu wahren, daß er
sich nur mit «reinen» Gegenständen umgibt, daß er periodische Reinigungszeremonien durchführt und daß er den Kontakt mit «unreinen» Kastenangehörigen, Tieren oder Gegenständen vermeidet. Bei den Tieren gilt die Kuh
als am reinsten, während das Schwein ganz am anderen Ende der Skala steht.
Was schließlich unbelebte Gegenstände anbelangt, so ist das Gold am rein-

sten, gefolgt von Messing, Kupfer, Eisen und Lehm. Seide gilt als rein, Baumwolle dagegen bereits als «schmutzübertragend». Unter den Lebensmitteln sind am reinsten alle Produkte der Kuh, gefolgt von Reis, Weizen und Hirse.

Als unrein gelten schließlich alle körperlichen Exkremente – Urin, Stuhl und Samen, aber auch Speichel, Blut, Atem und sogar Haar- und Fingernägelreste. Wegen der Unreinheit des Speichels schreiben manche Jatis sogar vor, daß ihre Angehörigen Brot oder Obst nie vom Stück abbeißen, sondern nur abgebrochene oder abgeschnittene Stücke zum Munde führen, daß sie ferner Trinkgefäße und selbst Zigaretten nie direkt an die Lippen bringen, sondern den Rauch zwischen den Fingern hindurchziehen. Blut wird so sehr verabscheut, daß manche Brahmanen sogar den Genuß von «blutfarbenem» Obst oder Gemüse vermeiden. Alle Personen, die professionell mit Blut zu tun haben, bekleiden im allgemeinen niedrigste Kastenränge – angefangen vom Fleischer über den Abdecker bis hin zum Gerber. Man kann sich vorstellen, wie ambivalent die Einschätzung des modernen Chirurgen ausfällt!

Unrein ist der Atem: Man blase deshalb nie direkt in ein Feuer, um so den Gott Agni nicht zu beleidigen. Unrein ist ferner die linke Hand – man benutzt sie ja zur Säuberung der «Ausflußstellen». Auch eine noch so gründliche Reinigung mit Seife kann an der rituellen «Beschmutzung» nichts ändern! Frauen gelten übrigens, unabhängig von ihrer Kaste, als unter den Männern stehend, weil sie durch Menstruation und Geburt «verunreinigt» werden.

Auch der soziale Umgang wirft schwierige Fragen auf. Blunt[38] zählt sieben Tabuarten auf, die den gläubigen Hindu zu folgenden Fragen nötigen: 1. Mit wem darf ich essen? («Kommensalität»); 2. Wer darf mein Essen zubereiten? 3. Welche Arten von Nahrungsmitteln sind für mich zulässig? 4. Welche Rituale sind bei der Zubereitung zu beachten? 5. Von wem darf ich mir Wasser einschenken lassen? 6. Mit wem darf ich gemeinsam eine Pfeife rauchen? 7. Welche Gefäße darf ich benutzen? Auch für die Formen des Berührens[39] und die Reinheitsabstufung bei Nahrungsmitteln[40] gibt es Dutzende von Vorschriften, die hier auch nicht annähernd aufgezählt werden können. Je höher die Kastenzugehörigkeit, um so stärker die Tabubindung und soziale Berührungsscheu, die in Heirats-, Speisegemeinschafts- und gewohnheitsrechtlichen Beschränkungen ihren Ausdruck findet.

Kommt es zur «Beschmutzung», so unterzieht sich der gläubige Hindu sofort dem Reinigungszeremoniell. Als bestes Mittel gilt hierbei Weihwasser oder gar das Wasser «heiliger Flüsse», mit dem man den feinen Unreinheits/ Sünden-Staub hinwegwäscht; Reinigungskraft kommt auch bestimmten Ölsorten zu, vor allem aber den «fünf Produkten der Kuh». Sich mit Kuhdung beschmieren, bringt nach dieser Auffassung Reinigung, Schuhe aus Rindsleder zu tragen, führt dagegen zu extremer Verschmutzung. Zur Reinigung führen auch Tonsuren – deshalb der Haarschnitt, der den Säugling von

den Resten der Geburt «säubert», und deshalb nicht zuletzt auch das Kahl-
schneiden bei bestimmten Zeremonien sowie die Tonsur bei den buddhistischen Mönchen.

Erst die geniale und «penetrante» Vermählung zweier Grundgedanken,
nämlich der Karma-Legitimität mit den Wiedergeburtsverheißungen der
Karma-Lehre, schuf, wie Max Weber[41] wohl zu Recht betont, jene «unwi-
derstehliche Gewalt über das Denken und Hoffen der in sie eingebetteten
Menschen», die für die hinduistische Kastenordnung mit ihrer eingefleischten Umsturz- und Innovationsfeindlichkeit so charakteristisch ist.

Flexibilität contra Unveränderbarkeit
Aus den untersten Schichten bis zur Spitze aufzusteigen, war in der konfuzianischen Gesellschaft zwar nicht gerade an der Tagesordnung, wohl aber
theoretisch durchaus möglich. Sogar die Gründungskaiser zweier Dynastien, der Han und der Ming, kamen aus dem Bauernproletariat. Auch das
Mandarinatsamt war nicht vom Blut-, sondern vom Leistungsadel besetzt.

Demgegenüber galt die hinduistische Kastenordnung als unveränderbar.
Gleichwohl gibt es, wie die moderne Forschung festgestellt hat, subtile Mo-
bilitätsreserven. Keineswegs ungewöhnlich ist der Abstieg, der in der Regel
durch Verletzung der Reinheitsnormen ausgelöst wird. Sozialer Aufstieg andererseits ist zwar nicht direkt, wohl aber auf indirektem Wege möglich, und
zwar durch Namensmanipulation sowie durch eine «Sanskritisierung»[42] der
Verhaltensweisen. Der Aufsteiger legt sich zum Beispiel einen unverfängli-
chen Namen wie Singh oder Lal zu oder verwischt seine Spuren, indem er –
in «Wiederentdeckung» seiner höheren Kastenzugehörigkeit – eine höhere
Varna-Bezeichnung annimmt.

Die «Sanskritisierung» erfolgt durch Einnistung in das Regelwerk einer
höheren Kaste[43]. Überflüssig, zu betonen, daß wohlhabende Homines novi
hierbei mehr Erfolg haben als Angehörige des Proletariats. (Zum Begriff der
«dominanten Kaste» vgl. unten S. 81.)

Eine dritte Art der Mobilität besteht im Übertritt zum Islam, zum Buddhismus oder zum Christentum, wobei der Konvertit allerdings, wie oben
erwähnt, sowohl von seiner alten als auch seiner neuen Umgebung zumeist
nach seinem ursprünglichen Kastenrang eingeschätzt bleibt.

Hierarchie contra «Gleichheit»
Ist die hinduistische Gesellschaft «flacher» und «horizontaler» angelegt als
die metakonfuzianische? Die Antwort fällt ambivalent aus:

Zu bejahen ist die Frage, wenn man der brahmanischen Auslegungstradition folgt, die von der europäischen Indologie mit durchschlagendem Erfolg
weiterverbreitet wurde und bei der es sich um einen klassischen Fall der Ver-
wechslung von Wunsch (d. h. brahmanischem Wunschdenken) und Wirklichkeit handelt. Nach diesem viele Jahrzehnte hindurch dominierenden

«Hinduismus-Modell» galt dreierlei als ausgemacht: Erstens gab es eine gesellschaftliche Abstufung, die sich genau nach dem altehrwürdigen Vier-Kasten-Schema richtete; ganz oben stand also die Priesterkaste der Brahmanen, gefolgt von der Kriegerkaste der Kshatriyas, der Händlerkaste der Vaishiyas und der Dienstleistungskaste der Shudras, denen dann «ganz unten» noch die «Unberührbaren» folgten. Zweitens ging man von einer exakten Korrelation zwischen Reinheits-, Macht- und Einkommenshierarchien aus. Drittens wurden Angehörige der gleichen Kastenstufe einander schlicht gleichgesetzt. Von solchen «horizontalen» Gesichtspunkten war bezeichnenderweise auch noch die Volkszählung von 1902 bestimmt, bei der man absurderweise erfahren wollte, wie viele «Brahmanen» es in Indien gibt – eine Frage, die augenblicklich heftige Rang-und Interpretationskämpfe auslöste. Dieses eindimensionale Bild wurde erst durch intensive Feldforschung korrigiert. Heute weiß man, daß «praktisch jede Feststellung über die Kastenfrage zwar gültig ist für die eine Region, nicht aber für die andere, zwar für das eine Dorf, aber nicht für das andere, zwar für die städtische Umgebung, nicht aber für die Vorstädte, zwar für eine religiöse Gruppe, nicht aber eine andere Sekte, schließlich zwar für eine Einzelperson, nicht aber für ihren nächsten Verwandten»[44].

Eigentlich hatte sich ja in Konkurrenz zum erwähnten Brahmanenmodell schon seit dem 13. Jahrhundert ein alternatives «Kshatriya»-Modell herauskristallisiert, an dessen Entwicklung die im Gefolge der Hunnen nach Indien gekommenen Rajputen maßgebend beteiligt waren, die sich im Laufe der Zeit ihre gesellschaftliche Spitzenstellung als Kriegerkaste nicht durch rituelle Reinheit, sondern durch Macht, Reichtum und andere säkulare Errungenschaften verschafft hatten. Diesem Abweichungstatbestand haben erst neuere Dorfstudien auch wissenschaftlich Rechnung getragen, wobei der Begriff der «dominanten Kaste» eingeführt wurde. «Dominanz» wird hierbei, wie gesagt, nicht durch rituelle Reinheit, sondern vielmehr durch Geld, Macht und Prestige begründet; säkulare Werte überlagern das religiöse Verdienst, allerdings in den Städten naturgemäß mehr als auf den Dörfern. Ferner haben die Dorfstudien den durch und durch «lokalen Charakter der Kastenhierarchie» deutlich werden lassen[45]. Angehörige der Teli (Ölpresser) werden in Orissa zum Beispiel als unreine, in Bengalen dagegen als reine Shudras betrachtet und in Bombay gar zu den Vaishyas gerechnet. Bei der Bevölkerungszählung von 1931 meldeten im nördlichen Indien 33 Shudra-Kasten ihren Anspruch auf den Brahmanen-, 80 auf den Kshatriya- und 15 auf den Vaishya-Status an[46]. Selbst unter den Brahmanen gibt es lokale Abstufungen. Manche werden nicht nur von ihren eigenen Kastengenossen, sondern bisweilen sogar von Shudras als unrein betrachtet[47]. Mitglieder einer «dominanten Kaste» haben übrigens auch solide «Sanskritisierungs«-Chancen, d. h. die Möglichkeit, sich durch eine bestimmte Lebensweise zu einer höheren Kaste «hinaufzuritualisieren».

Kasten- und Klassenstatus mögen vielleicht in grauer Zeit einmal identisch gewesen sein – heute sind sie es längst nicht mehr; denn um die wirtschaftlichen Startchancen des Brahmanentums steht es im 20. Jahrhundert nicht gerade zum besten. Technische Berufe sind ihm wegen der damit verbundenen körperlichen Arbeit in aller Regel verbaut, und auch kaufmännische Professionen sind seit alters her an andere Kasten vergeben, so daß im wesentlichen nur eine bürokratische, politische oder aber eine Karriere als Rechtsanwalt übrigbleibt. Bemerkenswert immerhin, daß bisher sämtliche Ministerpräsidenten der Indischen Union Brahmanen waren; ansonsten aber sind die Angehörigen dieser Kaste meist mittlere Gehaltsempfänger – und insofern alles andere als «dominant»; denn wer es im Verwaltungsdienst zu einer gewissen Höhe gebracht hat, fühlt sich, gleichgültig welcher Kaste er nun angehört, weit erhaben über all jene Brahmanen, die traditionellen Berufen nachgehen, ihre Reinheitsrituale pflegen und sich den heiligen Texten widmen.

Sogar auf dem Land, das ja angeblich zur Wagenburg der traditionellen Gesellschaftsordnung geworden ist, klaffen Klasse und Kaste immer weiter auseinander, wobei sich das soziale Gewicht vor allem nach dem Ausmaß des Grundbesitzes bemißt.

An der Spitze der Klassenhierarchie stehen die «Oberen Zehntausend» – in aller Regel Industrielle und Großhändler, denen an zweiter Stelle jene 2 % wohlhabender Bauern folgen, die statistisch ein Fünftel des Ackerbodens besitzen. Es schließen sich die höheren Beamten, leitenden Angestellten sowie die 6 % Bauern an, denen das zweite Fünftel des Ackerbodens gehört. An vierter Stelle reihen sich die mittleren Beamten und Gehaltsempfänger, die Facharbeiter und die 12 % Bauern ein, die Eigentum des dritten Bodenfünftels sind. Hinter ihnen rangieren die kleinen Angestellten, die Industriearbeiter und die 20 % Bauern, denen das vierte Bodenfünftel gehört.

Unterhalb dieser fünf sozialen Schichten folgt dann die Masse der Bevölkerung, die weit über die Hälfte der Einwohnerschaft ausmacht und die kein gesichertes Einkommen bezieht – also wirklich arm ist[48].

Wie nun fügen sich die traditionellen Kastenangehörigen in dieses «säkulare» Stufenschema ein? Unter den beiden obersten Schichten muß man Brahmanen mit der Lupe suchen; hier dominieren die Händler- und Bauernkasten; erst in der dritten und vierten Schicht treten auch die traditionellen Oberkasten deutlicher hervor. Mit ihnen in Konkurrenz befinden sich hier freilich manchmal bereits Angehörige der früheren «Unberührbaren», die ihren Aufstieg einer systematischen Förderungspolitik der Regierung verdanken und deshalb nicht selten als «Regierungs-Brahmanen» bespöttelt werden.

In den oberen Bereichen der Gesellschaftsspitze gibt es also kaum Zusammenhänge zwischen Kasten- und Gesellschaftsrang. Eine solche Koinzidenz findet erst ganz unten statt, wo nämlich den Mitgliedern der untersten Kasten sowie den «Unberührbaren» als Ärmsten der Armen nur mehr die schmutzigsten Arbeiten bleiben.

Von Gleichheit zwischen den verschiedenen Kasten und Subkasten kann also nach alledem ganz gewiß nicht die Rede sein. Und doch lassen sich im Hinduismus am Ende mehr Horizontal-Ansätze entdecken als etwa in der japanischen Gesellschaft.

Da ist etwa die Familie: Während in Japan das Verhältnis des einzelnen zu seinen Geschwistern schnell an Bedeutung verliert, sobald er sich in ein außerfamiliäres Gefolgschaftsverhältnis begeben hat, überdauert die Geschwisterschaft in Indien alle Zufälle des äußeren Lebens.

Aber auch zwischenfamiliäre (durch Heiraten) und transfamiliäre Beziehungsnetze führen schnell zur «Seitwärts»-Bindung. Die Japanerin Nakane[49] nahm beispielsweise mit Erstaunen zur Kenntnis, wie schnell sich zwischen den Angehörigen des Indian Administrative Service kollegiale Beziehungen entwickeln, wie sie im japanischen Kontext schwer vorstellbar wären, weil sich dort eine Ministerialbürokratie fast «fensterlos» neben der anderen aufbaut.

Besonders bedeutsam als Koordinierungs-Institution aber ist das traditionelle Jajmani-System, das dafür sorgt, daß die zahlreichen nach Jatis aufgegliederten und damit hochspezialisierten Gewerbe nicht voneinander isoliert, sondern vielmehr miteinander verknüpft werden – und zwar nicht nur auf Grund eines Ad-hoc-Vertrages, sondern mit Hilfe einer oft über Jahrhunderte geltenden Bindungswirkung. Die hier zustande kommende Verknüpfung findet nicht nur zwischen Patron und Klientel (also in vertikaler Richtung), sondern auch zwischen verschiedenen Jatis statt, die freilich nicht völlig gleichrangig, sondern ebenfalls vertikal verschoben zueinander stehen.

4. Homogenität und Vielvölkermosaik in den asiatischen Gesellschaften. Das Kommunalismus-Problem

In Asien gibt es zwar höchst homogene Gesellschaften, wie beispielsweise in Korea oder Japan. Dies ist jedoch eher die Ausnahme. In der Regel herrscht das Mosaik vor, und zwar nicht nur im Ethnischen, sondern auch in der politischen Organisation sowie in der Wirtschaftsweise. Ob in Vietnam, Laos, Indonesien oder Indien: überall gibt es neben dem Hauptvolk noch die zumeist in Ungunstgebiete abgedrängten «Montagnards», neben der Nation noch den Stamm und die Sippe, neben der Industrie den Schwendbau und neben der Hochreligion den Animismus – von den Unterschieden in der Sprache, in der Schrift oder der Folklore erst gar nicht zu reden.

In Vietnam leben neben den Vietnamesen 52 völkische Minderheiten, die 11% der Gesamteinwohnerschaft ausmachen, in Laos sind es sogar 68, die ziemlich genau die Hälfte der Bevölkerung stellen[50]. In «Verdrängungsgebieten» wie dem im nordostindischen Bergland liegenden Arunachal Pradesh splittern sich die ca. 500000 dort lebenden Menschen in nicht weniger als 77 Sprachgruppen auf.

Als Paradebeispiel für einen Vielvölkerstaat darf Indien gelten. Hier sind praktisch sämtliche Rassen vertreten, angefangen von der negroid-australoiden Urbevölkerung über das drawidische Element bis hin zu den Ariern und den Mongolen, die durch die klassischen Einfallstore, den Khyberpaß im Nordwesten (Arier) bzw. durch die Assam- und die Brahmaputra-Ebene im Nordosten, bereits in vorchristlicher Zeit eingedrungen sind. Die kontinuierlichen Bevölkerungsbewegungen aus Ost und West trafen sich vor allem im Brahmaputra-Tal, wo sie sich ineinanderschoben und von wo die politisch schwächeren Teile in die bergigen Randgebiete abgedrängt wurden. Obwohl der Nordwesten hauptsächlich von den Nachkommen der Arier, der Nordosten von den «Indo-Mongolen» und der Süden überwiegend von Drawiden bewohnt ist, ergeben sich doch die unterschiedlichsten Überlagerungen und Vermischungen, die sich nicht nur ethnisch, sondern auch im äußeren Habitus auf Anhieb unterscheiden: Auf den ersten Blick scheint es nirgendwo auf der Welt so viele Individualisten wie in Indien zu geben. Im Gegensatz zu den in ihrer Kleidung und ihren Lebensgewohnheiten fast «eindimensional» wirkenden Ostasiaten zeigen sich hier die unterschiedlichsten Trachten, Turbane, Frisuren und Bartformen, die freilich nicht Ausdruck eines persönlichen, sondern eines Gruppen-Individualismus sind.

Zusätzlich zur Kastenabstufung hat der moderne Kapitalismus für ein Wohlhabenheitsgefälle gesorgt, das in Indien vornehmlich von West nach Ost verläuft. Daneben die Vielfalt der Religionen: 85% der Bevölkerung sind hinduistisch, 11% bekennen sich zum Islam (in Indien leben fast genauso viele Muslims wie in der Islamischen Republik Pakistan!), 3% zum Christentum und daneben noch kleinere Bevölkerungsanteile zu den verschiedensten Animismusformen. Fast unüberschaubar ist die Sprachenvielfalt. In dem noch unter britischer Kolonialherrschaft erarbeiteten «Linguistic Survey of India» sind nicht weniger als 179 verschiedene Sprachen und 544 Dialekte aufgelistet – 73% der Bevölkerung benutzen Sprachen mit indo-arischer und 20% Sprachen mit drawidischer Wurzel[51]. Bezeichnenderweise hat sich im Sprachbabel Indien nicht das Idiom des «Hindi-Gürtels» (Uttar Pradesh, Bihar) als Lingua franca durchsetzen können, sondern – zumindest vorläufig – das Englische. Die Regierung war bei ihren Verwaltungsreformen um eine Deckungsgleichheit zwischen politischen und Sprachregionen bemüht. So wurde beispielsweise der Staat Madras in die Staaten Tamil Nadu (Sprache: Tamil) und Andhra Pradesh (Sprache: Telugu) aufgeteilt und ein Sektor des früheren Fürstentums Hydarabad mit anderen Kannada sprechenden Regionen zum neuen Staat Karnataka zusammengefügt; die einzelnen «Nationen» sollten möglichst nicht vor den Kopf gestoßen werden.

Zwischen den Extremen Japan/Korea und Vietnam/Laos/Indien liegt eine Reihe von Staaten «mittleren» Charakters, so etwa die VR China, die zwar 54 Minderheiten aufweist, deren Anteil freilich nur 6% der Bevölkerung ausmacht und die wiederum zwei Drittel des Gesamtterritoriums besiedeln; ferner Sri Lanka mit zwei großen, einander feindselig gegenüberstehenden Bevölkerungsgruppen (Tamilen und Singhalesen) und nicht zuletzt auch die «Nation Singapur» mit einem Chinesenanteil von 80% und drei weiteren Siedlungs- und Lebensgemeinschaften (sog. «Communities»), nämlich den Malaien, den Indern und den Eurasiern.

Dieses Nebeneinander ist fast immer von Spannungen, bisweilen auch blutigen Zusammenstößen gekennzeichnet: in Indien das Sikh- und Nordost-Problem, in Tibet die Aufstände von 1959 und 1987, die Massenmorde in Sri Lanka, die blutigen Community-Unruhen in Malaysia (1969), vor allem aber die Dauerkonflikte zwischen den Tieflandvölkern des kontinentalen Südostasien (Vietnam, Kambodscha, Laos, Birma und Thailand) und den jeweiligen Bergvölkern.

Schwierig auch das Zusammenleben zwischen den «Bumiputras» («Söhnen der Erde») Malaysias und den Auslandschinesen sowie -indern, die mit ihrem Kommerz, ihren finanziellen Transaktionen und mit ihrer weitverzweigten Verwandtschaft/Landsmannschaft den modernen Nationalstaat überschreiten und deshalb häufig im Rufe «vaterlandsloser Gesellen» stehen. Für den Durchschnitts-Bumiputra ist «der» Chinese «schmutzig» (gemeint ist hier die rituelle Unreinheit, die mit dem Schweinefleischgenuß zusammenhängt), raffgierig und berechnend, während der Durchschnittschinese umgekehrt «den» Malaien für faul, leichtsinnig und völlig inkompetent hält[52]. Obwohl Chinesen zum Teil schon seit dem 15. Jahrhundert im Malaiischen Archipel leben, werden sie wegen ihrer Arbeitsethik, ihrer Sparsamkeit, ihren Eßgewohnheiten, ihrer sozialen Kohärenz, ihren fremdartigen Schriftzeichen und ihrer städtischen Orientierung immer noch als Fremdkörper betrachtet. Unter den kaum profit-orientierten Bumiputras ist es geradezu ein Sport, den chinesischen Händler beim Feilschen an die Wand zu spielen oder ihn hereinzulegen. Swift[53] schreibt, daß das «Betrügen oder Bestehlen eines Chinesen geradezu als Jux gilt». Kommt der chinesische Händler ins Dorf, um die dort überfälligen Schulden zu kassieren, so wird er von der Dorf-«geng», d. h. einer Schar junger Männer, mit höhnischen Bemerkungen empfangen. Bietet der Chinese Zigaretten an, machen sie einen Zug, werfen den Rest aber sogleich wieder weg, indem sie darauf beharren, daß es sich hier nicht um Tabak, sondern um «sayor china», d. h. «China-Gemüse» handelt, das, wie jeder Malaie zu wissen glaubt, mit Exkrementen gedüngt worden ist – und deshalb auch mit Exkrementen gleichgesetzt wird. Besteht nun der Händler auf Bezahlung einer rückständigen Rate, so heißt es, daß «ich diesen Monat kein Geld habe, weil meine Bäume fasten» o. ä. So ist es nicht verwunderlich, daß die Beziehungen zwischen Bumiputras und

Chinesen kaum persönlicher, sondern fast immer nur geschäftlicher Natur sind. Über die Auslandsinder andererseits macht man sich gerne lustig und mokiert sich z. B. über die Schwärze ihrer Haut, über ihre haarigen Körper, über die mageren Männer, die fetten Frauen, den überall abgebrannten Weihrauch und ihren Körpergeruch[54].

In der Tat scheinen die drei Communities auf verschiedenen Sternen zu leben: die einen sind hauptsächlich als Händler beschäftigt, haben ihr chinesisches Milieu beibehalten, sprechen chinesische Dialekte und kennen kaum religiöse Tabus im täglichen Leben, die anderen verdingen sich hauptsächlich als Arbeiter, sind der indischen Kultur treu geblieben, sprechen indische Dialekte, halten sich an Kastenregeln und vermeiden vor allem Rindfleisch, während die Bumiputras, die den Löwenanteil der Bauern, aber auch der Staatsbeamten und der Soldaten stellen, dem Adat folgen, Malaiisch sprechen, sich zum Islam bekennen und beim Essen vor allem Schweinefleisch sowie andere «unreine» Speisen vermeiden.

An dieser Stelle sollte deutlich geworden sein, wie schwierig es ist, den europäischen «Nationen»-Begriff auf Asien zu übertragen. Integrierend wirkt hier am Ende nicht die Vergangenheit (es gibt ja keine «gemeinsame» Sprache, Kultur und Geschichte), sondern die Zukunft, die man etwa auf die Formel bringen könnte «Think Malaysia» oder «Think Singapore».

5. Ortsansässige und mobile Lebensweise

Die meisten asiatischen Gesellschaften sind bäuerlichen Charakters, also eng mit ihrem Boden verbunden. Daneben gibt es jedoch zahlreiche Nomaden, nämlich in Zentral- sowie in Südostasien, wobei zu den letzteren noch die «seeschweifenden» (malaiischen) Völker zu zählen sind.

In Südostasien, vor allem in Birma, Thailand, Laos und Vietnam ist das Nomadentum zumeist an den nördlichen Ausläufern des Festlandbereichs zu Hause, wo man noch heute bisweilen ganze Familien mit Sack und Pack auf der Wanderschaft antreffen kann. In Vietnam gab es Mitte der achtziger Jahre immer noch gut zwei Millionen Personen in 160 Kreisen aus 22 Provinzen, die ohne feste Siedlung waren. Im allgemeinen praktizieren solche Völkerschaften den Schwendbau, wobei zahlreiche Waldbestände verlorengehen. In Vietnam und Laos unterscheidet man drei Kategorien, nämlich echte Nomaden, die alle drei bis fünf Jahre ihren Wohnort wechseln, ferner Halbnomaden, die zwar stationär siedeln, aber weiterhin eine «wandernde Landwirtschaft» betreiben, und schließlich Minderheiten, die, sobald sie in situ kein Auskommen mehr finden, wieder ins nomadische Leben zurückverfallen. Aus Nomaden rekrutieren sich gewisse Widerstandsorganisationen, wie beispielsweise die im Zentralen Hochland lange Zeit aktive FULRO (Front Unifié pour la Libération des Races Opprimées)[55]. Ansiedlungs- und Umerziehungsversuche stoßen bei ihnen noch allemal auf heftigen Widerstand.

Während die Nomaden Südostasiens eher von lokalem Interesse sind, haben drei zentralasiatische Wandervölker Weltgeschichte gemacht: die Xiongnu (Verwandte der Hunnen), die Mongolen, die im 13. Jahrhundert fast über den gesamten eurasischen Kontinent Macht ausübten, und die Mandschus, die China von 1644 bis 1911 beherrschten.

Jahrhundertelang war Zentralasien einerseits ein Ort der zivilisatorischen Begegnung – die zahlreichen Lokalkulturen entlang der antiken «Seidenstraßen» legen Zeugnis dafür ab –, andererseits aber ein Ort politischer Erdbeben, von dem immer wieder blutige Eroberungszüge ausgingen: im 3. Jahrhundert der Hunnensturm, im 7. Jahrhundert der Angriff der Tibeter («Tufan») auf das Tang-Reich, im 13. Jahrhundert die Mongoleneroberung. Wie die Hunnen eine europäische, so lösten die Mongolen in Südchina eine südostasiatische Völkerwanderung aus. Vor allem verließen damals die meisten Thai-Stämme Südchina.

Kaum ein größerer Unterschied läßt sich denken als der zwischen ortsansässigen Getreidebauern und Hirtennomaden. Gemeinschaftsbildungen der Wandervölker hatten meist nicht den gemeinsamen Grund und Boden als Basis, sondern beruhten auf politischen Zwecküberlegungen. War der Zweck erreicht, fielen die Bündnisse meist ebenso rasch wieder auseinander wie sie entstanden waren. Die chinesische Idee von einem zentralen Einheitsstaat blieb Völkern wie den Mongolen oder den Hunnen fremd. Ihr Weltreichsgedanke war nicht an ein Territorium gebunden, sondern kristallisierte sich meist um eine charismatische Führungspersönlichkeit heraus, der prometheische Eigenschaften angedichtet wurden. Rassische Vorurteile mußten den lokal so ungebundenen Hirtenvölkern Zentralasiens von vornherein fremd sein. Feinde wurden daher schnell zu Freunden, sobald sie gemeinsame Interessen anerkannten – und umgekehrt. Typisch für sie war die Kurzlebigkeit ihrer Bündnisse und ihr dauernder Gegensatz zu den Bauern. Die kurzzeitigen Explosionen ihrer nomadischen Energien verzehrten sich allerdings bei der Begegnung mit Ackerbaukulturen immer wieder schnell[56]. Reitervölker und Bauern sind, wie ihre asiatische Geschichte gezeigt hat, von ihrem Wesen her auf gegenseitige Feindschaft programmiert: Bauern expandieren langsam und zäh in die Peripherie und nehmen dort im Frühjahr Felder unter den Pflug, auf denen noch jeden Herbst von alters her der Nomade seine Herden zu weiden pflegte – und schon bricht der Konflikt aus. Umgekehrt gehen Nomaden auf Beutejagd in den bäuerlichen Regionen. Kein Wunder, daß die Geschichte an den Rändern Zentralasiens ein jahrhundertelanger Kampf zwischen Hirten und Bauern war. Heute ist das einst so aktive Zentralasien zu einer politisch passiven und von zwei Nachbarvölkern, den Russen und den Chinesen, kolonisierten Region geworden.

6. Warum der Marxismus in Asien auf Sand baut

Was in Asien unter der Bezeichnung «Sozialismus» lief und läuft, etwa die chinesische Kulturrevolution, der nordkoreanische Kim-Ilsung-ismus, der vietnamesische «Sonderbeziehungskurs» in Indochina oder gar die Massenmordpolitik Pol Pots, ist äonenweit von dem entfernt, was die Väter des wissenschaftlichen Sozialismus einst vorgezeichnet haben. Aber auch der reformerische «Sozialismus», wie er von China eingeleitet wurde, hat mit den Vorstellungen der Klassiker nur noch die Bezeichnung, nicht jedoch den Inhalt gemeinsam. Zwar gibt es in allen realsozialistischen Staaten regierende Kommunistische Pateien, öffentliches Eigentum an Produktionsmitteln und Entlohnung nach Leistung. Doch fehlt es andererseits an der universellen Mitentscheidung der Bevölkerung (über den Danwei-Rahmen hinaus), an einem Absterben der Herrschaft des Menschen über den Menschen und an einer Liquidierung der Ware-Geld-Beziehungen, den vitalsten Elementen eines lebendigen Sozialismus.

Das Scheitern war vorprogrammiert, und zwar nicht deshalb, weil es zu wenig soziale Munition gäbe, sondern weil die dortigen Gesellschaftsstrukturen wegen ihrer fast panasiatischen Vertikalität denkbar ungeeignet sind für Klassenbildung und Klassenkampf: die Kastenordnung in Indien, die keine überlokalen Frontbildungen zuläßt, die Oyabun/Kobun-Verhältnisse in Japan, die Danweis in China und Vietnam, die Karma-Widrigkeit des Klassenkampfes in den theravadabuddhistischen Gesellschaften oder aber das Grundpostulat der «Ergebung in Allahs Willen», mit der die marxistische Forderung nach Selbstbefreiung wenig vereinbar ist, wobei in den tropenislamischen Gesellschaften Indonesiens und Malaysias auch noch das fundamentale Harmoniebedürfnis als zusätzliches Hindernis hinzukommt.

Will man trotzdem die marxistische Klassenanalyse-Terminologie bemühen, so mag man in all diesen Gesellschaften zwar durchaus «Klassen an sich» vorfinden – überall gibt es ja wirtschaftliche Beherrschungsverhältnisse –, doch wird man vergeblich nach «Klassen für sich» suchen, also nach gesellschaftlichen Gruppierungen, die sich ihrer sozialen Gemeinsamkeiten auch bewußt und die vor allem bereit sind, zum gemeinsamen Kampf gegen ihre Unterdrückung anzutreten. Höchstens dort, wo die traditionellen Gesellschaftsordnungen sich angesichts eines jahrhundertelangen westlichen Einflusses verflüchtigt haben, wie zum Beispiel im südindischen Kerala mit seinen Thomas-Christen oder aber auf den katholischen Philippinen, bestehen Ansätze zu gemeinsamem Klassenbewußtsein und damit für eine Revolution marxistischen Zuschnitts, die freilich angesichts der überall eingeimpften Konfliktscheu wenig attraktiv erscheint.

Angesichts dieser so ganz und gar «un-horizontalen» Organisationstraditionen kann es kaum verwundern, daß die Marxisten in Asien höchst merkwürdige «Klassen» ausfindig gemacht haben. Aus Mangel an «Arbeitern» mußte die Klassensonde zunächst schon einmal bei den Bauern angesetzt werden, wo man, wie etwa in China, schon bald zwischen «Armen und Unteren Mittelbauern», «Oberen Mittelbauern», «Reichen Bauern» und «Grundbesitzern» unterschied, in den Städten dagegen zwischen «Kompradoren»- und «Nationaler» Bourgeoisie. Auch in Vietnam, Laos und Kambodscha kam es zu solchen künstlichen, geradezu an den Haaren herbeigezogenen Klassifizierungen.

Nun gibt es zwar theoretisch für Länder der Dritten Welt einen «revolutionären» Ausweg, den Frantz Fanon[57] aufgezeigt hat, nämlich die gemeinsame spontane Erhebung gegen Unterdrückung und Ausbeutung, in deren Verlauf sich (ex post) das gemeinsame Klassenbewußtsein im Sinne einer «Klasse für sich» gleichsam prometheisch herauszubilden beginnt. Auf den ersten Blick erscheint dies einleuchtend; denn ideologisch findet der Marxismus mit seiner Tendenz, prinzipiell alles Vergangene zu hinterfragen, alles Künftige (soweit es im Zeichen des Marxismus steht) als vollkommen hinzustellen und alles Gegenwärtige als gestaltbar zu betrachten, bei fast jedem asiatischen Intellektuellen lebhaften, ja fast magischen Zuspruch. In einer Welt, in der die Tradition allgegenwärtig ist, wo also die Toten weithin über die Lebenden herrschen, muß der Aufruf zur Eigeninitiative und zur Selbstbefreiung wie ein Fanal wirken oder, um einen Ausdruck Raymond Arons zu gebrauchen, wie «Opium für die Intellektuellen».

Im asiatischen Kontext tauchen allerdings schnell drei Hindernisse auf: Zum einen fällt es nämlich vor allem im hinduistischen und theravadabuddhistischen Kontext schwer, schöpferische Unzufriedenheit zu erzeugen, die ja bekanntlich nicht nur das Karma für die nächste Existenz verschlechtert, sondern gleichzeitig auch außer acht läßt, daß das gegenwärtige Unglück ja selbstverschuldet ist und zwar durch fehlerhaftes Verhalten in den vorangegangenen Existenzen.

Zum anderen erzeugt Gewalt spontane Gegengewalt, vor allem in Indien. Die indische «Gewaltlosigkeit» (ahimsa) und Toleranz besteht bekanntlich darin, daß sie jede Entwicklungsschicht als solche im Sinne eines Sowohl-Als-auch bestehen läßt und sie nicht etwa («Entweder-oder») auslöscht. (Zur «Verschichtung» S. 331 ff.) Doch wehe, jemand wagte gar mit revolutionärer Gewalt an den historisch eingewachsenen Strukturen zu rütteln! Elementare Gegengewalt wäre die augenblickliche Antwort – Gegengewicht wohlgemerkt der breiten Massen, der gegenüber einige elitäre Leninisten kaum Chancen hätten. Die hinduistische Gesellschaft ist so lange ruhig, wie man sie in Ruhe läßt; auf Änderungen aber reagiert sie mit einem Inferno von Unduldsamkeit und Brutalität. Zum dritten aber hält die revolutionäre Begeisterung unter der Leitung charismatischer Volksführer erfahrungsgemäß nur kurze Zeit an. Geht der Kampf verloren, handelt man genauso wie in der Vergangenheit, als man den alten Dorfgott, der nichts getaugt hatte, durch einen neuen ersetzte. Wird er dagegen gewonnen, so fallen die Sieger schnell in liebgewordene Traditionen zurück. Mao Zedong, der im Zeichen der «Massenlinie» und des «Egalitarismus» angetreten war, beendete seine Laufbahn mit einer Orgie des Personenkults – ebenso Kim Ilsung, Ho Chi Minh, Tschoibalsan oder Kaysone Phomvihan. Schnell kehren sie wieder zurück, die alten Muster, seien es nun die notorischen Fraktionskämpfe, die gebetsmühlenartige Verwendung von marxistischen Formeln und schließlich – am Ende allen Lateins – die «Reformen», die letztlich zur partiellen Wiederbelebung alter Wertesysteme führen, wie etwa des Metakonfuzianismus im reformerischen China.

Not und Elend waren seit jeher ein Stigma der asiatischen Bauerngesellschaften, für die es drei Lösungsmöglichkeiten gibt: vegetieren – emigrieren – revoltieren. «Revolten» gehören zur asiatischen Geschichte seit Menschengedenken – etwas mehr in den konfuzianischen und verhältnismäßig wenig in den hinduistischen Gesellschaften. Man sollte sich fragen, ob die bisherigen angeblich «sozialistischen» Revolutionen in Asien nicht eher als Spielart jener Bauernaufstände traditionellen Zuschnitts zu werten sind, denen fünf Eigenschaften gemeinsam waren, nämlich ausweisloses Elend als Treibsatz, religiöse Verbrämung als Ideologie, Unbestimmtheit der Methoden (es wird schon «irgendwie» gehen!), Magier oder Priester als Anführer und Anbruch eines glückbringenden «tausendjährigen Reichs» als Ziel – daher die Bezeichnung «chiliastisch!»

«Chiliastische Bewegungen» dieser Art, die an die Albingenser oder die Waldenser denken lassen, gab es sowohl in Japan und China («Gelbe Turbane», «Rote Augenbrauen», usw.) als auch in Südostasien: Im kolonialen Java kam es im späten 19. und beginnenden 20. Jahrhundert zu einer Reihe von antikolonialen Revolten unter Anführern, die als Verkörperung des Ratu adil (ratu: König, adil: gerecht) auftraten. In Thailand war die Ong-Man-Rebellion von 1902 ein typisches Beispiel für die im theravadabuddhistischen Bereich häufigen Phi-bun-Aufstände (phi bun ist der höchst negativ eingefärbte Ausdruck für einen meist mönchischen Anführer)[58]. All diese Chiliasmen hatten stets den gleichen Ausgang. Nach vulkanartigen Eruptionen endeten sie wieder dort, wo sie begonnen hatten: Gewitter ohne reinigende Wirkung, die von der Geschichtsschreibung denn auch als typische Elemente eines normalen Zyklus registriert wurden. Offensichtlich bedarf Asien nicht eruptiver Revolutionen, sondern langsam mahlender Reformen.

II.
Wie in Asien regiert wird

Im folgenden Kapitel sollen nicht die Regierungssysteme einzelner Staaten, sondern die Probleme beschrieben werden, die angesichts eines aus der Tradition ererbten «vormodernen» Wertesystems auftreten. Dabei sind neun Bereiche zu behandeln, und zwar unter den Stichworten Stabilität, Demokratie, staatliche Einheit, Macht, Recht, Verhältnis Staat/Kirche», Verhältnis zum Militär, politische Philosophie und politische Kultur.

1. Zwischen Personalisierung und Institutionalisierung: Wie stabil sind die asiatischen Staaten?

Das traditionelle Asien bestand aus einer Girlande von Personalverbands- und nicht etwa aus Territorial-Staaten im Sinne der modernen westlichen Definition. Solche «Staaten» wurden zusammengehalten durch Treueeide oder Tributverhältnisse, durch periodische Rundreisen des Königs, durch Entsendung persönlich betrauter Kontrolleure, durch Einforderung «persönlicher Garantien», wie sie beispielsweise unter den japanischen Tokugawa durch Vergeiselung von Familienangehörigen am Hof des Shoguns geleistet wurden, durch Besetzung von Staatsämtern mit Verwandten oder Vertrauten des Königs, durch häufige Rotation der Funktionäre, durch regelmäßigen Austausch von Geschenken und Treuegelübden, durch die Einschaltung von Spionen (auch dies vor allem bei den Tokugawa) und durch das Verbot an Beamte, Ämter in solchen Gegenden auszuüben, in denen sie geboren wurden – letzteres eine chinesische Dienstrechtstradition, die allerdings mittels Adoption des betreffenden Beamten durch «Eltern» aus einer anderen Region allzu häufig umgangen wurde. Nicht Freiheit und Unabhängigkeit, sondern (freiwilliger) Dienst und Treue, Vasallenverrat und Illoyalität waren die zentralen Denkkategorien.

Personalverbandsstaaten in diesem Sinne waren die indischen Königreiche des Mittelalters mit ihren Maharaja/Samanta (Großkönigs/Nachbarschaftskönigs)-Beziehungen, das mittelalterliche Japan der Daimyos und Samurais, die philippinischen Sippen- und Dorfgemeinschafts(barangay)-Verbände, ferner die südostasiatischen «Inlandsstaaten» mit ihrer Reisbauernkultur – und sogar das chinesische Kaiserreich; obwohl es nämlich dort eine durch Staatsprüfungen gesiebte, also «überpersönliche» Bürokratie gab, die «professioneller» wirkte also irgendwo sonst, kam es doch immer wieder zu einem heftigen Tauziehen zwischen Palast- und Staatsämtern (zum Beispiel während der Han-Dynastie) sowie zwischen innerem und äußerem Kabinett (Ming-Dynastie)[1], wobei sich – sehr zum Verhängnis des Reiches – in der Regel die innere Institution mit ihren Höflingen, Eunuchen und persönlichen Vertrauten des Kaisers durchsetzte.

Die ganze Variationsbreite des Personalverbandsstaates läßt sich vor allem anhand des vorkolonialen Südostasien erfahren: Folgt man der inzwischen eingebürgerten Dreiteilung zwischen Naßreis-, Küsten- und Randkulturen, so hat man damit auch bereits das Rahmenwerk für die drei Basisvarianten des Personalverbandsstaats, nämlich die Patrimonialbürokratie, das «Hafen-Fürstentum»[2] und die Stammesfürstentümer der Bergvölker. Klassische Vertreter des Naßreis-Staats mit starker Patrimonialbürokratie sind die Königreiche Zentral- und Ostjavas, aber auch die Reiche von Angkor sowie von Cham und Annam. In diesen Staaten sorgte der dem Herrscher persönlich verpflichtete Verwaltungsstab für die Durchführung von Kanal- und Deichbauten. Hof- und Beamtentum enwickelten in den Kraton(Hof)-Städten eine eigene höfische Tradition, die sich von der «Kleinen Tradition» der Dorfüberlieferung zunehmend abhob, wobei der König – als Verkörperung eines Großgottes (Vishnu, Shiva der Avalokiteshvara) – schließlich göttlichen Rang beanspruchte. Trennung zwischen Dorf und Stadt, Etikette, Statusbetonung, Hofritual, Musik, Kulttanz und höfische Literatur waren für diesen Kulturkreis ebenso kennzeichnend wie die stationäre Lebensweise der Bauern. Die Ausdehnung eines solchen «Staats» hing von der «Königstreue» der Vasallen ab – ein Unsicherheitsfaktor, von dem die Hafen-Fürstentümer allerdings noch ungleich stärker betroffen waren. Hier, in den Hafenstädten von Malakka, Brunei, Makassar (Südcelebes) oder Bantam, spielte die Bürokratie nur eine untergeordnete Rolle, da ja keine Wasserbauaufgaben zu lösen waren. Hauptberufsgruppen waren hier ferner nicht die Bauern, sondern Händler und Handwerker – beide oft «ausländischer» Herkunft. Die Macht der einzelnen Hafen-Fürstentümer hing von ihrer Fähigkeit ab, die Handelsrouten zu kontrollieren und zu monopolisieren. An ihrer Spitze stand zumeist eine malaiisch-arabisch-islamische Aristokratie (Sultanat), deren Einflußmöglichkeiten von – häufig dubiosen – Bündnissen abhing. Was schließlich die Randkulturen anbelangt, in denen Völker lebten, die aus den fruchtbaren Ebenen in die Berge abgedrängt worden waren, so blieben dort zumeist die alten Stammestraditionen am Leben, die aber ebenfalls auf dem Personalverbandsprinzip beruhten.

So unsicher diese traditionelle Methode der Personalbindung auch war, so zäh erwies sie sich in ihrer Überlebenskraft. In Java überdauerte sie Jahrhunderte der Kolonialherrschaft, da es die Niederländische Ostindische Kompanie für durchaus ratsam hielt, selbst zum «Hafen-Fürsten» zu werden und sich traditioneller Einziehungs- und Verwertungsmethoden zu bedienen.

Erst mit der Einführung von Kaffee-, Tee- und Palmölplantagenkulturen gegen Ende des 18. Jahrhunderts auf dem malaiisch-indonesischen Archipel sowie von Tabakplantagen auf den Philippinen begann sich das Blatt zu wenden. Die Investitionen verschlangen riesige Kapitalien und fanden nicht mehr in den traditionellen Hochertragsgebieten, sondern häufig in abgelegenen Territorien und, für den Kaffee- und Teeanbau, auf Bergen statt; des weiteren galt es, Arbeitskräfte aus Indien und China heranzuschaffen, für sichere Transporte zu sorgen, Verarbeitungsbetriebe einzurichten, Lagerhäuser aufzubauen und für einen geregelten Absatz zu sorgen. Aufgaben dieser Art bedurften eines modernen Managements sowie eines besoldeten Beamtentums, das den «asiatischen Typ» des Beamten immer mehr überlagerte.

In den Kolonialgebieten standen deshalb schon bald zwei Regierungsformen nebeneinander, nämlich die «direkte» Herrschaft in den Plantagen und die «indirekte» Herrschaft der Kolonialherren, die sich der heimischen Eliten zur Herrschaft über die Bevölkerung bedienten. Auf diese Weise blieb ein Reservat für die traditionelle Personalverbandsherrschaft erhalten, die sich nun bis in die nachkoloniale Zeit hinübervererben und dann wieder kräftig ins Kraut schießen konnte. Nicht ganz zu Unrecht weist Wertheim[3] darauf hin, daß der Fortbestand des Personalismus (zusammen mit fehlendem Unternehmertum, Bevölkerungsexplosion und «Landlordismus») eine der Hauptschwächen der jungen Staaten Südostasiens sei – man sollte hinzufügen, wohl der meisten asiatischen Staaten; wurde doch im Zuge der antikolonialen Befreiungskämpfe das Personalverbandsmuster überall neu belebt. An die Spitze fast aller Emanzipationsbewegungen traten charismatische Persönlichkeiten, die von weitverzweigten «Seilschaften» gestützt waren – man denke an Gandhi, Mao Zedong, Ali Jinnah, Ho Chi Minh, Sihanouk, Sukarno oder Mujibur Rahman. Sie alle verstanden es, eine «Befreiungs»-Botschaft glaubhaft zu machen, Massenanhang zu finden, das Selbstopfer für die «gemeinsame Sache» zu popularisieren und die kulturellen Mythen und Traditionen für ihre Zwecke zu manipulieren[4]. Wenn diese Führer jahrelang durchschlagende Erfolge erzielten, so hing dies mit einigen asiatischen Besonderheiten zusammen, nämlich mit einem breiten analphabetischen Bauerntum als Anhang sowie vor allem mit kulturellen Traditionen, in denen das «Halbgöttertum» zu Hause war. Kein Wunder, daß der Personenkult lange Zeit in hoher Blüte stand – besonders kraß in Nordkorea, wo Kim Ilsung zum gewaltigen Übervater, ja zur «Sonne» (so die Bedeutung von Ilsung) wurde. Die zu seinen Ehren errichteten Statuen sind so hoch, daß die Menschen zu seinen Füßen allenfalls das Schuhoberleder erreichen. Die moderne Technik gilt als Geschenk des Führers; das Volk bleibt eine Schar unmündiger Kinder, die gebannt auf das Wort des Vorsitzenden hört. Sein Geburtshaus ist eine nationale Pilgerstätte; seine Ideologie besteht in den Zauberformeln «Chuche» (Unabhängigkeitskurs) und «Chollima» («Zehntausendmeilenpferd»). Auch in China gab es die «Rote Sonne, die im Osten aufgeht» (dongfanghong taiyang shen). Bilder und Fotografien des Vorsitzenden wurden wie Ikonen behandelt; streng verpönt war es, eine Zeitung mit dem Mao-Bild zu knicken, um sie beispielsweise in die Tasche zu stecken. Auch in Vietnam gibt es keinen Saal oder Amtsraum ohne «Onkel Ho»-Portrait. Die Herstellung von Ho-Büsten aus Gips, Bronze oder Stein gehört mit zu den produktivsten Industrieleistungen.

Solange der Träger des Charisma lebt, scheint alles in Ordnung. Mit seinem Tod jedoch taucht jedesmal das Bedürfnis nach einer stabilitätsfördernden Institutionalisierung der Macht auf, zumal bisweilen auch die Entmythologisierung (Mao, Sukarno) nicht lange auf sich warten läßt. Die Frage, wie es nach dem Tod des bisher so Unentbehrlichen denn «nun weitergehen kann», ist nicht nur ein Leitmotiv aller neuen Staaten, sondern auch Gegenstand eines Gelehrtenstreits: Huntington hat längere Zeit mit seiner «Prätorianismus»-Hypothese[5] meinungsbildend gewirkt: Die meisten Systeme Asiens seien «strukturlos», insofern sie letztlich von der charismatischen Einzelperson abhingen, deren Macht wiederum auf einer ihr persönlich ergebenen «Armee» – eben einer Prätorianer-Truppe – beruhe. Fast überall habe Personalherrschaft die von den Kolonialherren hinterlassenen Parteiensysteme verdrängt und ein institutionelles Trümmerfeld geschaffen, wie im Thailand Thanom Kittikarchons, dem Kambodscha Lon Nols, dem Birma Ne Wins oder dem Indonesien Suhartos.

Die Gegenthese lautet, daß die «Personalisierung» langfristig durch einen Prozeß der «Institutionalisierung» abgelöst wird, wobei die Hoffnung freilich weniger auf Parteien oder Parlamente westlichen Zuschnitts, sondern auf die Herausbildung anerkannter Spielregeln zu setzen sei. Parteien sind das Kind pluralistischer Gesellschaften, wie man sie in Asien vergeblich sucht. Dort trifft man statt dessen entweder eine Vielzahl von Seilschaften an, die einander eher persönlich als in der Sache bekämpfen, oder man begegnet der Auffassung, daß es am Himmel nur eine Sonne geben darf und nicht zwei oder fünf. Dies ist vor allem in den metakonfuzianischen Gesellschaften der Fall. Zwar gibt es in der VR China neben der KP noch acht nichtkommunistische «Parteien» und neben der japanischen LDP (Liberaldemokratische Partei) ebenfalls ein Dutzend weiterer Gruppierungen – doch wirklichen Einfluß haben sie allesamt nicht. Nicht «Parteien» (im westlichen Sinne), sondern Spielregeln sind es also, auf die sich die neuen Institutionalisierungs-Hoffnungen richten müssen.

In China gibt es die Kontroverse, ob Personen- und Institutionen-Herrschaft vorzuziehen sei, übrigens nachweisbar schon seit dem 7. Jahrhundert. Der Tang-Beamte Liu Zongyuan (773–814) hatte für die Institutionalisierung eine Lanze gebrochen, indem er den «Rebellentest» anlegte: am Untergang einer Dynastie seien noch allemal illoyale Vasallen schuld gewesen! Ganz im Gegensatz dazu verteidigte 400 Jahre später der Beamte Luo Bi in seiner Streitschrift «Große Geschichte» die «Zehn Vorteile» des Personalsystems. Der Ming-Gelehrte Gu Yanwu (1613–1682) schließlich forderte statt des Entweder-Oder das Sowohl-Als auch (yu fengjian yu junxian): zuviel

Institutionalismus gehe auf Kosten persönlicher Loyalität, zuviel Personalismus dagegen schade dem Verwaltungsapparat[6]. Dieses Gleichgewichtspostulat ist einfach in der Theorie, doch schwierig in der Ausführung. Der Versuch der chinesischen Reformer, anstelle der (partikulären) «Personaldie (universelle) Rechtsherrschaft» zu setzen und die Staatsgewalt nicht mehr von Person auf Person, sondern von Amtsträger auf Amtsträger übergehen zu lassen, hat bisher nur bescheidene Erfolge gezeigt. Sogar dynastische Lösungen sind noch lange nicht von der Tagesordnung verschwunden, wie die Fälle Nordkorea (Kim-Familie), Taiwan (Jiang-Familie) und VR China (Mao-Familie), vielleicht sogar auch Indien (Nehru-Familie) zeigen.

Auch sonst sind nach Abschluß der antikolonialen Befreiungskämpfe überall die altvertrauten Familien- und Patronagemuster wieder aufgetaucht – und mit ihnen die Loyalitäten zu jeweils ganz konkreten Bezugsgruppen, sei es nun zur Großfamilie und zu den «Cronies» auf den Philippinen, zu den «Cliquen» in Thailand, zu den «Patronen» in Indonesien, zu den militärischen Seilschaften (Vietnam, China) und Danweis (z. B. ehemalige Schulklassen) sowie zu den ethnischen Gemeinschaften. Sollten diese Personalbindungen wichtiger geblieben sein als «universalistische» Integrationsfaktoren wie Patriotismus, sozialistische Gesinnung oder aber «Dienst am Volk»?

Man muß im asiatischen Kontext zwar umdenken und «Nepotismus» mit «wohlfunktionierende Patronagebeziehungen» sowie «Korruption» mit «Harmonisierung» übersetzen; gleichwohl läßt die Häufigkeit, vor allem aber die Unschuld, mit der «protegiert» und «harmonisiert» wird, immer wieder Zweifel an der Fähigkeit asiatischer Gesellschaften zur Institutionalisierung aufkommen. Und doch gibt es gegenteilige Ansätze: In Indonesien beispielsweise sieht Liddle[7] im Zeichen der «Neuen Ordnung» Suhartos einen gleich vierfachen Hoffnungsschimmer: Zu beobachten sei erstens die Verrechtlichung des lange Zeit höchst willkürlich (gegen Kommunisten und Islam) vorgehenden Polizeiapparats, zweitens eine neue und möglicherweise dauerhaftere Balance zwischen den verschiedenen Teilen des Militärs, der Bürokratie und der (zumeist chinesischen) Geschäftswelt, drittens eine wachsende Glaubhaftigkeit des Regimes im Zeichen eines geschickt gehandhabten «demokratischen Populismus» und viertens die Entstehung einer mittlerweile generell akzeptierten politischen Kultur. Suharto habe sich nach dem Umsturz von 1965 zwischen dem «radikalen Populismus» eines Sukarno («gelenkte Demokratie»), der Zusammenarbeit mit dem Islam oder aber jener Spielform des «bürokratischen Populismus» entscheiden müssen, wie sie bereits in jener Maxime des präkolonialen Java verankert war, daß der «weise und kluge Herrscher sein Volk konsultiert». Unter Suharto nahm dieser Populismus Gestalt in Form der «Golkarisierung» an. Die 1971 gegründete Regierungspartei Golkar, die sich aus sogenannten «funktionalen Gruppen» (Berufungs- und Standesvertretungen incl. Militär) zusammensetzt und deren Hauptgründungszweck es war, den konventionellen Parteien Wind aus den Segeln zu nehmen, mochte anfangs zwar noch ein Fremdkörper im politischen System gewesen sein, hat sich inzwischen aber zu einem selbstverständlichen Bestandteil des indonesischen Verfassungslebens entwickelt. Was Indien anbelangt, so setzt sich dort einerseits die «dynastische» Tradition Nehrus fort, auf der anderen Seite aber gibt es den Indian Civil Service, dem von Anfang an eine überkommunalistische, allindische Perspektive in die Wiege gelegt worden war – ein institutionalisierungsfreundliches Erbe des britischen Kolonialdienstes.

2. Demokratie und Demokratie-Ersatz in Asien

a) Der schillernde Demokratiebegriff

Obwohl es im traditionellen Asien nie überdörfliche Demokratie gegeben hat, verstehen sich alle 25 Staaten des Kontinents, ob sie nun «parlamentarisch» oder leninistisch regiert werden, als «Volksherrschaft». Dabei haben die meisten nachkolonialen Staaten nicht nur innerhalb kurzer Zeit alle Formen der ihnen von den Kolonialherren hinterlassenen «Westminster-Demokratie», sondern sogar die sich anschließend bildenden autochthonen Demokratien abgelegt, sei es, daß das Militär die Macht ergriff (so z. B. in Südvietnam, im Kambodscha Lon Nols, in Indonesien nach 1965, in Thailand periodisch seit 1932, in Birma, Pakistan und Bangladesh), sei es, daß sie das «Kriegsrecht» verhängten (Philippinen, Pakistan) oder aber kurzerhand, wie in Indonesien, die Parteienlandschaft auf drei Großgruppierungen zusammenstutzten und Wahlkämpfe auf kurze Perioden beschränkten, um so die Bevölkerung vor «politischer Unruhe» zu bewahren. In anderen «Demokratien» wie in Singapur, wird die politische Opposition durch administrative Angriffe aller Art am kurzen Zügel geführt, und in Malaysia sind Grundfragen der Gesellschaftsordnung, die vor allem die Stellung des Malaientums, der Sultanate und der Minderheiten betreffen, durch Verfassungsergänzung von 1969 der Abstimmung entzogen worden.

Unabhängig davon gibt es durchaus demokratische Reservate, wie die so gegensätzlichen Beispiele China und Indien zeigen: In China herrscht Demokratie zwar an der Basis, d. h. im Danwei-Bereich, nicht dagegen im Transdanwei-Bereich. In Indien verhält es sich genau umgekehrt: Hier funktioniert Demokratie à la Westminster in höchst eindrucksvoller Weise auf Bundesebene, schon weniger dagegen auf Provinzebene und kaum noch auf Bezirks- oder Gemeinde(Dorf)-Ebene (zum Absterben der Dorfdemokratie vgl. oben S. 61 f.). Wenn Indien immmer wieder als «größte Demokratie der Welt» gerühmt wird, so hängt dies vor allem mit seinen eindrucksvollen Institutionen auf höchster Ebene zusammen – der freien Presse, der freien öf-

fentlichen Diskussion in den Städten und in den Universitäten, der kosmo-
politisch auftretenden Kongreßpartei und nicht zuletzt auch mit dem stark
britisch geprägten Rechtssystem, das von agilen Rechtsanwälten gehandhabt
wird. Bei näherem Hinsehen wird jedoch schnell deutlich, daß neben den
weltoffenen Reformern zahlreiche «Regionalfürsten» dominieren, die durch
feingesponnene Netze mit den dörflichen Grundbesitzern verbunden sind,
die ihrerseits wiederum kraft vielfältiger Bodenverpachtungs- und Geldver-
leihungsmöglichkeiten ein reichhaltiges Instrumentarium besitzen, um
«ihre» Dörfler zum «richtigen» Wahlverhalten zu verpflichten. Der Klientelismus wird auf Kosten der Demokratie zur Basis hin immer stärker. Aber
selbst an der Spitze hat die schöne Politur der Demokratie in den letzten Jahren durch einen allzu häufigen Gebrauch der Bundesexekution gegenüber
den Provinzen, durch Verhängung des Ausnahmezustands, durch Presse-
zensur und Polizeieinsatz erhebliche Schrammen abbekommen.

b) Demokratie «von oben»

Demokratie beschränkt sich in Asien zumeist auf die kleine und überschaubare Zelle, während sie im «Transdanwei-Bereich» manipuliert wird. Hierfür drei Beispiele:

Da ist erstens der Volksentscheid, der häufig schon anstelle von Wahlen
durchgeführt wurde. Seit dem Ende der Kolonialzeit haben nicht weniger als
elf asiatische Staaten Plebiszite veranstaltet – wohlgemerkt nicht Volksbegeh-
ren, sondern Volksentscheide –, und zwar Bangladesch, Birma, Kambodscha, die Malediven, Nepal, Pakistan, die Philippinen, die Republik Korea,
Singapur, Südvietnam und Sri Lanka. Besonders plebiszitverliebt waren drei
Staaten, nämlich das Kambodscha Sihanouks und Lon Nols (4mal), die Republik Korea (5mal) und die Philippinen (gleich 13mal, und zwar 12mal unter
Marcos und einmal unter Corazon Aquino). Dabei ging es entweder um die
Billigung verfassungsrechtlicher Innovationen (z. B. die Ratifizierung neuer
Verfassungen auf den Malediven (1968), in Birma (1973) oder auf den Philippinen (1986), des weiteren um den Anschluß Singapurs an Malaysia (1962)
sowie um die Wiedereinführung des Panchayat-Systems in Nepal) oder aber,
weitaus häufiger, um nachträgliche Akklamationen für erfolgreich verlaufene
Staatsstreiche (Pakistan 1960 und 1985, Bangladesch 1977 und 1985). In einigen asiatischen Ländern, vor allem auf den Philippinen, in Südkorea, in Pakistan und Bangladesch, zeigt sich schon heute eine Tendenz, das Plebiszit mehr
und mehr an die Stelle von Wahlen zu setzen. Volksentscheide haben ja zahlreiche Vorteile: sie können ohne lange Vorbereitungszeit und ohne Wahl-
kampf abgehalten werden, sie verlangen vom «Wähler» lediglich ein «Ja oder
Nein», wobei ihm das Ja durch ein Trommelfeuer regierungsoffizieller Verlautbarungen schmackhaft gemacht wird, und sie lassen sich mit Leichtigkeit
manipulieren, so daß 95-%-Ergebnisse keine Seltenheit sind[8].

In «Volksdemokratien» und «sozialistischen» Staaten wiederum nimmt der Volksentscheid schnell die Form der Kampagne (chin.: «yundong») an, die durch vier Strukturmerkmale gekennzeichnet ist, nämlich durch KP-Führung, durch ein prozessuales Vier-Takt-Schema, durch eine «revolutionäre Umgebung» und durch zeitliche Eingrenzung. In China haben zwischen 1949 und 1978 rund dreißig solcher Großkampagnen stattgefunden[9]. Zwar haben die Reformer versucht, die Yundong durch eine (zeitlich unbegrenzte) permanente Strukturreform zu ersetzen, de facto aber ist die Kampagne keineswegs tot, sondern lodert immer wieder hoch – man denke an die Bewegung gegen «geistige Verschmutzung» (1984ff.) oder gegen den «bürgerlichen Liberalismus» (1987). Ähnliche Kampagnen, die in Wirklichkeit nicht Volks-, sondern Parteibewegungen sind, finden auch in Vietnam, Korea, Kambodscha und Laos statt. Man kann sogar behaupten, daß die Yundong drei Jahrzehnte lang das Hauptsteuerungsinstrument der jeweiligen KP gegenüber den «Volksmassen» waren.

Eine dritte Möglichkeit ist die Mythenbeschwörung durch Neuinterpretation traditioneller «Demokratie»-Vorstellungen. Ein typisches Beispiel hierfür ist der Umgang Jakartas mit den Begriffen «Musjawarah» (Einmütigkeit der Beschlußfassung), «Koperasi» (Zusammenarbeit), «Mufakat» (allseitige Zustimmung) und «Gotong royong» (wechselseitige Hilfe), die sowohl zur Zeit Sukarnos als auch unter Suharto zum tagtäglichen Politvokabular gehörten und gehören, wobei unterstellt wird, daß es sich hier um selbstverständliche Lebensphilosophien des indonesischen Volkes handle, die lediglich während der Kolonialzeit etwas notleidend gewesen seien. Da die Begriffe schwammig sind, lassen sie eine doppelte Interpretation zu: Man kann sie als Ausdruck echter Dorfdemokratie (von unten her) (so z. B. Mohamed Hatta) oder aber als «enge Verbundenheit zwischen dem Volk und seinen Führern» (so der Adat-Experte Suporno), d. h. also im Sinne einer «Demokratie von oben»[10], interpretieren. Es muß nicht weiter verwundern, daß sich in der politischen Praxis die letztere Alternative durchgesetzt hat. Vor allem Sukarno verstand es meisterhaft, das Gotong royong für die Rechtfertigung seiner zunehmend autoritären Führungsmethoden zu verwerten. 1959 wurde das gewählte Parlament durch ein «Gotong royong»-Parlament ersetzt, wie Gotong royong ja überhaupt als Alternative zu dem vielgeschmähten «Liberalismus» westlicher Prägung in Erscheinung trat. In einer Gesellschaft wie der javanischen, wo Gruppenbeziehungen fast ausschließlich vertikalen Strukturmustern gehorchen, sollte Gotong royong zum Kristallisationspunkt für horizontal angelegte Verbindungen werden, so zum Beispiel für das berühmte NASAKOM-Konzept, das Nasionalisme, Sarekat (Religion) und Kommunisme miteinander verband. Auch unter der «Neuen Ordnung» Suhartos, die nach dem «Zwischenfall vom 30. September» 1965 begann, blieb Gotong royong ein beliebtes Schlagwort, vor allem wenn sich die Regierung an die Bauern wandte. Die «Inpres Desa» (Abkürzung von

«Instruksi Presiden Desa» – Dörfer-Instruktion des Präsidenten) ordnete an, daß jedes Dorf als Gegenleistung für Entwicklungssubventionen der Regierung kostenlose Arbeitskräfte sowie kostenloses Baumaterial zu stellen habe. Diese Sonderform des Gotong royong nahm immer stärkeren Interventionscharakter an – eine Tendenz, die sich u. a. darin ausdrückte, daß anfangs noch von staatlicher «Unterstützung», später aber von «Mobilisierung» (menggeakkan) der Dörfer die Rede war. Die in der Inpres Desa zum Ausdruck kommende Idee der Staatsintervention war Teil einer Politik der in ganz Asien gepflegten «selektiven Tradition», mit deren Hilfe moderne Nationalstaaten versuchen, die Kluft zwischen Zentrale und Peripherie im Geiste «demokratischer Traditionen» zu überbrücken.

c) Demokratie «von unten»: Formen spontaner Mitbestimmungsversuche

An die Stelle traditioneller Elitegruppen – der Mandarine, Brahmanen, Mullahs und buddhistischen Mönche – ist in den nachkolonialen Staaten eine zumeist westlich erzogene nationale Elite getreten, die häufig als «Intelligentsia» bezeichnet wird. Fast all ihren Mitgliedern, ob sie nun unter «demokratischem», «sozialistischem» oder militärisch-autokratischem Vorzeichen angetreten sind, ist gemeinsam, daß sie zur Manipulierung der «Massen» statt zur Mitbeteiligung neigen. Kaum hatte beispielsweise Mao Zedong im Volkskrieg gesiegt, zog er sich in den Pekinger Kaiserpalast zurück und regierte kaiserlich, wenngleich sein äußerer Habitus proletarisch blieb; um ein Haar hätte er sogar eine neue Dynastie ins Leben gerufen.

Kein Wunder, daß sich immer wieder spontane Gegenkräfte herausbilden, von denen hier drei exemplarisch hervorgehoben seien: An erster Stelle sollen hier die «Nicht-Regierungs-Organisationen» (NRO) genannt werden. Sie sind das (unerwartete und aus Regierungssicht keineswegs immer willkommene) «Abfallprodukt» einer Illusion, derzufolge die nachkolonialen Probleme entweder durch autochthone Regierungen oder aber durch soziale Revolutionen gelöst werden könnten. Mittlerweile scheinen sie einen für Asien vielversprechenden «mittleren» Ausweg anzuzeigen. Entstanden sind die NRO vor allem in Thailand, Indonesien und auf den Philippinen, also in Ländern, die einerseits über ein starkes antirevolutionäres Druckpotential von oben verfügen (Thailand: Bürokratie und Militär, Indonesien: Militär, Philippinen: Kriegsrecht im Zeichen der Marcos-Herrschaft), in denen sich aber gleichzeitig von der Basis her neue politische Kraftfelder aufgebaut haben: der privatwirtschaftliche Sektor in Thailand und Indonesien oder die Katholische Kirche auf den Philippinen. Sobald sich in diesen Ländern auch nur der geringste Manövrierraum auftut, regen sich auch schon Organisationen, deren Ziel es zu sein pflegt, nicht etwa die «große Revolution» vom Zaun zu brechen, sondern gesellschaftliche Änderungen in kleinen Schritten zu versuchen, wobei die verschiedensten Aufgaben – vom Verbraucherschutz über den Kampf gegen Umweltverpestung bis hin zur Slumsanierung – in Angriff genommen werden.

In aller Regel handelt es sich hier um autonome Gruppen außerhalb des traditionellen Spektrums politischer Parteien, die auf die Durchsetzung von Grundbedürfnissen abzielen und zu diesem Zweck Organisations- sowie Bewußtseinsarbeit leisten, wobei sie finanziell zumeist auf eigenen Beinen stehen und ihre Gründung regionaler, also nicht etwa gesamtnationaler Initiative verdanken. Auf den Philippinen verstehen sich solche Gruppen nahezu ausnahmslos als Vertreter der Volks-, nicht der Amtskirche und betreiben als solche weniger Glaubensverkündigung als vielmehr soziale Hilfsdienste.

Langfristig könnten diese bisher noch als «Einzelkämpfer» hervortretenden Gruppen zu Keimen einer neuen sozialen Bewegung werden, falls sie nämlich über ihre Region hinauswachsen und vorsichtig genug sind, den schmalen Steg zwischen regierungsaffirmativem und -kritischem Verhalten nicht zu verlassen. NROs greifen nicht nur Randgruppenprobleme auf, sondern tasten sich allmählich zu all jenen zentralen Fragenbereichen vor, die von den etablierten Regierungen nicht gelöst werden können – angefangen von der Sanierung der Shanty Towns bis hin zum Umweltschutz oder der Frauenbefreiung[11]. In den metakonfuzianischen Gesellschaften müssen sie sich, wenn sie erfolgreich sein wollen, innerhalb des Danwei-Rahmens bewegen, da sie in der Transdanwei-Sphäre von der Bürokratie augenblicklich als unerwünschte Konkurrenz betrachtet und als solche bekämpft würden. Eine Sozialrevolution dürften die NROs kaum bewirken, wohl aber könnte es ihnen gelingen, basisdemokratische Abhilfen in vielen bisher ungelösten Problemgebieten zu leisten und überdies den Regierungen das Gesetz sozialen Handelns aufzuzwingen.

Eine vielbeachtete Robin-Hood-Rolle spielen, zweitens, die Studentenbewegungen. Wo die Massenmedien ängstlich, die parlamentarische Opposition schwach und die Gewerkschaften rudimentär sind, kommt den Studenten häufig die Rolle eines «öffentlichen Gewissens» zu. Mit ihren Kommilitonen im Westen teilen sie die Neigung, schnelle und möglichst kompromißlose Lösungen zu verlangen. Angesichts der meist zentralen Lage der Universitäten ist es kein Wunder, daß Studenten bisher noch bei allen wichtigen nationalen Ereignissen lautstark mit von der Partie waren, sei es nun beim Widerstandskampf gegen die früheren Kolonialmächte (Indien, Vietnam und Indonesien), beim Sturm auf die letzten Festen des Konfuzianismus während der «4. Mai-Bewegung» (1919), bei der Gründung von Pakistan und Bangladesch, beim Kampf um die Einführung der Bahasa Indonesia als Nationalsprache der neugegründeten Republik Indonesien, beim Aufbau der nationalistischen Bewegung in Birma während der zwanziger Jahre und überhaupt bei der Gründung nahezu aller KPs in den asiatischen Ländern; so waren z.B. die Vorkämpfer und Mitbegründer der KP Chinas zumeist

Professoren und Studenten der Universität Peking. Ob es in Südkorea um den Kampf für direkte Präsidentschaftswahlen, in der VR China um «mehr Demokratie», in Pakistan um weniger Militärherrschaft oder aber in Indonesien um weniger «Korruption» geht – stets stehen Studenten an der Spitze solcher Bewegungen. Kein Wunder, daß die Regierenden die Studentenbewegungen als veritable Macht empfinden und respektvoll mit ihnen umgehen (bei den Studentendemonstrationen vom Dezember 1986 in Peking wurde beispielsweise kein einziger Student verhaftet), zumal so mancher studentische Protagonist aus einer Politikerfamilie stammt und es überdies selbst bei aufgeklärten Politikern als ausgemacht gilt, daß Studentendemonstrationen eine Art Fingerzeig des Himmels sind (Näheres dazu S. 112 f.). Auch glaubt man zu wissen, daß die meisten radikalen Studentenführer sich in nicht ferner Zukunft bereits lammfromm in die künftige Betriebs- oder Bürofamilie einordnen. Hier «universitäre Freiheit», dort «betriebliche Disziplin»: das «zhengming» (vgl. dazu S. 147 ff.) findet auch hier eine erneute Bestätigung.

Ist in Indien die studentische Aktivität zumeist campusgebunden, verläßt sie in den metakonfuzianischen Ländern den Campusrahmen: man will hier in den Transdanwei-Bereich hinüberwirken. Während ferner die meisten asiatischen Studentenbewegungen «Anti-Establishment»-Charakter tragen und deshalb fast automatisch linksorientiert sind, hat sich in den malaiischen Ländern unter dem Einfluß des islamischen Fundamentalismus eine «rechte» Stoßrichtung zur Wiederbelebung islamischer Werte entfaltet, die fast automatisch die Sultanatsverfassung bestätigt.

Ein drittes «basisdemokratisches» Potential sind die Geheimgesellschaften, die in der Vergangenheit überall dort entstanden, wo kein reguläres Druckausgleichsventil vorhanden war – vor allem in den konfuzianischen Ländern. Obwohl Geheimgesellschaften (sihui, wörtl.: «private Vereinigungen») fast immer politisch motiviert waren, pflegten sie nach außen unter religiösem Vorzeichen aufzutreten. Mit zu den berühmtesten Krypto-Organisationen, die sogar Reichsgeschichte machten, gehörten die während der Han-Dynastie aktiven «Roten Augenbrauen» (zhimei) – so genannt, weil sie manchmal ihre Augenbrauen zu färben pflegten – sowie die «Gelben Turbane». Die «Gesellschaft der älteren Brüder» (gelaohui) war eine Vereinigung, die sich in der Tradition der populären «Drei Schwurbrüder vom Pfirsichgarten» (3. nachchr. Jahrhundert) sah. die «Fäuste der Rechtlichkeit und der Eintracht» (yihequan), im Westen zu «Boxern» verballhornt, gingen aus einem Geheimbund hervor, der ursprünglich gegen die Mandschu-Dynastie kämpfte, später allerdings «die Mandschus schützen und die fremden Teufel vertreiben» wollte. Dem Ziel der Mandschu-Vertreibung diente auch die «Triade» (sanhehui, wörtl: «Vereinigung der dreifachen Eintracht», d. h. von Himmel, Erde und Mensch); besondere Bedeutung erlangte sie aber vor allem im Ausland. Wohin Chinesen im 19. Jahrhundert auch immer emigrierten – stets waren sie von Triaden umringt, die anfangs ihren Schutz gegen die feindselige Bumiputra-Bevölkerung übernahmen, später freilich nicht selten zu Verbrecherbanden degenerierten. 1868 wurden in Singapur 66 Fraktionen der Triade mit zusammen 28 418 Mitgliedern registriert, von denen 54 als «friendly societies», 4 als «nicht gefährlich» und 6 (mit einer Mitgliederzahl von allerdings 11 507) als «gefährlich» eingestuft wurden.[12].

Die Tradition der Geheimgesellschaften hat mit der Gründung asiatischer KPs eine moderne Variante erhalten. Ein Musterbeispiel dieser Art liefert nicht nur die Gründung der KP China in Shanghai (1921), sondern vor allem die Entstehungsgeschichte der von Ho Chi Minh im Auftrag der Komintern organisierten KP Indochina (1930), aus der 1945 die KPs von Vietnam, Laos und Kambodscha hervorgingen. So erklärt sich leicht, wieso auch heute die Behörden mit Argusaugen jede Kristallisation von Gruppen verfolgen.

3. Zwischen Zentralisierung und Regionalisierung

Kaum ein stärkerer Unterschied läßt sich denken als der Gegensatz zwischen chinesischem Zentralismus und indischem Föderalismus, ja Kommunalismus. Dabei haben sich beide Leitkulturen im Verlauf ihrer Staatswerdung jahrhundertelang durchaus parallel zueinander entwickelt: im China der «Streitenden Reiche» standen sich 14 Feudalfürstentümer, in Indien fast zur gleichen Zeit 16 «Großstammestümer» (Mahajanpada) gegenüber, die ursprünglich wohl Stammesrepubliken mit soliden Mitbestimmungsrechten der Basis gewesen waren, die sich aber nach und nach in territoriale Königreiche mit wachsender Elitisierungstendenz verwandelten. Die Herrscher nahmen säkulare und hohepriesterliche Funktionen in einem wahr und präsentierten sich in China als «Himmelssohn», in Indien aber als Verkörperung eines Gottes – zumeist Vishnus oder Shivas. Der Hofstaat bestand hier aus Beamten, den Vorläufern des späteren Mandarinats, dort zumeist aus Brahmanen. Beide legitimierten ihre Unentbehrlichkeit durch ein immer komplizierter werdendes Ritual, von dem sich Reste bis ins 20. Jahrhundert hinein erhalten haben – man denke etwa an die kaiserlichen Himmels-, Erd- und Ahnenopfer in China oder aber an die Verehrungskulte in den Grabtempeln verstorbener Hindu-Könige.

In beiden Reichen auch fraßen sich die Fürstentümer, dem «Gesetz der Fische» (matsnyaya) folgend, jahrhundertelang gegenseitig auf, bis zum Schluß jeweils nur noch ein Großstaat übrigblieb, nämlich in China das Reich des Ersten Kaisers mit dem Dynastienamen Qin, das allerdings nur kurze Zeit (221 bis 206 v. Chr.) dauerte, um sodann von der machtvollen Han-Dynastie (205 v. Chr. bis 220 n. Chr.) abgelöst zu werden, und in Indien die Maurya-Dynastie (320 bis 185 v. Chr.).

Kein Zufall auch, daß beide Kulturbereiche fast zur gleichen Zeit (5. vorchr. Jahrhundert) «machiavellistische» Standardwerke hervorgebracht haben, die sich in vielen Punkten ähneln, nämlich in China einige Kompendien der sog. «Rechtsschule» (fajia), vor allem aber die «Kriegskunst» des Sun Zi, aus dem noch 2500 Jahre später Mao Zedong schöpfen sollte, in Indien das Arthashastra («Nutzen-Lehre»), aus dem die Könige wirtschaftliche, militärische und politische Lehren ziehen konnten. Beide Beamten- und Fürstenspiegel orientierten sich ausschließlich an der «Staatsraison» und waren gänzlich frei von moralischen Bedenken.

Beide Standardwerke leisteten zwar hervorragende Dienste bei der Machtergreifung, wurden dann aber, als das Ziel erreicht war, sogleich durch hochmoralische Gegenlehren konterkariert, nämlich in China durch den Konfuzianismus, der unter den Han zur Staatsdoktrin wurde, in Indien aber durch den Selbsterlösungsbuddhismus, der unter dem bedeutendsten Kaiser der Maurya-Dynastie, Ashoka (268 bis 233 v. Chr.), den Charakter einer Staatsreligion annahm. In beiden Reichen hatte man offensichtlich das Gefühl, daß sich auf Skrupellosigkeit und schrankenlose Staatsraison allein kein Weltreich bauen ließ. In China kam die staatsphilosophische Umschaltung übrigens der Einigung aufs vorteilhafteste zugute: Mochte der Erste Kaiser den Zentralstaat auch begründet haben, so wurde seine Bewahrung doch erst durch den im Konfuzianertum angelegten «pyramidalen Analogismus» möglich (Näheres dazu S. 66 f.). Indien umgekehrt, das den Staatsbuddhismus Ashokas schon bald wieder in Vergessenheit geraten ließ und zum «Gesetz der Fische» zurückkehrte, bezahlte diesen Schritt mit dauerndem Zerfall in einander bekämpfende Reiche.

So ähnlich die Anfänge gewesen sein mochten, so verschieden fiel die weitere Entwicklung aus. Während nämlich in China der Zentralstaat zur Normalität, die Spaltung aber zur Ausnahme wurde, war es in Indien gerade umgekehrt. Von den 2132 Jahren, die zwischen dem Anfang der Qin- und dem Ende der Qing-Dynastien lagen, standen 1718 im Zeichen der Einheit und nur 414 Jahre im Zeichen der Spaltung. Blickt man andererseits auf die indischen Dynastien, so kann man überhaupt nur bei dreien von ihnen, nämlich der Maurya- (320 bis 185 v. Chr.), der Gupta- (320 bis 535 n. Chr.) und der Moghul-Dynastie (1525–1857) von Großreichen sprechen. Vergleichbar mit dem Zentralisierungsgrad des chinesischen Reiches sind freilich allenfalls die Mauryas unter Ashoka (273 bis 236 v. Chr.), die Guptas unter Candragupta II. (375 bis 413 n. Chr.) und die Moghulen unter Akbar (1556–1605) und Aurangzeb (1658–1707). Von den 2177 Jahren zwischen dem Beginn der Maurya- und dem Ende der Moghul-Dynastie lassen sich also nur 163 «Zentralismus»-Jahre ausmachen. Verglichen mit China, wo das Verhältnis bei 4:1 liegt, wären die Zeiten des zentralen Einheitsstaates also quantité négligeable – 1:13. Freilich sollte man nicht verschweigen, daß die einzelnen in der Vorherrschaft einander ablösenden Reiche Indiens in ihrem Stammesgebiet, also regional, stets aufs solideste verankert waren, auch wenn die dynastischen Träger wechselten.

In der chinesischen Geschichtsschreibung gelten die großen Einheitsreiche der Han, Tang, Song und Ming als Leitbilder, während die Epochen der Dezentralisierung und der Spaltung allemal als «anomal» eingestuft wurden. Mochte es durch äußere Einwirkungen oder durch innere Spannungen auch immer wieder zur Aufteilung in drei, fünf, ja sogar sieben Teile kommen: am Ende stand doch jedesmal wieder die Reichseinheit, deren Bannerträger bezeichnenderweise das Mandarinat war. Durch die chinesische Geschichte zieht sich denn auch wie ein roter Faden die Erfahrung, daß der Zentralismus immer dann besonders vital war, wenn das Mandarinat in Blüte stand, und immer dann zu leiden begann, wenn das – zumeist in den Außenregionen starke – Militär an Einfluß gewann.

Unter dem Einfluß der europäischen Geschichtsschreibung neigten auch indische Historiker eine Zeitlang dazu, ihre wenigen Einheitsreiche als vollkommen, den mittelalterlichen Polyzentrismus aber als Degenerationserscheinung zu deuten. Diese Auffassung hat aber, wie Kulke[13] überzeugend darlegt, inzwischen einer gegenläufigen Interpretation Platz gemacht. Heute besteht eine Tendenz, gerade das hinduistische Mittelalter als einen Höhepunkt gesamtindischer Geschichte zu betrachten, da damals, im Gegensatz zu den Großreichen des Altertums, die ausschließlich im Norden des Landes angesiedelt waren, zum erstenmal auch Zentral- und Südindien gleichberechtigt mit ins Spiel kamen und da diese Vielheit von konkurrierenden Kräften überdies zur Herausbildung jener farbigen Regionalkulturen führte, die bis heute das faszinierende Prisma der indischen Kultur ausmachen.

Großindien (Bharat) reicht, weitherzig interpretiert, von Westpakistan bis zu den Grenzen Birmas und von den Himalaya-Fürstentümern bis hinunter zu den Malediven. Auch wenn bisweilen großindische Träume aufkommen mögen: weitaus besser paßt die Selbständigkeit der sieben Staaten Südasiens ins historisch gewachsene Regionalismusbild, zumal das Territorialdenken selbst innerhalb der Indischen Union kraftvoll weiterlebt, nicht zuletzt bei den regionalen Parteien, die ihre Wählerschaft immer nur in bestimmten Schwerpunktgebieten haben, so daß ihre Wiederwahl nur dann gesichert ist, wenn sie mit dem regionalen Pfund wuchern. Sogar einige auf den ersten Blick höchst gesamtnationale Parteien, wie die CPM (Communist Party/Marxists), die Muslim League und die Swatantra Party sind weitgehend regional verankert, so z. B. die CPM in Kerala und Westbengalen, die Muslim League in Kerala und die Swatantra Party in Orissa. Die CPI (Communist Party of India) schließlich forderte Anfang der fünfziger Jahre gar einen selbständigen «State of Andhra». Die einzige Partei, die wirklich als Bannerträger des Unionsgedankens gelten darf und die sich schon deshalb in einem Dauerclinch mit den Regionalparteien befindet, ist die Congress Party. Sie allein appelliert bis heute an sämtliche Regionen, vermag ihren Unionskurs freilich nur deshalb durchzuhalten, weil sie fast überall regionale Eliten für sich gewinnen konnte. Da ein Großteil dieser Gefolgsleute sich freilich aus Industriellen und Grundbesitzern rekrutiert, deren Interessen mit denen der armen Bevölkerungsschichten alles andere als identisch sind, hat man am Ende die Bezwingung der regionalen Hydra mit unsozialer Politik zu bezahlen[14]. Zusätzlich ist die indische Verfassung mit zentralistischen Erzwingungsinstrumenten ausgestattet worden, die nicht immer Beifall finden. Kenner der indischen Verfassung[15] haben nicht weniger als 16 einheitsstaatliche Hebel ausgemacht, wobei die Gesetzgebungszuständigkeit, die zentrale Rekrutierung der Beamtenschaft sowie der Armee, vor allem aber die «President's Rule» besonders wirkungsvoll sind: Mit Hilfe der Präsidentenerlasse kann die Zentralregierung Notstandsmaßnahmen in den einzelnen Staaten verhängen und unter dem «dünnen Mäntelchen der Legalität... die politische Gleichschaltung betreiben» – dies ist bisher schon weit über zwei Dutzend Male geschehen[16]. Gleichwohl bleiben die Zentrifugalkräfte gefährlich! Dem indischen Muster folgen die meisten Staaten Süd- und Südostasiens.

4. Zwischen «Machen» und «Wirken»: Macht in Asien

a) Das überkommene Verständnis von «Macht»

Kein traditioneller Asiate wäre je auf die Idee gekommen, daß Macht auf persönlicher, physischer oder psychischer Überlegenheit einer Einzelperson beruhen und daß sie sich wesentlich durch direkten Zwang mitteilen könnte. Vielmehr galt sie als Metapher numinoser Kraftansammlung, die indirekt zur Geltung kommt. Wer sich ein animistisches Empfinden bewahrt hat, erlebt seine Umwelt als «elektrisch geladenes» Feld, von dem Spannungen und respektgebietende «Machtäußerungen» ausgehen, sei es nun von «heiligen» Steinen, Bäumen, Tieren oder elementaren Naturerscheinungen wie Gewitter und Donner, nicht zuletzt aber auch von Menschen, die Herrscherfunktionen übernommen haben. Diese animistische, ja z. T. präanimistische Tradition wurde durch die spätere Einführung der Hochreligionen keineswegs ausgelöscht, sondern erfuhr nun sogar eine zusätzliche Bestätigung: Für den gläubigen Buddhisten beispielsweise hängt die Macht einer Persönlichkeit mit ihren karmischen Verdiensten aus früheren Existenzen zusammen. Im Islam gilt sie als von Gott verliehen und im Konfuzianismus als automatische Folge eines «himmelsgemäßen», weil rituell korrekten Verhaltens des Herrschenden (dazu oben S. 33 ff.). Bei den Legalisten ist sie Ergebnis «richtiger» Gesetze und beim Spätkonfuzianer Xun Zi das Resultat konsequenter Erziehung und korrekter «Bezeichnungen» (zum Zhengming vgl. S. 147 ff.). Nach hinduistischer Auffassung schließlich gilt Macht als «zugeflossen». Diese Sichtweise hat sich vor allem im einst hinduistischen Java erhalten und sei deshalb hier im javanischen Kontext erläutert. In dreifacher Hinsicht unterscheidet sich der javanische vom westlichen Machtbegriff:

Macht als göttliche Energie
Nach europäischer Auffassung ist Macht ein Phänomen, das von Menschen auf Menschen wirkt und das deshalb bekanntlich von Max Weber als Chance definiert wurde, innerhalb einer sozialen Beziehung den eigenen Willen auch gegen das Widerstreben anderer durchzusetzen, gleichviel, worauf diese Chance beruht. Im Gegensatz dazu galt/gilt in Java, aber auch in China, Macht als eine außermenschliche, weil göttliche («himmlische») Energie, die ständig dahinfließt und sich vorübergehend an numinosen Orten, auf Gegenständen oder aber in «berufenen» Menschen konzentriert. Qualitativ ist sie unteilbar, quantitativ unveränderlich: fließt sie dem einen zu, so verläßt sie den anderen und umgekehrt – ein Nullsummenspiel. Macht entfaltet sich äußerlich (Vitalität, langes Leben, «Wunderwirken») und innerlich (selbstverständliche Autorität über Menschen). Vor allem der letztere Gesichtspunkt ist hochbedeutend: Macht verleiht nämlich die Fähigkeit, sich über Kritik und Angriffe zu erheben, stiftet also letztlich «Sicherheit». Nichts wird andererseits mehr gefürchtet als Unsicherheit und Ausgesetztheit. In Birma gibt es hierfür zwei miteinander korrelierende Konzepte, nämlich «Awza» und «An-ah-deh». Awza ist die Inhaberschaft von Macht, Einfluß, Prestige, Respektabilität, Weisheit, Wissen und der Fähigkeit, Menschen richtig zu behandeln. In jeder Gruppe, sei es in der Familie, in der Gemeinde, in einem Amt, einer politischen Organisation oder im Gesamtstaat gibt es eine Person, die im konkreten Zusammenhang Awza besitzt.

An-ah-deh auf der anderen Seite ist das vom birmanischen Mann als lähmend empfundene Unbehagen, einem anderen unterworfen zu sein, einem Gefühl, das andererseits, wie es heißt, von birmanischen Frauen als durchaus angenehm empfunden wird. «Unverletzt bleiben» und «Macht» besitzen, dies gilt als ein von jedem Birmanen empfundenes Bedürfnis.

Macht besitzen ist das eine, Entscheidungen treffen das andere. Am liebsten wäre es dem Machtinhaber, keine Entscheidungen treffen zu müssen, da er dadurch immer irgend jemanden verletzen muß, was wiederum Gegenreaktionen auslöst. Die Folge: Der «Mächtige» liebt es, eher Absichten zu verkünden als sie in die Tat umzusetzen; ferner versucht er, zwar zu handeln, aber die Verantwortung für die Folgen dieser Handlung von sich fernzuhalten. Zu diesem Zweck rechtfertigt er sich mit dem religiösen Leitsatz, daß die Absicht wichtiger ist als die Tat. Aus Furcht vor unangenehmen Konsequenzen einer Handlung besteht ferner die Tendenz, zwischen Extremzuständen zu pendeln und entweder überhaupt nicht zu handeln oder aber überzureagieren – daher der nicht selten anzutreffende Energieausbruch, der auf eine längere Etappe der Lethargie und «Apathie» folgt[17]. Der Mächtige übt sich darüber hinaus gerne in Geheimniskrämerei. Informationen werden manipulativ eingesetzt. Außerdem sind Aktionen aus heiterem Himmel beliebt. Beides hat eine gemeinsame Wurzel, nämlich den Glauben, daß Wissen und Initiative Ausdruck von «Macht» sind.

Auf den Philippinen wird das Nullsummenspiel noch durch einen gehörigen Schuß Fatalismus angereichert. Ähnlich wie bei Hahnenwettkämpfen und beim Lotteriespiel schaltet man sich auch vehement in politische Auseinandersetzungen ein. Die Filipinos «essen, trinken und atmen von früh bis spät Politik», die vielleicht freilich ebenfalls nur der Ausdruck einer ungehemmten Freude am Glücksspiel ist[18]. Wie beim Glücksspiel auch gewinnt der eine, was der andere verliert. Politische Ämter, vor allem das des Bürgermeisters, sind eine Angelegenheit tiefer emotionaler Befriedigung und gleichzeitig auch eine Gelegenheit zu materiellem Gewinn. In aller Regel sind politische Führer Angehörige einer einflußreichen Sippe, die sich zu einer Fraktion der einen oder anderen Partei bekennen. Hier herrscht ein ständiger Konkurrenzkampf, der am Ende «alles durchdringend» wirkt[19]. Der ständige Kampf um politische Ämter steht im Mittelpunkt des Interesses aller Bevölkerungsschichten. Bezeichnenderweise geht es hier letztlich wiederum nicht um Sachfragen, sondern um Personen, die hinter der Politik stehen und denen die Macht zufließt!

Macht als Voraussetzung wirtschaftlichen Erfolgs
Macht ist nach westlichem Verständnis das Ergebnis von wirtschaftlicher Potenz, militärischer Stärke und zwischenmenschlichem Durchsetzungsvermögen. Nach javanischer Auffassung ist Macht dagegen nicht Folge subjektiver Qualitäten, sondern gerade umgekehrt die objektive Voraussetzung für wirtschaftlichen Einfluß, militärische Stärke und zwischenmenschliches Charisma. Der «Mächtige» wird zum Magneten, der die Macht und ihre Attribute an sich zieht. Grundsätzlich gewährt Macht sich von selbst. Allerdings kann der einzelne durch Askese und Meditation zum Gefäß werden, wie er umgekehrt durch ungezügelte Lebensführung jeder Chance verlustig geht. In China hat Macht, wer dem Dao folgt, wobei streitig ist, ob das Dao in der Befolgung der geheiligten Rituale (Konfuzianismus) oder im «Eintauchen» in die Natur (Daoismus) besteht.

Macht legitimiert sich selbst
Nach westlicher Auffassung muß sich Macht durch Wohlfahrtsleistungen, durch «Herstellung des Reiches Gottes auf Erden» oder aber durch die korrekte Einhaltung demokratischer Spielregeln legitimieren, wie ja überhaupt Legitimitätsfragen im Mittelpunkt der europäischen Staatsphilosophie stehen. Nach hinduistisch-javanischer Auffassung legitimiert Macht sich dagegen ganz von selbst; immerhin ist sie ja göttlichen Ursprungs. Macht kann nicht wertneutral sein, sie ist als solche gut. Sie geht nicht «vom Volke aus» und bedarf deshalb auch keiner «51%igen Zustimmung». Dies führt zu der gewiß eigenartigen Konsequenz, daß Machtergreifung stets legitim ist, sofern sie gelingt. Die Bevölkerung wartet deshalb logischerweise immer erst einmal ab, bevor sie sich einem neuen Machtträger anschließt. Diese «reflek-

tive Passivität» zeigt sich u. a. beim Aufstand der indonesischen Kommunisten von 1965, obwohl er von gut zehn Millionen Sympathisanten getragen war. Als deutlich wurde, daß die Erhebung erfolglos bleiben würde, war jede Sympathie der nicht aktiv Beteiligten im Nu vergessen[20].

Obwohl Macht also eo ipso legitim ist, will dies noch lange nicht heißen, daß jede Art von Machtausübung von den Untertanen auch wirklich gutgeheißen wird. Akzeptabel erscheint sie nur, wenn sie ohne unerträgliche Gewaltmaßnahmen und mit positivem Erfolg (Wohlstand und Gerechtigkeit für alle) ausgeübt wird, wenn sie also in wohltuendem Sinne wirkt. Unter diesen Umständen werden sogar politischer Kuhhandel und Korruption lange Zeit geduldig in Kauf genommen. Beginnt die Obrigkeit das Volk freilich zu tyrannisieren, so gilt dies als Zeichen dafür, daß die «Macht» woandershin zu «fließen» beginnt. Wer mit Gewalt an der Macht bleiben will, hat es nötig. Nun ist es keine Sünde mehr, den Gehorsam zu verweigern und passiven Widerstand zu leisten, der von der schlichten Nichtausführung von Befehlen bis hin zur Flucht ganzer Dörfer vor dem Zugriff der Obrigkeit reichen kann.

b) Eigenschaften und Umwelt des «Herrschers»

Machtinhaber sind keine gewöhnlichen Menschen, sondern höhere Wesen, zu denen man mit Scheu aufblickt und denen man übrigens auch gerne gehorcht.

Der indische «Gottkönig» (devaraja) und der chinesische «Himmelssohn» (tianzi) stellten die Verbindung zwischen Diesseits und Jenseits her. Dies hatte Konsequenzen für die Person, die Umgebung und das Ritual des Herrschers: Was die Person anbelangt, so tritt der Mächtige mit Attributen auf, die ihn für die Bevölkerung als solchen erkennbar werden lassen: Er führt, wie in China, ein streng ritengemäßes Leben oder er bedient sich, wie in Java, klassischer Wayang(Schattenspiel)-Rituale, -Symbole oder -Sprachelemente; er führt ein Leben der Askese und Meditation, der rituellen Reinigung und der sexuellen Enthaltsamkeit; er «besetzt» die Tradition und macht sie dadurch seinen Konkurrenten unzugänglich; er besitzt strahlende Augen und verströmt Charisma. Zum klassischen Vertreter des «Mächtigen» ist in den ersten Jahren der Republik Indonesien Ahmed Sukarno geworden, der in weiten Kreisen der Bevölkerung als Wiederverkörperung des sagenhaften «Gerechten Königs» (ratu adil) galt. Zu ihm strömte die Bevölkerung, wann immer möglich, um seinen Segen zu empfangen und sich die Hand auflegen zu lassen. Selbst während der Unterhaltung mit ausländischen Gästen pflegten Kinder oder schwangere Frauen an ihm vorbeizudefilieren, um sich berühren und den göttlichen Funken auf sich überspringen zu lassen[21]. Mitte der sechziger Jahre freilich begann die Macht für jedermann sichtbar wieder von ihm «wegzufließen». Um ihn endgültig kaltzustellen, bediente sich sein

Gegner Suharto traditioneller Mittel und ließ Nachrichten über seinen lokkeren Lebenswandel und über die Verderbtheit seiner Entourage verbreiten. Auch bei der Liquidierung Hunderttausender von Kommunisten, die mit Sukarno kollaboriert hatten, waren traditionelle Symbole mit im Spiel, insofern die Aufspür- und Vernichtungstrupps mit den Namen bekannter Wächterfiguren aus dem Wayang-Repertoire versehen waren[22].

«Göttlichen» oder «Himmels»-Bezug hatte auch die Umgebung des Herrschers aufzuweisen: sein Palast galt als Nabel der Erde oder als «Reich der Mitte». Die Residenz des Herrschers war nach kosmischen Gesetzen aufzubauen, wie sie den jeweils überlieferten Weltbildern entsprachen. Herrscherstädte wie das chinesische Chang'an oder das kambodschanische Angkor zeigten trotz unterschiedlicher Großer Traditionen (hie Konfuzianismus, dort Hinduismus bzw. Mahayanabuddhismus) erstaunliche Ähnlichkeiten, nämlich quadratische Grundrisse, riesige viereckige Stadtmauern, Ausrichtung der Hauptachse in Nord-Süd-Richtung und zentrale Lage des Palastes, wobei Chang'an von einem eher «säkular» wirkenden «Schloß», Angkor Thom dagegen vom Bayon, einem Tempelgebirge, gekrönt war, in dem sich der Herrscher Jayavarmann VII. in mehrdutzendfachen «Portrait»-Türmen als Verkörperung des Boddhisattva Avalokiteshvara (als mahayanistischer Hauptgnadengott) präsentierte. Hier wie dort auch herrschte stadtbauliche Hierarchie, bei der es lediglich in den Einzelheiten und Untergliederungen zu Abweichungen kam: Angkors Mauern und Wassergräben beispielsweise wurden jenen sieben Meeren und sieben Ländern nachempfunden, die dem hinduistischen Weltbild entsprechen – und in deren Mitte sich der zentrale Götterberg, der «Meru», zum Himmel türmte. Die Chinesen richteten Chang'an demgegenüber nach dem geheiligten Schachbrettmuster aus, das dem «kosmischen Diagramm» des Luo-Dokuments entsprach. Dieses für das chinesische Weltbild maßgebend gewordene Dokument war einst «auf Befehl des Himmels» vom Luo-Fluß nahe der alten Hauptstadt Luoyang ausgespien worden; es zeigt auf seinen Feldern, die wie der Panzer einer Schildkröte angeordnet sind, Zahlen, die, ob man sie nun horizontal, vertikal oder diagonal liest, immer die Summe 15 ergeben, wobei die Fünf in der Mitte steht und damit zum Symbol der «Mitte» geworden ist (zum Symbolwert der Fünf vgl. unten S. 211 ff.). Die fünf Himmelsrichtungen sind Osten, Westen, Norden, Süden und Mitte. Jede Stadt und jedes Gebäude unterliegt diesem Quadrateschema. Jenseits der vier Grenzen schließen sich vier äußere Zonen und dann vier Meere an, in deren Bereich Barbaren aller Art leben. Chinesen bewohnen als zivilisierte Menschen den fünften Raum, nämlich die Mitte. Manchmal gab es auch Abweichungen von diesem quadratischen oder ringförmigen Grundschema, so z. B. in der heutzutage von Touristen überfluteten nepalesischen «Stadt der Frommen» (Bhagdaon oder Bhaktapur), die von den Herrschern der frühen Malla-Zeit (9. Jahrhundert) zu Ehren Vishnus in Form eines Muschelhorns angelegt wurde und auch in ihrer heutigen Ost-West-Achse immer noch die Doppel-S-Form erkennen läßt. Zusätzlich spiegelt sich die Kastenhierarchie in der Stadtarchitektur, insofern die Angehörigen der Oberkasten in mehrstöckigen Häusern lebten – eine im übrigen Asien nicht gerade häufig anzutreffende Bauweise.

Verständlich, daß angesichts des Vorherrschens «kosmischer» Bauregeln nirgends in Asien eine europäische Baugesinnung aufkommen konnte: Repräsentative Marktplätze, Patrizierhäuser, Hallenkirchen und Rathäuser, wie sie als Symbole selbstbewußten Bürgertums in den mittelalterlichen europäischen Städten so selbstverständlich waren (und sind), wird man in Asien vergeblich suchen.

Wenn schon die Person des Herrschers und sein Palast von so überragender Bedeutung waren, so erst recht das Ritual, mit dem die Verbindung zwischen Erde und Himmel hergestellt werden mußte. Auch heute noch erstaunt den westlichen Beobachter der außerordentliche Stellenwert, den das politische Ritual überall in Asien einnimmt, ob es sich nun um die offiziellen «Bankettabende» in der Großen Halle des Volkes in Peking handelt, von deren schier quantitativen Ausmaßen der Besucher bereits erschlagen wird, oder um Ackerzeremonien, wie sie mit Pomp heute noch in Thailand abgehalten werden, oder um die Aura von großräumiger Architektur, weiten Gesprächsabständen und feierlichen Einführungszeremonien, mit der sich asiatische Politiker respektvoll Distanz verschaffen. Historisch haben Rituale noch viel mit dem alten Magie-Glauben zu tun, daß eine korrekt vollzogene Handlung die erwünschten Wirkungen herbeizwinge, zumal ja viele traditionelle Herrscher Asiens zugleich auch Hohepriester waren. Als pars pro toto nachfolgend zwei Beispiele:

Nach der Zeremonialordnung der chinesischen Ming-Dynastie gab es am Kaiserhof eine tägliche Hofaudienz, die vor Tagesanbruch bereits wieder beendet sein mußte und die von allen Teilnehmern, nicht zuletzt vom Kaiser selbst, ein hohes Maß an innerweltlicher Askese verlangte. In der ungeheizten Hauptaudienzhalle nahmen nach Westen Zivilbeamte und nach Osten hin Militäroffiziere feierlich Aufstellung und vollzogen, zum Gesang der Zeremonienmeister, dreimal den Kotau vor dem Kaiser. Sodann traten die Beamten ab Rang 4 a vor den Thron und erstatteten «in den 185 Arten amtlicher Angelegenheiten» Bericht. Niemals wurde die Audienz verschoben, ob es nun regnete, schneite oder beißende Kälte herrschte. Nur ausnahmsweise wurden ältere Staatsmänner von über siebzig Jahren vom Erscheinen entschuldigt. Wichtig bei den Audienzen war eine majestätische Haltung des Kaisers. In dieser Hinsicht genügte vor allem Kaiser Wan Li (1573–1620) den strengen Erwartungen seiner Hofbeamten: seine Stimme war tief, seine Sprechweise klar und deutlich, und seine Reden endeten mit kraftvollen Lauten, die «aus dem Zwerchfell kamen». Wan Li hatte, ebenso wie seine Vorfahren und Nachfolger, «gelernt, daß die Hauptaufgaben des Kaisers darin bestanden, den Himmel zu verehren und den von seinen Ahnen gesetzten Vorbildern und Ritualen zu folgen». Weniger als vier Monate nach seiner Thronbesteigung erschien eine Supernova von der Größe einer Untertasse am Himmel und hinterließ dort, von 1572 bis 1573, eine tief orangerote Färbung, die von den Hofastronomen als wohlgefälliges Himmelssignal gedeutet wurde[23].

Ein üppiges Filigran von Ritualen gab es auch für die hinduistischen und theravadabuddhistischen Höfe. Bezeichnenderweise werden die hinduistischen Götter noch heute mit den gleichen Zeremonien (Einladung, Beköstigung, Beweihräucherung, Belustigung) geehrt und unterhalten wie einst die hinduistischen Könige.

Im malaiischen Bereich lieferte die Hofpraxis des Sultans von Malakka das für alle nachfolgenden Höfe verbindliche Ritual. Obwohl das Malakka-Reich nur die kurze Zeit von (etwa) 1400 bis zur portugiesischen Eroberung von 1511 bestand, wurde es im Rückblick zum Kristallisationspunkt romantischer Hofgeschichten, folkloristischer Erzählungen und einer Fülle von Legenden. Die verklärte Malakka-Nostalgie schuf in der politisch so vielfach zerrissenen und vom Konkurrenzkampf der Fürsten allzeit bedrohten malaiischen Welt ein ähnliches Modell wie der Hof des französischen Sonnenkönigs für die europäischen Kleinstaaten. Dies galt sowohl für religiöse als auch für säkulare Belange, vor allem für das Zeremonialwesen. Der Übertritt des Herrschers von Malakka zum Islam (1413) wurde zum Ausgangspunkt für die Islamisierung nahezu sämtlicher Kleinreiche an den Küsten und Flußläufen, von denen sich neun als Sultanate bis heute haben erhalten können. Mit ihren Hofzeremonien, ihrem Gerichts- und Rechtsberaterwesen und ihrer Hofkultur (Tanz und Gamelan-Musik) vermitteln die malaiischen Höfe einen höchst altertümlichen, gerade aber deshalb ehrfurchtgebietenden Eindruck. Die malaiische Welt war zwar nie eine politische, wohl aber eine zivilisatorische Einheit mit einer die einzelnen Sultanate und Fürstentümer übergreifenden Kultur, die sich in einem bestimmten Stil der Geschichtsschreibung (Hikayat-Chroniken), der Gamelan-Musik, des Schattenspiels, der Sprache und Literatur, der Kleidung und Etikette sowie der Adat-Tradition äußerte[24]. Hauptzweck der erwähnten «Chroniken» war es, Bewertungsmaßstäbe dafür zu liefern, was als «richtig» (patut) zu gelten hatte. Die Kultur des leisen Sprechens, das Gespür für Etikette und vor allem der Sinn für korrekt zu vollziehende Rituale war den malaiischen Höfen zur zweiten Natur geworden, wobei das hinduistische Erbe dominant blieb, das nur von einem dünnen islamischen Firnis überzogen wurde.

Ein Ritual mit Erde-Himmel-Bezug, das früher an fast allen asiatischen Herrscherhöfen heimisch war, wird heute noch in Thailand ausgeübt, nämlich die heilige Pflugzeremonie, die zu Beginn jeder Landwirtschaftssaison stattfindet. Seit unvordenklichen Zeiten haben sich die Hofbrahmanen dieses Rituals bemächtigt, das auf dem «Pramane-Feld» in Bangkok stattfindet. Am Tag der Zeremonie bewegt sich die Prozession vom Landwirtschaftsministerium zum Pramane-Platz, bei dem hinduistische und buddhistische Bildnisse sowie Opfergaben mitgeführt werden. Auf dem «Feld» steht ein Pavillon mit Altar, um den herum Pflanzen und symbolische Gegenstände angeordnet sind, u. a. ein Behältnis mit drei Tüchern, die so gefaltet sind, daß sie sich äußerlich voneinander nicht unterscheiden. Zieht der Oberzeremonienmeister während der rituellen «Test»-Phase das längste Tuch, so ist dies ein Zeichen dafür, daß in der nächsten Saison wenig Regen fällt, zieht er dagegen das kürzeste, so steht ein feuchtes Jahr vor der Tür. Kein Wunder, daß die Bauern gerade diesem Teil der Veranstaltung mit besonderer Aufmerksamkeit folgen. Sodann beginnt die eigentliche Zeremonie. Zuerst wird der Boden gewässert, und dann tritt der von zwei geweihten Ochsen gezogene Pflug in Aktion, bedient vom Landwirtschaftsminister und flankiert von Brahmanenpriestern, die ins Heilige Muschelhorn blasen. Drei Furchen werden in jede Richtung gezogen und von vier «Himmelsmädchen» mit Körnern aus goldenen und silbernen Schalen eingesät. Um das neubestellte Feld werden zum Schluß noch drei volle Kreise gepflügt. Anschließend erhalten die zwei Spannkühe aus sieben verschiedenen Gefäßen Reis, Sesam, Mais, Bohnen, Wasser, Gras oder ein vergorenes Getränk angeboten. Je nachdem, in welcher Reihenfolge sie sich bedienen, weiß der zuständige Brahmane, welche Ernten in der kommenden Saison am besten ausfallen. Anschließend verlassen der König und die Prozession den Platz, den nun die Bauern stürmen, um die ausgesäten Körner aufzulesen und sie unter das eigene Saatgut zu mischen[25].

Blühte das Reich, so war die Macht eo ipso legitim und gut, kam es zu Naturkatastrophen, so sah die Bevölkerung schnell Zeichen an der Wand. Bezeichnenderweise wird der Ausdruck «geming» («Mandat verlieren») im Chinesischen auch heute noch als Ausdruck für «Revolution» verwandt. Daß dieses Denken noch keineswegs der Vergangenheit angehört, zeigen zwei neuere Beispiele: Erdbeben von 1970 in Rangoon und von 1975 in der alten Tempelstadt Pagan erschütterten eine Zeitlang den Glauben an die Ne-Win-Regierung: Im September 1970 war nicht nur die Spitze der Goldpagode (Shwedagon), des Nationalheiligtums der Birmanen, sondern auch die Residenz General Ne Wins beschädigt worden. Sogleich waren Gerüchte im Umlauf, daß «die» Shwedagon ärgerlich geworden sei, weil Ne Win mit seiner Politik nicht nur eine Wirtschaftskatastrophe heraufbeschworen, sondern sich königliche Privilegien angemaßt habe, indem er den Hti der Shwedagon, d. h. den mit Gold und Edelsteinen besetzten Pagodenhelm, in eigener Regie durch einen neuen ersetzen wollte. Als ein Erdbeben am 8. Juli 1975 in der alten Tempelstadt Pagan, dem Sitz der ersten birmanischen Könige, u. a. den Ananda-Tempel beschädigte, in dem Ne Win häufig zu meditieren pflegte, zog sich die Regierung erneut ins Schneckenhaus zurück[26].

Auch im kommunistischen China ist das alte Erbe lebendig geblieben. Dies zeigte sich vor allem 1976, als sich die «Zeichen des Himmels» häuften:

Am 8. März ging ein Meteoritenregen über der Provinz Jilin nieder, am 29. Mai folgten Erdstöße in den Provinzen Yunnan und Sichuan, und Ende Juli wurde die Millionenstadt Tangshan durch ein Erdbeben vernichtet. Fast zur gleichen Zeit trat der Gelbe Fluß über die Ufer und suchte die Provinzen Henan und Shandong heim; diese Überschwemmungskatastrophe wurde erst Anfang Oktober in ganz China bekanntgegeben – offensichtlich glaubte die Regierung, möglichen «metaphysischen Deutungen» vorgreifen zu müssen. Den Naturkatastrophen folgten mit «zwingender Logik» die politischen Hiobsbotschaften: Im gleichen Jahr nämlich starben die drei Spitzenpolitiker Mao Zedong, Zhou Enlai und Zhu De. Spätestens seit dem Tode Maos tauchte dann mit einem Male das alte Schriftzeichen «beng» mit seiner Doppelbedeutung «Der Kaiser stirbt» und «Die Erde bebt» wieder auf – für den Durchschnittschinesen ein Menetekel. Finster warnte damals die parteiamtliche Renmin Ribao vor «abergläubischen» Mißdeutungen[27].

Auch Volksaufstände sind ein Zeichen des Himmels. Die Herrschenden wehren sich gegen solche Indizien zunächst mit allen zur Verfügung stehenden – auch brutalen – Mitteln. Läßt sich der Ansturm jedoch nicht niederschlagen, besteht also der «Himmel» auf seinem Fingerzeig, so geben die Regierenden oft schlagartig – und völlig überraschend – auf, weil sie vor allem fürchten müssen, daß ihnen der ebenfalls stutzig gewordene Anhang der Gefolgschaft versagt: so geschehen im Juni 1987 in Südkorea.

c) «Machen, ohne zu handeln – bewirken, ohne zu tun»

Aus diesen «universistischen» Zusammenhängen sollte klargeworden sein, daß politische Macht in Asien ernst genommen wird und daß freiwilliger Gehorsam die Regel, Rebellion aber die Ausnahme ist. Ein Politiker im Sattel sitzt sehr hoch, stürzt er jedoch, so geht er nicht nur seines Amtes, sondern seiner gesamten moralischen Substanz verlustig: seine «Worte» verschwinden, sein Bild wird wegretuschiert. Paradebeispiele dafür sind etwa Lin Biao, Jiang Qing, Diem, Lon Nol – und nicht zuletzt auch Sukarno.

Wer umgekehrt gegen eine «mächtige», also eo ipso gute Obrigkeit opponiert, gibt sich als Parteigänger finsterer Mächte zu erkennen, der einen «göttlichen» Willen zu durchkreuzen versucht. Erst von einer solchen Interpretation her wird jene elementare Grausamkeit verständlich, mit der z. B. Zehntausende von kommunistischen Rebellen im Anschluß an den mißlungenen indonesischen Septemberaufstand von 1965 von der Bevölkerung niedergemacht wurden. Selbst in dem sonst so anmutig-unaggressiven Bali wurden die Unruhestifter auf Friedhöfe gezerrt und dort von der Dorfgemeinschaft mit Feldwerkzeugen massakriert; hier ging es offensichtlich nicht mehr nur um Politik, sondern um Dämonenaustreibung.

Freilich gibt es neben den oben erwähnten zwei klassischen Formen des Widerstands (Nichtausführung von Befehlen und Flucht ganzer Dörfer) auch noch eine dritte, höchst sublime und von den Machthabern offensichtlich gefürchtete Spielart, wie sie von dem Javaner Sawito 1976 vorgeführt wurde, um die «korrupten Machenschaften» der Regierung Suharto anzuklagen. Sawito zog sich in den Kraton der alten Königsstadt Solo (Surakarta) zurück, fastete, meditierte und gab in geschickt inszenierten Verlautbarungen der Bevölkerung zu verstehen, daß die Endzeit der Regierung Suharto angebrochen sei. Die Überreaktion Suhartos, der seinen Kritiker durch mehrere Prozesse bis zur Zermürbung verfolgen ließ, zeigt, daß Sawito an einen Zentralnerv gerührt hatte[28].

Die religiös bedingte Obrigkeitsgläubigkeit macht es übrigens erst verständlich, daß sich die hochkultivierten Javaner über 300 Jahre lang von einem europäischen Volk beherrschen ließen, das ihnen an Menschenzahl unendlich unterlegen war. Die Besetzung Javas und anderer Inseln durch die Japaner im Zweiten Weltkrieg führte bei der Bevölkerung zu höchst widersprüchlichen Gefühlen: Zwar wurde sie als Fortsetzung der holländischen Kolonialherrschaft empfunden, doch gab es da andererseits eine alte Weissagung, derzufolge einst «kleine gelbe Menschen aus dem Norden» die Rettung bringen würden. Erst als die Besatzer kurz vor ihrer Niederlage 1945 zu brutaler Machtausübung übergingen, muß es auch dem letzten Indonesier klargeworden sein, daß ihre «Macht» sich wieder verflüchtigt hatte. Die holländischen Kolonialherren umgekehrt wußten recht wohl, was sie taten, als sie in den späten Jahren ihrer Herrschaft dazu übergingen, Wayang-Vorstellungen zu überwachen, von denen möglicherweise verschlüsselte Widerstandssignale ausgingen.

Das traditionelle Machtkonzept leistet auch im nachkolonialen Asien einen nicht zu unterschätzenden Beitrag für die Stabilität der einzelnen politischen Regime und bildet insofern einen gewissen Ausgleich für das oben beschriebene Institutionalisierungsdefizit. Nach wie vor wird gern gehorcht; auch ist Asien das Eldorado «starker» Politiker – man denke an Mao Zedong, Ho Chi Minh, Kim II Sung, Lee Kuan Yew, Ne Win, Suharto, Marcos oder an die Nehru-Dynastie. Auch Frauen können am Nimbus der Macht teilhaben, z. B. Indira Gandhi, Sirimave Bandaranaike oder aber die Begum Nusrat Bhutto und ihre Tochter Benazir als Führerinnen der Pakistan People's Party, gar nicht zu reden von den Ehefrauen führender Politiker, für die der Weg «from teacups to politics» in der Regel sehr kurz ist.

5. Die Asiaten und das Recht

a) Verflechtung von Rechts- und Sittenordnung

Das traditionelle Asien bestand aus meist hochzellularisierten Gesellschaften, die sogar in den größeren Städten überschaubar waren und deshalb dem «Gesetz des Wiedersehens» (Niklas Luhmann) gehorchten: man traf sich täglich (oder wöchentlich) auf Märkten, im Tempel, auf dem Dorfversammlungsplatz unter dem Banyangbaum oder bei den großen Prozessionen. Das Zusammenleben wurde hier weniger durch Rechtsbestimmungen als durch Wohlverhalten im Rahmen überlieferter Bräuche, Sitten und Moralvorstellungen geregelt. Das Recht war in der Regel auf Straf- und Steuerregeln, die Administration auf Ordnungs- (und nicht etwa auf Leistungs- oder Planungs-)Verwaltung und der Geltungsgrund von Regeln auf Tradition, Alter oder religiöse Heiligung (nicht etwa positive Setzung) beschränkt. Der Staat hatte kein Gewaltmonopol, sondern mußte seine Sanktionsmacht mit vielen «Staaten im Staat», d. h. mit Dörfern und Danweis, mit Kasten, Gilden und Großfamilien, teilen. Nur dort, wo die «Zellen» schwach waren, wie in den theravadabuddhistischen oder malaiischen Gesellschaften, griff die Bürokratie direkt durch. Überall aber wurde private («Blut»-)Rache schon früh durch Formen gewaltfreier Konfliktbeilegung abgelöst.

Recht, Sitte, Brauchtum und Moralvorstellungen gingen überall ohne scharfe Trennung ineinander über. Vor allem in China galt 2000 Jahre lang das «Regieren durch die Sittenordnung» (li), d. h. durch die geheiligte Tradition und nicht etwa das «Regieren durch Gesetze» (fa), als Ideal. Aus diesem Grunde auch wurden die Amtswalter primär nicht juristisch, sondern konfuzianisch geschult – und staatlich geprüft. Ritusprudenz, nicht Jurisprudenz, war die Devise. Nicht Justiz und Verwaltung, sondern das gute Vorbild des jeweiligen Vorstands in der Familie, der Sippe, des Kreises und des Reiches waren gefragt. Charakteristisch für die traditionelle chinesische Gesellschaftsordnung war die weitgehende Ungeschiedenheit von Recht und Sitte, von Zivil- und Strafrecht sowie von Gesetzgebungs-, Richter- und Administrationsgewalt. Maßgebend für das Gedeihen der Gesellschaft waren sittlich vollkommene Persönlichkeiten, nicht perfekte Gesetze. Es fehlt daher auch an einem eigenständigen Juristenstand und an einer spezifischen Rechtswissenschaft. Diese Betrachtungsweise lebt unausgesprochen noch heute weiter, vor allem in der Schlichtungspriorität, in der ständigen Suche nach der Gerechtigkeit des Einzelfalls oder in dem Versuch, ein Recht ohne Juristen zu schaffen. «Freundschaftliche Verhandlungen», Arbitrage und Vorherrschen der «Clausula rebus sic stantibus» gegenüber dem «Pacta sunt servanda» sind einige Beispiele für die Sehnsucht nach einem «Recht ohne Juristen». So könnte über dem chinesischen Recht das Motto «Nicht juristisch, sondern anständig» stehen.

Auch die anderen asiatischen Gesellschaftsordnungen waren durch Ungeschiedenheit von Recht und Moral, darüber hinaus aber auch noch durch die
Einheit von Sakral- und Profanrecht gekennzeichnet. Am meisten gilt dies
für den Islam, der bekanntlich die Vorstellung von einem säkularen Charakter des Rechts, wie sie in Europa bereits in spätrömischer Zeit einsetzte, nie
akzeptiert hat. Im Islam ist die Rechtsordnung nicht zuletzt deshalb von so
überragender – und sakrosankter – Bedeutung, weil sie eine Art Ersatz für
das seit dem 13. Jahrhundert ausgestorbene Kalifat ist. Wenn es schon keinen
Vertreter des Propheten auf Erden mehr gibt, soll wenigstens die von Mohammed direkt aus dem Himmel «empfangene» Rechtsordnung dominieren. Die islamische Gesetzeswissenschaft (fikh) ruht auf vier Säulen, nämlich
dem Koran, der Sunna (d. h. der vom Propheten und seinen Zeitgenossen
vorgelebten Tradition), der Analogie (zum Koran und zur Sunna) und dem
Consensus der Gelehrten. In Südostasien kommt hier noch eine fünfte Säule
hinzu, nämlich das Adat, eine Art malaiisches Gewohnheitsrecht.

Religiösen Ursprungs ist auch das hinduistische Recht, das auf zahlreichen Rechtsbüchern (dharma-shastra) beruht, u. a. dem Gesetzbuch des
Manu. Rechte und Pflichten der Kasten, die niedrige Stellung der Frau und
die Familienbeziehungen sind hier mit religiös verbindlicher Wirkung geregelt. Hier wird man in ein bestimmtes «Recht» hineingeboren, das von vor-
neherein alle Seiten des Lebens vorprogrammiert und gleichsam modulisiert.
Im Laufe der Jahrhunderte entwickelten sich weitere Traditionen, die quasi-
rechtliche Verbindlichkeit erlangten, wie z. B. die Kinderheirat, die Polygamie, die Sklaverei, die Witwenverbrennung oder die «Unberührbarkeit».

Das buddhistische Recht wiederum ist praktisch nur innerhalb der
Mönchsgemeinschaft (Sangha) von Bedeutung und überläßt der staatlichen
Gewalt im übrigen fast ausnahmslos alle weiteren Regelungen. Insofern
kann hier, genauso wie bei den metakonfuzianischen Ordnungen, von einer
– informellen – Trennung zwischen religiösem und säkularem Recht die
Rede sein, obwohl es bei diesen Gesellschaften nie eine «Zwei-Schwerter-
Lehre» im Sinne des christlichen Mittelalters gegeben hat. Im China der
Frühzeit hatte das Recht zwar noch durchaus magisch-rituelle Rückbezüge,
insofern nämlich die altehrwürdigen «Fünf Strafen» in «Beziehung» standen
zu den fünf Himmelsrichtungen, den fünf Jahreszeiten und anderen Fünfer-
reihungen; spätestens seit der Tang-Dynastie (7. Jahrhundert) gibt es jedoch
bis ins Detail ausgearbeitete Codices, die mit leichten Abänderungen bis
zum Jahr 1911 weitergalten. Zwar kannte man auch jetzt noch keine scharfe
Trennung zwischen Zivil-, Straf- oder Verwaltungsrecht und auch der Richter pflegte identisch mit dem Ankläger zu sein; doch war die religiöse Verankerung im Laufe der Jahrhunderte verlorengegangen; eine Ausnahme davon
bildete lediglich das «Ritenrecht», das Bestimmungen über die Person des
Kaisers, über die kaiserlichen Opfer an Himmel und Erde sowie über den
kaiserlichen Clan enthielt[29].

Wegen seines Mischcharakters war das traditionelle Recht zumeist weit weg von jener abstrakten und volksfremden Strenge der später auch in Asien rezipierten europäischen Gesetzbücher. Sachenrecht wurde tendenziell durch Schuldrecht verdrängt, und auch das flexible Schuldrecht wurde letztlich nicht als rechtliche, sondern eher als sittliche Kategorie verstanden, an die sich jeder «anständige Mensch» zu halten hatte. Im chinesischen Gewohnheitsrecht ist nicht von «Sachen» und «Vermögens»-Gegenständen die Rede, sondern von «Maulbeerblättern» und «Erdnüssen». Verpfändete Felder müssen zur Zeit der «aufgeregten Insekten» eingelöst werden. Ein «Dokument mit einem großen Kopf» ist ein Schriftstück, in dem ein höherer Preis angegeben ist als der, den man in Wirklichkeit erhält, und das «Zwei-und-Acht-Spatenland» bedeutet, daß von den Erträgen zwei Zehntel an den Pächter und acht Zehntel an den Verpächter fallen. Unterschieden wird ferner zwischen «weißen Feldern» (mit Beerdigungsplätzen) und «roten Feldern», zwischen «Feldhaut» (d. h. der Erdoberfläche) und «Feldknochen» (d. h. dem Erdinneren), aus dem z. B. Kohle geschürft wird[30].

b) *Überlagerung des traditionellen durch das westliche Recht*

Mit der Kolonialzeit und der damit einhergehenden Verstädterung, Industrialisierung und Monetarisierung ließ vor allem in den Ballungsgebieten die bisherige Überschaubarkeit nach. Gemäß dem Grundsatz: «Je überschaubarer, desto gesitteter, je anonymer, desto verrechtlichter» entstand ein Bedarf nach neuen angepaßten Regelungen, der zumeist durch Übernahme europäischer Gesetzesordnungen gestillt wurde. Dabei rezipierten die kolonial gebundenen Staaten nolens volens das Recht ihrer Kolonialherren, während die ungebundenen oder halbkolonialen Länder mit Vorliebe zum deutschen Recht griffen, so z. B. Japan, China, Korea und Thailand. Mit dieser Rezeption wurde die Situation aber nicht etwa erleichtert, sondern eher noch kompliziert, da ja das alte Recht seinen Geist keineswegs aufgab. So war z. B. die chinesische Rechtsentwicklung nach 1949 das Ergebnis einer Auseinandersetzung zwischen nicht weniger als vier Rechtstraditionen, nämlich dem in zwei Jahrtausenden gewachsenen und bis 1911 geltenden Recht, ferner dem Recht der Guomindang, das in den zwanziger und dreißiger Jahren in Anlehnung an deutsche Vorbilder erlassen worden war, des weiteren dem Recht der «Basisgebiete», von denen aus die Kommunisten die Städte erobert hatten, und schließlich dem Recht der Sowjetunion. Jeder dieser vier Rechtskreise hatte nach 1949 seine große Stunde: zunächst kam das Sowjetmodell an die Reihe; im Zuge der sog. «Rechtsabweichlerkampagne» von 1958 trat jedoch eine Gegenbewegung ein, die zur Ausschaltung des gesamten Juristenstandes und zur schlagartigen Vernachlässigung des bisherigen Gesetzgebungswerks führte. Mit der Kulturrevolution (1966 ff.) wiederum begann eine Entwicklung, die man als «Rückkehr nach Yan'an», also zum rechtli-

chen Zustand der alten «Basisgebiete», bezeichnen könnte: Gesetze wurden
durch Ad-hoc-Regelungen und durch persönliche Direktiven Mao Zedongs
ersetzt, und gleichzeitig zog die «Massenlinie» in die Rechtsprechung ein:
Gerichtsverfahren sollten also nicht mehr im Amtsgebäude, sondern am Tat-
ort erfolgen; der Laienrichter trat in den Vordergrund, und die «Massen»
wurden in die einzelnen Gerichtsverfahren aktiv einbezogen. Diese Ad-hoc-
Gesetzgebung und Volkstribunalpraxis dauerten bis in die späten siebziger
Jahre. Erst nach den Reformbeschlüssen vom Dezember 1978 begann eine
Renaissance der Gesetzgebung, in deren Verlauf zahllose formelle Gesetze
und Rechtsverordnungen erlassen wurden, die durchweg nach dem Vorbild
des während der zwanziger und dreißiger Jahre verkündigten und 1949 offiziell wieder abgeschafften Guomindang-Rechts modelliert waren – man
denke an das StGB, die StPO, die ZPO, das Vertragsgesetz, das neue Patent-
gesetz usw. Ihrem äußeren Aufbau nach erinnern die neuen Bestimmungen
also an das Guomindang- und damit letztlich an das deutsche Recht. Man
täusche sich jedoch nicht: Wirft man nämlich einen Blick auf die Praxis der
Rechtsumsetzung, so wird deutlich, daß das äußerlich deutsche Recht letztlich in traditionellem Geiste interpretiert und damit von innen her wieder
sinisiert wird: der Kreis zwischen Gestern und Heute schließt sich also teilweise. Ein wirkliches «Gesetz» im Sinne von «fa» soll nach chinesischer
Auffassung wie ein strahlender Fixstern am Himmel stehen und ist eigentlich gar nicht für den Alltagsgebrauch bestimmt. Um sich dieser Spannung
von Modellhaftigkeit und Wirklichkeit zu entziehen, erläßt der Gesetzgeber
statt formeller Gesetze, die womöglich wieder abgeändert werden müßten,
lieber Regelungen mit dem Zusatz «zur versuchsweisen Anwendung»,
«Einstweilige Bestimmungen» etc.

Nicht weniger kompliziert als in China fiel die «Verschichtung» zwischen
mehreren Rechtskreisen in den islamischen Ländern, z. B. in Malaysia, aus,
wo drei Rechtsschichten übereinander «kleben»: das geschriebene, zumeist
westlich inspirierte Recht, das muslimische Recht (Shariah) und das Adat.
Die Shariah enthält juristische (fikh) und ethische Vorschriften, mit denen
ein klarer Trennungsstrich zwischen Gut und Böse im Sinne des Allmächti-
gen gezogen wird. Sie gilt als göttliche Offenbarung und kann deshalb nicht
abgeändert werden, es sei denn, man entgeht ihrem strengen Zugriff durch
geschickte Interpretation, woraus eine Fülle miteinander wetteifernder
Rechtsschulen entsteht. Die Handhabung des muslimischen Rechts erfolgt
durch Richter («Kadi», «Kathi» auf malaiisch) sowie Muftis, die eine Art
Beraterfunktion einnehmen und deren Entscheidungen in speziellen Sammlungen, den sog. «Fatwa», gesammelt sind. In Indonesien gibt es seit 1957
neben den staatlichen Gerichten noch die «Pengadilan Agama» («Gerichtshöfe für Religionsjustiz»), die Fragen der Eheschließung, der Scheidung
sowie andere Familienangelegenheiten, nicht jedoch Erbfragen judizieren.
Die Shariah regelt hauptsächlich Familien-, Eigentums- und Erb- sowie

Strafrecht und bringt auch einige prozedurale Vorschriften[31]. Neben der Shariah dominiert die Adat-Tradition, ohne deren Beachtung in den malaiisch-islamischen Ländern nichts läuft. «Adat» ist ein arabisches Lehnwort, das mit dem Verb ada (zurückkehren, sich wiederholen) zusammenhängt. Statt einer abstrakten Definition des für Europäer so schwer verständlichen Begriffs sei hier eine eindrucksvolle Umschreibung von Josef Königsmann wiedergegeben[32]: «Adat regelt das menschliche, tierische und pflanzliche Leben. Adat sorgt für das geordnete Leben. Schuld, Unglück und Chaos liegen außerhalb der vom Adat geordneten Welt. Adat regelt die Bestrafung eines Diebes, die Auflösung einer Schuld, ordnet Krieg und Frieden, Tischsitten und Kleidung. Adat bestimmt die Feste, den Schmuck, die Tänze und die Besuche. Geburt, Hochzeit und Tod sind ohne Adat nicht denkbar (starke Akzente legt das Adat auch auf die Ausgestaltung von Todeszeremonien und Nachtodesfeiern am 3., 7., 14., 15. und 100. Tag, d. Vf.). Opfertiere und Tiere für ein Fest werden gemäß dem Adat geschlachtet. Die Regel der Frau wird ‹die Adat tragen› genannt. Sämtliche Naturabläufe sind gemäß ihrem Adat geordnet. Adat ist Geschenk von den Göttern, ererbt von den Ahnherren. Adat wird geschützt von den Toten und den Alten einer Gruppe. Adat wird erzählend überliefert in Fabeln, Sagen, Mythen, Sprichwörtern und Redensarten. Adat wird als Ganzheit, als eine Einheit empfunden und enthält Gesetze, Recht, Gewohnheiten, Sitten, Gebräuche und Religion in einer undifferenzierten Einheit. Adat ist die Einheit all der vielen Elemente. Adat wird als Erbe übernommen. Darum ist Adat eine Rechtsordnung, die nicht von den jetzt lebenden Menschen gemacht wird. Weil Sterne, Pflanzen, Tiere und Menschen Adat besitzen oder in ihrem Adat leben und sich bewegen, darum ist Adat durch eine bestimmte Notwendigkeit bestimmt. Entscheidungsfreiheit kennt das Adat nicht, sie wird aber auch nicht als wünschenswert empfunden.» Adat entstammt patriarchalischen und matriarchalischen Quellen – das letztere «Adat perpeateh» stammt aus der Tradition von Minangkabau (im indonesischen Sumatra und im malaysischen Bundesstaat Negri Sembilan). Im patriarchalischen «Adat Temenggong», das in den übrigen malaiischen Staaten gilt, vermischen sich vorhinduistische, hinduistische und islamische Elemente ineinander[33].

Der Kampf ums Adat ist in Malaysia und Indonesien noch lange nicht entschieden: konservative Gruppen befürworten eine geduldige Fortentwicklung des Adat, während progressive Gruppen in ihm eine Modernisierungsbremse erblicken: das Adat fordere beispielsweise eine gemeinsame Feldbestellung und behindere damit die Einführung moderner Landwirtschaftstechnologien; es verlange, daß ein Unternehmer bei der Eröffnung eines Geschäfts seine gesamte Familie mitbeteiligen müsse, so daß er praktisch bald konkursreif sei. Außerdem führe der hohe Brautpreis, der nach dem Adat an die Verwandten der Ehefrau zu leisten ist, nicht selten zum Ruin der neugegründeten Familie. Obendrein «reibt sich» das Adat häufig an der Shariah: Während die Shariah beispielsweise Polygamie gestattet (und zwar bis zu vier Frauen für einen Mann), geht das Adat vom Grundsatz der Monogamie aus[34]. Nach der Shariah ist das Brautgeld an die Frau, im Adat dagegen an die Verwandten der Frau zu zahlen[35]. Was die Scheidung anbelangt, so kann sie nach der Shariah von seiten des Mannes durch das ein-, zwei- oder dreimalige Aussprechen der Verstoßungsformel (talak) vollzogen werden, während das Adat in Gebieten mit matrilinearer Tradition verlangt, daß dem Talak eine Schlichtung vorangeht, die erfahrungsgemäß höchst wirksam ist[36]. Bei der Teilung des ehelichen Vermögens nach einer Scheidung kann die Ehefrau gemäß der Shariah schlimmstenfalls leer ausgehen, während sie gemäß Adat bis zur Hälfte des gemeinsam erworbenen Eheguts erhält[37]. Das Adat ist also wesentlich frauenfreundlicher als die Shariah. Wird es, beispielsweise bei Vertragsabschluß, nicht eingehalten, so ist der betreffende Vertrag nach allgemeiner Volksmeinung null und nichtig, auch wenn er nach dem (rezipierten) westlichen Recht durchaus keine Fehler aufweist: auch dies wieder ein Kollisionsfall zwischen Recht und Moral.

Verhältnismäßig reibungslos ist es andererseits um die Nachbarschaft zwischen westlichem und theravadabuddhistischem Recht bestellt. Gautama Buddha hatte bekanntlich mit säkularen Dingen und vor allem mit der Politik nichts im Sinn. Zwar legte er – und seine Nachfolgerschaft – ein umfangreiches Regelwerk für das Leben innerhalb der Mönchsgemeinschaft (Sangha) fest, doch verzichtete er andererseits auf säkulare Gesetzgebung. Diese blieb, wie im europäischen Protestantismus, ganz dem Staat überlassen. Kein Wunder, daß die weltlichen Rechtsordnungen in den fünf klassischen Ländern des Theravada, Ceylon, Thailand, Birma, Laos und Kambodscha, recht verschieden ausgefallen sind. Da der Buddhismus mit so wenigen rechtlichen Vorgaben verknüpft war, konnte er von allen möglichen Gesellschaften in Asien ohne die geringsten «Verdauungsbeschwerden» übernommen werden, zumal der Sangha bemüht war, sich so selten wie möglich in die Politik einzumischen. Trotz der später so engen Beziehungen zwischen Mönchsgemeinschaft und Königtum wurden die Königswahlen kaum je vom Sangha, dafür um so mehr von den Hofbrahmanen beeinflußt.

Was den Sangha selbst anbelangt, so ist er von einem Regelfiligran überzogen, das im «Vinayana», einem der klassischen drei «Körbe» (Tripitaka), niedergelegt ist. Drei Arten von Regelungen finden sich hier, nämlich das Sangha-Statut, in dem die Gleichheit aller Mönche gefordert wird, sodann ca. 200 Straftatbestände von Vergehen gegen die Mönchsdisziplin und, drittens, Verfahrensregeln für die Aufnahme und Verstoßung von Mönchen (bhikkhus), für die Mönchsgerichtsbarkeit und für das Alltagsleben der Ordensangehörigen. Die vier Todsünden eines Bhikkhu sind Mord, Diebstahl, Geschlechtsverkehr und Eigenlob im Sinne von Selbstbeweihräucherung.

Im Gegensatz zum reichen Sangha-Regelwerk bestehen für den buddhistischen Laien nur fünf dürre Empfehlungen, nämlich nicht zu töten, nicht zu stehlen, nicht die Ehe zu brechen, nicht die Unwahrheit zu sagen und Rauschmittel zu vermeiden. Außerdem hält es der Laie im allgemeinen für ratsam, zum Zwecke der Verbesserung des eigenen Karma gute Taten zu verrichten, indem er vor allem die eigene Familie unterstützt und für das Wohlergehen des Sangha sorgt.

Von solchen vereinzelten Regelungen abgesehen zeigte sich der Sangha flexibel und war prinzipiell bereit, sich jeder gegebenen staatlichen Rechtsordnung anzupassen. Die dem Buddhismus inhärente Toleranz machte also auch hier nicht halt. Insofern sind buddhistische und islamische Rechtsauffassung Antipoden im wahrsten Sinne des Wortes.

c) Eigenarten des asiatischen «Zivilrechts»

Statt komplizierter abstrakter Regelungen suchte man überall im traditionellen Asien nach dem Recht des Einzelfalls – und war damit stets schnell beim Vertrag angelangt, der allerdings meist etwas anders ausfiel als im Westen. Bemerkenswert ist vielfach auch heute noch das Unvermögen der meisten Asiaten, in reinen Vertragskategorien zu denken, d.h. sich den Vertrag als koordinatives Rechtsgeschäft zwischen «Rechtssubjekten» vorzustellen. In Asien denkt man vielmehr subordinativ und konkret-persönlich. Dies wurde besonders deutlich im «Markt- und Pachthofmilieu». Im «Pachthofmilieu» befand der asiatische Durchschnittsbauer sich dem Bodenverpächter gegenüber von vornherein in einer untergeordneten Position, weshalb es nicht zu koordinativen, sondern zu subordinativen Vereinbarungsmodalitäten kam. Dies geschah dadurch, daß in einem Vertrag (soweit er überhaupt schriftlich abgefaßt wurde) die schwächere Partei in aller Regel in Form einer Kaufs- oder Verkaufsbitte auftaucht und daß ferner in aller Regel nur die schwächere, nicht dagegen die stärkere Partei das Dokument unterzeichnet[38].

Im «Marktmilieu» dagegen, bei dem sich Bauern von gleich zu gleich gegenübertraten, beherrschte der Realkontrakt das Geschehen; nicht die Einigung der Parteien war also das Entscheidende, sondern der reale Güteraustausch. Die Vorstellung, daß eine bloße Einigung bereits synallagmatische Bindungen nach sich zieht und daß zwischen Einigung und Erfüllung unterschieden werden muß, wird auch heute noch überall als fremdartig empfunden. Man geht davon aus, daß es nicht die Abmachung als solche ist, die bindet, sondern das Vertrauen, das zwischen den Parteien besteht, oder aber der Respekt vor dem Adat, dem Li oder dem Giri, welch letzterer der chinesische bzw. japanische Begriff für Anstand und Sitte ist. Häufig werden daher selbst kurzfristige Abmachungen durch Geschenke oder durch ein Zeremoniell abgesegnet, das beispielsweise in Form eines gemeinsamen Essens stattfindet. Im Vordergrund stehen hier nicht abstrakte »Rechtssubjekte», sondern konkrete Personen oder Gruppen. Dies gilt besonders bei der Einstellung von Personal, das man nicht als «Arbeitskraft», sondern als künftigen Teil der Betriebsfamilie betrachtet. Auch innerhalb von Konzernen erscheinen manchmal Verträge als überflüssig. Toyota beispielsweise besteht aus einem Netz von 13 Großfirmen und fast 200 mittleren und kleinen Zulieferern, zwischen denen seit Jahrzehnten Zusammenarbeit besteht, ohne daß hierfür je ein Vertrag unterzeichnet worden wäre. Betrachtet man sich einer «Schicksalsgemeinschaft» zugehörig, so erscheint ein synallagmatischer Vertrag im westlichen Sinne als abwegig. So gesehen ist eine gewisse Abneigung gegen Juristen durchaus verständlich.

Auch im traditionellen Indien gab es eine «Vertrags»-Reform, die mit dem entsprechenden westlichen Begriff nur den Namen gemeinsam hat – gemeint ist das sog. «Jajmani»-System, welches sein Entstehen dem Umstand verdankte, daß die einzelnen Subkasten aus Gründen der Arbeitsteilung miteinander kooperieren mußten. Dadurch entstanden dichte Beziehungsnetze, die oft Generationen überdauerten, vom Vater auf den Sohn weitervererbt wurden und für den Dienstleistungsempfänger nicht immer nur von Vorteil waren, sondern durchaus auch zur Belastung werden konnten. Da die oberen Jatis keine körperliche Arbeit – und nun gar Schmutzarbeit – verrichten dürfen, sind sie von den unteren (auf solche Dienste spezialisierten Kasten) seit Urgroßväterzeiten nicht weniger abhängig als umgekehrt diese von den Lohnzahlungen der oberen. Die Austauschbeziehungen waren und sind dyadisch, vererblich und bestanden zwischen den Haushalten verschiedener Jati-Angehöriger, wobei schriftliche Verträge lediglich als (deklaratorische) Beweisgrundlage betrachtet wurden. Das Jajmani-System wurde während der britischen Kolonialzeit kodifiziert – und damit rechtlich einklagbar[39].

Jajmani-Beziehungen sind keineswegs immer nur «Generationsverträge», sondern werden neuerdings auch zwischen Stadtverwaltungen und den Banghi, also den «unberührbaren» Fäkalienbeseitigern, geschlossen. So z. B. beschäftigt die Stadt Patna im Bundesstaat Bihar derzeit ca. 1000 Banghi gegen festen Monatslohn[40].

Das Jajmani-System ist wettbewerbs-, solidaritäts- und genossenschaftsfeindlich. Es läßt sich vorerst nur mühsam durch flexible Vertragsvereinbarungen westlichen Typs verdrängen[41]. Durch die asiatische Brille gesehen, sind die Vorbehalte gegen das westliche Recht ohne weiteres zu verstehen. Überall trat ja im 19. und 20. Jahrhundert anstelle der schuldnergnädigen und harmoniebedachten traditionellen Regelwerke von Bauerngesellschaften das gläubigerfreundliche und vom Grundsatz der Vertragsfreiheit geprägte Recht von Industrie- und Handelsnationen. Dieses westliche Recht ist größtenteils Juristenrecht und beruht auf der Prämisse, daß die Vertragsparteien juristisch im Bilde sind, also genau wissen, was sie tun; ein Schuldner, der behaupten wollte, er habe nicht so recht Bescheid gewußt, wird belächelt. Kein Wunder, daß der «kleine Mann» westliches Recht spontan ablehnt, während die einheimische Elite gern danach greift – z. T. aus Modernisierungs-, z. T. aus Standeserwägungen. Letzteres ist vor allem bei der indischen Elite der Fall, die schon während der Kolonialzeit entdeckt hatte, daß die juristische Laufbahn, vor allem die Ausübung des Rechtsanwaltsberufs, eine der wenigen wirklich lohnenden Karrieren für Einheimische eröffnete. Kein Wunder, daß das damals eingeführte britische Recht ausgerechnet von den einheimischen Advokaten begierig aufgegriffen wurde und daß ferner sie es waren, die dafür sorgten, daß die traditionelle Schlichtungspraxis des indischen Dorfes durch notorische Prozessiererei ersetzt wurde und daß nicht zuletzt auch, wie Rothermund[42] es formuliert, der «indische Freiheitskampf» weitgehend eine «Rebellion der Rechtsanwälte» war. Der indische Advokat spielte hierbei eine ambivalente Rolle: auf der einen Seite führte er die Positionen des britischen Kolonialherren ad absurdum, auf der anderen Seite aber trug er sogleich zu einer Art «inneren Kolonisierung» der indischen Bauernbevölkerung bei, da das von ihm favorisierte Recht der Kolonialherren zur Stärkung des Geldverleihers gegenüber dem Bauern und zur Suprematie der Honoratioren gegenüber den Schwachen führte.

d) Strafrecht

Ebenso wie die chinesische war die traditionelle asiatische Durchschnitts-Rechtsordnung straf- und steuerrechtslastig. Zahlreiche zivilrechtliche Regelungen konnten überhaupt erst durch Rückschlüsse aus Straftatbeständen erfahren werden. Überall wurde «exemplarisch», nicht «juristisch» entschieden. Genau umschriebene Straftatbestände waren nicht gefragt. Teilweise ist dies auch heute noch so. Die VR China führte z. B. erst 1979, die SR Vietnam erst 1985 ein kodifiziertes Strafrecht ein. In den dazwischenliegenden dreißig Jahren war man mit wenigen Verordnungen gegen «Konterrevolutionäre» sowie gegen Ordnungswidrigkeiten ausgekommen. Das Strafmaß reichte von Gefängnis über Arbeitslager bis hin zur Todesstrafe; der Grundsatz der Waffengleichheit (d. h. die Einschaltung von Verteidigern) war unbekannt, ganz zu schweigen von genauen Prozeßregeln. Ziel aller Gerichtsverfahren war ein zerknirschtes Geständnis.

Überall in Asien wird hart bestraft. Es ist gewiß kein Zufall, daß sämtliche asiatischen Staaten, auch das sonst so moderne Japan, an der Todesstrafe festhalten und daß die Kapitalstrafe in Asien häufiger verhängt wird als in irgendeinem Teil der übrigen Welt, sieht man einmal von den Sonderfällen Hongkong und Nepal ab, wo die Todesstrafe abgeschafft wurde. Die Hinrichtungsmethoden reichen von Henken über Erschießen bis zum Elektrischen Stuhl. In Japan sind zwischen 1873 und 1978 insgesamt 6235 Personen exekutiert worden, also 59 pro Jahr, davon in der Nachkriegszeit (1946–1978) allein 560 Personen, d. h. 17 pro Jahr. Allerdings wurden überall die todeswürdigen Verbrechenstatbestände drastisch reduziert, die grausamen Hinrichtungsstrafen, wie sie in feudaler Zeit üblich waren (Vierteilung, wörtl.: badao = «acht Schnitte»), abgeschafft und die Hinrichtung vom öffentlichen Exekutionsplatz in die Gefängnisse hineinverlegt[43]. In neuerer Zeit läßt sich eine Tendenz zu «berechenbareren» Straftatbeständen und zur Ausgestaltung formaler Prozeßregeln erkennen. Das Strafrecht soll dabei nach außen hin als glaubhafter Prüfstein der Rechtsstaatlichkeit vorgezeigt werden können.

Trotzdem besteht die Neigung zu Übergriffen weiter, so zum Beispiel in der VR China, wo Verwaltungsbehörden das mit juristischen Fußangeln gespickte strafprozessuale Gelände einfach dadurch umgehen, daß sie im Wege schlichter Verwaltungsakte drei Jahre «Erziehung durch Arbeit» verhängen, deren Dauer bei mangelhafter Führung beliebig verlängert werden kann, so daß ein «schlechtes gesellschaftliches Element» sein ganzes Leben in einem Arbeitslager zubringen kann, ohne je vor einem Richter gestanden zu haben.

e) Was ist Gerechtigkeit?

Den asiatischen Rechtsordnungen ist vor allem ein mit europäischen Vorstellungen nicht immer vereinbares Gerechtigkeitsverständnis gemeinsam. «Gerechtigkeit» läßt sich ja bekanntlich nach fünf höchst unterschiedlichen Maßstäben handhaben: (1) Jedem das gleiche; (2) Jedem nach seiner Leistung; (3) Jedem nach seinem persönlichen Engagement; (4) Jedem nach seinen Bedürfnissen und (5) Jedem nach Rang. Traditionell wurde in Asien die Option Nr. 5 bevorzugt; Mao Zedong plädierte demgegenüber für Nr. 3, während die chinesischen «Modernisierer» auf Nr. 2 setzen. Die Option Nr. 1 gilt nur im Rahmen des buddhistischen Sangha, wo das Prinzip der Gleichberechtigung herrscht. Was andererseits die «Geltung» des Rechts anbelangt, so tauchen zwischenasiatische Differenzen auf: Im metakonfuzianischen Kulturbereich, wo Li und Giri (jap.) (also «Moral») einsamen Vorrang vor dem Recht (fa) beanspruchen, ist man geneigt, das Recht nicht als konstitutiv, sondern als bloß deklaratorisch, also als Bestätigung des Li, zu betrachten. Recht ist also nicht autonom, sondern heteronom. Sogar kurzfristige «Verträge» werden durch Geschenke oder aber durch ein Zeremoniell abgesegnet, beispielsweise in Form eines gemeinsamen Mahls, wobei man davon ausgeht, daß es nicht die dürre juristische Abmachung als solche ist, die bindet, sondern der vertrauensvolle Konsens, der zwischen den Parteien besteht. Im malaiisch-islamischen Rechtsbereich andererseits kommt nicht nur der Shariah und dem Adat, sondern auch den nach Adat-Zeremoniell geschlossenen – und damit im wahrsten Sinne des Wortes «geheiligten» – Verträgen Autonomie zu. Nicht zuletzt aus diesem Grunde gehört auch der Richter (kathi) mit zu den angesehensten Berufen.

6. Staat und «Kirche» in Asien

a) Fünf Fragen zur Wechselwirkung

Wie mächtig ist die «Kirche» im Staat? Was diese Frage anbelangt, so sind die hinduistischen Religionsgemeinschaften so gut wie unorganisiert, können also als «Kirche» keinen direkten Einfluß ausüben – wohl aber indirekt, wenn sich nämlich religiöse Strömungen mit «kommunalistischen» Kräften, zum Beispiel Sprachgruppen, verbinden. Auch in China sind die Religionen immer schwach organisiert gewesen. Das daoistische «Papsttum» hatte auf die staatliche Religion so gut wie keinen Einfluß. Allerdings konnten religiös verbrämte Ideologien gewaltige Sprengkraft entwickeln, wenn es in ihrem Namen zu Bauernaufständen kam. Zu keiner Zeit duldete das Mandarinat alternative Machtzentren. Wo sie sich herausbildeten, wie beispielsweise in der Gestalt reicher Klöster während der Tang-Zeit, in Form kriegerischer Mönchsorden während des 16. Jahrhunderts in Japan oder als intolerante Konkurrenzgruppen, pflegte der Staat erbarmungslos zuzuschlagen – man denke an die Vernichtung der großen buddhistischen Klöster in China (9. Jahrhundert) oder der Mönchsritterorden in Japan (16. Jahrhundert) oder an die Christenverfolgungen in Japan, Korea und China. Der Theravadabuddhismus verfügte zwar immer schon über wohlorganisierte Mönchsgemeinschaften, den Sangha, doch nahm dieser auf den Staat höchstens in Krisenzeiten Einfluß. Ansonsten galt das Gebot politischer Abstinenz. Ganz anders der Islam. Die Ulamas (Rechtsgelehrten) sind hier zwar selten straff organisiert, doch können sie in Ausnahmesituationen zu einer geballten Kraft werden, wie es im Iran deutlich geworden ist und wie es sich in Malaysia anbahnt (Näheres dazu unten S. 247 f.).

Wie eng sind Religion und Politik miteinander verklammert? Beim Hinduismus ergibt sich hier das Paradox, daß er als Organisation zwar kraftlos, als Lieferant gesellschaftlicher Regeln und Normen dagegen von erdrückender Bedeutung ist; das wird an den Kastenvorschriften und an den überlieferten Hindubräuchen deutlich, gegen die der Staat zwar energisch vorzugehen versucht (vor allem durch Abschaffung des Status der «Unberührbarkeit», der Witwenverbrennung, der Kinderehe etc.), die sich aber, vor allem auf den Dörfern, trotzdem zäh am Leben erhalten. Ganz im Gegensatz dazu hat religiöses Dogma oder Brauchtum auf die Rechtsordnung konfuzianischer Staaten kaum je Einfluß gehabt, wie es ja überhaupt eines der Hauptmerkmale des konfuzianischen Staatswesens ist, daß es sich von religiösen Fesseln schon früh hat befreien können. In den theravadabuddhistischen Staaten beschränkt sich der Einfluß des buddhistischen Rechts weitgehend auf den Sangha. Außerhalb des Ordens ist das buddhistische Brauchtum anschmiegsam und trug damit erheblich zum Missionserfolg des Buddhismus bei. Konflikte mit der staatlichen Rechtsordnung treten allenfalls in extremen Krisensituationen auf; vor allem können «politisierte» Mönche bei Wahlen und Kampagnen unberechenbare Akzente setzen. In der Politik werden überdies gern buddhistische Symbole verwandt. Die islamische Gesetzesordnung tendiert dazu, den Staat vollständig zu vereinnahmen. In der Praxis freilich muß er sich, wie sogar das Beispiel Pakistan zeigt, Einschränkungen durch «säkulare» Gegenregeln gefallen lassen.

Was, drittens, das Verhältnis der Religionen untereinander anbelangt, so zeichnen sich Hinduismus und Buddhismus durch außergewöhnliche Toleranz in Glaubenssachen aus, wobei der Buddhismus auch darin konsequent ist, daß er das Kastensystem ablehnt. Die blutigen Auseinandersetzungen der Hindus mit den Muslims und Sikhs sowie der buddhistischen Singhalesen mit den Tamilen haben nichts mit «Glaubenskrieg» zu tun, sondern sind kommunalistischer Natur. Auch die chinesischen (bzw. sinisierten) Religionen Daoismus und Buddhismus waren so tolerant gegeneinander, daß sie sich teilweise fast unentwirrbar ineinander vermischt haben. Selbst der Konfuzianismus, der in seiner Substanz keine Religion ist, pflegte sich in religiösen Fragen nachgiebig zu verhalten, solange er in seinen Grundpositionen (pyramidaler Analogismus, Kaiser- und Ahnenkult) nicht in Frage gestellt wurde; es war ein Kardinalfehler des Katholizismus, dies verkannt zu haben. Ganz im Gegensatz zu den indischen und chinesischen Religionen ist der Islam in Glaubensfragen von rigorosem Ausschließlichkeitsdenken geprägt, das freilich in Pakistan, Bangladesch, Malaysia und Indonesien erheblich einlenken mußte – man denke an die zur Nachdenklichkeit und zum Kompromiß zwingenden Santri-Abangan-Reibungen (s. unten S. 245 f.) oder an die Konflikte zwischen den strengen und «humorlosen» Anhängern der Jamaad al Islam mit anderen weniger rigorosen Gruppierungen.

Wie stark interessieren sich, viertens, die einzelnen Religionen überhaupt für weltliche Vorgänge , und wie nachhaltig ist der Einfluß der religiösen Regeln auf das Leben der Staatsbürger? Am unpolitischsten verhalten sich hier wieder Hinduismus und Buddhismus, da die Politik nur eine flüchtige Erscheinung ist, in die man sich nicht ungestraft (d. h. ohne Karma-Verlust) einschaltet. In Grenzsituationen freilich, wie bei den blutigen Auseinandersetzungen zwischen Hindus und Muslims in den Jahren 1947/48 sowie zwischen Singhalesen und Tamilen in den achtziger Jahren oder aber beim Widerstand der mahayana-buddhistischen Mönche gegen das katholische Regime des früheren südvietnamesischen Präsidenten Ngo Dinh Diem ist intensives «politisches Interesse und Engagement» zum Durchbruch gekommen. Für den Konfuzianismus stehen nicht nur praktisch, sondern auch theoretisch geschichtliche und politische Vorgänge im Zentrum der Aufmerksamkeit. Das konfuzianisch geschulte Mandarinat hatte es denn auch verstanden, über Jahrtausende die Steuerung der Großen Politik zu monopolisieren und sich die Einmischung von Religionsgruppen, welcher Couleur auch immer, zu verbitten. Auch der Islam erlaubt und fördert rege Anteilnahme des Gläubigen an den Vorgängen dieser Welt. Vor allem die Fundamentalisten neigen dazu, die Gemeinde von Medina zu idealisieren, die ja von Mohammed persönlich geführt und «nach göttlichem Gesetz» geordnet worden war. Hier herrschte vollkommene Einheit zwischen Staat und Religion, zwischen Regierung und Geistlichkeit, zwischen weltlichem und göttlichem Recht sowie zwischen Individuum und Gemeinschaft, wobei Gemeinnützigkeit, solidarische Spendenbereitschaft, Verbot von eigennützigem Zinsnehmen und dergleichen selbstverständlicher Ausdruck einer Gesinnung der wechselseitigen Heilsverantwortlichkeit zwischen Regierenden und Regierten war: dies zumindest ist die Idealvorstellung der heutigen Fundamentalisten. Vor allem bei den kommunalistischen Auseinandersetzungen in Malaysia und Indonesien kommt es zu häufigem und schnellem politischen Durchstarten, wobei Geistlichkeit und Koranschulen das Ihre beisteuern (Näheres unten S. 246 ff.).

b) Das vierfache Beziehungsmuster zwischen Staat und Religion

Am Anfang der asiatischen Geschichte stand das Priesterkönigtum, d. h. die Einheit von Herrschertum und Geistlichkeit, von der sich Spuren bis ins 20. Jahrhundert erhalten haben – man denke an den chinesischen «Himmelssohn» (bis 1911), an den japanischen Tenno, der die Sonnengöttin Amaterasu Oyikami als Urahnin verehrt (kraft Verfassung von 1947 allerdings nur noch «Symbol des Staates» ist), an den tibetischen Dalai Lama und an den letzten Hindu-Monarchen, den es noch gibt und der sich als göttliche Inkarnation verehren läßt – den König von Nepal.

Erst mit der zunehmenden Filigranisierung des Rituals gingen die religiösen Funktionen auf Zeremonialspezialisten über, die sich in der Regel auch durch besondere Gelehrsamkeit auszeichneten und zu Begründern des Schriftwesens, der Wissenschaften (Astronomie, Astrologie und Mathematik) sowie des Orakelwesens wurden. Fortan entwickelten sich zwischen Staat und Religion, zwischen Beamtenschaft und Priesterschaft bzw. Mönchtum die verschiedensten Beziehungskonstellationen heraus, die sich theoretisch auf vier Spielformen reduzieren lassen: Herrschaft der Religion über den Staat, des Staates über die Religion, Trennung oder aber Nebeneinander von Staat und Kirche. Asien hat alle vier Varianten durchgespielt.

Suprematie des Priestertums über den Staat
Ein klassischer Fall ist Tibet. Das Königtum wurde dort seit dem 14. Jahrhundert vom Orden der Gelbmützensekte immer stärker beiseite gedrängt, mit der Folge, daß sich in der Bergwelt des Himalaya eine der ausgeprägtesten Theokratien der Weltgeschichte herausentwickelte. Ähnliche Konstellationen entstanden seit dem 18. Jahrhundert in einigen zentralasiatischen Stammesstaaten, vor allem in der Mongolei, wo ein «Khutuhtu» (bis 1920)

Funktionen ausübte, die denen des Dalai Lama vergleichbar waren. Auch im Staat der Sikhs galt der «Guru» als irdischer Bevollmächtigter Gottes. Der zehnte Guru, Govind Singh (gest. 1708), wurde zum Schöpfer eines theokratischen Militärstaates, der sich mit den Briten anlegte, dann allerdings 1849 unterworfen wurde. Im Rahmen der Indischen Union wollen sich die Sikhs bekanntlich eine erneute Sonderstellung in Form des Bundesstaates Khalistan erkämpfen. Nach wie vor gehen vom Goldenen Tempel im Amritsar kraftvolle politische Impulse aus, auf die Delhi mit militärischen Mitteln zu antworten pflegt. Erhebliche Macht über weite Teile des Staates übten eine Zeitlang, vor allem vom 15. bis 17. Jahrhundert, auch die großen japanischen Klöster auf, die mit ihren Mönchsheeren ganze Landesteile in Schach hielten und erst unter dem Daimyo Oda Nobunaga im wahrsten Sinne des Wortes ausgerottet wurden.

Im Hinduismus gibt es zwar ein starkes Priesterwesen, doch ist es dort nie zu einer «tibetischen» Theokratie gekommen. Von den 15 Millionen Brahmanen nimmt nur ein kleiner Teil «Tempelberufe» wahr; die anderen bekleiden die Positionen von Lehrern, Beamten und z. T. sogar von Köchen in «reinen» Betrieben. Im übrigen zerfallen die Brahmanen selbst in verschiedene Unterkasten. Besonders kompliziert ist das Verhältnis des Islam zur Staatsführung. Der Theorie nach steht die Geistlichkeit über dem Staat – man denke an die schiitische Theokratie unter Khomeni; in der Praxis freilich rangiert der Staat umgekehrt entweder vor der Kirche (Kemalismus), oder aber beide stehen, so ist es asiatischer Normalfall, nebeneinander, und dies sogar in Pakistan (näheres unten S. 132 ff.).

Die Herrschaft des Staates über die Religion
Sie hatte sich im kaiserlichen China am weitesten ausgebreitet. Im Staatskonfuzianismus gab es keine Priester und auch keine «Kirche». Opfer an die kaiserlichen Ahnen, Feiern zum Geburtstag des Konfuzius etc. wurden vielmehr von der «weltlichen» Beamtenschaft, und zwar von den Zeremonialspezialisten des «Ritenministeriums», wahrgenommen, wobei der Kaiser Mittelpunkt blieb. Jahrhunderte hindurch hatte der «Himmelssohn» im wesentlichen eine hohepriesterliche Rolle gespielt. Obwohl mit Beginn der Ming-Dynastie (1368 ff.) das Kanzleramt abgeschafft und die Kanzlerfunktion nun direkt vom Kaiser übernommen wurde, bekam die Politik keineswegs «religiösen» Anstrich – im Gegenteil. Das staatstragende Mandarinat berief sich auf eine dreifache Legitimationsgrundlage, nämlich auf seine Fähigkeit, das Volk sittlich anzuleiten, ferner auf die altüberlieferten Institutionen (sog. «traditionelle Herrschaft» im Sinne Max Webers) und auf das kaiserliche Himmelscharisma. Die Kühle der konfuzianischen Staatsreligion genügte dem einfachen Volk ebensowenig wie der Kaiserkult dem Populus im alten Rom. Aus diesem Grund entstanden unter daoistischem oder buddhistischem Vorzeichen Ersatzkirchen, die vom Mandarinat wohlwollend,

aber auch immer etwas mißtrauisch betrachtet wurden, da sie häufig die Nährmütter von Geheimgesellschaften und Aufstandsbewegungen waren. Im allgemeinen war der Einfluß religiöser Organisationen auf staatliche Entscheidungen minimal. Machtvolle buddhistische Orden waren in China und Japan bereits im 9. bzw. 16. Jahrhundert zerschlagen worden. Auch der organisierte Daoismus blieb politisch unbedeutend; er trat in zweierlei Gestalt zutage, nämlich in Form des «Berufs»- und des Kloster-Daoismus. Die «Berufsdaoisten» gingen bei den Meistern des Longhushan («Drachen- und Tigergebirge») in die Schule und erhielten von diesen ein Zeugnis, das sie zur Ausübung des Exorzismus und zur Abhaltung daoistischer Andachten berechtigte. Das «Drachen-Tiger-Gebirge» in der Provinz Jiangxi war Begräbnisstätte des Daoistenpapstes Zhang Ling, dessen «päpstliche» Nachfolger in der 70. Generation bis auf den heutigen Tag weiterwirken. Der Klosterdaoismus andererseits war im mittelalterlichen China weit verbreitet und hat auch heute noch Nachfolger (u. a. am Lao Shan nahe der Hafenstadt Qingdao). Das Leben der Mönche richtet sich nach den «dreihundert Geboten», die z. T. buddhistischen Mönchsregeln nachempfunden sind[44]. Der «Xian» wird mit einem Zeichen geschrieben, das sich aus den Ideogrammen für «Mensch» und «Berg» zusammensetzt; er ist m. a. W. ein «Einsiedler» – und fern jeder Politik, für das Mandarinat also völlig ungefährlich.

In Zeiten des Umbruchs freilich bekamen religiöse Gruppierungen Einfluß – man denke an die Tradition der Bauernaufstände in China, nicht zuletzt aber auch an religiöse Gruppierungen in Vietnam, wie die Caodai, die Hoa Hao und an den südvietnamesischen Sangha. Die Herrschaft des Staates über die Religion geht in China nach 1949 weiter. Religionsgemeinschaften sind dort inzwischen zu «Massenorganisationen» umfunktioniert worden, die unter KP-Führung stehen.

Trennung von Staat und Kirche
Eine Trennung von Staat und Kirche im Sinne der Augustinischen Zwei-Welten-Lehre gibt es, sieht man einmal vom Sonderfall der Jainas ab, praktisch erst unter europäischem Einfluß. Als Musterfälle sind hier Japan und Indien zu nennen. In Japan hatte der Tenno zwischen 1868 und 1945 kraft seiner göttlichen Sendung Staat und Religion im Geiste des Shintoismus miteinander verklammert, um so den Neuerungsschock zu dämpfen, der dem japanischen Volk im Zeichen der Meiji-Reform zugemutet wurde, aber auch um den sich schnell entwickelnden japanischen Imperialismus zu legitimieren. Durch die Verfassung von 1947 wurde der Kaiser als «Symbol» des Staates wieder dorthin zurückgedrängt, wo er 1000 Jahre lang seinen Platz gehabt hatte, nämlich in das esoterische Milieu des Palastes. Heute herrscht Trennung von Staat und Kirche, die so weit geht, daß die Religionsgemeinschaften und Einzeltempel auch finanziell auf eigenen Beinen stehen müssen. Nach Abschaffung des Staatsshintoismus gibt es ferner nur noch den

(privaten) Schrein-Shintoismus. In Indien wurden die beiden Berufe des «Politikers» und des «Geistlichen», dem klassischen Hinduismus entsprechend, lange Zeit von verschiedenen Kasten ausgeübt, wobei die Kshatriyas die «Königs»-, die Brahmanen aber die Priesterrolle übernahmen. In einer Art politischer Symbiose unterstützten die «Priester» die «Könige» mit Legitimationsritualen, («Sanskritisierung» des Herrscherstatus), woraufhin diese sich mit Landschenkungen und sonstigen Stiftungen revanchierten. Obwohl sich dieses Beziehungsverhältnis später differenzierte, gibt es auch heute noch keine nennenswerte Konkurrenz zwischen beiden. Dies hängt nicht nur mit dem geringen Organisationsgrad des Hinduismus, sondern auch mit der hinduistischen Toleranz zusammen. Nur ab und zu keimen Konflikte auf, wenn der Staat nämlich bestimmte «Auswüchse» des Kastenwesens beschneidet (man denke hier vor allem an die «Unberührbaren»-Frage), oder wenn er, wie im Hindu Marriage Act von 1955, tief in die religiöse Substanz eingreift, indem er beispielsweise Polygamie verbietet und die Scheidung zuläßt.

Das Nebeneinander: Theravadabuddhismus

Das mehr oder weniger harmonische Nebeneinander von Staat und «Kirche» findet vor allem im Theravadabuddhismus statt. Die organisatorischen «Fahrstühle» von Staat und Sangha pflegen in den fünf klassischen Theravaraländern seit jeher zueinander parallel zu laufen; so gab (und gibt es) z. B. in Laos ein Fünfstufengebäude, das von der Zentrale über die Provinzen, Kreise und Gemeinden bis hinunter zum Dorf (bang) reicht. An der Spitze nahm früher der König die «Rechtsaufsicht» (nicht «Fachaufsicht») über den Sangha wahr; heute ist dies Aufgabe eines Religionsministeriums. Die weltliche Provinzverwaltung fand ihr Gegenstück in der Diözese, die Kreisverwaltung im buddhistischen Kreisvorsteheramt und der «Dorfbürgermeister» im Kirchenamt des örtlichen Wat (Tempel)[45]. Als Ganzes verfügte die Mönchsgemeinschaft freilich nie über eine zentrale Autorität oder gar so etwas wie ein «Papsttum». Dadurch kam es zu zahlreichen Einstellungen der «Drei Kleinodien», die manchmal bis zum Identitätsverlust führten: Die Gestalt Buddhas beispielsweise wurde im Mahayana fast ganz durch Gnadengottheiten in den Hintergrund gedrängt; der Sangha spaltete sich in immer neue Nikayas (Sekten) auf, und die Lehre selbst zersplitterte in zahllose «Fahrzeuge» (yana): Mit dem Yana überquert der Buddhist nach dem Volksglauben den Fluß der Wiedergeburten und gelangt ans Ufer des Nirwana. Die drei wichtigsten Yanas sind bekanntlich das Kleine Fahrzeug (Hinayana, identisch mit Theravada), das Große Fahrzeug (Mahayana) und das Tantrische Fahrzeug (Vajrayana), die noch ergänzt werden durch mannigfache andere Fahrzeuge, welche ihre Entstehung lokalen Synkretismen verdankten.

Unabhängig von solchen Varianten freilich hat sich in den fünf Ländern des Theravadabuddhismus eine subtile Symbiose zwischen Königtum und

Sangha herausentwickelt. Während der König seine schützende Hand über den Orden hielt, sorgte dieser dafür, daß auf den Dörfern niemals Zweifel an der Legitimität des Königtums aufkamen. Nach der Tradition Buddhas hat der Sangha politisch zwar abstinent zu sein. Er kann also keine Regierungsfunktionen ausüben, und seine Mitglieder sind weder aktiv noch passiv wahlberechtigt. Die Geschichte hat jedoch gezeigt, daß der Sangha in aller Regel regierungsaffirmativ ist. In jüngster Zeit gab es hier allerdings Ausnahmen, vor allem in Laos und im – mahayanabuddhistischen – Vietnam, wo politisch engagierte Mönche durch ihre Propagandatätigkeit für den Pathet Lao oder aber, wie in Vietnam, durch spektakuläre Selbstverbrennungen die Glaubhaftigkeit ihrer Regierungen untergruben. In der Regel war dies freilich eher das Werk von Einzelpersonen als des gesamten Ordens.

Ein weiteres politisches Charakteristikum des Buddhismus ist seine demokratische Grundausrichtung, die historisch damit zusammenhängt, daß die Mönchsgemeinschaft aus einer antibrahmanischen Reformbewegung hervorgegangen war. Ferner betrachtete sich Buddha selbst nicht als Oberhaupt des Sangha, sondern nur als Lehrer. Schüler konnte jedermann werden, ohne Ansehen von Rasse, Bildungsstand oder Kaste. Dieses «demokratische Milieu» färbte allmählich auch auf die Laiengemeinden ab und führte zu jener Konzeption der Gleichheit aller Menschen, die für theravadabuddhistische Dörfer auch heute noch typisch ist.

Nebeneinander von Staat und Kirche sowie Demokratiefreundlichkeit sind also Markenzeichen der Polit-Tradition des Buddhismus, die im 20. Jahrhundert allerdings erheblichen Schaden erlitten hat, nachdem im Kambodscha der Roten Khmer 3050 Pagoden zerstört sowie 81 500 buddhistische Bonzen ermordet[46] und die Mönchsgemeinschaften in der (1979 ausgerufenen) «Volksrepublik Kampuchea» sowie im volksdemokratischen Laos (seit 1975) zu «Massenorganisationen» umgebaut worden sind. Generell obliegt dem Sangha heute eine fünffache offizielle Aufgabe, nämlich Glaubensverkündigung (wobei «nützliche» von schädlichen Elementen – u. a. von Einflüssen des «Aberglaubens» – zu trennen sind), Volkserziehung, Gesundheitsdienst (Neubelebung der traditionellen Kräutermedizin), Aufrechterhaltung der Tempelanlagen (die ja auch als Mittelpunkte kommunalen Lebens nützlich sind) und Teilnahme an der internationalen Friedensbewegung. Die Kommunistischen Parteien versuchen das Buddhismus-Problem bezeichnenderweise an zwei besonders neuralgischen Stellen in den Griff zu bekommen, nämlich bei der Steuerung des Mönchsnachwuchses sowie bei der Erziehung der Jugend, die ja zum Hauptträger eines neuen Wertesystems werden soll.

Heutzutage läßt sich das Nebeneinander von Staat und Sangha im traditionellen Sinne nur noch in Birma, Thailand und Sri Lanka nachweisen. Allerdings konnte im ceylonesischen Bereich immer wieder die Forderung nach einem Buddhismus-Staat aufkommen, da hier die tiefverwurzelte

Überzeugung besteht, daß der Inselstaat, der ja bereits unter Kaiser Ashoka zum Theravadabuddhismus konvertierte und dann jahrhundertelang als Drehscheibe der Mission in Richtung Südostasien diente, zur eigentlichen Heimat des Buddhismus und daß darüber hinaus das Singhalesentum zum auserwählten Volk Buddhas geworden sei.

c) Islam und Staatsgewalt in Pakistan (und Bangladesch)

Das Verhältnis zwischen Religion und Staat ist besonders spannungsreich in den sechs von islamischen Mehrheiten bewohnten Staaten Asiens, Pakistan (97% Muslims), Bangladesch (80%), Malediven (90%) sowie in Indonesien (92%), Malaysia (50%) und Brunei (60%), nicht zu vergessen auch die Staaten mit starken islamischen Minderheiten wie Indien (11%), die Philippinen in Mindanao und auf dem Sulu-Archipel (4%), Südthailand (3%) und Singapur (16%).

Theoretisch geht der Islam, wie gesagt, von der Untrennbarkeit zwischen Staat und Religion aus; in der Praxis freilich herrscht das Nebeneinander vor – und dies sogar in einem Staatswesen, das mit dem Ziel einer neuen Muslim-Heimat gegründet worden ist – in Pakistan. Ursprünglich hatte das Gebiet ja bekanntlich zu Britisch-Indien gehört, sich dann aber, nach blutigen muslimisch-hinduistischen Bürgerkriegsauseinandersetzungen, 1956 als «Islamische Republik» konstituiert, und zwar unter dem Kunstnamen «Pakistan», der soviel bedeutet wie «Land der Reinen», zugleich aber auch das Akronym aus Buchstaben der einzelnen westpakistanischen Landschaften ist, nämlich Punjab, Afghan-Frontier, Kaschmir, Sindh und Belutschistan.

Ursprünglich hatten sich zwar Hindus und Muslims in der Congress Party zum gemeinsamen antibritischen Kampf zusammengefunden; je mehr jedoch das Ende der britischen Vorherrschaft in Sicht kam, um so stärker wuchs bei den Muslims die Furcht, durch die Hindus majorisiert zu werden; sie bauten deshalb eine breite Abwehrfront auf, die sich organisatorisch in der Gründung der Allindischen Muslim-Liga (1906) sowie der Jamaat-i-Islami (1941) und ideologisch in den Schriften eines Alamat Iqbal (1873–1938) sowie des späteren Staatsgründers Ali Jinnah (1876–1948) äußerte. Jinnahs Staatsphilosophie gipfelte in der «Zwei-Nationen-Lehre», die davon ausging, daß Hindus und Muslims nicht nur zwei verschiedenen religiösen, gesellschaftlichen und kulturellen Systemen angehörten, sondern mehr noch, zwei «Nationen»: sie heirateten nicht untereinander, ja setzten sich nicht einmal an denselben Tisch; sie beriefen sich auf unterschiedliche Traditionen, Epen und Vorbilder: wer hier als Held gefeiert werde, gelte dort als Todfeind[47]. Ziel müsse es deshalb sein, für den «gefährdeten Islam» eine Heimat zu schaffen, in der es keine Panjabis, Bengalen, Belutschen oder Patanen mehr gebe, sondern nur noch Muslims – also eine Gemeinschaft der Gläubigen in der Nachfolge der Umma (Gemeinde) von Medina[48].

Dieses Ziel kam einer Quadratur des Kreises gleich, weil das eigentliche Merkmal Pakistans von Anfang an die Zersplitterung war und bis heute geblieben ist: Dies beginnt bereits bei den verschiedenen sich hier begegnenden Kulturen, die der Indus sogleich wieder voneinander trennt: Zwei der vier Teilstaaten Pakistans, Belutschistan und Paschtunistan, beherbergen Bevölkerungen, die sich ihrem Denken und Brauchtum nach eher zu den Stammesgenossen in Afghanistan und Iran hingezogen, während die Panjabis und Sindhis (östlich des Indus) sich eher im eigentlichen Indien beheimatet fühlen. Das pakistanische Selbstverständnis befindet sich nach alledem in einem Spannungszustand zwischen zwei Extremen, die sich mit den Bildern vom «Pakistaner als einem Araber in der indischen Diaspora» einerseits und einem «Inder in der arabischen Diaspora» andererseits illustrieren/überzeichnen lassen. Mit dem Kopf ist man zwar nach Arabien, mit dem Herzen aber nach Indien orientiert. Geistiges Zentrum für die Mehrheit der Pakistanis ist nicht die Al-Azar-Hochschule in Kairo, sondern die 1880 in Indien errichtete Theologische Hochschule von Deoband; Hauptautorität sind nicht Lehrer arabischer Provenienz, sondern die beiden einheimischen Reformatoren Shah Wali Allah (18. Jahrhundert) und Saiyid Ahmad Khan (19. Jahrhundert); Hauptsymbol des pakistanischen «Nationalismus» schließlich ist das von den Moghul-Kaisern errichtete Rote Fort in Delhi. Die Doppelgesichtigkeit Pakistans führt auch zu außenpolitischen Ambivalenzen: auf der einen Seite neigt das Land zum Zusammenschluß mit Indien – und zwar in Form der SAARC (South Asian Regional Corporation), auf der anderen Seite aber winkt das RCD (Regional Corporation of Development) mit den islamischen Nachbarstaaten Türkei und Iran, mit dessen Gründung sich 1964 die Hoffnung auf einen Wirtschaftsblock vom Bosporus bis zum Golf von Bengalen verband.

Daneben gibt es zahlreiche Bewegungen, Denkschulen, Sekten und Untersekten, die zeigen, daß es «den» Islam in Pakistan nicht gibt. Bezeichnend vor allem der Volksglaube, dessen Ursprünge vorislamischer Natur sind und der zahlreiche Gemeinsamkeiten mit hinduistischem Brauchtum aufweist, vor allem im Zeichen der Heiligenverehrung. Die Gräber mohammedanischer Mystiker und Missionare gleichen eher hinduistischen Heiligtümern als den üblichen Moscheen. Dies gilt vor allem für die Torbauten, die zum jeweiligen Grabmal führen. Höhepunkt eines religiösen Jahres ist der Namenstag des Schutzpatrons, der Anlaß zu einer Pilgerreise (urs) gibt. Anläßlich eines Urs bringen die Gläubigen am Grab des Wadi (Gottesfreundes) Blumenopfer dar, zünden Kerzen und Weihrauch an, beten, singen, tanzen und verhalten sich wie bei einer hinduistischen Andacht. Hinduistisch ist auch das «Audienz»-Ritual: man geht davon aus, daß der Wadi am Gedenktag hofhält und die Gläubigen empfängt. Der wichtigste Schrein Pakistans, der «Darbar» (Hof) des Mystikers Ali Hujiwiri in Lahore, kommt häufig in Spielfilmen vor und ist sogar zum Gegenstand des populärsten pakistani-

schen Schlagers der siebziger Jahre geworden: Stoßgebet eines verliebten
Mädchens am Heiligen Grab. Nicht nur Filmstars, sondern auch Politiker
lassen sich gerne beim Urs und beim Blumenopfer vor den Torbögen der
Grabmonumente fotografieren[49].

Neben der Volksreligion haben es auch die Mystikerorden sowie Bruder-
schaften und Gräberkultvereinigungen zu hoher Popularität gebracht. Mitglieder solcher Gemeinschaften sind jene «Weisen», die in Pakistan «Pir» genannt werden und eifrigen Zulauf finden[50]. Für die streng fundamentalistischen Anhänger des Gesetzesislam (Jamaat-i Islami) sind all diese volks- und
vorislamischen Phänomene ein Greuel. Während der Volksislam fast so tolerant ist wie der Hinduismus, herrscht bei den an Khomeni erinnernden Fundamentalisten strengste Orthodoxie: sie fordern Reinhaltung des Glaubens
und Trennung der Geschlechter. Der Tschador soll für jede Frau Pflicht sein.

Wie nun soll aus diesem Durch- und Nebeneinander am Ende doch noch
ein harmonisches Mosaik werden? Wodurch überhaupt kennzeichnet sich
ein Islamstaat? Diese Fragen wurden durch die Verfassung von 1956 folgendermaßen beantwortet: (1) Pakistan sei eine Islamische Republik und als solche ein auf islamischen Prinzipien beruhendes demokratisches Staatswesen,
(2) Staatsoberhaupt müsse ein Muslim sein, (3) es dürften keine unislami-
schen Gesetze ergehen, und (4) verboten werden sollen Glücksspiele, Alkohol, Prostitution und kommunalistische Sektenbildungen[51]. Dies waren
klare Grundsätze, die sich in der Praxis jedoch nicht durchsetzen konnten.
Vor allem sah sich die Idee einer islamischen Nation schon bald mit zwei
existenzgefährdenden Krisen konfrontiert, nämlich der Renaissance des
Ethno-Nationalismus, die vor allem von Bengalen ausging, und einer sozialistischen Strömung, die durch Bhuttos (1972–1977) neugegründete Pakistan
People's Party populär wurde.

Mujibur Rahmans bengalischer Nationalismus war von drei typisch säkularen Kräften getragen, nämlich dem immer schon höchst selbstbewußten
Bengalentum (also einem echten Nationalismus im westlichen Sinne), ferner
von der in Ostpakistan verbreiteten Abneigung gegen die arroganten Panjabis und nicht zuletzt vom Mißtrauen gegen jenes Entwicklungsgefälle, das
im Zuge des von Ayub Khan (1958–1969) durchgezogenen «Jahrzehnts der
Entwicklung» zwischen West- und dem (rund 2000 km entfernten) Ostpakistan entstanden war. Im Kampf zwischen der übernationalen Umma-Idee
und dem bengalischen Nationalismus erwies sich der letztere als übermäch-
tig, zumal sich bald herausgestellt hatte, daß der seit dem 14. Jahrhundert
«bengalisierte» Islam des Ostteils mit dem Panjab-Islam im wesentlichen nur
die Bezeichnung gemeinsam hatte[52]. Der Ausgang des Konflikts ist bekannt:
es kam zum Bürgerkrieg und 1971 zur Gründung eines selbständigen neuen
Staates mit dem Namen «Bangladesch».

Die zweite Gefahr ging vom «islamischen Sozialismus» des Ali Bhutto
aus, der seinen Sozialismus als modernen Ausdruck altislamischer Vorstel-

lungen verstand[53]. In einem Manifest von 1977 versprach Bhutto, den Freitag zum staatlichen Feiertag zu erklären, eine gesamtnationale Ulama-Akademie einzurichten, den Koranunterricht in den staatlichen Schulen festzuschreiben und Koranexemplare in allen Hotels auszulegen. Die Ulamas freilich wollten sich durch «Augenwischereien» dieser Art nicht täuschen lassen und verdammten seine säkularistische Politik unter Einsatz religiöser Edikte (fatwas)[54]. 1977 wurde Bhutto durch einen Militärputsch unter Leitung General Zia Ul-Haqs ausgeschaltet. Zia, der sich als «Soldat des Islam» auszuweisen suchte, verkündete am 10. Februar 1979 die «Einführung des Islamischen Systems». Mit sofortiger Wirkung sollten die in der Shariah vorgesehenen Strafen für Alkoholgenuß, Diebstahl und Ehebruch in Kraft gesetzt werden. Ferner wurde die Einführung des Zakkat (Armensteuer), des Ushr (Zehnten), des zinsfreien Banksystems und eines Bundes-Shariah-Gerichts angekündigt, welch letzteres für die Entscheidung über Beschwerden gegen die Unvereinbarkeit staatlicher Maßnahmen mit islamischen Gesetzen zuständig sein sollte. Darüber hinaus wurde eine Islamische Universität (in Islamabad) errichtet und das Fach «Islamkunde» als Schulfach eingeführt. Die «Islamisierungs»-Frage wurde zu einem Lieblingsthema der Medien, vor allem der Fundamentalisten, die übrigens auch Zia nicht über den Weg trauten. Auf den Dörfern freilich kümmerte man sich kaum um das «Islamisierungsgerede», wie der Anthropologe Richard Kurin im 1400-Seelen-Dorf Chakpur (Panjab) aufgrund einer sich über sechs Jahre hin erstreckenden Feldstudie feststellen konnte[55]. Die meisten Einwohner dieses Dorfes wandten sich entschieden gegen zwei der drei wichtigsten Neuerungen Zias, nämlich gegen das Opiumverbot sowie gegen die Einführung des Zakkat und des Ushr, deren Erträge am Ende ja doch nur in dunklen Kanälen versickerten. Andererseits befolgten sie mit heller Begeisterung die dritte große Anordnung, nämlich den Auf- und Ausbau von Dorfmoscheen – also ein frommes Werk, für das jedermann gern Zeit und Geld opferte und bei dessen Durchführung das Gefühl «brüderlicher» Gemeinschaft aufkam. Ansonsten nahmen es die Dörfler von Chakpur mit islamischen Institutionen und Moralgeboten nicht allzu wörtlich. Beispielsweise zeigten sie wenig Respekt für den «Dorf-Sayyed» (Abkömmling des Propheten), der über den Moscheelautsprecher die Gläubigen zum Gebet aufrief und geistliche Sermone abhielt; auch der Dorflehrer, der den Koranunterricht leitete und, wie es hieß, «für all diesen Allah-Stoff» zuständig war, genoß wenig Respekt. Nur die wenigsten Dörfler auch hielten sich an die fünf Grundgebote des Islam. Nur vier oder fünf Personen beispielsweise hielten die fünf Tagesandachten ein; auch «milde Gaben» (Zakkat) wurden kaum gegeben; sogar die Fastenregeln wurden nur von einer Handvoll von Leuten beachtet. Kein einziger hatte überdies bisher die Pilgerfahrt nach Mekka unternommen – von einer Teilnahme am «Heiligen Krieg» ganz zu schweigen. Kam es zu alltäglichen Konflikten, so konsultierte man keineswegs die heiligen Shariah-Vorschriften, sondern brachte die Angelegenheit vor einen Clanführer oder einen Bruderschaftsvorsitzenden, der eine informelle Entscheidung traf. Auch die meisten «Hadood»-Vorschriften wurden als zu hart und unverträglich mit der «heißen» menschlichen Natur empfunden, vor allem dann, wenn es um sexuelle Verbote ging. Und doch verstanden sich alle als echte und begeisterte Mohammedaner, die an der Legitimität der islamischen Einrichtungen und Glaubenssätze nicht den geringsten Zweifel hegten. Für die Chakpuris ist der Islam ein Symbol des Guten, des Richtigen, des Moralischen und des Rechten. Gilt jemand als guter Mensch, so ist er qua definitione ein guter Muslim. Der Islam ist m. a. W. das einzige Symbol der Moralität, der Gerechtigkeit und der Wahrheit[56].

Der alte Widerspruch zwischen Umma-Ideal und säkularer Wirklichkeit hatte die Islamische Republik Pakistan schon bald wieder eingeholt. Solange sich Pakistan nicht wirklich als Islamstaat versteht, bleibt es ein ähnlich brüchiger Vielvölkerstaat wie das alte Österreich-Ungarn. Sollte es dagegen zur Umma zusammenwachsen wollen, so wäre dies nur mit einem «Königsopfer» möglich, nämlich der Zügelung aller innovationsbedachten Eliten. «Zerfall oder Mittelalter» – dies scheint, überspitzt ausgedrückt, die Alternative Pakistans zu sein.

d) Die Pancasila-Verfassung Indonesiens

Auch an der Wiege der Republik Indonesien, dem größten Muslimstaat der Welt, in dem allerdings 20% Nichtmohammedaner leben, stand die Frage, welche rechtliche Bedeutung der Islam haben sollte. Die orthodoxen Muslims forderten die Errichtung eines islamischen Staats und die Umsetzung der Shariah, während die Nationalisten für einen «religiösen Staat» eintraten, in dem auch das Adat Geltung erhielte. Im Juni 1945 hielt Sukarno seine als «Geburt der Pancasila» bekannte Rede, in der er die fünf Grundprinzipien zusammenfaßte, die dem gesamten Volk und nicht nur den Muslims eine geistige Heimat bieten sollten, nämlich (1) die All-Eine-Göttlichkeit (damit wurde der Glaube an eine der fünf anerkannten Hochreligionen, nämlich des Islam, des Protestantismus, des Katholizismus, des Hinduismus oder des Buddhismus, zu einer Art verfassungsmäßiger Grundpflicht jedes Indonesiers); (2) Gerechtigkeit; (3) staatliche Einheit; (4) Demokratie durch umfassenden Konsens und (5) soziale Gerechtigkeit. Im gleichen Monat noch forderten die Muslims eine Erweiterung des ersten Grundsatzes um den Passus «mit der Verpflichtung, die islamische Shariah durch ihre Anhänger einzuhalten». Als freilich am 18. August 1945 die Präambel verabschiedet wurde, fehlten die «sieben Worte», d. h. die Shariah-Klausel.

Die empörten Muslims suchten fortan mit einer Doppelmethode doch noch ihr Ziel zu erreichen: Erstens versuchten sie, separatistische Islamstaaten zu errichten, wobei sie sich teilweise militärischer Mittel bedienten. 1949 zum Beispiel wurde das sundanesische Westjava zum «Darul Islam» erklärt und eine Zeitlang mit einem «islamischen Heer» verteidigt. Zu einer ähnlichen Darul-Islam-Aktion kam es 1950 auf Sulawesi und in Aceh (Nordsumatra). Die beiden ersteren Aufstände wurden niedergeworfen, Aceh dagegen konnte einen politischen Kompromiß ertrotzen – mit dem Ergebnis, daß dieses Teilgebiet heute die einzige Provinz Indonesiens ist, in der die Shariah offiziell gilt. Die zweite Gegenreaktion zielte nicht mehr auf eine Islamisierung des Staates, sondern auf eine Islamisierung der Gesellschaft, etwa durch den Ausbau des islamischen Schulwesens, durch verstärkten Islamunterricht in den staatlichen Schulen, durch Beeinflussung der Familiengesetzgebung und durch den Versuch, das Adat ganz durch die Shariah abzulösen.

Die langjährigen Kämpfe gegen islamische Aufständische haben beim staatstragenden Militär tiefes Mißtrauen gegenüber dem militanten Islam hinterlassen. Repressionen sind deshalb an der Tagesordnung. Schon 1960 wurde unter Sukarno die Masyumi-Partei verboten und 1973 unter Suharto die Islamische Einheitspartei der PPP geschaffen, in der alle anderen islamischen Gruppierungen aufgingen.

e) Religiöser «Kommunalismus» in Malaysia

Im Gegensatz zu Indonesien ist der Islam durch die Verfassung der «Malaiischen Föderation» von 1957 zwar zur offiziellen Religion erklärt worden, doch handelt es sich gleichwohl nicht um einen echten islamischen Staat, da die Shariah nicht Grundlage der Gesetzgebung ist. Hauptproblem Malaysias ist der Kommunalismus, der sich auch auf das Verhältnis von Staat und «Kirche» unmittelbar ausgewirkt hat. Auslösendes Moment dafür ist die wirtschaftliche Überlegenheit und Hybris der Chinesen gegenüber ihren «brown neighbours», also den fast ausnahmslos muslimischen Malaiien, den sogenannten Bumiputras.

Bei einer Analyse der malaysischen Klassen kommt man zu dem Ergebnis, daß der Hauptwiderspruch nicht zwischen «Bourgeoisie und Proletariat» liegt, sondern daß sich die eigentliche Gefechtslinie zwischen den Communities hinzieht; die armen malaiischen Bauern, die indischen Kautschukkulis und die chinesischen Zinnminenbergleute einfach zum «Proletariat» zusammenzuaddieren, hieße, die Gegebenheiten in Malaysia auf den Kopf stellen. Auch hier greifen marxistische Kategorien nicht.

Die Frage nach der eigenen Identität («Was ist malaiisch?») ist eine Dauerfrage der Bumiputras («Söhne der Erde»), die im allgemeinen dreifach beantwortet wird[57]. – Da ist einmal die Formel «Malaientum = Islam», womit die Religion einen höchst «kommunalistischen» Zuschnitt erfährt.

– Ein weiteres Symbol des Malaientums ist das Sultanatssystem, das zwar einen höchst altertümlichen Eindruck macht, das allerdings von den Bumiputras als Waffe gegen die Überfremdung und als sichtbares Symbol der eigenen «Vorrechte» betrachtet wird.

– Drittes Kriterium ist die Wiederbelebung alter Rituale, die der Remalaiisierung dienen. Es werden Titel verliehen, Nichtmalaien in das malaiische Zeremoniell einbezogen, Loyalitätsversprechen gegenüber dem König abgegeben und pompöse Auftritte der Sultane bei Staatsveranstaltungen inszeniert. Gleichzeitig übt das Sultanat einen mäßigenden Einfluß auf die Community-Konflikte aus.

Einzigartig der Aufbau der politischen Führung in Malaysia: In echter Verschichtungsmanier stehen dort eine moderne und eine traditionelle Säule unvermittelt nebeneinander. Da gibt es einmal das auf fünf Jahre gewählte Parlament, das sich aus einem Abgeordnetenhaus (Vertretung des Bundes) und einem Senat (Vertretung der einzelnen Staaten) zusammensetzt, sowie eine weltliche Regierung, geführt von einem Ministerpräsidenten. Daneben aber erhebt sich das traditionelle Sultanatssystem, das aufs engste mit dem Bundesstaatensystem verquickt ist: 9 der 13 Bundesstaaten sind Sultanate, an deren Spitze die traditionellen malaiischen Regenten stehen, die anderen 4 dagegen Gouvernements mit «Gouverneuren». Die neun erblichen Sultane wählen alle fünf Jahre unter sich einen König (den Yang di Pertuan Agung) zum verfassungsmäßigen Staatsoberhaupt. Die formale Konsultation zwischen den neun Sultanen findet viermal jährlich anläßlich einer Regentenkonferenz statt, der vor allem religiöse und rituelle Fragen vorbehalten bleiben. In allgemeinen politischen Fragen erteilen sie «Ratschläge», die kein Parlament und kein Ministerpräsident ungestraft «überhören» kann. In den einzelnen Sultanaten bestehen «Räte für die islamische Religion», die den Sultan in Religionsfragen und malaiischem Brauchtum beraten und Rechtsgutachten abgeben, religiöse Stiftungen verwalten, religiöse Abgaben und die vom Sultan ernannten Imame, Richter und den jeweils höchsten religiösen Amtsträger des Bundesstaates, den Mufti, überwachen. Die Rolle der islamischen Gerichtshöfe ist beschränkt: sie dürfen lediglich solche muslimischen Vorgehen aburteilen, die eine Strafe unter sechs Monaten Gefängnis oder unter 1000 malaiischen Dollars nach sich ziehen[58]. Dies ist eine verhältnismäßig klare Zuständigkeitsabgrenzung zwischen säkularer und «kirchlicher» Rechtsordnung.

7. Einstellungen zum Militär sowie zu Krieg und Frieden

Anders als in Europa haben Militär, Rittertum und Heroisierung der Krieger in Asien kaum je eine Rolle gespielt, sieht man einmal von fünf Ausnahmen ab, nämlich den mongolischen Dschingiskhaniden, von den japanischen Samurais, von den indischen Kshatriyas und Rajputen, vom theokratischen Militärstaat der Sikhs im 18. und 19. Jahrhundert sowie von den «Heiligen

Kriegern» des Islam, die über viele Jahrhunderte die hinduistischen König-reiche heimsuchten. Im übrigen aber war die Verherrlichung des Krieges un-bekannt, vor allem im konfuzianischen Kulturkreis. Dort gab es dem Militär gegenüber drei Haltungen, nämlich erstens die Geringschätzung alles Militä-rischen: «Hao ren bu dang bing» («Ein guter Mensch wird nicht Soldat») lautet ein jedem Chinesen vertrautes Sprichwort. Aus konfuzianischer Sicht hat der Soldat eine ähnlich dubiose Funktion wie das Strafrecht: man braucht es zwar, nimmt es aber nicht gern zur Kenntnis, da es Indiz für das Versagen der konfuzianischen Moral ist. Zwar kennt die Volkstradition mehrere populäre Generäle, allen voran den später zum Kriegsgott erhobe-nen Guan Yu, der sich freilich weniger durch Heroismus als vielmehr durch Gerissenheit auszeichnete und deshalb nicht zufällig auch als Schutzpatron der Kaufleute verehrt wird. Den Gegner setzt man lieber politisch als militä-risch matt, indem man sich beispielsweise «mit dem Fernen verbündet, um das Nahe zu bekämpfen», indem man den Feind durch Geschenke besänftigt oder indem man die «Barbaren» mit Hilfe des Tributsystems «zivilisiert». Damit ist bereits eine zweite Tradition angedeutet, nämlich die strenge Auf-sicht des Zivilmandarinats (wen) über das Militär (wu). Im Verlauf der Ge-schichte erwiesen sich die Wen-Elemente stets als staatstragende und inte-grierende Kräfte, während immer dann, wenn das Militär die Zügel in die Hand bekam, Auflösung im Verzuge war. Eine dritte Vorstellung verband sich mit dem «erzieherischen» Einsatz des Militärs. Territorialgewinn oder Sicherung wirtschaftlicher Vorteile gehörten nur ausnahmsweise zu den Hauptzielsetzungen militärischen Handelns. Meist ging es statt dessen um «Straf- und Erziehungsfeldzüge» gegen «ungehorsame» und unbotmäßige Nachbarn; dies war übrigens auch noch bei den Feldzügen gegen Indien (1962) und gegen Vietnam (1979) der Fall[59].

Im Lichte dieser Vorstellungen mußte die Dominanz der «Volksbefrei-ungsarmee» nach 1949 dem Durchschnittschinesen als durchaus «unnormal» erscheinen. Sie erklärt sich denn auch aus der besonderen Situation heraus, daß sich hier nicht der Staat eine Armee schuf, sondern diese umgekehrt den Staat. Mit dem Einsetzen der Reformen (1978 ff.) begann der politische Ein-fluß des Militärs rapide abzunehmen.

Auch in den islamischen Staaten Südostasiens, wo der «Heilige Krieg» für den Glauben eigentlich zu Hause sein sollte, gab es nie eine Verklärung des Heldentums. Beweis dafür ist der bedeutendste klassische Held der malaii-schen Geschichte, Hang Tuah, der als Verteidiger Malakkas gegen die Portu-giesen (1511) in die Geschichte eingegangen ist und der mit seinem Aus-spruch «Malaien werden niemals von der Erde verschwinden» ein Wort ge-prägt hat, das ähnlich klingt wie «Noch ist Polen nicht verloren»[60]. Hang Tuahs Ruf hat auch dadurch nicht gelitten, daß die Portugiesen am Ende Malakka stürmen konnten; denn im Vordergrund der Wertschätzung stan-den nicht seine Waffenkunst und sein Mut, sondern seine fraglose Loyalität gegenüber dem Sultan. Als Erzschurke gilt andererseits Hang Jebat, ein Verwandter Hang Tuahs, der, nachdem er von der angeblichen Ermordung Hang Tuahs durch den Sultan erfahren hatte, zur Rache schritt und dabei in den Sultanspalast eindrang. Loyalität oder Illoyalität gegenüber dem Herrscher – dies waren also die Hauptkriterien für Helden- oder Schurkentum. Als Sekundärtugenden galten ferner Zurückhaltung, Liebenswürdigkeit und Taktgefühl – gewiß aber nicht heroisches Draufgängertum. Gegenüber der traditionellen hat sich die moderne Beurteilung gewandelt. Hang Tuah wird heutzutage gerne wegen seiner blinden Unterwürfigkeit gegenüber dem Sultan kritisiert, während umgekehrt Hang Jebat inzwischen Lob für seinen Gerechtigkeitssinn und für seinen Kampf gegen Machtmißbrauch erntet. Auch in der modernen Literatur gibt es nirgendwo «Helden», die wegen ihrer Waffentaten geschätzt würden[61].

Der malaiische Welthafen Malakka war 1511 von nur rund 1500 Portugiesen aufgerollt worden, für die erste Teileroberung der Philippinen 1565 durch Legazpi genügten sogar 800 Spanier. Mit den militärischen Fähigkeiten der besiegten Völker kann es also nicht weit her gewesen sein. In der Tat haben auch die Filipinos nie Bewunderung für militärisches Heroentum empfinden können. Ihre aus vorkolonialer Zeit überlieferten «Helden» waren durchweg liebenswürdige Aufschneider, häufig auch Schürzenjäger, die, wenn es denn unbedingt sein mußte, auch militärisch zur Sache gingen, ohne daraus jedoch besonderes Aufheben zu machen. Heutzutage ist der echte Held, wie er vor allem in den Medien auftritt, ein ernsthafter Sozialreformer, z. B. in Lualhatis Bautistas' Roman «Dekada-70» («Die Siebziger», 1973). Die «Schurkenrolle» andererseits spielte in vorkolonialer Zeit der Krieger, in spanischer Kolonialzeit der katholische Mönch und heutzutage der «Feind der Gesellschaft»: ein Paradebeispiel dafür gab zuletzt Ferdinand Marcos ab.

Zähmend auf die kriegerischen Instinkte hat sich ferner auch der Buddhismus ausgewirkt, mit dessen Toleranz- und Tötungsverbot sich Militärwesen und Krieg schlecht vertragen. Der indische Kaiser Ashoka, der nach blutigen Feldzügen zum Buddhismus konvertierte, gelobte in seinem 13. Felsenedikt, daß er von jetzt an nicht mehr Feuer und Schwert, sondern nur noch die milde Religion des Erleuchteten verbreiten wolle. Wenn buddhistische Königreiche gleichwohl immer wieder zur Waffe griffen (etwa die Feldzüge der Birmanen gegen das Mon-Reich und Siam, des Angkor-Reichs gegen die Cham und der verschiedenen siamesischen Dynastien gegen die Khmer oder gegen die Laoten, wobei jedesmal die eroberten Hauptstädte geschleift und große Bevölkerungsgruppen in die Sklaverei gebracht wurden), so hängt dies mit derselben Ambivalenz zusammen, die auch dem Christentum vorzuwerfen ist: Vom Gebot, «die Feinde zu lieben», bis hin zur Bildung christlicher Ritterorden und zur Austragung von Glaubenskriegen (Kreuzzüge, Hugenottenkriege, 30jähriger Krieg etc.) gibt es bekanntlich eine breite Skala von

«Unvereinbarkeiten». Trotz «unlogischen» kriegerischen Verhaltens ist es in den theravadabuddhistischen Ländern aber nie zur Herausbildung einer «Samurai»-Kultur oder zur Hochschätzung des Militärs, geschweige denn zur Ideologie des «Glaubenskriegs» gekommen. Auch das Militär, das seit 1932 in Thailand periodisch immer wieder die Macht zu ergreifen pflegt, genießt einen wenig schmeichelhaften Ruf, zumal in den antikommunistisch ausgerichteten Staaten der ASEAN-Gemeinschaft seit den siebziger Jahren eine Tendenz zur Militarisierung der Politik bei gleichzeitiger Politisierung des Militärs zu beobachten ist, die den Steuerzahler teuer zu stehen kommt. Diese «Militarisierung» zeigt sich freilich nicht in einer emotional-aggressiven Begeisterung für militärische Lösungen politischer Konflikte oder aber in einer wie immer gearteten Verherrlichung des Militärs, etwa als einer «Schule der Nation», sondern manifestiert sich in einem verstärkten Zugriff der Streitkräfte auf die knappen Finanzmittel und in einer Intensivierung paramilitärischer Organisationen, die zumeist als «Civic actions» bezeichnet wurden.

Ein besonders plastisches Beispiel hierfür liefert Thailand, in dem das Militär in den achtziger Jahren nicht nur die Beschaffung des teuren Jagdflugzeugs F-16, sondern überdies zahlreiche Programme durchdrücken konnte, die dem innenpolitischen Hauptgegner gelten: Straßenbauprojekte, die weniger wirtschaftlichen als vielmehr sicherheitspolitischen Erwägungen entspringen, die Entwicklung von jährlich 800 strategischen Dörfern im Grenzbereich, die Ausbildung Freiwilliger für den Nachbarschafts-Sicherheitsdienst, die Überwachung ehemaliger kommunistischer Aktivisten (sog. «Karun-Yathep-Programm»), an den Einsatz mobiler Gruppen im Dienste psychologischer Operationen (sog. «Santi-Nimitr-Programm») oder die paramilitärische Ausbildung an den Universitäten[62].

Noch eine andere Spielform des Buddhismus, der Lamaismus, hat für die Zähmung einiger der rauhesten Kriegervölker Asiens, der Tibeter und der Mongolen, eine Zeitlang auch der Türken, gesorgt, welche letztere später freilich islamisiert wurden. Die chinesische Qing-Dynastie (1644–1911) wußte recht wohl, warum sie im Zusammenhang mit ihren Feldzügen im 18. Jahrhundert damit begann, überall in Zentralasien den Lamaismus zu verbreiten. Peking wurde damals als Zentrum des Lamaismus fast so wichtig wie Lhasa: Zahlreiche lamaistische Tempel entstanden in der Qing-Hauptstadt: die «Weiße Dagoba» über dem Beihai-See, der «Yonghle-Tempel» und nicht zu vergessen das «Gästehaus» des Dalai Lama in den Pekinger «Westbergen». Darüber hinaus avancierte Peking zum zentralen Verlagsort lamaistischer Literatur. Die Rechnung dieser «impansionistischen» Besänftigungspolitik ging in der Tat auf: in der Mongolei erlahmte der kriegerische Geist, überall breiteten sich Klöster aus, es entstand eine Gebetsmühlenwelt, und gleichzeitig kam es zu einem merklichen Rückgang der Geburtenrate, da jede Familie wenigstens einen Sohn ins Kloster gab.

In der hinduistischen Gesellschaft waren Krieg und Kriegshandwerk kastengebunden. Die Vorstellung, daß ein Bauer, ein Fischer oder ein Handwerker zur Waffe greifen könnte, um sich selbst zu wehren, war der traditionellen Gesellschaft unbekannt. Besonderen Ruhm als Krieger erlangten allerdings die Rajputen-Völkerstämme, die ursprünglich im Gefolge der Hunnen nach Westindien gekommen waren und die durch erfolgreiche Heiratspolitik sowie durch kriegerische Unternehmungen im Laufe des Mittelalters mehrere Dynastien in Nordwestindien gründen und einen Teil der nordindischen Kultur «rajputisieren» konnten. Sie liebten die ritterliche Hofhaltung und die Jagd, ließen sich zu Kshatriyas, d. h. zu Angehörigen der Kriegerkaste, «sanskritisieren» und führten fast pausenlos Kämpfe gegeneinander sowie gegen ihre hinduistischen Nachbarn, bis sie im 13. Jahrhundert den muslimischen Reiterheeren aus Afghanistan und der Türkei unterlagen. In ihrer Kultur lassen sich Parallelen zum europäischen Rittertum ausmachen.

Mit der Idee des «königlichen Weltenherrschers» (Cakravartin), die während der Gupta-Dynastie aufkam, war zwar auch das Gebot zur «Eroberung der Weltgegenden» verbunden, doch blieben die Epochen einer großangelegten und aggressiven Expansionspolitik in der hinduistischen Geschichte dünn gesät – man denke an Ashoka, Candragupta II (375–415) oder an die südindische Cola-Dynastie, die Eroberungszüge bis nach Südostasien führte. Solche Energieausbrüche blieben aber, wie gesagt, die Ausnahme. Soweit es im übrigen zu ausgreifenden Kriegszügen kam, gingen sie zumeist auf das Konto islamischer Dynastien, die gegen ihre hinduistischen Nachbarn nicht nur aus Beute-, sondern auch aus Glaubensüberlegungen zu Felde zogen – man denke an die Eroberungszüge des Delhi-Sultanats zu Beginn des 14. Jahrhunderts, die bis in den fernen Süden führten. Aber auch diese kriegerischen Traditionen wären vielleicht längst vergessen, hätten nicht die Briten während der Kolonialzeit damit begonnen, indische Söldner auszubilden, wobei sie für die panjabischen Muslims und die Sikhs, nicht zuletzt auch für die aus Nepal stammenden Gurkhas besondere Vorliebe entwickelten. Auch in der modernen indischen Armee (sowie unter den, meist höchst aggressiven, Lkw-Fahrern) spielen Panjabis und Sikhs nach wie vor eine hervorragende Rolle. Zu gesellschaftlichen Leitbildern sind sie deshalb freilich noch lange nicht geworden.

Erfreut sich das Militär in Asien selten besonderer Wertschätzung, so sind doch andererseits die von ihm tradierten Kampfsportarten höchst populär und haben auch in Europa schnell Fuß fassen können. Bekannt sind das chinesische Gongfu, das japanische Karate (und Judo), das koreanische Chakwando und das vor allem bei den Touristen beliebte «Thai-Boxen», bei dem nicht nur die Fäuste, sondern auch die Füße eingesetzt werden. Weit weniger bekannt sind die vietnamesischen und indonesischen Kampfsportarten. Vor allem während des Zweiten Indochinakriegs waren die vietnamesischen «Dac Cong» (Sondereinsatzgruppen im Stile der deutschen GSG-9) überall

dort zur Stelle, wo es galt, Sabotage zu üben und infrastrukturelle Knoten-
punkte wie Flughäfen, Munitions- und Treibstofflager in die Luft zu jagen.
Es waren die nach der alten, bis ins 13. Jahrhundert zurückgehenden Dac-
Cong-Methode ausgebildeten Einheiten, die die Amerikaner bis zur Weiß-
glut reizten, indem sie beispielsweise auf dem Saigoner Flughafen Tan Son
Nut periodisch Flammenmeere anrichteten, Schiffe auf dem Saigonfluß
sprengten oder aber Bombenüberfälle auf Restaurants, Clubs oder Tanzhal-
len der Amerikaner durchführten. Ende 1967 unterstanden dem Dac-Cong-
Kommando innerhalb der nordvietnamesischen Armee 4000 Mann. In Indonesien gibt es die Selbstverteidigungskunst des «Pencak Silat», die z. B. in ca.
820 offiziell registrierten Schulen gelehrt wird. Grundelemente für außergewöhnliche Kraftentfaltungen sind eine besondere Atemtechnik und ein rund
achtjähriges Training[63]. Konzentration, Atemtechnik und die technische
Fähigkeit, die Kraft des anderen auf ihn selbst zurückzuleiten, sind die
Schlüsselelemente fast aller asiatischen Kampfsportarten. Gemeinsam ist
ihnen ferner eine besondere Schulung, die sich zumeist in einem spezifischen
Meister-Schüler-Verhältnis abspielt, sowie ihre Herkunft aus einst echtem
militärischen Einsatz. Erst spät hat diese militärische Tradition eine mystische oder aber sportliche Note erhalten.

Nicht nur Militarismus war in Asien die Ausnahme, sondern auch das Gegenteil, nämlich die Gewaltlosigkeit, wie sie Gandhi unter dem Begriff
«Ahimsa» zur Grundlage seiner politischen Philosophie gemacht hat.
Gleichwohl leuchten einige von seinen Methoden jedem Durchschnittsasiaten auf der Stelle ein, so beispielsweise seine Aufforderung an die Bevölkerung, bei ihrem Kampf gegen die Briten mehrere Tage lang zu beten (und
dadurch auf höchst friedliche Weise einen Generalstreik vom Zaun zu brechen), ferner sein Appell, englisches Tuch zu verbrennen und statt dessen
selbstgewebte Textilien zu tragen (ein verheerender Schlag gegen den englischen Tuchexport), nicht zuletzt aber sein Aufruf, doch bitte in hellen Scha-
ren ans Meer zu pilgern und dort Salz zu gewinnen: Die Briten, die diese
Aktion eigentlich hätten verbieten müssen, weil Salzgewinnung staatlich
monopolisiert war, die jedoch andererseits nicht gleich mit gewaltigem Poli-
zeiaufgebot dazwischenfahren wollten, waren am Ende der Lächerlichkeit
preisgegeben, was in Asien einem politischen Todesurteil gleichkommt.

8. Idealbilder asiatischer Staatsphilosophie

In China, wo man sich immer schon stärker als anderswo in Asien für Fragen des politischen Zusammenlebens interessiert hat, sind vor allem zwei
Denkschulen besonders prominent geworden – der Legalismus (fajia) und
der Konfuzianismus (rujia). Anstelle eingehender Erläuterungen, die Bände
füllen würden, sollen hier zwei Beispiele angeführt werden, die den Haupt-

unterschied zwischen beiden Schulen auf den Punkt bringen. Wenn ein Soldat den Wehrdienst verweigert, weil er sich dem dreijährigen Trauerritual für seinen verstorbenen Vater unterziehen möchte, so ist er nach den Lehren der Rechtsschule wegen Fahnenflucht zum Tode zu verurteilen, nach konfuzianischen Vorstellungen aber als besonders pietätvoller Sohn auszuzeichnen. Übt ferner der Sohn Blutrache für die Tötung seines Vaters, so ist er gemäß «Fajia» wegen Mordes anzuklagen, gemäß «Rujia» aber ebenfalls wegen seiner Pietät zu belobigen – im letzteren Fall freilich kommt es zu einem Kompromiß zwischen beiden Schulen, insofern der Täter nämlich zuerst hingerichtet, dann aber mit einer Stele auf seinem Grab geehrt wird. Anhand dieser Beispiele wird übrigens auch deutlich, warum der Konfuzianismus sich am Ende durchsetzen konnte: weil er nämlich dem Zellular/Danwei-Charakter der chinesischen Gesellschaft eher Rechnung trug als die rechtsbezogene, mit Transdanwei-Kategorien arbeitende und übrigens höchst «modern» anmutende Vorstellungswelt der Gesetzesschule.

Jedes Zeitalter hatte bisher noch «seinen» Konfuzius; wählen wir im vorliegenden Kontext die Zusammenfassung eines der bedeutendsten Rujia-Forscher konservativer Prägung, Zhang Qiyun[64], der die politische Quintessenz des Konfuzianismus auf folgende Punkte bringt: (1) zentrale Bedeutung des Volkswohls; (2) Widerrufbarkeit des Himmelsmandats; (3) Regieren mit Li, d. h. mehr durch Ethik als durch Gesetze; (4) «Berichtigung der Namen» (zum «Zhengming» vgl. unten S. 147ff.); (5) Erziehung durch Einhaltung der überkommenen Rituale; (6) Erziehung ferner durch das gute Vorbild, durch normative Geschichtsschreibung und durch Gleichsetzung von Politik und Ethik; (7) Regierung durch eine geistige und ethische Elite, die niemals einseitig «Partei» (dang) ist; (8) Verwirklichung der «Fünf zu Befolgenden» und der «Vier zu Vermeidenden»: «Hingabe, Befähigung, Altruismus, Bescheidenheit und Würde» sowie «Vermeidung von Bestrafung ohne vorherige Belehrung, von Kontrolle ohne vorherige Einweisung, von Fremdanforderung ohne Selbstanforderung und von Forderung ohne Gegenleistung» – kurz: «Was du nicht willst, das man dir tu, das füg auch keinem andern zu»; diese Weisheit existiert fast wortwörtlich im konfuzianischen Schrifttum! (9) Effizienz durch gründliche Vorbereitung, geschickte Aufgabendelegation und sorgfältige Nachprüfung; (10) Familie als Mikrokosmos des Staates und Staat als familiärer Makrokosmos: alle Ausdrucksformen der «Gemeinschaftsbezogenheit» (ren) seien bereits in der Kleinfamilie angelegt und ließen sich bruchlos auf die «Staatsfamilie» (guojia) übertragen; (11) Selbstregierung auf der «Xiang»(Gemeinde)-Ebene, wobei bereits in den klassischen «Analekten» vier Untergliederungen auftauchen: ein «lin» (Nachbarschaft) besteht aus 5 Familien, ein «li» umfaßt 5 bis 25 Familien, ein «dang» 500 Familien und ein «xiang» 12500 Familien. Die chinesische Gesellschaft war also schon damals zellular gegliedert. (12) Das Gesamtreich schließlich ist nach dem Prinzip «Mach die Menschen wohlhabend und gib ihnen Erziehung»[65] zu regieren – dies ist konfuzianischer Pragmatismus in der Nußschale, wie er übrigens auch im reformerischen China wieder Beachtung findet. (Zum Metakonfuzianismus S. 153 f., 160.)

Neben diesem «edlen» gibt es aber auch das mißtrauische und zynische China, das seinen staatsphilosophischen Ausdruck in den sog. «36 Listen» (sanshiliu ji) gefunden hat, die auch heute noch zum allseits präsenten Rüstzeug jedes politisch Handelnden gehören und von denen hier nur wenige Kostproben gegeben seien: «Den Dolch mit einem Lächeln versteckt halten», «Jemanden mit jemandes anderen Hand töten», «Den Gegner herauslocken, um ihn zu ergreifen», «Im trüben Wasser fischen», «Verführerische Frauen einsetzen», «Die Leiter wegziehen, wenn der Feind hinaufgestiegen ist», «Künstliche Blumen auf den Baum stecken» und ähnliche «altasiatische Weisheiten».

Ausgerechnet an dieser Stelle ergeben sich die meisten Berührungspunkte mit der hinduistischen Staatsphilosophie, die, wie Heinrich Zimmer[66] feststellt, von «nacktem Pessimismus» und vom bloßen Ziel der Machterhaltung bestimmt ist, wobei die von den Handbüchern, vor allem vom Arthashastra empfohlenen Mittel an Zynismus und Amoralität die Lehren Machiavellis bei weitem in den Schatten stellen. Überall ist vom «Gesetz der Fische» (matsya-nyaya) die Rede, wonach der Große den Kleinen frißt. Innenpolitisch bediene man sich geheimpolizeilicher Überwachungsmethoden, der Betörung, der Bestechung, des Betrugs und des «Aushöhlens von innen»[67], außenpolitisch der «Geometrie» des Mandala: Du bist umgeben von Kreisen, die abwechselnd deine natürlichen Feinde und natürlichen Verbündeten anzeigen; der Gegner im ersten dich umgebenden Kreis ist dein Feind, der im zweiten dein geborener Verbündeter – und so abwechselnd weiter[68]. Auch hier einige Maximen als Kostprobe: «Das letzte Wort sozialer Weisheit ist: Vertraue niemals!», «Macht geht vor Recht», «Sei ein Reiher, wenn du deinen Vorteil berechnest, ein Löwe, wenn du angreifst, ein Wolf, wenn du auf Raub gehst, und ein Hase, wenn du die Flucht ergreifst»[69]. In diesem Zusammenhang sei nochmals daran erinnert, daß die Regierenden im alten Indien im allgemeinen Kshatriyas waren; die als Präzeptoren tätigen Brahmanen haben sich selbst ein wesentlich vorteilhafteres Zeugnis ausgestellt!

Eine ganz andere Welt betritt man wieder, wenn man zum Staatsbuddhismus weiterschreitet, der ja im Altertum in Indien zu Hause gewesen war. Er geht auf das immer wieder verklärte Reich Ashokas (268–233 v. Chr.) zurück, in dem der Staat die Aufgabe sozialer Fürsorge übernommen hatte, um den Gläubigen auf diese Weise Muße zur Selbstbestimmung, zur Verrichtung guter Werke und damit zur karmischen Selbstaufwertung zu verschaffen. Gleichzeitig hatte unter Ashokas Patronat auch die buddhistische Weltmission begonnen, die zur Festigung des Theravada auf Ceylon und von dort aus zur Weiterverbreitung nach Südostasien führte. Im Gegensatz zum Konfuzianismus stand hier nicht das säkulare Glück, sondern die Verbesserung des «religiösen» Karma im Mittelpunkt des Staatszwecks. Eine moderne Variante des Staatsbuddhismus entstand unter der Regierung U Nu 1961 in Birma. Hierbei wurden folgende Kriterien vorgegeben: Verwendung von mindestens 0,5 % der jährlichen Haushaltsausgaben für typisch religiöse Projekte, gesetzlicher Schutz für buddhistische Feiertage, Einführung des Religionsunterrichts an sämtlichen staatlichen Schulen, Förderung des Pali, der heiligen Sprache des Buddhismus, Sonderurlaub für Staatsbedienstete bei religiösen Sondereinsätzen, vor allem an Lehranstalten, Wiedereinführung der traditionellen Mönchsgerichte und Einrichtung einer Pali-Universität sowie einer eigenen Religionsorganisation, nämlich des «Union Buddha Sasana Council»[70]. Mit der Einführung des Buddhismus als Staatsreligion fühlten sich die nichtbuddhistischen Minderheiten diskriminiert, die dann freilich zur Besänftigung Autonomierechte zugesagt erhielten. Die Militärs andererseits, denen die Rettung des Gesamtstaats wichtiger war als die Sympathie der orthodoxen Buddhisten, sorgten nach dem Militärcoup von 1962 wieder für die Trennung von Staat und «Kirche».

Ideal des Staatsislam ist, zumindest nach fundamentalistischer Auffassung, die Umma von Medina, also jene Gemeinschaft, zu der sich die Gläubigen im Geiste der Religion zusammenschließen und in der sie alle gleichberechtigt sind; es gibt hier keine Rang-, sondern nur Funktionsunterschiede. Hatten Mohammed und seine unmittelbaren «Nachfolger», die Kalifen, in der Urgemeinde noch sämtliche Gemeinschaftsfunktionen una persona ausgeübt, nämlich Prophetie, Imamat (= «geistig-religiöse Anleitung»), Rechtsprechung und militärisches Oberkommando, so wurden diese später auf Imame, Rechtsgelehrte (Ulamas) und Militärkommandanten (Wesire) verteilt.

Es gibt in der Umma keine Priesterschaft, sondern nur eine Gemeinschaft der Gläubigen und kein individuelles Gemeinde-, sondern nur ein allumfassendes Oberhaupt – Allah. Die innere Ordnung der Umma ergibt sich aus der gemeinsamen Unterwerfung unter das göttliche Gesetz (Shariah) und unter die jeweilige Regierung, die anstelle Gottes handelt und der also jeder Gläubige zu unbedingtem Gehorsam verpflichtet ist. Angesichts der göttlichen Ableitung des Regierungsauftrags kennen die mohammedanischen Länder kaum Legitimationsschwierigkeiten. Selbst eine «gottfern» handelnde Obrigkeit läßt sich schwer abschütteln. «Opposition» und «Pluralismus» sind (für Fundamentalisten) Fremdwörter. Maßstab einer guten Regierung ist «Gerechtigkeit», worunter das klassische islamische Denken harmonische gesellschaftliche Beziehungen in gemeinsamer Demut vor Gott verstand. Aufgabe des Staates ist es, für die Durchsetzung des Islam, für die Anwendung der Shariah und für die Verteidigung der Orthodoxie gegen Häresien aller Art zu sorgen. Gesetz und Glaubenslehre sind eins, insofern sie ja beide unmittelbar von Allah stammen. Es gibt daher nur göttliches Recht – vor allem keine laizistisch-säkulare Staatlichkeit. Aufgabe der Rechtsgelehrten ist es, sicherzustellen, daß «menschliche» Erläuterungsregeln stets im Shariah-Rahmen verbleiben. Bei aller Gleichheit haben sich dann am Ende doch drei Elitetypen herausgebildet, nämlich der Rechtsgelehrte, der Monarch (Sultan, König) und der Philosoph, der in der sunnitischen Religion zumeist mit dem Imam identifiziert wird[71]. Ratschläge für seine konkrete Regierungsarbeit fand der traditionelle Monarch in den vor allem in Asien weitverbreiteten Fürstenspiegeln.

In der nachkolonialen Welt Asiens sind als Hauptstaatszweck heute zwar zumeist «europäische», d. h. säkulare Ziele ausgewiesen, doch brechen die alten Muster immer wieder durch, wie die Entwicklungen vor allem in Birma, in Sri Lanka oder Indonesien gezeigt haben. Dabei ist China in der glücklichen Lage, nach einer mißlungenen sozialistischen Zwischenphase wieder auf das alte – und höchst säkulare – Ziel zurückgreifen zu können, «die Menschen wohlhabend und wohlerzogen zu machen», wie ja die metakonfuzianischen Staaten überhaupt wesentlich empfänglicher für moderne Gegebenheiten sind als jene von Indien her beeinflußten Gesellschaften, deren Hauptzielsetzungen jahrhundertelang weniger irdischer Natur waren und die deshalb beträchtliche Anpassungsschwierigkeiten haben.

9. Ausdrucksformen politischer Kultur

Mit den Stichworten Personalisierung, Paternalismus (statt Demokratie), Zentralisierung, Macht, Religion und Staat, Frieden und Staatsphilosophie sind bereits wichtige Bereiche der politischen Kultur angesprochen worden. Zur Abrundung des Themenbereichs seien nachfolgend noch kurz vier weitere Aspekte beleuchtet:

a) Maske und Wesen: Ritualisierung und Zhengming

In ganz Asien, vor allem aber in der konfuzianischen Welt, gibt es die tief verwurzelte Überzeugung, daß Rollen und Handlungen begriffsdeckend sein müssen: ein «Vater» muß sich also wirklich wie ein Vater verhalten, wenn er als solcher anerkannt sein will, ein «Fürst» wie ein Fürst, eine Ehefrau wie eine «Ehefrau». Auch bei Aktionen, etwa bei der Durchführung eines Streiks, ist ein Verhalten an den Tag zu legen, das dem Begriffsfeld des «Streiks» auch wirklich entspricht, ebenso wie bei Demonstrationen oder beim Uniformtragen. Ein westlicher Ausländer wird es deshalb selten erleben, daß ein chinesischer «Volksbefreiungssoldat» ihn anlächelt. Wer ferner je die Würde eines koreanischen Busfahrers erlebt hat, der so sehr in seine Rolle hineinwächst, daß er gleichsam zu einem Modellfall des Busfahrers wird, weiß, was mit Rollenidentifikation gemeint ist.

Dies sollte ein westlicher Betrachter wissen, wenn er etwa im Fernsehen Bilder von Streiks in Japan oder von Studentendemonstrationen in Seoul sieht. Bei dem großen Streik der südkoreanischen Arbeiter im Juli/August 1987 beispielsweise konnte man Hunderte von Arbeitern beobachten, die, gleichmäßig verteilt wie auf den Feldern eines Schachbretts, am Boden saßen und die Parolen des vor ihnen agierenden Einpaukers mit gleicher Lautstärke und mit gleichem Fäustestoßen wiederholten. Bei den überbetrieblichen Gewerkschaften Japans kommt es jedes Jahr fast nach Stoppuhr zum sog. «shunto» (wörtl.: «Frühlingskampf»), der auch als «Kampf nach Zeitplan» (sukejuru toso) bezeichnet wird und in dessen Verlauf festeingeplante Verhandlungsrunden mit präzise datierten Streik-Intermezzi wechseln. Ähnlich ritualisiert geht es bei den koreanischen Studentendemonstrationen zu: sie spielen sich fast immer in einem ganz bestimmten Straßenabschnitt vor der jeweiligen Universität ab, finden zu einer bestimmten Uhrzeit statt und verlaufen mit fast eintöniger Präzision nach demselben Gewalt- und Gegengewaltmuster. Kameraleute, die diesen Vorgang einmal gefilmt haben, bräuchten ihn eigentlich kein zweites Mal aufzunehmen, sondern könnten mit Archivmaterial arbeiten, ohne das äußere Geschehen zu verfälschen. Was sich ändert, ist nur der jahreszeitliche Belaubungszustand der Straßenbäume. Dicht neben dem Kampfplatz bereits geht das Leben ganz normal weiter. Der zufällig vorbeigehende Passant trägt eine Aktentasche oder einen Tennisschläger unterm Arm, duckt sich vor Steinwürfen oder nimmt sich vor dem Tränengas der Polizei in acht.

Auch in China verlaufen die notorischen «Demonstrationen» so, wie Demonstrationen eben zu verlaufen haben. Vor allem während der Kulturrevolution waren grimmige Gesichter angebracht, rote Fahnen wehten, und Mao-Parolen wurden gerufen. Beim Tod des Vorsitzenden im September 1976 brach das halbe Land in Tränen aus, obwohl eine solche Zurschaustellung von Trauer im normalen Leben mißbilligt würde, aber «man» zeigte eben «Trauer». Die alte konfuzianische Lehre vom Zhengming (Deckungsgleichheit von Worten und Rollen oder Handlungen) gilt also nach wie vor. Sie wirkt auch in der Literatur und im Theater nach: der Gute ist schön, der Böse häßlich, sei es nun in der Pekingoper oder im javanischen Schattentheater, wo die edlen Helden Rama und Arjuna schon durch ihr edles Äußeres (die lange feine Nase, die großen mandelförmigen Augen, die feinen Gliedmaßen und den edlen Kopfschmuck) sowie durch vornehme Haltung und höfische Sprache auffallen, während sich ihre Widersacher durch knollige Nasen, plumpe Körperformen, ungehobeltes Benehmen und lautes Daherreden als Verkörperungen des Bösen und Niedrigen verraten. Diese Schwarzweißmalerei ist auch in den modernen Film eingegangen. Im modernen indischen Durchschnittsstreifen sind die guten Menschen sehr gut und schön, die schlechten sehr schlecht und häßlich und die Liebenden sehr verliebt. Einen Mischcharakter besitzen merkwürdigerweise nur komische

Figuren, z.B. der Clown in der Pekingoper, der «Springer» im indischen Film und der so überaus populäre Semar im javanischen Schattentheater. Dem asiatischen Spaßmacher wird also, ähnlich wie dem europäischen Hofnarren, eine Ausnahmerolle zugebilligt, die allerdings das übliche Schwarzweißschema nicht etwa relativiert, sondern es eher noch bestätigt.

Mit dem Zhengming hängt auch die Forderung des Konfuzius zusammen, daß innere Haltung und äußeres Benehmen einander streng entsprechen müssen: übertreffe nämlich die Politur den Inhalt, so laufe dies auf Falschheit, im umgekehrten Fall aber auf Grobheit hinaus. Gerne sähe man auch die Deckungsgleichheit von äußerer Haltung und Gesinnung. Gedanken sollen keineswegs frei und innere Emigration nicht zulässig sein. Doch haben es die Asiaten gerade wegen solcher institutionell angelegter Erwartungen zu einer Kunst des Eskapismus ohnegleichen gebracht.

b) Pragmatismus, passiver Optimismus und Skepsis

Trotz des ritualistischen Zhengming und trotz der oft höchst soteriologischen Zielsetzung indisch beeinflußter Gesellschaften haben sich asiatische Regierungen in ihrer täglichen Politik immer höchst pragmatisch, ja machiavellistisch verhalten (dazu oben S. 145). Dies trifft vor allem für die konfuzianischen Staaten zu, in denen die «Logik der Tatsachen», der «unsentimentale Umgang mit Widersprüchen», die «schnelle Anpassung an veränderte Umstände» und der «Umgang mit Geistern auf Zinsfuß» höchst selbstverständlich waren.

Eine geradezu einzigartige Manifestation des Pragmatismus zeigte Japan bei der Rezeption westlicher Techniken im Zuge der Meiji-Reform (1868 ff.). Es bediente sich hierbei einer Doppelmethode, nämlich einerseits des fast schrankenlosen Aufsaugens und andererseits der Identitätserhaltung, die unter dem Motto «wakon yosai» («japanische Seele, westliche Technik») stand, so wie es 1300 Jahre früher «wakon kansai» geheißen hatte («japanische Seele, chinesische Technik»). Analog versuchte sich auch das kaiserliche China zu verhalten, das Ende des 19. Jahrhunderts seine Reformbemühungen unter dem Leitwort «Östliches (als) Substanz, Westliches (zum) Gebrauch» (dong ti xi yong) anging, dabei allerdings nicht dieselbe Flexibilität an den Tag legte wie Japan; immerhin hatte sich das kulturstolze China während seiner mehrtausendjährigen Geschichte ja noch nie in einer «Lehrlings»-Rolle befunden. Gleichwohl gehört der «Ti-yong»-Utilitarismus («Substanzbehalten, Gebrauchmachen») zum Grundhaushalt der chinesischen Politkultur, der allerdings durch einige andere Werthaltungen eingeschränkt wird: Da ist zunächst die Gewohnheit, alles Handeln mit moralischen Argumenten zu begründen. Was nicht «moralisch besser» ist, findet im Ernstfall keine Legitimität. So genügt es beispielsweise auch im reformerischen China nicht einfach, nur fachlich überlegen zu sein; es muß sich schon um eine «sozialistische» Fachlichkeit («rot und fachmännisch») handeln. Ferner wird der reine Pragmatismus eingeschränkt durch den Zwang zum Optimismus, den Pye[72] als «optimistischen Imperativ» bezeichnet. Wer seine Anhänger überzeugen will, darf ihnen nicht mit Analysen kommen, die zwar höchst sachgerecht, aber inhaltlich grau in grau gehalten sind. Man muß fröhlich und heiter auftreten in China, wenn man auf seine nüchterne Umgebung mitreißend wirken will; in allen metakonfuzianischen Staaten herrscht ja stets eine Stimmung vorauseilender Skepsis. Als sich in Japan nach Jahren des Erfolgs Mitte der achtziger Jahre die Krisenerscheinungen zu häufen begannen, die Beamtengehälter gekürzt und eine Lohnstoppolitik verordnet wurde, tauchte überall das resignative «Yappara» («Ach, also doch!») auf – Ausdruck der Stimmungslage von Menschen, die lange Zeit passiv mit der Natur gelebt haben und überzeugt davon sind, daß man gegen das Schicksal letztlich doch machtlos ist. Gleichwohl kann man, so widersprüchlich dies auf Anhieb klingt, von einer Art passivem Optimismus sprechen. «Angst» hat hier eine andere Qualität: sie ist vorhanden, aber sie lähmt nicht. «Nantoka naru de sho – Es wird schon irgendwie besser werden» lautet eine häufige Bemerkung, die etwa nach «Und nun trotzdem!» klingt. Zum allgemeinen Lebensbild gehört die Vorstellung vom Bambus, der, lange Zeit vom Schnee niedergedrückt, sich am Ende doch langsam wieder aufrichtet, nachdem er demütig abgewartet hat.

Der chinesische Pragmatismus wird durch nichts deutlicher illustriert als durch das überall bekannte Gleichnis vom davongelaufenen Pferd. Der alte Mann, dem das Malheur passiert ist, bemerkt dazu lediglich: «Ich mache mir deshalb keine Sorgen. Man weiß nie, wozu es gut ist.» Tatsächlich kommt das Pferd schon ein paar Tage später zurück, und zwar mit einem ganzen Anhang von Wildpferden, die ihm willig gefolgt sind. Alle gratulieren nun dem Alten zu seinem Glück, doch dieser meint nur «Man weiß nie, wozu es gut ist» und macht nicht allzuviel Aufhebens von dieser neuen Wendung der Dinge. Und siehe da, eines Tages fällt sein einziger Sohn beim Zureiten aus dem Sattel und wird zum Krüppel. Erneut bemitleiden alle den alten Mann, doch dieser erwidert in gewohntem Gleichmut, daß man nie wissen könne, «wozu das gut ist». Nicht lange danach ziehen Regierungstruppen durch das Dorf und rekrutieren alle gesunden jungen Männer für eine Grenzpatrouille – nur der Sohn des alten Mannes bleibt wegen seiner Verletzung von dieser gefährlichen Pflicht verschont.

Pragmatismus bezieht sich zumeist nur auf Vergangenheit oder Gegenwart, nicht jedoch auf die Zukunft, mit der fast kein Asiate – und kaum ein asiatischer Marxist – etwas anzufangen weiß. Das lutherische «Wenn morgen die Welt unterginge, würde ich heute noch ein Apfelbäumchen pflanzen» fände kaum irgendwo wirkliches Verständnis!

c) «Gliedhaftigkeit»

Daß das Ganze in Asien mehr gilt als die Summe seiner Teile, wurde oben S. 38 ff. bereits ausgeführt. Auch die Gesellschaft ist nicht eine Ansammlung von Individuen, die dem Ganzen selbständig gegenüberstehen, sondern ein nach genauen Regeln geordnetes interpersonelles Gefüge von Gliedern, die sich in das Ganze einordnen. Über- und Unterordnung, Gegenseitigkeit bei Pflichten und Diensten, Arbeitsteilung und Konservativismus sind Hauptstrukturelemente.

Schon fast sprichwörtlich ist die ubiquitäre Hierarchie, die nicht nur im Konfuzianismus oder Hinduismus verankert ist, sondern auch in den islamischen Gesellschaften Indonesiens oder Malaysias, wo man ja eigentlich muslimische Gleichheit erwarten müßte, wo jedoch überall noch das hinduistische Kulturerbe durchschlägt. Stets hatte man hier noch jemanden über sich. Sogar der Herrscher verstand sich noch als Vasall des «Himmels» oder Gottes. In den heutigen «sozialistischen» Ländern Asiens ist das Stufenverhalten vielleicht sogar noch stärker ausgeprägt als in den «bürgerlichen» oder «feudalistischen» Gesellschaften. Einsame Spitze erreicht hier Nordkorea, wo nicht nur die üblichen Funktionärsprivilegien (Dienstautos mit Gardinen, Kaderkrankenhäuser, -wohnungen, -gefängnisse und sogar -friedhöfe), sondern auch die Anredeformen der Kader untereinander verschieden sind, je nachdem, ob der Adressat ein übergeordneter oder ein untergeordneter «Genosse» ist – im ersteren Fall verwendet man den «vornehmeren» sino-koreanischen Ausdruck «Dongji», im letzteren dagegen das vertraulichere «Dongmu», mit dem übrigens auch die Ehefrau tituliert wird. In einigen Sprachen, wie im Koreanischen, Japanischen oder Thailändischen, verwendet man überdies gegenüber einem Höherstehenden andere Anreden und z. T. sogar Verben als gegenüber einem sozial Untergeordneten. Weiß man über die Stufenfolge nicht Bescheid, so lähmt dies die Zunge. Der Austausch von Visitenkarten mit Namen und Ranganzeige ist deshalb unerläßlich.

Der gesellschaftliche Eingliederungsdruck wirkt sich auch auf Wirtschaft und Politik aus. In zahlreichen Gesellschaften bestehen strenge Arbeitsteilungsvorschriften – am unerbittlichsten nach wie vor in der hinduistischen Kasten- und Subkastengesellschaft, aber auch im sonst so hochmodernen Japan, wo bestimmte, nach shintoistischer Begrifflichkeit «unreine» Tätigkeiten wie Gerberei, Schlachterei und dergleichen den de lege eigentlich schon 1871 abgeschafften «Burakumin» («niedrigen Leuten») überlassen bleiben, die ihrerseits subkastenähnlich organisiert sind. Zu erwähnen auch die höchst präzisen Arbeitsteilungen zwischen den Geschlechtern in einigen südostasiatischen Gesellschaften. Die Männer besorgen dort das Vieh – Büffel, Schweine, Rinder, Hühner und Enten – sowie die schwerere Feldarbeit und betreiben Fischerei. Die Frauen erledigen den Haushalt, helfen auf dem Feld mit und haben Tragearbeiten zu leisten. Vor allem im malaiisch-islamischen Bereich käme es keinem Mann in den Sinn, ein Bündel schwerer Bambusstangen oder aber einen Früchtekorb von einem ins andere Dorf zu schleppen; er wuchtet die Last zwar auf die Schulter oder auf den von einer «Polsterkrone» geschützten Kopf der Frau – die Last zu tragen und zu schleppen ist jedoch deren Aufgabe.

Die «gliedhafte» Arbeitsteilung erfolgt aber darüber hinaus auch in dem Sinne, daß der Bauer ackert, der Mönch psalmodiert und das Mandarinat regiert, ähnlich wie im europäischen Mittelalter, als es noch die Ordines (Kategorien) der aratores, der oratores oder der bellatores gab. «Regieren» wird in allen asiatischen Gesellschaften «von denen da oben» erledigt; Partizipationserwartungen sind minimal, und überall gibt es formelle Abgrenzungen – im Hinduismus, im Buddhismus und im Daoismus: Bekannt ist das politische Abstinenzgebot für buddhistische Mönche, das sich noch heute dahin auswirkt, daß Mönche beispielsweise weder aktiv noch passiv wahlberechtigt sind. Auch in den «300 Mönchsgeboten des chinesischen Daoismus»[73] gibt es drei Mahnungen: «Du sollst dich nicht um militärische oder politische Angelegenheiten kümmern» (51. Gebot), «Du sollst in militärischen oder politischen Angelegenheiten nicht Glück oder Unheil durch Orakelmittel erkunden» (52. Gebot) und «Du sollst über politische Angelegenheiten keine Diskussionen führen» (53. Gebot). Was umgekehrt die Machthaber anbelangt, so pflegen sie Kritik oder Opposition geradezu als Majestätsbeleidigung zu empfinden. Es herrscht der Grundsatz, daß, wer opponieren möchte, sich gefälligst um Aufnahme in den Club der politischen Elite bemühen – oder aber schweigen möge. Von diesem Eliteprinzip haben auch die Sozialrevolutionäre keine Ausnahme gemacht. Zu den gesellschaftspolitischen Hauptanliegen Mao Zedongs hatte es zwar gehört, «Politik» für jedermann «an die erste Stelle zu setzen», «Rot» höher zu bewerten als «Fachmännisch» und vor allem überall die «Massenlinie» durchzusetzen; doch durften die vielbeschworenen «Massen» allenfalls gegen die Feinde Maos initiativ werden, niemals jedoch gegen ihn selbst oder sein «Hauptquartier».

Wer die Gesellschaft und die so tief eingekerbte Arbeitsteilung schnell verändern möchte, kann leicht scheitern. Es ist gewiß kein Zufall, daß in China gerade jene Dynastien, die mit besonderem Schwung Veränderungen betreiben wollten, auch die kurzlebigsten waren – man denke an die kraftvolle Qin-Dynastie, auf deren Konto zwar die Einigung des Reiches ging, die insgesamt aber nur 15 Jahre alt wurde, man denke ferner an die Sui (581–618), die nach dreieinhalb Jahrhunderten der Zerrissenheit das Reich wieder einigten, die mit zu den Hauptkonstrukteuren der Großen Mauer sowie des Kaiserkanals gehörten, Millionen von Arbeitsdienstpflichtigen organisierten und sich nicht weniger als zwei Hauptstädte, Chang'an und Luoyang, leisteten, die diesen Kraftausbruch aber mit einer kurzen Lebensdauer von nur 37 Jahren bezahlen mußten. Auch die draufgängerische Yuan-Dynastie brachte es nur auf 89 Jahre. Was schließlich das maoistische China anbelangt, so sank es mit dem Tod seines Führers ins Grab; zumindest ist davon unter den Reformern kaum etwas übriggeblieben. Umgekehrt konnten sich alle konservativen Dynastien meist Hunderte von Jahren halten, darunter sogar die von fremdländischen Herrschern bestimmten Qing.

Eine «konservative Revolution» findet nach vielen Jahren der Nachahmung des Westens nicht nur in Japan statt, sondern auch in buddhistischen, vor allem aber in den islamischen Ländern, wo die fundamentalistischen Bewegungen den Geist der «Gemeinde von Medina» neu beschwören. Die Haupttriebkraft dafür geht freilich letztlich von dem Identitätsverlust aus, mit dem sich die asiatischen Gesellschaften angesichts der zunehmenden «Verwestlichung» bedroht sehen.

d) Der Metakonfuzianismus als Beispiel einer «neuen» politischen Kultur

China ist heutzutage weder eine sozialistische noch eine kapitalistische Gesellschaft (dies hat der Autor begründet im China-Band der BsR Nr. 867, S. 287 ff.), sondern eine Übergangsgesellschaft auf dem Wege zum Metakonfuzianismus; mit diesem Begriff ist nicht der Konfuzianismus der Großen Tradition und des Mandarinats gemeint, sondern der Bauern-, Händler- und Kleinbürger-Konfuzianismus – kurzum der Konfuzianismus des kleinen Mannes, dem die maoistische Revolution nicht das geringste anhaben konnte und der deshalb in allen sinisierten Ländern, d. h. in den beiden Koreas, in Japan, Vietnam, Taiwan, Hongkong und Singapur, folgende gemeinsame Elemente aufweist:

– Einordnungsbereitschaft: Nicht das Ich, sondern das Wir steht im Vordergrund. Der einzelne ist also nicht Individuum, sondern «Ältester Sohn» in der Familie, «Zweiter Buchhalter» in der X-Fabrik etc. Am Telefon meldet er sich zuerst mit seiner Danwei, dann erst mit seinem Namen.

– Hierarchie: Es gibt keinen «Bruder», sondern nur einen «Älteren» oder einen «Jüngeren Bruder», keinen «Onkel», sondern nur einen «Zweiten» oder «Dritten Onkel»; das Alter steht über der Jugend und – bis vor kurzem – der Mann über der Frau. Egalitarismus und Gleichberechtigung gelten insgeheim als «unnormal». Dies ist übrigens auch international gesehen der Fall: «Wir» (China oder Japan) sind entweder die Nr. 1 oder wir rangieren unter «ferner liefen». Niemand sei so naiv zu glauben, daß China die neuerworbenen Technologien nicht eines Tages genauso gegen die Europäer ausspielen wird, wie es die Japaner heute schon tun.

– Vorrang der Erziehung und des Lernens: Konfuzianische Gesellschaften sind pädagogische Provinzen; ihr Symbol ist der Zeigefinger, ihre Haltung der pädagogische Optimismus: nichts, was nicht durch Erziehung erreicht werden könnte – sogar Vollkommenheit. Der Nimbus des Fachwissens zählt dabei allerdings weniger als die Gemeinschaftsförmigkeit.

– «Ordnung»: Es gibt nichts Hassenswerteres als Luan («Unordnung», «Durcheinander»). Die Kulturrevolution, der Aufstand in Tibet – all dies erscheint z. B. auf den Untertiteln der Fernsehbilder als «luan». Der chinesische Ordnungsbegriff unterscheidet sich vom deutschen vor allem dadurch, daß er vergangenheitsorientiert ist (Altüberkommenes gilt als eo ipso gut), stets die Wahrung des sozialen «Gesichts» erwartet und nur wenig von Pluralismus hält: es gibt nur *eine* richtige Lehre von Staat und Gesellschaft – früher die konfuzianische, später die maoistische, heute die reformerische.

– Dualismus zwischen Danwei- und Transdanwei-Bereich (dazu oben S. 57ff.). Mao Zedong versuchte diesen «Widerspruch» organisatorisch aufzulösen, indem er Parteistränge in die Einheiten hineinziehen und Volkskommunen aufbauen ließ, die «das» frühere Dorf aufsaugen sollten. Die Reformer haben diesen Anlauf unter dem Stichwort «Betriebs- und Dorfautonomie» wieder rückgängig gemacht.

– Wirtschaftstugenden: Leistung, Sparsamkeit und Korporativität (dazu im einzelnen unten S. 160ff.).

– Bürokratiehypothek: Die Traditionen einer vielhundertjährigen Bürokratie haben sich fast bruchlos in die Moderne herüberretten können, sei es nun das Ein-Parteien-Konzept, die dogmatische Monopolisierung der «öffentlichen Meinung», das Mißtrauen des Beamtentums gegenüber außerbürokratischen Kräften, die Intoleranz gegenüber formeller Opposition, das Abteilungs(Abschottungs)-Verhalten, das ewige Berichteschreiben und «Kaihui» (Versammlungen abhalten), das Seilschaftsdenken, die notorische Fraktionsbildnerei, das «Schattenschießen» (d. h. das indirekte Angreifen von Gegnern), die panische Verantwortungsscheu und das Baobian, also die je nach politischer Wetterlage erfolgende Umwertung von Freund und Feind im Stil geschichtsschreiberischer Schwarzweißmalerei. Die Bürokratie hat zwar nichts mit Konfuzius zu tun, aber sie hängt dem Metakonfuzianismus an wie eine Klette; vor allem kann sich der Durchschnittsbürger eine Gesellschaft überhaupt nicht mehr ohne Bürokratie vorstellen: er hat sich gleichsam an das Gift gewöhnt[74].

– Eigenschaften, die man zu Recht mit Angehörigen metakonfuzianischer Kulturen in Verbindung bringt, sind Fleiß, Lernwilligkeit und Lernfähigkeit, Vitalität, Anpassungsfähigkeit auch an widrige Umstände, Höflichkeit, Gastfreundschaft, Respekt vor Älteren und Anteilnahme am Persönlichen, das dem Sachlichen stets übergeordnet wird. Aber auch Strebertum, Opportunismus, z. T. ungehemmte Wertschätzung materieller Vorteile, Neigung zu phantasieloser Routine, Verachtung «minderer» Bevölkerungsschichten und Berufe, Neugierde und moralische Bigotterie gehören in diese Aufzählung. (Zum Konfuzianismus der Großen Tradition vgl. S. 144.)

III.
Wie asiatische Gesellschaften wirtschaften

1. Wertesystem und «Modernisierungsfähigkeit»

Im vorliegenden Kapitel soll nach der Modernisierungsfähigkeit asiatischer Gesellschaften gefragt werden, wobei weniger das fachliche Rezeptions- als vielmehr das soziokulturelle Anpassungsvermögen im Vordergrund steht. Autos zu reparieren ist zumeist ja schnell gelernt; ob einer aber auch bereit ist, unter das Chassis zu kriechen und sich die Hände schmutzig zu machen, ja, ob er es überhaupt für nötig hält, das Reparaturhandwerk zu betreiben, wo doch der eigene Acker genügend für die Familie abwirft und wo doch eigentlich überhaupt Geld nur unglücklich macht, dies ist schon eine andere Fragestellung, die nicht mit bloßer Geschicklichkeit oder geistigem Aufnahmevermögen, sondern mit dem überlieferten Wertesystem und der kulturellen Anpassungsfähigkeit zu tun hat.

Warum konnte Japan sich in nur 100 Jahren von einem «feudalen» Agrarstaat zur drittstärksten Industriemacht der Welt entwickeln, während ein anderer «Feudalstaat» wie Nepal mit an der Spitze der Armutsliste steht? Warum ist das rohstoffreiche Indonesien arm, das rohstoffarme Singapur aber reich? Wieso schließlich haben es die chinesischen Minderheiten in Südostasien in nur wenigen Jahrzehnten zu Wohlhabenheit gebracht, während die einheimischen Bumiputras trotz staatlicher Protektion kaum aufholen konnten? Warum konnte das jahrzehntelang kolonisierte Korea zu einem der dynamischsten Industrienationen Asiens werden, während das ebenfalls kolonisierte Birma oder aber das überhaupt nicht kolonisierte Thailand noch immer auf den wirtschaftlichen und technischen Durchbruch warten? Warum haben die beiden Stadtstaaten Hongkong und Singapur ein unvergleichliches Wirtschaftswachstum erlebt, obwohl hier ein Liberalismus ohnegleichen, dort aber ein autoritäres Regime herrscht? Offensichtlich kann der Hinweis auf «Feudalismus», Rohstoffarmut, Kolonisierung oder aber auf bestimmte Regierungsformen keine befriedigende Antwort liefern.

Aber auch die stattliche Zahl von Entwicklungstheorien erteilt allenfalls partielle Antworten. So heißt es beispielsweise, die armen Staaten Asiens seien unterentwickelt, weil sie einem Circulus vitiosus unterlägen (Theorie des Teufelskreises), weil die Gegensätze von Tradition und Moderne unversöhnlich aufeinanderprallten (Dualismus-Theorie), weil sie den Absprung nicht geschafft hätten («Durchbruch»-Theorie), weil sich Tradition und Moderne hoffnungslos ineinander verzahnten (Dependencia-Theorie), weil sie auch heute noch unter den Narben des Kolonialismus litten (Imperialismus-

Theorie) oder weil sie vom «Zentrum» zur «Peripherie» herabgedrückt worden seien (Theorie der strukturellen Gewalt), weil sie keine Rohstoffe besäßen usw. All diese Ansätze leiden daran, daß sie zu sehr mit westlichen Prämissen arbeiten, statt die betreffende Gesellschaft aus ihrem eigenen Wertesystem heraus zu verstehen. Es gibt nun einmal in einigen asiatischen Gesellschaften «wirtschaftsfreundliche» Überlieferungen, die man bei anderen vergeblich sucht. Man denke etwa an die Chinesen, Japaner, Koreaner, Parsen oder Jainas einerseits und an die Angehörigen theravadabuddhistischer Gesellschaften andererseits, in denen Gewinnstreben als Erweckung von «Leid» verpönt ist. Zwischen Modernisierungsfähigkeit und Wertesystem besteht also nicht nur ein enger, sondern in aller Regel ein für die Wirtschaftsentwicklung ausschlaggebender Zusammenhang.

2. Überkommene Formen des Wirtschaftens und Wirtschaftsdenkens

a) *Neun typisch panasiatische Traditionen*

Erstens hat nirgends im traditionellen Asien die Wirtschaft als solche je eine eigenständige Rolle gespielt. Sie war niemals losgelöst und autonom, sondern stets in die Gesellschaft eingebettet. Aus diesem Grunde gab es nirgends eine eigene Wirtschaftsbürokratie, eine spezifische Wirtschaftslehre oder aber eine ausgegliederte Wirtschaftsgeschichtsschreibung. Auch hier dominierte also «Ganzheit»!

Ein zweiter wichtiger Kulturbestandteil war die Subsistenztradition. Ein Bauer hatte etwa seinen kleinen Fischweiher, seine zwanzig Kokosnußbäume und sein Reisfeld, mit denen er einen bescheidenen Lebensunterhalt bestreiten konnte. Wozu sollte er sich da mit Vermarktungsfrüchten herumplagen? Wirtschaftliche Tätigkeit diente der Bedürfnisbefriedigung. Selbst beim Güteraustausch standen nicht der Gewinn, sondern die Gegenseitigkeit im Vordergrund – eine Gewohnheit, die vor allem in der ostasiatischen Geschenkpolitik sowie in der chinesischen Maxime weiterlebt, daß eine ausgewogene Balance die Grundlage allen Wirtschaftens sei. Wenn es zu Engpässen und Rückschlägen kommt, so liege dies im allgemeinen nicht am Rohstoffmangel oder am Fehlen technischer Kenntnisse, sondern an «Disproportionen» zwischen Einnahmen und Ausgaben, zwischen Stadt und Land oder zwischen Erzeugung und Konsum. Auch rein wirtschaftliche Überlegungen und Kostenrechnungen spielten nur eine untergeordnete Rolle. Die Könige von Angkor etwa zogen, ähnlich wie die pharaonischen Pyramidenbauer, Nekropolen und Erinnerungstempel in die Höhe, die am Schluß nahezu das gesamte Volksvermögen verschlangen. Wichtig war hier nicht der Rechenstift, sondern das Ritual.

Gewinne wurden drittens selten reinvestiert und statt dessen meist in Grundstücken angelegt (China), für «gute Werke» (z. B. Herstellung einer Buddhafigur oder Bau eines Tempels) verwendet (Theravadabuddhismus) oder aber in Stiftungen für Brahmanen eingebracht (im mittelalterlichen Indien).

Viertens «adelte Arbeit» keinesfalls. Die Vorstellung von der Arbeit als einem Mittel zur Selbstverwirklichung oder als sittlicher Ausdruck innerweltlicher Askese wäre dem traditionellen Asien absurd vorgekommen. Hoch geschätzt war demgegenüber jede Art von Muße – ganz besonders im Staatsbuddhismus, dem ja die Meditation der Gläubigen am Herzen zu liegen hatte, etwas weniger allerdings im Konfuzianismus, der Arbeit eher als dialektisches Korrelat zur Muße begriff. In ganz Asien galt es als gesellschaftliches Privileg, nicht körperlich arbeiten zu müssen, sondern andere für sich werken zu lassen. Reichtum und Armut bemaß man nicht nach der Höhe des Besitzes, sondern nach der Möglichkeit, andere für sich arbeiten zu lassen. Sieht man von den nomadischen Völkern ab, so gab es ein durchgehendes Ideal, nämlich Grundbesitzer zu sein und sich auf Kopfarbeit beschränken zu können, die körperliche Arbeit aber den unteren Schichten zu überlassen, die meist kein Land besaßen. Diese Vorstellung galt nicht nur für das chinesische Mandarinat oder die Brahmanenkaste, sondern auch für den buddhistischen Sangha, dem im Gegensatz zum abendländischen Mönchtum zwar das Ora, nicht aber das Labora oblag. Körperliche Arbeit wurde auf die unteren Schichten oder die niedrigen Kasten abgewälzt, im theravadabuddhistischen, lamaistischen und islamischen Asien häufig auch auf Sklaven.

Daß man andere für sich arbeiten ließ, führte – fünftens – zu einer markanten Trennung zwischen der politischen Führungsschicht und der Bevölkerung, die sich nach Bauern, Händlern und Handwerkern gliederte. Die Elite lebte zumeist in Residenzstädten, entwickelte eine Große Tradition und war für den Zusammenhalt des «Staates» so ausschlaggebend, daß (zumindest in Südostasien) ein Feind nur die Hauptstadt zu erobern brauchte, um das ganze Land zu besitzen.

Trotz des Zwangs, körperlich arbeiten zu müssen, nahm der Bauer in ganz Asien einen verhältnismäßig angesehenen Platz in der Gesellschaft ein, während umgekehrt der Händler, der stets im Verdacht der Verschlagenheit und der Profitgier stand, ganz am unteren Ende der sozialen Leiter angesiedelt war, die beispielsweise in China und Tokugawa-Japan aus vier Sprossen bestand. Eine Ausnahme hiervon gab es lediglich in der islamischen Welt, deren Prophet Mohammed ja einst den ehrbaren Beruf eines Kaufmanns ausgeübt hatte. Zwischen Bauern und Kaufleuten standen die Handwerker, zu denen nicht nur die schlichten Gewerbetreibenden, sondern auch Tempelarchitekten, Bildhauer und Ingenieure gehörten, deren über ganz Asien verbreitete Wunderwerke auch heute noch das Erstaunen der Nachwelt erregen.

Die Führungsschichten waren Abschöpfungseliten, die Städte reine Konsumzentren und die Behörden Einforderungsagenturen für Steuern und Dienstleistungen. Wie sehr sich das Abgabewesen im Laufe der Zeit wandeln konnte, wird besonders deutlich in der chinesischen Geschichte, wo der ursprüngliche Ausdruck «gong» (Tribut) zuerst durch «zu» (Hilfe) und später durch «zhi» (Beitrag) abgelöst wurde[1]. Aus einer Lehensabgabe an den Herrscher war also eine «Unterstützung» im Sinne der altgriechischen Leiturgia (Dienst für die Gemeinschaft) und schließlich eine Zwangsabgabe geworden.

Um nicht Freiwild für habgierige Beamte zu werden, schlossen sich Handwerker und Unternehmer häufig zu Gilden zusammen, denen bisweilen auch das staatliche Außenhandelsmonopol anvertraut wurde, so z. B. den bis zum Vorabend des Opiumkriegs (1840) im südchinesischen Canton tätigen Cohong (gonghang) oder aber den südindischen Nanadesi, die vor allem an der südwestlichen Malabar- und an der südöstlichen Coromandel-Küste zu Bedeutung gelangten und Beziehungen mit der arabischen sowie der südostasiatischen Welt unterhielten – und, nebenbei sei es bemerkt, auch zu wichtigen Transformatoren des Hinduismus und später des Islam wurden. Aus einer Inschrift des Jahres 1055 geht hervor, daß sie auch lokale Entwicklungsprojekte und Tempelbauten finanzierten, ja manchmal als Geldgeber der Könige auftraten[2].

Sechstens unterstanden nicht wenige Warengruppen staatlichem Monopol, so z. B. in China seit 81 v. Chr. die Hauptproduktionsgüter Salz und Eisen, oder wurden unter staatlicher Lizenz vertrieben; zu besonderem Reichtum brachten es hierbei die «Salzkaufleute» im zentralchinesischen Yangzhou. Eingeschränkt war die «Unternehmer»-Freiheit ferner durch die vor allem für konfuzianische Gesellschaften typischen Anti-Luxus-Gesetze[3], die sich nicht nur gegen üppigen Kleider- und Wohnungsaufwand richteten, sondern sogar die Zahl der bei Holzschnitten verwendeten Farben und Druckstöcke regulierten – dies besonders während der japanischen Tokugawa-Dynastie.

Bei allen Einschränkungen blieb dem traditionellen Asien jedoch, siebtens, typisch «lateinamerikanischer» Zündstoff erspart, wie ständige, von Arbeitssuche ausgelöste saisonale Wanderungen des Großteils der Bauernschaft, spontane Landerschließungsmaßnahmen, häufige Bodenbesetzungen und extrem extensive Bodennutzung bei minimaler Reinvestitionsneigung[4]; war in Asien doch die Landwirtschaft seit Jahrhunderten ortsfest geworden, sieht man einmal von dem eher peripheren Schwendbau der Nomaden sowie von den Dauerauseinandersetzungen zwischen Hirten- und Bauernvölkern in Zentralasien ab. Von einer destruktiven Auswirkung der Zwangsmobilität auf die Dörfer und von sozialer Entwurzelung der Bauernschaft konnte deshalb kaum die Rede sein.

Zu den Randerscheinungen gehörte auch die Latifundienwirtschaft, die erst im Zeichen des Kolonialismus und der damit einhergehenden panasiatischen Bevölkerungsexplosion einriß. Viele Bauern gerieten durch die damals rasant um sich greifende Parzellierung in Existenznot und sahen sich zur Veräußerung ihres Bodenbesitzes gezwungen – ein außergewöhnlicher Vorgang, denn in Asien war der Boden bis dahin nie zur Ware heruntergekommen. Dadurch geriet das alte Gleichgewicht zwischen Gemeindeland sowie Klein- und Großgrundbesitz endgültig ins Wanken. Hand in Hand damit breitete sich die Seuche des Geldverleiherwesens aus, die vor allem der indischen Bauernwelt zum Verhängnis wurde[5].

Kaum von wirtschaftlicher Bedeutung waren in Asien ferner, achtens, der Krieg, der allenfalls von zentralasiatischen Völkern als «Zubroterwerb» betrieben wurde, sowie die weitverbreitete Sitte, «Tributverhältnisse» zu errichten. Das chinesische Kaiserreich etwa betrachtete dieses Instrument eher als ein Domestizierungsmittel, durch das die «barbarischen» Nachbarn zum Kotau vor dem Kaiser, zum erzieherischen Kontakt mit der chinesischen Zivilisation und zur Ablieferung von hauptsächlich symbolischen Verehrungsgaben genötigt wurden. In aller Regel erhielten sie weitaus kostbarere Gegengeschenke, da sich der «Sohn des Himmels» doch auf keinen Fall von Barbarenvölkern beschämen lassen wollte. Bezeichnenderweise gab es im traditionellen China auch kein Außen- oder Außenwirtschafts-, sondern lediglich ein für Außenbelange zuständiges «Ritenministerium»! Auch in der hinduistischen Staatenpraxis war das Tributverhältnis ausschließlich politisch, und nicht wirtschaftlich, orientiert. Ein indischer König, der seinen «Nachbarn» (samanta) unterworfen hatte, glaubte zusätzlich «Gesicht» zu gewinnen, wenn er ihn tributverpflichtete und ihn in den Kreis seiner Höflinge mit einbezog. Je größer die Zahl gekrönter Häupter, die den «Nachbarlichen Kreis» (samanta-cakra) bildeten, um so strahlender der Ruhm des im Zentrum stehenden «Großkönigs» (maharaja). Diese «Samantaisierung» der Reichsverwaltung, die zu einer der wichtigsten Gewohnheiten des indischen Königtums wurde, brachte nicht etwa Gewinne, sondern kam den Großkönig im Gegenteil meist teuer zu stehen, da für die Kontrolle der Samantas hohe Ausgaben nötig waren. U. a. errichteten die Maharajas in den Samanta-Gebieten Tempelstädte, die sie mit königstreuen Brahmanen bestallten, um auf diese Weise ein Gegengewicht zu den zentrifugalen Kräften herzustellen[6].

Neuntens sollte noch erwähnt werden, daß sich das Fehlen einer Fortschrittsidee (dazu unten S. 205) auch nicht gerade förderlich auf Wachstum und Entwicklung auswirkte!

b) Wirtschaftsfördernde und -hemmende Sondertraditionen
der großen Kulturkreise

Die Wirtschaftstugenden des Metakonfuzianismus
In der metakonfuzianischen Welt herrscht eine außerordentlich wirtschafts-
freundliche Grundstimmung. Sie wird gefördert durch die Vorliebe für das
Diesseitige, Machbare und Konkrete, vor allem aber durch eine vorteilhafte
Mischung von vier Grundtugenden, die für beträchtliche Effizienz sorgen[7].
Da ist erstens die Anerkennung von Leistung. Seit Jahrhunderten herrscht
nicht der Blut-, sondern der Lern- und Prüfungsadel. Arbeit gilt nicht als
Last, sondern als selbstverständlicher Bestandteil des Lebens. Das Gleichnis
von der «Vertreibung aus dem Paradies» ist dem konfuzianischen Kultur-
kreis fremd. Während die malaiische Familie in den Zoo geht, um sich über
die Tiere und den schönen Nachmittag zu freuen, geht der chinesische
Händler dorthin, um den malaiischen Familien etwas zu verkaufen.
   Zu nennen ist, zweitens, die Sparsamkeit, die ja bekanntlich im theravadabuddhistischen oder malaiischen Kulturbereich keineswegs geschätzt ist.
Wenn immer wieder die Frage auftaucht, warum es die 16 Millionen Auslandschinesen in Südostasien zu beträchtlichem Wohlstand gebracht haben,
während die malaiischen Bumiputras nur bescheidene Fortschritte erzielen
konnten, so ist darauf zu antworten, daß es für die einen als «werthaft» gilt,
jeden verdienten Dollar zu reinvestieren, während es die anderen für moralisch (weil adat-geboten) halten, den Gewinn gemeinsam mit Freunden zu
teilen und zu verbrauchen – womöglich in einer weihevollen Slametan-Zere-
monie. Überall herrscht eine Verteilungs-, ganz selten eine Spargesinnung:
hier Hortungs-, dort Verteilungsmentalität. Freigebigkeit ist im islamischen
Malaysia genauso eine Haupttugend wie im buddhistischen Thailand, wo
man ja religiöse «Verdienste» nur durch Spenden und großzügiges Verausga-
ben erwerben kann. Wenn überhaupt, so legt ein Malaie sein Geld nicht auf
der Bank an (Zinsnehmen ist ja verboten!), sondern in «Harta» (Eigentum)
wie Boden, Vieh, Hausbesitz und Juwelen, investiert also nicht produktiv.
Die Subsistenzmentalität «Rezeki» ist noch weit verbreitet: Wozu sollte man
über den Bedarf hinaus arbeiten und investieren?
   Ein drittes wirtschaftsförderndes Element ist der Glaube an die EINE
«Welt unter dem Himmel» – früher Ausdruck des sinozentrischen Weltbilds,
heute Panorama eines globalen Wettbewerbs.
   Wirtschaftlich am bedeutsamsten aber ist die vierte hier zu nennende
Tugend, nämlich die aus dem Zellular- und Danwei-Denken (dazu oben
S. 57 ff.) resultierende Korporativität. Es herrscht das Bewußtsein, «im glei-
chen Boot» zu sitzen. Während Staat, Unternehmen («Kapital») und Ge-
werkschaft in westlichen Gesellschaften, vor allem im angloamerikanischen
Bereich, oft weit auseinander driften, ziehen sie in China und Japan meist an
einem Strang. Nicht von ungefähr ist ja der Großteil aller Gewerkschaften

auf Betriebsebene angesiedelt, fügt sich also organisch in das (oben S. 68 ff. beschriebene) Vertikalschema ein und wird damit Teil der «Betriebsfamilie». Betriebsgewerkschaften und -management aber pflegen mit sicherem Instinkt die Gemeinsamkeiten zu betonen («Wir sitzen in einem Boot») – hierbei lebhaft unterstützt von den «Seilschaftensangehörigen» aus der staatlichen Wirtschaftsbürokratie, die mit den Betriebsführern durch persönliche Beziehungen (Guanxi) verbunden sind und sich nach ihrer Pensionierung vielleicht gar auf einem wohldotierten Betriebssessel niederlassen können.

Korporativität motiviert auch zu größerer Risikobereitschaft und zu langfristigen Investitionen und Absatzstrategien. Bekannt dafür sind die Japaner, die ja z. B. auf kurzfristige Gewinne gern verzichten, wenn sie (langfristig wirksame) Marktanteile gewinnen können. Der malaiische Durchschnittsunternehmer dagegen reißt lieber, um hier ein chinesisches Sprichwort zu zitieren, der «vorüberfliegenden Gans schnell eine Feder aus», als in eine Gänsefarm zu investieren. Es ist unter diesen Umständen gewiß kein Zufall, daß die «Asian-Americans», die in den USA die drittgrößte Minderheit hinter den Schwarzen und den «Hispanics» bilden und die sich zumeist aus Chinesen, Vietnamesen und Koreanern rekrutieren, inzwischen zur «Modellminorität» geworden sind, weil sie im allgemeinen höhere Berufspositionen einnehmen und mehr verdienen als der Bevölkerungsdurchschnitt. Wenn als Grund für diesen Erfolg «bessere Ausbildung» und höherer disziplinarischer Druck der Familien auf die Kinder angeführt wird[8], so erscheint dies etwas kurz gegriffen; ist es doch nicht der Druck der Eltern als solcher, sondern die Impfung mit bestimmten Werthaltungen, wie Disziplin, Lernfreude, Leistungsbewußtsein und Zurückstellung des Ich zugunsten des Wir, die dem Nachwuchs von vornherein optimale Ausgangsbedingungen sichert. Gerade im amerikanischen Kontext werden freilich auch die weniger vorteilhaften Seiten des metakonfuzianischen Wertesystems deutlich. «Amerikanische Eigenschaften» wie Unkonventionalität, Innovationsbesessenheit, Zukunftsglaube, Risikofreude und die Fähigkeit, Rückschläge schnell wegzustecken, sind Eigenschaften, die den konformistischen, an Bewährtem festhaltenden, vergangenheitsorientierten, überaus vorsichtig agierenden und unter Gesichtsverlust schwer leidenden Asiaten im allgemeinen abgehen.

Unter allen metakonfuzianischen Gesellschaften ist bisher Japan am häufigsten beschrieben worden. Viele Jahre wurde sein Wirtschaftswunder auf Ursachen zurückgeführt, die sich inzwischen längst als unerheblich erwiesen haben, z. B. auf die US-Wirtschaftshilfe nach dem Zweiten Weltkrieg, auf die märchenhaften Gewinne, die die japanische Industrie aus dem amerikanischen Korea- und Vietnam-Engagement ziehen konnte, auf die angeblich «lächerlich niedrigen Löhne» der Arbeiter, auf die vielfältigen Staatssubventionen oder aber auf die krankhafte Sucht nach wirtschaftlicher Überkompensation als Ausgleich für die militärische Niederlage von 1945. All diese Ansätze greifen, wie gesagt, zu kurz, weil die soziokulturellen Antriebsmomente unberücksichtigt bleiben, die der Wirtschaft erst den eigentlichen Schub gegeben haben und deren Dynamik übrigens einen weiteren klassischen Beweis dafür liefert, daß der «Überbau» im Entwicklungsprozeß oft ausschlaggebender ist als die materielle Produktions-«Basis», die nach marxistischem Verständnis als «Haupttriebkraft» für den sozioökonomischen Aufbau gilt.

Die besondere Stärke Japans, die Korporativität, entfaltet sich ganz besonders aber auf betrieblicher Ebene. Die einzelnen Elemente des «Kaishaismus» (Kaisha = Firma) sind inzwischen schon allzu oft beschrieben worden, als daß sie hier ein weiteres Mal ausführlich wiedergegeben werden müßten. Stichworte[9] müssen genügen:

– Die Kaisha als «Großfamilie», als «Wir-Verband», als «Mein Haus» (uchi), als (zumindest emotionale) «Schicksalsgemeinschaft», als «Fortsetzung des traditionellen Dorfes», in jedem Falle aber als Solidarverband; Firmenname vor Eigenname, periodisches Absingen der Firmenhymne, regelmäßige «Schwurversammlungen»; nicht Arbeiter, sondern «Mitarbeiter» mit Selbstwertgefühl und Verantwortung für das Ganze.

– System der lebenslangen Beschäftigung: Zwei «Sicherheiten»: keine Kündigung und großzügige Abfindung bei Erreichen der Altersgrenze von 55 Jahren; kaum Firmenwechsel, jedoch Rotation in neue Abteilungen alle zwei bis drei Jahre.

– «Harmonie ist das höchste Gut» (Firmenmotto von Hitachi). Der Harmonie dient vor allem: (a) das «Nemawashi» («Wurzeln pflegen»), d. h. ein intensives Gruppenleben bis in die Freizeit hinein, (b) Beförderung nach Seniorität, nicht primär nach Leistung und (c) Führung ohne Chefgebaren. Der Gruppenleiter ist nicht Vorgesetzter, sondern Moderator: Er diagnostiziert die Stimmung («Wieviel Energie hat ein Team?», «Wie hoch ist sein Zynismuspegel, seine Depressivität oder seine Melancholie?») und verbreitet Handlungsoptimismus durch sublime Beeinflussung; nicht Mobilisierung durch Angst, sondern durch Schaffung von Teamgeist und Vertrauen.

– Gemeinsame Beschlußfassung: Angestrebt wird Mitentscheidung, Mithandeln, Mitverantwortung, also Mitbestimmung statt Fremdbestimmung: Es gilt, jeden Mitarbeiter den Sinn seiner Tätigkeit entdecken zu lassen, ihn einzubeziehen und mündig zu machen. Hauptmethoden sind (neben dem Nemawashi) die periodischen und häufig zeremoniellen Versammlungen, die zu Solidaritätskundgebungen werden, ferner die «Qualitätszirkel» (Verbesserungsvorschläge aus dem Kreis der Mitarbeiter) und das Ringisei (System des Umlaufverfahrens), bei dem die Entscheidungsvorlage von unten nach oben durch sämtliche Abteilungen «reist» und dort abgezeichnet wird.

– Sozialleistungen als Mittel der Personalpolitik: fürsorgliche Unterstützung durch die Kaisha, und zwar von den Ferien im Werksheim bis hin zur Ehevermittlung; Betriebswohnungen, organisierte Freizeitgestaltung, Hobbyclubs und preiswerte Einkaufsmöglichkeiten.

– «Dualstruktur». Die Bewunderung für die oben beschriebenen und im Schrifttum zumeist in verstärktes Licht getauchten Einrichtungen und Grundsätze weicht jedoch einer schnellen Ernüchterung, wenn man erfährt, daß der Löwenanteil der Privilegien im allgemeinen nur der Stammbelegschaft zugute kommt, während die Saison-, Leih- und Zulieferbetriebsarbeiter als zweite Garnitur behandelt und zumeist auch als Konjunkturpuffer mißbraucht werden, darunter ein hoher Frauenanteil.

Im überbetrieblichen Bereich verwirklicht sich Korporativität vor allem in Form einer engen Zusammenarbeit zwischen Kapital (d. h. den Firmen sowie der Bank of Japan), Arbeit (zumeist Betriebsgewerkschaften) und Bürokratie (vor allem MITI: Ministry of International Trade and Industry). Dabei setzen die Unternehmen ihre Interessen gegenüber der Bürokratie hauptsächlich auf vier etablierten Wegen durch, nämlich über die vier führenden Wirtschaftsverbände, ferner über halb staatlich, halb privat organisierte «Beratungsgremien», «Studiengruppen» und «Wirtschaftsforschungsinstitute», die jeweils im Vorfeld der Ministerien und Behörden angesiedelt sind, drittens über «Anhörungs»-Stellen, die von der Regierungspartei unterhalten werden, und viertens über zahlreiche «Clubs», die im Umkreis einzelner Politiker aus dem Boden zu schießen pflegen und in deren Rahmenwerk persönliche Beziehungen zwischen den Vertretern der Bürokratie, des Unternehmertums und der Arbeiterschaft umgesetzt werden. Schaltstellen sind fast in jedem Fall Einzelpersonen, die über ein entsprechendes Beziehungsnetz verfügen. Die korporative Zusammenarbeit hat sichtbare Früchte getragen und zu wohlabgestimmten gesamtnationalen Industrialisierungsschritten geführt: In den fünfziger Jahren beispielsweise stand die Stahlproduktion, in den sechziger Jahren die Automobilherstellung, in den siebziger Jahren die Elektronik, in den achtziger Jahren aber die Genetik, neue Materialien, Kommunikationstechnologie und erneut Elektronik im Vordergrund. Auch der Ausstieg aus «Sonnenuntergangs»-Industrien wie Stahl- und Schiffbau ist den Japanern wesentlich früher gelungen als anderen vergleichbaren Industrieländern. Das für die Modernisierungsfähigkeit Japans so alles bestimmende Wertesystem stammt, wie Pohl[10] zu Recht betont, vor allem aus der Kleinen Tradition Japans, die im Ausland weit weniger bekannt ist als jene Große Kultur des Kaiserhofs und des Schwertadels (der Samurai), die durch ihre Schlösser, Tempelanlagen, ihren Zen-Buddhismus und ihre «Kultur der Stille» berühmt und zum Gegenstand zahlloser Filme sowie der Tourismusindustrie geworden ist. Zwar erlebte diese Welt mit dem Wiederaufkommen des Faschismus während der dreißiger und vierziger Jahre eine künstliche Neubelebung, doch versetzte ihr die Niederlage von 1945 dann endgültig den Todesstoß. Am Ende war es nicht der «Weg des Ritters», sondern der durchaus unkriegerische «Weg des Handwerkers, des Kaufmanns und des Reisbauern», der dem Aufbauprozeß so günstige Perspektiven eröffnete. Diese Gegentradition hatte sich bereits während der Tokugawa-Zeit im 17. Jahrhundert entwickelt und ihren beredtesten Ausdruck im Kabuki-Theater, im Holzschnitt und in einem ungemein soliden Handwerk gefunden. Diese bürgerliche Welt war es denn auch, die – der Anti-Luxus-Gesetzgebung und der Verachtung durch die Aristokratie zum Trotz – eine Erwerbsgesinnung entwickelte, die zum idealen Nährboden für die nach 1868 rezipierte westliche Technologie wurde. Aus diesem Gegensatz von «Lotos- und Robotland»[11] erklärt sich übrigens auch der Widerspruch zwischen dem «romantischen Japanbild» des Durchschnittseuropäers und der rauhen japanischen Wettbewerbswirklichkeit. Trotz gewisser japanischer Besonderheiten sollte man freilich nicht vergessen, daß die Hauptingredienzien des Wirtschaftserfolgs übergreifender metakonfuzianischer Natur sind, nämlich das Senioritätsprinzip, die «Wir»-Solidarität im Danwei-Rahmen, die lebenslange Beschäftigung und vor allem das Prinzip der Gegenseitigkeit, demzufolge jeder «Paternalismus» von oben automatisch Loyalität von unten zur Folge hat.

Im chinesischen Bereich ist die Modernisierungsfähigkeit lange Zeit vor allem in Taiwan, Singapur und Hongkong getestet worden, während die VR China fast dreißig Jahre lang einen «wertefremden» Weg gegangen ist, von dem sie sich erst nach dem Tode Maos abgewandt hat, um nunmehr desto hastiger zurück zur «Normalität» zu eilen. Vor allem mit Blick auf Hongkong wird deutlich, daß der Hauptunterschied zwischen japanischen und traditionellen chinesischen Durchschnittsunternehmen darin besteht, daß die Chinesen dem Familienkriterium bei der Auswahl von Betriebsmitgliedern weitaus mehr Beachtung schenken als die Japaner – ein Unterschied, der zur Folge hat, daß japanische Unternehmen sich wesentlich leichter vergrößern können als chinesische Betriebe, die gerne wirklich familiengebunden bleiben. In der VR China allerdings ist als Folge von 30 Jahren Revolution das Wir-Gefühl von der Familie tendenziell auf die «Danwei-Familie» übergegangen – eine Annäherung an Japan. In Hongkong dagegen verläßt man nach wie vor ungern den Familienrahmen und bevorzugt statt dessen eine Vielfalt von Vertrags- und Untervertragsbeziehungen, die «typisch chinesische» Verschachtelungen zur Folge haben. Das (nach Vertikalität angelegte) Schachtelmuster wiederum führt zu einer bemerkenswert kleinzelligen Arbeitsteilung, in deren Rahmenwerk sich der einzelne Betrieb auf kleinste Teilprozesse spezialisieren kann. Dies zeigt sich besonders deutlich im Handwerkbereich: Winzige Hinterhoffabriken beschränken sich z. B. darauf, Radnaben oder Speichen zu fertigen, wobei ihrer Arbeitszeit selten Grenzen gesetzt sind. Man ist also zwar unflexibel in der Ausweitung von Arbeits- und Fertigungsbereichen, dagegen höchst anpassungsfähig in der Art und Weise der Anfertigung sowie in der Zeitdisposition. Kein Wunder, daß die Chinesen als Betreiber von Restaurant-, Wäscherei- oder Reparaturunternehmen unschlagbar sind.

Die Zerlegung und Aufteilung in winzige Arbeitsabschnitte gab es in den vergangenen Jahrhunderten auch auf dem Gebiet des Handels – zum Beispiel des Salzhandels. Das kostbare Salz durchlief auf dem Wege von der Saline bis zum Konsumenten nicht weniger als sechs Stationen, vom «Hersteller» über den «Großverkäufer», den Transporteur, den «Großaufkäufer» über den «Verteiler innerhalb der Provinz» bis hin zum «Einzelhändler». Mit dieser Aufzählung sind freilich erst die Großkategorien erfaßt, die sich ihrerseits wiederum filigranhaft verzweigten, so z. B. die Transporteure nach Schiffsagenten sowie nach drei bis vier Graden von Dschunkenbesatzungen, Verladeunternehmen etc.[12]. Der französische Dramatiker Paul Claudel, der in seiner Jugend als Konsul in China tätig und zeitweise mit der Beobachtung des Holzhandels zwischen Fuzhou und Shanghai beauftragt war, zeigte sich fasziniert von der unüberschaubaren Zahl von Betriebszellen, Zwischenstationen und Kontrollagenturen. Eine zentrale Rolle in diesem Geflecht nahm der Makler und Zwischenhändler ein, der vor allem mit dem Kapital seiner Verwandtschafts- und Bekanntschaftsbeziehungen wucherte. Vielleicht sollte man in diesem hochgradig arbeitsteiligen chinesischen Kontext weniger von «Unternehmertum» als vielmehr von «Übernehmertum» sprechen, das durch drei Eigenarten geprägt wäre, nämlich durch Beschränkung der Geschäftstätigkeit auf winzige Teilbereiche, durch strenge behördliche Rahmenüberwachung und nicht zuletzt durch extremen «Personalismus».

Das «Übernehmertum» scheint den Chinesen entgegenzukommen, da es Ausdruck einer «involutiven» Entwicklung ist, an die man sich seit langem gewöhnt hatte, weil sie immer dann einzutreten pflegte, wenn der Wirtschaft durch die Bürokratie oder durch natürliche Gegebenheiten Grenzen gesetzt wurden und wenn es nun trotzdem galt, für möglichst viele Menschen Arbeits- und Existenzmöglichkeit zu schaffen. Es handelt sich beim Übernehmertum übrigens um ein Phänomen, das angesichts seines Beschäftigungseffekts und seiner Dienstleistungsfreundlichkeit auch in die neue Wirtschaftsstruktur des reformerischen China gut hineinpaßt.

Solange der Konfuzianismus als Staatsdoktrin lebendig war, behinderte er die Modernisierung. Doch nun, da er als Doktrin tot, als informelles Wertesystem aber höchst lebendig ist, dient er geradezu als Treibsatz für die wirtschaftliche Erneuerung. Der Widerspruch, der sich hier aufzutun scheint, verschwindet jedoch, wenn man bedenkt, daß es sich beim einen um den Konfuzianismus der Großen Tradition, beim anderen aber um den «Konfuzianismus des kleinen Mannes» handelt, der nicht den großen Fragen des Erd-Himmel-Bezugs oder der Moralität staatsmännischen Handelns gewidmet ist, sondern altbewährte Antworten auf die kleinen Sorgen des täglichen Lebens erteilt, ohne sich gleich ganz von den Grundvorstellungen der Großen Tradition verabschiedet zu haben.

Indien: Business Communities und «positionelles Denken»

Die wirtschaftliche Entwicklung der Indischen Union war von Anfang an mit zwei Hypotheken belastet, nämlich dem Mißtrauen des Gründungsvaters Gandhi gegen Industrialisierung nach westlichem Vorbild, vor allem aber mit der nachwirkenden Knebelung wirtschaftlicher Neuansätze durch engmaschige Kastenregelungen. Gandhi hatte die Wirtschaftsphilosophie und den Maschinenkult der «westlichen Zivilisation» als amoralisch, ja sündhaft angeprangert und der Revolution der steigenden Erwartungen das Idealbild einer einfachen Bedarfsdeckungswirtschaft auf Dorfebene entgegengesetzt. Es genüge für den Menschen, ein Dach über dem Kopf, etwas Reis in der Schüssel und selbstgewebte Kleidung am Leib zu haben – im übrigen möge er sich der inneren Arbeit zuwenden. Durch eigenhändige Betätigung des Webstuhls suchte Gandhi nicht nur gegen die britische Kolonialpolitik (mit ihrer Textilüberschwemmungsstrategie) Zeichen zu setzen, sondern auch der weitverbreiteten Mißachtung körperlicher Arbeit entgegenzuwirken und damit letztlich auch die aus seiner Sicht unmenschlichen Kastenschranken in Frage zu stellen. Äußerlich haben sich zwar bisher noch alle Gandhianer an das Khadi-Gebot (Kleidung aus handgesponnenem und handgewebtem Stoff) gehalten, im übrigen jedoch wich bereits die Regierung Nehru von der Dorfstrategie Gandhis ab und wandte sich einer energischen Industrialisierungspolitik zu, bei der Stahl und Eisen sowie Maschinenbau im Mittelpunkt standen. Auch in der Bewertung des Gewinnmotivs sowie des Privateigentums ging Nehru andere Wege; er verhinderte beispielsweise umfangreichere Nationalisierungsaktionen. Das Tauziehen zwischen beiden Positionen geht auch heute noch weiter. Anfang der achtziger Jahre verlagerte sich der Hauptakzent der Entwicklungspolitik zwar vorübergehend wieder auf das Dorf, doch bereits unter Rajiv Gandhi, einem gelernten Piloten, rückte die Hochtechnologie wieder in den Vordergrund. Langfristig wird Indien allerdings wohl auf beiden Beinen gehen müssen.

Noch weitaus schwieriger freilich als die Auseinandersetzung mit dem Erbe Mahatma Gandhis ist der Kampf gegen die Hydra des traditionellen Kastensystems, das einer modernen wirtschaftlichen Entfaltung direkt im Wege steht, vor allem auf den Dörfern, wo die Mehrheit der indischen Bevölkerung lebt. Hürden gibt es bereits bei der Landwirtschaft. Kastenbauern beispielsweise können, wenn sie nicht gegen religiöse Grundgebote verstoßen wollen, auch im Zeichen der «Grünen Revolution» keine körperliche Arbeit verrichten, sondern sind auf das Organisieren und Beaufsichtigen eingeschränkt. Überdies reduzieren die Reinheitsregeln den Viehbesitz des Kastenbauern auf Rinder, also auf Ochsen für die Zugarbeit und Wasserbüffel für die Milch. Unrein dagegen sind Tiere wie Schweine und Geflügel, die in China beispielsweise als Hauptlieferanten von tierischem Eiweiß dienen, die in Indien aber nur von den «scheduled casts», also den früheren «Unberührbaren», gehalten werden. Eine Reihe von Sitten und Gebräuchen ist einfach unökonomisch: Ein Großteil der bäuerlichen Schulden resultiert noch heute aus Hochzeits- und Mitgiftkosten sowie aus Aufwendungen für die Feiern bei der Geburt eines Sohnes, bei religiösen Festen, bei Kastenessen, bei Streitigkeiten und bei Totenfeiern. Hinzu kommen Spielleidenschaft und andere Verschuldensanlässe – gar nicht zu reden von den hohen Zinsen, die dem notorischen Geldverleiher zu zahlen sind. Hindu-Fischer dürfen ihre Fische nicht einsalzen und müssen ihre Ware daher teilweise verschleudern oder lassen sie gar verderben[13]. Nicht nur die Jati-Regeln, sondern auch der weitverbreitete «Fatalismus» und das Sadhu-Ideal stehen einem «Unternehmertum» im Wege[14]. Dies gilt nicht nur für die Bauern, sondern auch für die meist noch eng mit dem Dorf verbundenen städtischen Arbeiter.

Mit dem «Kastendenken» hängen noch zwei weitere flexibilitätsverhindernde Gewohnheiten zusammen, nämlich die Aufkapselung der Arbeit in kleine Wirkungsbereiche und das weitverbreitete «positionelle Denken». Durch die Aufkapselung entstehen höchst umständliche Arbeitsabläufe, die der nach Indien einreisende Ausländer bereits am Flughafen zu spüren bekommt: einer der Beamten prüft den Reisepaß, der nächste stempelt ihn, wieder ein anderer trägt etwas in ein Buch ein, ein vierter überprüft noch einmal alles, ein fünfter gibt neue Formulare aus, die ein sechster wieder einsammelt – und dies alles bei Passagieren, deren Nervenkostüm während des langen Flugs dünn geworden ist. Erweist sich die Arbeitsaufteilung schon unter Funktionären im weißen Kragen als kompliziert genug, so wird sie noch feiner, je mehr es um Tätigkeiten geht, die mit Schmutz zu tun haben. Ein Bürodiener mag also zwar bei Akten, Tischen und Stühlen alles in bester Ordnung halten, er kann sich aber schnell in sich verkriechen, wenn es etwa darum geht, die Fenster zu reinigen. Ein deutscher Geschäftsmann, der nicht dadurch Gesicht verlieren wollte, daß er selbst zum Putztuch griff, mußte in seinem Büro noch Mitte der achtziger Jahre vor Fensterscheiben sitzen, die mit Luftschutzwarnungen aus der Zeit des indisch-chinesischen Kriegs von 1962 verklebt waren[15]. Wer ein Auto fährt, fühlt sich keineswegs zur Wäsche aufgerufen, und wer es wäscht, nimmt deshalb noch lange keine Reparaturen vor, auch wenn er dazu fähig wäre. Von der indischen «Aufkapselungswut» wußten vor allem die englischen Kolonialherren ein Lied zu singen. Selbst solche Beamten, die aus Sparsamkeits- oder Bescheidenheitsgründen partout mit einem Minimum an Bediensteten auskommen wollten, taten es am Ende nie unter acht oder zehn Gehilfen. Nun muß schmale Arbeitssegmentierung, wie der oben beschriebene chinesische Arbeitsablauf gezeigt hat, der Effizienz nicht unbedingt im Wege stehen, wenn sie auf der anderen Seite durch Gewerbefleiß, Zweck/Mittel-Rationalität und eine gewisse Risikobereitschaft ausgeglichen wird. Doch leider fehlt es in Indien zumeist auch hieran.

– Neben der Übersegmentierung wird besonders das weitverbreitete «positionelle Denken» beklagt, das zumindest indirekt durch die überkommenen Kastenstrukturen beeinflußt ist. Zwei praktische Beispiele aus dem mit deutscher Entwicklungshilfe errichteten Stahlwerk Rourkela seien hier zur Illustration angeführt[16]. Der indische Vorarbeiter in einer Werkhalle konstatiert, daß am Hochofen ein Ventil zugedreht werden muß. Statt nun diese Arbeit, die nur einen einzigen Handgriff erforderte, selbst zu verrichten, schaltet er den ihm unmittelbar unterstellten Facharbeiter ein, der freilich wiederum nicht selbst tätig wird, sondern die Weisung eine Stufe nach unten weitergibt. Auch der hier adressierte Arbeiter will nicht selbst zugreifen, sondern weist einen Hilfsarbeiter an, dem nun, da er auf der untersten Befehlssprosse steht, nichts anderes übrigbleibt, als endlich zur Tat zu schreiten. Da er das Ventil jedoch ungeschickt anfaßt, entsteht ein Schaden von mehreren Millionen Rupien. Zweitens: Ein für die Reinigung der Fabrikhalle zuständiger «Sweeper» ist damit beauftragt, den Boden der Halle zu reinigen, ein anderer hat die dort aufgeschraubten Maschinen sauberzuhalten. Keiner von beiden käme jedoch auf die Idee, daß die Maschinenfundamente, also die im Winkel von 45 Grad zwischen Hallenboden und Maschinen verlaufenden Massivteile in seinen Aufgabenbereich fielen. Es stört weder den Maschinen- noch den Bodenputzer, daß die Maschinenfundamente nach und nach völlig verschmutzen. Die Einstellung eines dritten Reinigers könnte nun zwar das konkrete Problem lösen, würde jedoch nichts an der in einem solchen Denken eingebauten Blockade ändern, im Gegenteil. Ein indischer Kommentator bemerkt resignierend, «daß die Industrieunternehmung in Indien nicht das Glück hat, in einem kulturellen System zu arbeiten, dessen Wertvorstellungen und Glaubenssätze als förderlich für die Betriebsführung angesehen werden können»[17]. Mangelnder Wettbewerbsgeist, Übersetzung von Arbeitsplätzen, Vetternwirtschaft, häufiges unentschuldigtes Fernbleiben und bisweilen «frappierende Disziplinlosigkeiten» der Belegschaft, die oft tagelang nicht an ihrem Arbeitsplatz erschienen, seien die Folge des Fehlens einer wirtschaftsfreundlichen «Kultur» und würden überdies noch verstärkt durch autoritäres Verhalten der Betriebsinhaber. Der indische Standardbetrieb sei ein Familienunternehmen, in dem der Kapitalinhaber zugleich auch Betriebsleiter ist. Selten komme es dem an der Spitze stehenden Halbgott in den Sinn, Entscheidungsbefugnisse zu delegieren und seine Mitarbeiter Eigeninitiative entfalten zu lassen.

Allerdings gibt es in dieser Regel einige höchst bemerkenswerte Ausnahmen, nämlich die «Business Communities», zu denen neben den hinduistischen Vaishiyas, also den Angehörigen der traditionellen Händlerkaste, vor allem Nicht-Hindus gehören, nämlich die Parsen, die Sikhs und die Jainas. Mit am erfolgreichsten sind die Parsen Bombays, und unter ihnen wiederum die Familie Tata, deren Stahl-, Kraftwagen-, Kraftwerks- und Dienstleistungsimperium sich heute über ganz Indien erstreckt und deren Lkws u. a. in Zusammenarbeit mit Daimler-Benz entwickelt wurden. Der auf Zarathustra zurückgehende Parsismus beruht auf der Grundidee des Gegensatzes von Gut und Böse sowie von Licht und Finsternis. Auf der bösen Seite steht u. a. alles, was dem Gedeihen der Kultur, nicht zuletzt der Wirtschaft, entgegensteht, auf der guten, was ihr nützt. Es gibt kaum eine zweite Religion, die so kulturbejahend ist wie der Parsismus – und mit der sich übrigens auch ein so starker Prädestinationsglaube verbindet. Der Wohlhabende erscheint als «Erwählter». Hier ergeben sich zahlreiche Parallelen zum Calvinismus, der ja, nach Max Weber, an der Wiege des modernen Kapitalismus gestanden hat, insofern der Erwerb persönlichen Wohlstands als Beweis für Gottgefälligkeit angesehen wurde, während der gleichzeitige Verzicht auf Konsum (innerweltliche Askese) den Grundstock für solide Kapitalbildung abgab. Auch der Sikhismus, die jüngste (15. Jahrhundert) auf indischem Boden entstandene Religion, ist wirtschaftsfreundlich. Vom Hinduismus haben die Sikhs zwar die Lehre vom Atman/Brahman, von der Seelenwanderung und vom Karma übernommen, nicht jedoch das Kastenwesen mit seinen so einengenden Schranken. Ferner geht der Sikhismus von der Möglichkeit einer vorzeitigen Erlösung durch eigenes moralisches Tun aus, wodurch dem Fatalismus ein Riegel vorgeschoben und gleichzeitig der Eigeninitiative das Tor geöffnet wird. Beruflich haben sich die Sikhs im wesentlichen dem Handel, der Landwirtschaft und dem Soldaten- sowie dem Polizeiberuf verschrieben – manchmal leider auch dem Geldverleiherwesen[18]. Die dritte, außerhalb des Hinduismus stehende, wirtschaftlich bedeutsame Religionsgruppe Indiens sind die Anhänger des Jainismus, einer Religion, die auf Mahavira, einen Zeitgenossen Buddhas, zurückgeht und deren höchst wohlhabende Gemeinde im heutigen Indien nur noch etwa 1,5 Millionen Anhänger zählt. Aus der vom Hinduismus übernommenen Idee von der Einheit aller Lebewesen folgt für den Jainismus die Einsicht, daß wir uns selbst schaden, wenn wir anderen Leid zufügen. In unserem ureigensten Interesse ist deshalb Ahimsa (Gewaltlosigkeit) zu üben – ein Schlüsselbegriff des Jainismus. Jegliche Art des Tötens ist verboten – mit der Folge, daß die Jainas nicht nur strenge Vegetarier sind, sondern sogar den Gebrauch des Feuers ablehnen, das ja zum Beispiel den Insekten schaden könnte. Viele Berufe scheiden für Jainas daher von vornherein aus, so etwa der Ackerbau, bei dessen Ausübung Pflanzen beschädigt sowie Würmer und Engerlinge getötet werden. Letztlich engten sich die Berufsmöglichkeiten daher auf nicht-tötende Gewerbezweige ein, die sich, wie es der Zufall nun einmal wollte, als höchst profiträchtig erwiesen, nämlich auf den Geldverleih sowie auf den Juwelen- und Stoffhandel. Da der Jainismus überdies innerweltliche Askese fordert, darf das reichlich eingestrichene Geld nicht verpraßt werden und häuft sich daher schnell zum Kapitalstock an – eine wiederum fast calvinistische Situation, die zu ähnlich «kapitalistischen» Konsequenzen führte wie in Europa[19].

Durch die britische Kolonialherrschaft und ihr gläubigerfreundliches Recht sind die im Parsismus, Sikhismus und Jainismus steckenden und auch bei den hinduistischen Vaishiyas vorhandenen wirtschaftlichen Keime schneller zur Entfaltung gekommen, als es bei Fortbestehen der traditionellen Herrschaft der Fall gewesen wäre. Kein Wunder, daß es in der Indischen Union zu gewaltigen Ungleichgewichten zwischen wenigen Wohlhabenden auf der einen und einer erdrückenden Armut auf der anderen Seite gekommen ist. Aus dem «Wertevorsprung» einer kleinen Minderheit erklärt es sich auch, daß Indien einerseits eine der fortgeschrittensten Industrienationen, andererseits aber auch eines der Armenhäuser der Welt ist.

Buddhismus und materieller «Verdienst»

Oberstes Ziel eines gläubigen Buddhisten ist es, durch religiöse «Verdienste» Karma abzubauen, um so die Startchancen in der nächsten Existenz zu verbessern und so einen Schritt auf dem unendlich langen Weg zum Nirvana voranzukommen. Man sammelt «Verdienste», indem man im Tempel ein Blumen- oder Früchteopfer darbringt, einer Buddhafigur Blattgold appliziert, eine Buddha- oder Tempelwächterfigur, vielleicht sogar einen ganzen Tempel stiftet.

Auf einige wenige Stichworte zusammengedrängt lassen sich die in den theravadabuddhistischen Gesellschaften am meisten geschätzten Verhaltenstugenden folgendermaßen skizzieren: Großzügigkeit und Freigebigkeit, die aus einem großen Herzen kommen, Individualismus, Pazifismus, Freundlichkeit, Vorliebe für Späße (auch frivole), Konformismus, Harmoniebedürfnis, Respekt gegenüber Älteren und Vorgesetzten, Statusbewußtsein, Formalität im Umgang und «kühles Herz». Abgelehnt werden andererseits vor allem Aggressivität, Unbeherrschtheit und Humorlosigkeit. Es sind m. a. W. soziale – und liebenswürdige – Werte, die hoch im Kurse stehen, nicht dagegen wirtschaftliche Tugenden. Der sparsame («geizige») Chinese in einem birmanischen oder kambodschanischen Dorf, der jeder Heller zusammenkratzt und an immer neue Investitionen denkt, wird vom Durchschnittsbuddhisten bemitleidet – und ist wenig beliebt.

Dabei sind die Thais, Laoten, Kambodschaner oder Birmanen durchaus keine Verächter materiellen Besitzes. Irdische Güter gelten schlicht als Folge eines verdienstvollen Lebens in den vorangegangenen Existenzen, und sie haben überdies den angenehmen Vorteil, daß der Wohlhabende leichter imstande ist als der Arme, durch Spenden und freigebiges Verhalten zusätzliches Karma zu sammeln. Andererseits freilich gelten Besitzgier und Gewinnsucht als «durst»- und damit gleichzeitig auch «leid»-erhöhend, vor allem aber karma-mindernd; dasselbe ist bei jeder Arbeit der Fall, die über das Existenznotwendige hinausgeht. Mit dieser Einstellung ist der gläubige Buddhist für den Bauern- oder aber den Beamtenberuf geradezu prädestiniert. In der Tat wird der Löwenanteil dieser Berufspositionen in den theravadabuddhistischen Ländern von Birmanen, Laoten, Kambodschanern, Thais und Singhalesen eingenommen, während Handel, Kleinindustrie und

Transportunternehmen in den Händen zugewanderter Chinesen, Inder oder Vietnamesen liegen. Inder, die zu Hause strengen Kastenregeln unterliegen, entfalten im Ausland oft erstaunliche Initiative.

Ist der Buddhismus also modernisierungsfeindlich? Max Weber[20] hält den Buddhismus für unfähig, eine «rationale Wirtschaftsethik zu entwickeln», während Heinz Bechert[21] nicht innere, sondern äußere Ursachen, nämlich die systematische Divide-et-impera-Politik der Kolonialherren dafür verantwortlich macht, daß die buddhistische Bevölkerung gegenüber ausländischen Wettbewerbern zu kurz gekommen ist. Allerdings muß man sich hier fragen, warum Engländer und Franzosen keinen anderen Ausweg sahen, als für ihre neugegründeten Plantagen von weither Inder, Chinesen und Vietnamesen anzuwerben. Liest man Berichte aus der Kolonialzeit, so werden als Begründung hierfür immer wieder die gleichen Motive, nämlich Fleiß, Geschick und «wirtschaftliche Brauchbarkeit» der Zugewanderten erwähnt: Eigenschaften, die den «Natives» angeblich fehlten. So fuhr denn auch der Modernisierungszug in sämtlichen theravadabuddhistischen Ländern, sogar im nichtkolonisierten Thailand, ohne die einheimische buddhistische Bauernbevölkerung ab – ja er fuhr zum Teil über sie hinweg. Träger industrieller und kommerzieller Entwicklungen sowie Administratoren waren entweder die britischen und französischen Kolonialherren oder aber die von ihnen herbeigeholten asiatischen Hilfskräfte, nämlich Inder und Chinesen in Birma, indische Tamilen in Ceylon sowie Vietnamesen und Chinesen in Laos und Kambodscha. Sogar in Thailand waren es zumeist chinesische Geschäftskreise, die den Löwenanteil der modernen Wirtschaft unter ihre Kontrolle brachten.

Die «marginalisierte» Bauernbevölkerung, vor allem aber das ehemals kulturell führende Mönchtum mußte hilflos zuschauen, wie Tamilen, Chinesen oder Vietnamesen im Bündnis mit den Kolonialherren moderne Betriebe aufzogen, die den traditionellen Gewerben das Wasser abgruben, wie sie westliche Vorbilder nachahmten, während sie gleichzeitig auf die buddhistischen Traditionen herabblickten, und wie christliche Lehranstalten die traditionellen Pagodenschulen an die Wand drückten. Kein Wunder, daß es schon bald zu heftigen Reaktionen kam, die religiöse, sozialrevolutionäre und nationale Anliegen miteinander verbanden, wobei Teile des laotischen Sangha sogar mit dem kommunistischen Pathet Lao zusammenarbeiteten, der versprochen hatte, die «Heilige Stadt» Luang Prabang zu verschonen und den amerikanisierten Sumpf in Vientiane auszutrocknen.

In allen buddhistischen Ländern kam es ferner zu einem gewaltigen Gefälle zwischen Metropole und «Peripherie». Bangkok beispielsweise hat 60mal so viele Einwohner wie die zweitgrößte Stadt Thailands, Chiengmai, Manila neunmal so viel wie Davao. Am Ende des Indochinakriegs befand sich die Hälfte der kambodschanischen Bevölkerung in Phnom Penh. Noch

krasser freilich als dieses quantitative ist das qualitative Mißverhältnis, insofern eine Metropole wie Bangkok oder Manila sich zum Kristallisationspunkt moderner Technologien und Berufe entwickelt, während das übrige
Land bedeutungslos wird. Dieses Mißverhältnis war es denn auch, das zum
Hauptmotiv des Khmer-Rouge-Plans der «Entstädterung» Kambodschas
wurde. Die Heilung des Landes sollte mit einem harten chirurgischen Ein-
griff eingeleitet werden, dem vor allem die «Ausländer», d.h. die Auslandschinesen, Auslandsinder und Auslandsvietnamesen, darüber hinaus aber
auch die städtisch «angekränkelten» Khmer zum Opfer fielen. Der sozio-
ökonomische Graben zwischen buddhistischer Bauernbevölkerung und
«metropolitanem» Unternehmertum sollte dadurch zugeschüttet werden,
daß die Städter entweder liquidiert oder durch Landverschickung in Bauern
zurückverwandelt wurden. Unnötig, zu betonen, daß dieses Vorgehen der
buddhistischen Moral zutiefst widersprach; nicht zu leugnen freilich auch,
daß die Krankheit, die es zu heilen galt, durch eine buddhistische Insuffi-
zienz ausgelöst worden war.

Islam und Gewerbefleiß
Anders als der Buddhismus zeigt der Islam eine grundsätzlich positive Einstellung zum Gewinnstreben, wenngleich er es durch eine Reihe von Ge-
und Verboten einschränkt: Zu den Geboten gehört die Zahlung von Zakat,
einer Art islamischer «Kirchensteuer», sowie das Spenden von Almosen im
Sinne einer «brüderlichen gegenseitigen Sozialversicherung». Verboten ist es
andererseits, Zinsen zu nehmen und Monopole zu errichten – beides ver-
stößt gegen die islamische Brüderlichkeit! – sowie Versicherungen abzu-
schließen. Wer sich irdisch versichert, zeigt damit an, daß es mit seiner «Ergebung» in den Willen Allahs nicht allzuweit her ist. Für alle drei Verbote
gibt es in der Praxis freilich Umgehungsmöglichkeiten. An die Stelle einer
Zinserhebung tritt bei den islamischen Banken beispielsweise die Regelung,
daß der Sparer an den Gewinnen und Verlusten der Bank gleichermaßen beteiligt – und entsprechend abzufinden – sei[22].

Eingeschränkt ist die malaio-islamische Wirtschaftseffizienz allerdings
durch das Rezeki-Denken («Es reicht, wenn wir leben können; wozu
mehr?»), durch die Neigung, Geschäftserfolge eher als Glücksfall («kismet»)
denn als Ergebnis rationalen Wirtschaftens zu betrachten, durch die Ablehnung langfristiger Risiken, durch die bereits mehrfach erwähnte Abneigung
gegen das Sparen und nicht zuletzt durch den Glauben, daß Glück im Ge-
schäft Unglück in anderen (oft viel höher bewerteten) Bereichen bedeutet.

3. «Entwicklung» als kultureller Prozeß

Im nachkolonialen Asien wurden zwar viel moderne Technologien übernommen, jedoch nicht immer aufgenommen, d. h. verinnerlicht; es fand ferner auch Wachstum und Modernisierung, jedoch nicht immer Entwicklung
statt. Vor allem in den fünfziger und sechziger Jahren war «Entwicklung»
meist mit «Wachstum» verwechselt worden. Es bedurfte lange hingezogener
Geburtswehen, bis endlich die «Grundbedürfnisstrategie» aus der Taufe ge-
hoben wurde, die zum erstenmal keine kulturelle Selbstaufgabe von den zu
«entwickelnden» Völkern mehr verlangte. Unter «Entwicklung» wurde zu
Beginn der siebziger Jahre weniger das wirtschaftliche Wachstum nach westlichem Muster als vielmehr die Anpassung des soziokulturellen Umfelds an
die modernen Erfordernisse verstanden. «Entwicklung» sollte nun vorrangig nicht mehr durch Anstöße von außen, sondern durch Wandlungen von
innen her erfolgen, wobei es darum ging, «kulturgerechte» Antworten auf
die europäische Herausforderung zu finden.

Noch in den siebziger Jahren war die «Wachstumsstrategie» dominierend
gewesen, die die Höhe des Pro-Kopf-Einkommens als Meßlatte für den
«Entwicklungs»-Stand benutzte und den Einsatz kapitalintensiver Technologien in den Mittelpunkt stellte. Man wollte durch die Förderung von Ent-
wicklungsinseln Ansatzpunkte schaffen, von denen aus dann die gesamte
Wirtschaft modernisiert werden konnte. Nach zwei Jahrzehnten kam man
freilich zu der ernüchternden Erkenntnis, daß erhöhtes Wachstum fast nie
von selbst zu den breiten Massen durchsickerte. Dies zeigte sich vor allem
bei der «Grünen» (Feldbau) und der «Blauen» (Fischerei) Revolution, die
beide mit modernen kapitalintensiven Techniken betrieben wurden und die
am Schluß die Reichen noch reicher, die Armen aber noch ärmer machten,
weil nur die wohlhabenden Bauern und Fischer sich die teuren Geräte und
Hilfsmittel leisten konnten. Der «Dualismus» zwischen Hochwachstumsbe-
reichen und Subsistenzbetrieben wurde aber nicht nur durch unterschiedliche Kapitalzugänglichkeit, sondern auch, wie Bouke[23] feststellt, durch das
kontraproduktive Aufeinanderprallen von inländischen und ausländischen
Wertesystemen verursacht. Die «soziale Gesinnung» der Indonesier, die sich
vor allem in «bescheidenen Bedürfnissen», in fehlendem Geschäfts- und
Wettbewerbsgeist sowie in Ergebenheit gegenüber dem Schicksal äußere, sei
mit den genau entgegengesetzten Eigenschaften der niederländischen Kolonialherren zusammengestoßen und habe nun vollends resigniert.

In nachkolonialer Zeit wurde der Dualismus vor allem von Sukarno in Kauf
genommen, der dem «Nation-building» Vorrang gegenüber der «Entwicklung» einzuräumen bereit war. Sogar unter der «Neuen Ordnung» nach 1965
gab es ein Tauziehen zwischen einer eher traditionell ausgerichteten und
einer modernen Richtung. Letztere ist mit dem Namen des in der Bundesrepublik Deutschland ausgebildeten Industrieministers Habibi verknüpft. Mit

der Verschärfung des Dualismus aber werden weitere Ungleichgewichte geschaffen oder vergrößert, so die Disparitäten zwischen Java und den «Außeninseln», die Ungleichgewichte zwischen Stadt und Land sowie der Widerspruch zwischen verbesserten Ernteergebnissen und wachsender Arbeitslosigkeit im Gefolge kapitalintensiverer Produktionsmethoden.

Die bedenklichen Folgen der «Grünen Revolution» leiteten einen Prozeß des Umdenkens ein, der in den siebziger Jahren zur Ablösung der Wachstums- durch die Grundbedürfnisstrategie führte, die, wie oben bereits betont, weniger auf die Entwicklung der Wirtschaft als vielmehr auf die Entwicklung des Menschen abstellte. In Zukunft sollten neben den materiellen Grundbedürfnissen wie Nahrung, Kleidung, Wohnung und Gesundheit auch die immateriellen Grundbedürfnisse befriedigt werden, die bisher ganz außer acht gelassen worden waren, wie z. B. die soziale Eingliederung (das Gegenteil wären die mit vorgehaltenem Gewehr erzwungenen «Arbeitseinsätze» im Kambodscha der Jahre 1975 bis 1978), die Teilnahme an dörflichen (und vielleicht sogar überdörflichen) Entscheidungsprozessen, ferner die Teilhabe an Ausbildungs- und Informationseinrichtungen und ganz besonders die Möglichkeit zu «kultureller Identität». Ziel der nationalen (und internationalen) Entwicklungspolitik sollte es von nun an keineswegs mehr sein, den philippinischen oder indonesischen Bauern zum Kalifornier oder Mitteleuropäer werden zu lassen oder ihn auch nur anderen asiatischen Berufskollegen anzugleichen. Ein buddhistischer Thai hat nun einmal andere Erwartungshaltungen als ein katholisch-philippinischer Bauer, für den wiederum ein Stadtbewohner Hongkongs oder Singapurs genauso fremd ist wie für den Einwohner Vientianes ein Bürger Tokyos oder Seouls. «Entwicklung» soll nicht darauf hinauslaufen, daß Birmanen am Ende zu Amerikanern werden. Vielmehr geht es um die Ermöglichung verschiedener Lebensstile. Dazu gehört auch, daß der indische oder laotische Bauer nicht sein Dorf verlassen muß, sondern sich – «Dorfentwicklung» – in seinem angestammten Milieu den Erfordernissen des 21. Jahrhunderts anpassen kann. Hierfür – und nur hierfür – sind die nötigen Strukturveränderungen herbeizuführen, die zumeist auf die Errichtung von Dorfindustrien, von Gesundheitszentren, von Wasserversorgungseinrichtungen, von Anschlußstraßen und innerdörflichen Wegen, ferner auf die Schaffung der nötigen Absatz- und Bezugswege sowie auf bessere Erziehung und Maßnahmen zur Bekämpfung von Fehl- und Unterernährung, nicht zuletzt auch auf Erhaltung gewachsener Dorfdemokratien hinauslaufen. Vorteilhaft wirkt sich hierbei aus, daß für eine «Revolution der steigenden Erwartungen» kaum Ansatzpunkte vorhanden sind: Für einen birmanischen Buddhisten kommt ja der westliche Glaube, daß Fortschritt identisch sei mit zunehmender Güterproduktion, höherem Energieverbrauch und wachsender Urbanisierung einer Lebensphilosophie gleich, die der Grundlehre Buddhas, wonach die «Gier» nach Gütern eigentliche Ursache allen Leidens ist, diametral zuwiderläuft.

Statt dessen erscheint die selektive Erhaltung von Traditionen wünschenswert. Dies hat vor allem die VR China erkennen müssen, die ursprünglich das «Neue» auf den Trümmern des «zerstörten Alten» hatte aufbauen wollen, die dann am Ende aber doch wieder auf metakonfuzianische Elemente zurückgreifen mußte – vom Kambodscha Pol Pots ganz zu schweigen, das den Teufel mit dem Beelzebub ausgetrieben hat.

Eine auf Traditionen Rücksicht nehmende Entwicklungsstrategie hat außerdem den Vorteil, daß sie weniger kapitalintensiv ist als die Wachstumsstrategie und daß sie (auf dem Umweg über eine bessere Ausbildung der Frauen) auch die Chance für eine Drosselung des Bevölkerungswachstums verspricht. Die langfristig beste Entwicklungspolitik ist heutzutage ja eine erfolgreiche Familienplanungspolitik, die freilich auch wiederum nur gelingen kann, wenn die «traditionelle Sozialversicherung» (in Form vieler Kinder) durch eine moderne Sozialpolitik glaubhaft abgelöst wird. Einstweilen gilt eine große Nachkommenschaft immer noch als wertvoll – so in China – oder gar als gottgewollt – so der Islam.

Jede Tradition muß sich anpassen, sobald sie sich mit westlichen Methoden einläßt. Fast immer entwickeln sich die beiden theoretisch so leicht darstellbaren Zielmuster (hier Wachstum nach westlichem Vorbild, dort «Entwicklung» auf der Schiene soziokultureller Traditionen) zu einem handfesten Zielkonflikt, den es bewußt auszutragen gilt. Nirgends stehen hier «glatte» Lösungen ins Haus. Entwicklung wird hier zu einem geistigen/soziokulturellen Prozeß mit durchaus schmerzlichen Opfern. Hierfür ein Beispiel: Im traditionellen Java gab es, wie in den meisten anderen asiatischen Gesellschaften, außerordentlich starke Unterschiede im Bodenbesitz. Allerdings federte die Tradition (d. h. das Adat) dieses Mißverhältnis durch sanfte Ausgleichsmechanismen ab. An der Reisernte beispielsweise, die außerordentlich arbeitsintensiv war, weil die Ähren mit dem Reismesser einzeln abgeschnitten wurden, konnte jedermann teilnehmen und sich dafür, je nach Region, eine Entlohnung in Höhe von ein Siebtel oder ein Zehntel der Erntemenge sichern. Als Folge der Einführung moderner Anbau- und Betriebsmethoden im Rahmen des BIMAS-Programms («Grüne Revolution») haben sich die Verhältnisse auf dem Reisacker inzwischen grundlegend geändert: Das traditionelle wurde durch ein kommerzialisiertes Verfahren abgelöst, insofern nun der Reis bereits auf dem Halm an ortsfremde Händler verkauft und durch bezahlte Lohnarbeiter geerntet zu werden pflegt. Damit aber sahen sich die ärmeren Bauern vom einen auf den anderen Tag ihres bisher üblichen Zubrots beraubt. Der traditionelle soziale Ausgleichsmechanismus, das «gotong royong» (siehe oben S. 98 f.), jahrhundertelang ein fester Bestandteil des soziokulturellen Wertesystems der javanischen Gesellschaft, geriet damit aus den Angeln[24].

Die politische Führung steht hier vor einem Dilemma: Soll sie die Beibehaltung der Tradition, damit aber gleichzeitig auch niedrige Produktivität in

Kauf nehmen oder aber moderne und profitable Betriebsformen fördern, damit aber gleichzeitig den (ebenfalls nützlichen) Traditionen den Todesstoß versetzen – mit der Folge, daß eine vielleicht noch stärkere Landflucht statt-findet. Wichtigstes Heilmittel wäre hier gewiß eine Landreform, die es den – nunmehr zu Eigentümern gewordenen – Bauern erlaubte, neue Formen der Zusammenarbeit zu entwickeln, zum Beispiel einen gemeinsamen Maschi-nenpark oder einen kooperativen Betrieb etc.

4. Geeignete und unpassende Entwicklungsmethoden

a) Holzwege

Weitgehend fehlgeschlagen, weil am asiatischen Wertesystem gescheitert, sind der kapitalistische, der marxistische und der Raiffeisen-Weg. Der west-lich-«kapitalistische» Weg hat sich mit dem Scheitern der oben beschriebe-nen «Wachstumsstrategie» diskreditiert. Aber auch mit marxistischen Me-thoden war kein Staat zu machen. Zum einen lassen sich Danwei-, Kasten-und Oyabun/Kobun-Strukturen nicht einfach durch «Klassen»-Bildungen ersetzen (dazu im einzelnen oben S. 88 ff.), zum andern hat das Scheitern der maoistischen, vietnamesischen oder Pol-Pot-Revolution bewiesen, daß Kahlschlagkonzepte nur den Widerstand, nicht aber die «revolutionäre Be-geisterung» der «Volksmassen» mobilisieren. Niemand vergreift sich auf die Dauer ungestraft an Traditionen, die der breiten Bevölkerung Beurteilungs-maßstäbe dafür liefern, was «normal» und was anomal ist.

Sogar der «mittlere Weg», den das Raiffeisen-Modell aufzuzeigen schien, hat nicht alle Erwartungen erfüllen können. Raiffeisen hatte in den sechziger Jahren des 19. Jahrhunderts Maßnahmen zur solidarischen Selbsthilfe für die Kleinbauern des Westerwalds entwickelt, die auf sieben Prinzipien aufge-baut waren: (1) personelle Überschaubarkeit der Genossenschaften, (2) un-beschränkte Solidarhaftung der Mitglieder, (3) keine Dividendenauszah-lung, (4) Gewinnansammlung im Gemeinschaftsfonds, (5) unentgeltliche Mitarbeit der Genossenschaftsfunktionäre, (6) Vergabe von Krediten nur an Mitglieder, (7) Anleihen, Spargelder und Gewinne als einzige Finanzquel-len. Einzelne asiatische Länder, in denen das Modell bereits Ende des 19. Jahrhunderts eingeführt worden war, hatten sehr rasch damit begonnen, ein Prinzip nach dem anderen über Bord zu werfen: Da (vor allem im Thera-vada- und Hinduismus-Bereich) die an Subsistenzwirtschaft gewöhnten Bauern den Sinn einer Solidargemeinschaft nicht zu begreifen vermochten, mußte zunächst schon einmal der Staat die Finanzierung übernehmen – und verstieß damit gegen die Prinzipien 4 und 7, also gegen den Grundsatz der kollektiven Selbsthilfe. Da ferner die wohlhabenderen, auf ihren Besitzstand pochenden Bauern fürchteten, für ihre ärmeren Berufskollegen am Ende die

Zeche zahlen zu müssen, wurde eine beschränkte Haftung eingeführt – Verstoß gegen Prinzip 2, das die Solidarhaftung regelt, die ja überhaupt wenig zu einer Gesellschaft wie etwa der hinduistischen paßt, deren Kasten- und Subkastenordnungen von Natur aus genossenschaftsfeindlich sind. Aber selbst in den rund 10 000 ländlichen Genossenschaften Thailands sind Selbsthilfe und Selbstverantwortung kleingeschrieben. In aller Regel wird die Genossenschaft dort nicht als Eigeninstitution der Mitglieder, sondern bestenfalls als eine Einrichtung zugunsten der Mitglieder betrachtet, die Staatsgelder verteilt und in der die Genossenschaftsbürokratie daher höchst paternalistisch auftreten darf – Verstoß gegen die Prinzipien 2, 4 und vor allem 7. Auch werden die genossenschaftlichen Kredite häufig nicht für produktive Zwecke verausgabt, sondern für die Bestreitung des Lebensunterhalts: Nur in den seltensten Fällen werden sie wieder zurückgezahlt. Das ist ein Verstoß gegen den genossenschaftlichen Geist überhaupt. Da die Dorfgemeinschaften meist nicht genügend Kapital aufbringen können, erzwingt der Staat manchmal eine gesamtregionale Kooperation, so zum Beispiel in Form der malaysischen Reismühlengenossenschaften. Dadurch aber geht das Prinzip der Freiwilligkeit und der Überschaubarkeit verloren. In kaum einem asiatischen Land überdies verzichtet der Staat auf die bürokratische Überwachung der Genossenschaften – Verstoß gegen Prinzip Nr. 5[25]. Kein Zufall ist es, daß Genossenschaften im Stile des Raiffeisen-Modells eigentlich nur in einem Land haben Wurzeln schlagen können, nämlich im metakonfuzianischen Taiwan, wo sich die obengenannten sieben Prinzipien gut mit der Danwei-Struktur vertragen.

b) Der dritte Weg

Angesichts der Tatsache, daß es in Asien verschiedene Wertesysteme mit jahrhundertelanger Tradition gibt, müssen von vornherein zwei Tatsachen als ausgemacht gelten, nämlich daß es erstens – allen Empfehlungen der Gruppe 77 zum Trotz – kein kulturübergreifendes, also für die Volkswirtschaft aller Länder gleichermaßen gültiges Patentrezept gibt und daß zweitens die Modernisierung nicht in ein paar Stunden vor sich gehen kann, sondern einen langen und mühevollen Anpassungsprozeß durchlaufen muß.

Wie weit die Region von einem panasiatischen Entwicklungsmuster entfernt ist, läßt sich auf kleinstem Raum bereits in Malaysia beobachten. In einer Fragebogenerhebung bei 391 Managern aus 112 malaysischen Firmen wurden beispielsweise 1981 die Einstellungen malaiischer, chinesischer und «anderer» (d. h. indischer und eurasischer) Manager im Hinblick auf fünf Themenbereiche ermittelt. Dabei kamen zwar durchaus Gemeinsamkeiten zum Vorschein, etwa die Einstellung zur «Arbeitsplatzgestaltung» und zum «Profitstreben»: Sowohl malaiische als auch chinesische Manager wünschten sich zum Beispiel eine «anspruchsvolle Tätigkeit» und möchten möglichst ohne Einmischung von oben arbeiten können. Beide auch betrachten ihr Einkommen vorrangig als Mittel zur Bestreitung eines angemessenen Lebensunterhalts, nicht jedoch als Statusanzeige, der indische Durchschnittsmanager reagierte hier jedoch ganz anders. Auf der anderen Seite unterscheiden sich malaiische Führungskräfte von ihren chinesischen Kollegen beträchtlich in der Einstellung zur «Firmenloyalität», zum «Führungsstil» und zur «Unternehmenspolitik». Der chinesische Manager ist bereit, mit seiner Firma durch dick und dünn zu gehen und im Interesse der Firmenfamilie Opfer zu bringen, während für den Malaien Loyalität zur Firma ihre Grenzen hat. Was den Führungsstil anbelangt, so sprachen sich Chinesen für einen Betriebsleiter aus, der seinen Untergebenen alle nötigen Informationen verschafft und ihnen ansonsten Freiraum läßt, während der malaiische Manager eher den «harmonisierenden» Führer bevorzugt, der stets präsent und «eher Freund als Vorgesetzter» ist. Im Hinblick auf die Unternehmenspolitik schließlich bevorzugen Chinesen eher die Profitmaximierung, während Malaien zur Harmoniemaximierung neigen[26].

Auch wenn diese Umfrage mit schablonenhaften Vorstellungen (hie «Kampong-Mentalität»: mystisch-animistisch, fatalistisch, passiv und konformistisch, dort «Händlermentalität»: fleißig, ehrgeizig, materialistisch und skrupellos) aufgeräumt hat, tritt der entscheidende Unterschied doch höchst plastisch hervor: Der Danwei-Mentalität der Chinesen haben die Malaien nichts Vergleichbares entgegenzusetzen.

Angesichts solcher grundlegenden Unterschiede war es auch nicht verwunderlich, daß die Anfang der achtziger Jahre modische «Look East»-Politik, die den Blick der Asiaten auf die Modelle Japan und Korea lenken sollte, gescheitert ist. Das Japan-Modell mag zwar für China oder Vietnam taugen, nicht jedoch für ein rein malaiisches oder birmanisches Unternehmen! Kein Wunder, daß an die Stelle des «Look East» inzwischen das «Look around» getreten ist.

Die wirtschaftlichen Auffassungen sind also ganz gewiß «nicht überall gleich», sie lassen sich ferner auch «nicht überall sofort» verändern. Vielmehr haben die bisherigen Erfahrungen gezeigt, daß radikale Umsturzversuche den Entwicklungsprozeß nicht etwa beschleunigen, sondern ihn im Gegenteil verlangsamen. Vor allem die zehn Jahre Kulturrevolution in China (1966–76), die Khmer-Rouge-Epoche in Kambodscha (1975–78) und die Jahre des «harten Kurses» in Laos (1975–79) sowie in Südvietnam (1975–79) sollten bewiesen haben, daß Frontalangriffe auf das bestehende Wertesystem die Bevölkerung zu innerer Emigration sowie zähem und langanhaltendem Widerstand – oder aber zu Reaktionen an der Wahlurne reizen: In Indien etwa erhielt die Regierung Indira Gandhis für verschiedene Radikalprogramme, u. a. die Massensterilisierung indischer Männer Mitte der siebziger Jahre, einen Denkzettel. Radikalprogramme endeten bisher in Asien fast überall mit einem Pyrrhussieg und mußten später korrigiert werden, u. a. in Form von «Renormalisierungsprozessen», wie sie etwa in China und Vietnam seit Anfang der achtziger Jahre im Gange sind. Jeder Frontalangriff auf das soziokulturelle System fordert einen hohen Preis – sogar im disziplinierten Japan, das nach einer zweieinhalb Jahrhunderte dauernden Abschottung (1646–1868) durch die «von oben» eingeleitete Meiji-Reform (1868) in einen atemberaubenden Reformstrudel hineingeriet: In nur etwa fünf Jahren wurde fast alles an gesellschaftlicher Ordnung abgestoßen, was in Jahrhunderten gewachsen war, sei es nun das Samuraitum, das Lehnsherrensystem der Daimyos oder das Vier-Klassen-System. Vom Zeitpunkt des «Ausstiegs aus dem Mittelalter» bis zum Sieg über eine europäische Großmacht, nämlich das zaristische Rußland, vergingen lediglich 36 Jahre. Erneut 15 Jahre später gehörte Japan, am Ende des Ersten Weltkriegs, bereits zu den Großen Fünf der internationalen Politik und begann zu den Westmächten auf fast allen Gebieten in Konkurrenz zu treten. Wozu Europa fünf Jahrhunderte gebraucht hatte, durchraste der Schnellzug Japan in nur wenigen Jahrzehnten, und zwar über die Stationen: konstitutionelle Monarchie – Liberalismus – Imperialismus – Militärdiktatur – Besatzung (zum erstenmal in der Geschichte Japans) – westliche «Demokratie» und wirtschaftliche Supermacht. Was diesem Volk zugemutet wurde – und was es am Ende erreichte – war ungeheuerlich, hatte aber seinen Preis: das ganze Volk scheint unter Überdruck und Übernervosität zu leiden. Vor allem auf die vom Wertesystem her verwandten Chinesen wirkt Japan mit seinen Kriminalitäts-, Arbeitslosen-, Drogenverbrauchs- und Selbstmordraten wie ein Alptraum[27]. In einem europäischen Kommentar heißt es: «In Japans Mitte liegt die Leere[28].» Immerhin hat Japan seine «Identität», wenn auch mühsam, bewahren können; zugrunde gegangen ist ja nur die Große, nicht dagegen die Kleine Tradition (dazu oben S. 163 f.).

Vor dem Hintergrund des überlieferten Wertesystems konnte bisher festgestellt werden, daß es eine einheitliche asiatische Entwicklungsstrategie nicht geben kann und daß sich die Entwicklung, zweitens, auch nicht von heute auf morgen bewerkstelligen läßt. Wie also sollen die verschiedenen Entwicklungspfade im Hinblick auf die soziokulturellen Gegebenheiten abgesteckt werden? Drei Fragenbereiche sind hier auseinanderzuhalten: nach dem jeweils zweckmäßigsten binnenwirtschaftlichen Entwicklungsinstrumentarium, nach dem außenwirtschaftlichen Verflechtungsgrad und nach der Instrumentalisierung des Wertesystems für den Entwicklungsprozeß. Die beiden ersten Fragen sind Dauerthemen der Entwicklungsdiskussion, die im vorliegenden Zusammenhang nur am Rand gestreift werden sollen.

Was erstens die Grundelemente des binnenwirtschaftlichen Umwandlungsprozesses anbelangt, so hat gerade Asien bewiesen, daß jede sinnvolle Entwicklung beim Dorf beginnen sollte, wobei Bodenreform und «mittlere Technologie» sowie Erziehungs- und Gesundheitswesen im Vordergrund stehen, und daß Hand in Hand damit ein schrittweises Vorgehen von der Tradition zur Moderne sowie vom Dorf zur Stadt zu beherzigen ist. Einschlägige Erfahrungen sind inzwischen asiatisches Allgemeingut. Wer sich nicht an sie hält, bezahlt mit teurer Münze und muß früher oder später doch wieder zur Korrektur schreiten. Der Schlüssel zum taiwanesischen Wirtschaftswunder lag nicht zufällig bei der Bodenreform. Die meisten anderen asiatischen Länder haben sich, sehr zu ihrem Schaden, nicht an diese Erkenntnis gehalten. Zwar hätten sie dem taiwanesischen Tempo wohl kaum folgen können, doch wären sie zumindest das Haupthindernis auf dem schwierigen Entwicklungsweg losgewesen. Auch für Asien gilt, was für Lateinamerika längst selbstverständlich ist, daß nämlich alles, was den Grundbesitzern nützt, der Volkswirtschaft insgesamt und damit dem Lande schadet.

Gefragt sind ferner die bekannten «angepaßten Technologien», für die es hervorragende Modellbeispiele gibt – man denke an kleine Reispflanzmaschinen, an Biogasanlagen, an Kleinbewässerungsprojekte, die von der lokalen Bevölkerung selbst getragen werden, oder an die Entwicklung der Seidenproduktion, die zu einer Verbindung zwischen Landwirtschaft und Industrie, von Groß-, Klein- und Haushaltsbetrieben sowie zur Einbeziehung der Frauen führt und die nicht nur die Privatinitiative, sondern am Ende auch die Herausbildung von Genossenschaften fördert[29].

Das schrittweise Vorgehen von traditionellen zu modernen Produktionsweisen wurde vom ILO-Beschäftigungsprogramm für Asien (ARTEP) gefordert und ist – unter soziokulturellen Gesichtspunkten – in der Tat auch die einzige brauchbare Methode. Anstelle allzu ehrgeiziger Industrialisierungsprojekte, die zu einem krebsartigen Wachstum der Städte, zu Landflucht, zu Arbeitslosigkeit und Armut führen, soll, wie es heißt, der «Ausbau kleinräumiger arbeitsintensiver Projekte im Rahmen der traditionellen Dorfgemeinschaften» betrieben werden. Stufenstrategie par excellence hat Taiwan aller Welt vor Augen geführt. Die Grundsätze, die der Inselstaat seinen Vierjahresplänen zwischen 1953 und 1987 zugrunde gelegt hat, lauten stichwortartig: Ausgeglichenheit zwischen Industrie und Landwirtschaft, stufenweise Entwicklung der Landwirtschaft über die Leichtindustrie zur Schwerindustrie, von arbeitsintensiven zu kapitalintensiven Verfahren (Nebeneffekt: Lernen durch Aufbau), von der Importsubstitution zur Exportförderung, von der Ernährung der eigenen Bevölkerung über den Export zur Kapitalbildung, von anfänglicher Staatsinitiative zur Privatinitiative und von der einfachen zur «mittleren» Technik. Man bevorzugte am Anfang weder den A(arbeitsintensiven)-Typ (zum Beispiel Papier, Sägemühlen) noch den K(kapitalintensiven)-Typ (zum Beispiel Zucker, Zement etc.), der, soweit es sich nicht vermeiden ließ, der öffentlichen Hand verbleiben sollte, sondern den AK-Typ (zum Beispiel Sperrholz, Plastikverarbeitung und Elektrogeräte). Ergänzend zu den Kleinbetrieben entstanden Infrastrukturgroßbauten (die sog. «Zehn großen Projekte»); gleichzeitig wurde die Eigeninitiative durch Export-Freizonen und durch Förderung von Joint Ventures unterstützt. Folgende vier Elemente waren am Ende für die Entwicklung Taiwans (und übrigens auch Südkoreas) maßgebend, nämlich (1) das «Gehen auf eigenen Beinen» mittels einer Politik der Importsubstitution, die auch der «Hausarzt der Region», die Asiatische Entwicklungsbank, gerne mit weichen Krediten unterstützte; (2) Aufbau von Schutzmauern, hinter denen sich die eigene Wirtschaft kurzfristig (!) verstecken und entwickeln konnte; (3) rascher Übergang zur Exportpolitik, durch den die heimische Wirtschaft auf Teilgebieten dem scharfen Wind des internationalen Wettbewerbs ausgesetzt und zur Effizienz gezwungen wurde; (4) schrittweise Expansion vom Textilsektor zu Hochtechnologie-Gütern (Elektronik) und von billiger Massenware zu immer anspruchsvolleren und teureren Produkten, also von der Schraube zum Auto und zum elektronischen Textverarbeitungssystem. Ob andere asiatische Staaten diesem «Modell» folgen können, ist eine Frage, die sich angesichts des «Wertevorsprungs» der metakonfuzianischen Länder nicht ohne weiteres beantworten läßt. Auf alle Fälle aber eignet sich dieser «dritte» Weg mit seiner gleichgewichtsbedachten und sukzessiven Schrittfolge weitaus mehr zur Bewältigung der Aufbauprobleme als das rein «kapitalistische» oder stalinistische Modell, welches das Pferd vom falschen Ende, nämlich der Schwerindustrie, her aufzäumt.

Die zweite Frage berührt die bekannten und bis zum Überdruß durchdiskutierten drei Strategien zur Überwindung der Armut, die sich mit den Fragen «Wachstum durch Integration in die liberale Weltwirtschaft?», «Wachstum durch Integration in eine Neue Weltwirtschaftsordnung?» oder aber «Selektive Abkoppelung aus der Weltwirtschaft?» charakterisieren lassen. Faßt man die besonderen wirtschaftlichen Gegebenheiten und Wertesysteme der einzelnen asiatischen Länder ins Auge, so erweisen sich generalisierende Antworten von vornherein als Holzweg. Ein Rohstoffland wie Malaysia, das mit seinen Zinn-, Kopra- und Kautschuklieferungen von vornherein auf den Weltmarkt angewiesen ist, kann sich ganz gewiß keine «Abkoppelung» erlauben. Aber auch Länder, die mit einem wirtschaftsfreundlichen soziokulturellen Kapital ins Rennen gegangen sind, brauchen die «Große Schutzmauer» nur für eine kurze Übergangsperiode. Wenn überhaupt, dann müssen nicht sie sich vor den anderen schützen, sondern die anderen sich schon bald vor ihnen – man denke an die außenwirtschaftliche Agilität der «Vier kleinen Drachen» (Singapur, Hongkong, Taiwan, Südkorea), die sogar in den USA mittlerweile Protektionswünsche aufkommen läßt, von Japan ganz zu schweigen. Staaten andererseits, die wirtschaftlich nur langsam anspringen, bedürfen dagegen auf lange Sicht hin des außenwirtschaftlichen Schutzes, wobei sie freilich gut beraten wären, die Isolation nicht auf die Spitze zu treiben – Birma gibt hier ein warnendes Beispiel. Vom Wertesystem her gesehen eignet sich die «Integration in die liberale Weltwirtschaft» also ganz gewiß für die metakonfuzianischen Staaten, nicht dagegen für die anderen asiatischen Wirtschaftskulturen, die entweder zwischen «Neuer Weltwirtschaftsordnung» oder selektiver Abkoppelung zu wählen haben. Da die «NWWO», eine Art Schutz- und Trutzbündnis der Schwachen, mit ihrer Forderung nach neuen Spielregeln für die Weltwirtschaft auf absehbare Zeit kaum durchdringen kann, bleibt nur der Abschottungsweg, wobei dem Staat als Organisator eine übermächtige Rolle zukommt.

Die dritte Frage, die sich auf die Instrumentalisierung der soziokulturellen Traditionen für den Wirtschaftsaufbau richtet, ist im vorliegenden Zusammenhang mit Abstand am interessantesten. Die Suche geht hier nach «kulturverträglichen» Entwicklungsmethoden, die aus einer Kombination von Modernität und identitätserhaltender bzw. identitätsfördernder Kontinuität bestehen[30]. Jede Innovationspolitik hat darauf zu achten, daß Neuerungen nicht in direkten Konflikt zu den überkommenen Werten geraten, daß ferner innovationshemmende Elemente im Sinne der Tradition uminterpretiert werden und daß, drittens, innovationsadäquate Verhaltensänderungen herbeigeführt werden. Wer also beispielsweise in einem islamischen Land wie Malaysia ein Sparkassenprojekt verwirklichen will, muß in seinen Überlegungen nicht nur das nun einmal vorhandene Zinsverbot berücksichtigen, sondern hat darüber hinaus auch Anstrengungen zu unternehmen, um der betreffenden Bevölkerung die Einsicht in die Sinnhaftigkeit des Sparens zu vermitteln. Dieser Motivationswandel läßt sich u. a. dadurch erreichen, daß örtliche Autoritäten ihren Segen geben und als Vorbilder voranschreiten[31]. Ausgesprochen kontraproduktiv wirkt es, wenn die zentralen Regierungen aus Furcht vor Machtverlust eine solche «Regionalisierung» der Entwicklungspolitik verhindern (Näheres dazu oben S. 75).

Auf ihrem Weg zur Herausentwicklung einer «kulturadäquaten» Wirtschaftsstrategie besitzt jede Gesellschaft als Startkapital ein recht unterschiedliches Modernisierungspotential. Das Sparen braucht in den metakonfuzianischen Gesellschaften beispielsweise nicht erst erlernt zu werden, während es für die meisten Theravada-Gesellschaften ein Novum ist. (Hochkulturen mit einer überlokalen Großen Tradition sind im allgemeinen innovationsfähiger als parochiale Gesellschaften; haben sie doch bereits «darwinistische» Ausleseprozesse im Wettkampf mit anderen Lokalkulturen überstanden.)

Was den Werte- und Innovationsvorsprung anbelangt, so gibt es zwischen den einzelnen asiatischen Kulturen ebenfalls beträchtliche Unterschiede. Mit Abstand am günstigsten im Rennen liegen, wie gesagt, die metakonfuzianischen Gesellschaften mit ihrem Leistungsbewußtsein, mit ihrem Sparwillen und ihrer Korporativität. Sie brauchen den Staat als Entwicklungsagentur nur kurze Zeit. Am wohlsten fühlt sich ihre Wirtschaft in Einheiten, denen aus dem Transdanwei-Bereich Vorgaben gemacht werden, sei es nun in Form von staatlichen Plänen oder überbetrieblich abgestimmten bürokratischen Einzelmaßnahmen. Man wirft die Danweis ins Wasser – und sie schwimmen nach kurzer Zeit von selbst. Auch in der VR China, wo drei Jahrzehnte lang ein stalinistischer Steuerungsprozeß von oben Unheil angerichtet hatte, ist man inzwischen zu der Erkenntnis zurückgekehrt, daß die Initiative von unten ausgehen muß und daß der Transdanwei-Bereich nur rahmenhafte Vorgaben liefern darf. Das neue Zauberwort heißt «Verantwortlichkeitssystem», womit letztlich Danwei-Autonomie gemeint ist. Die Danwei-Eigeninitiative soll ferner nicht mehr, wie lange Zeit geschehen, durch imperative Teilpläne, sondern durch «indikative» Pläne nur noch rahmenhaft eingeschränkt werden. Gerne vergleicht man den Plan mit einem Vogelkäfig, den Markt aber mit dem Innenraum; während der Mao-Jahre war er auf Schuhkartongröße zusammengestaucht worden, nun aber soll er auf Hallengröße wachsen. Sogar das Mitte der achtziger Jahre in einer tiefen wirtschaftlichen Krise steckende Vietnam dürfte sich wie ein Phönix aus der Asche erheben, sobald es sich einmal von den «unnormalen» stalinistischen Vorgaben freigemacht und zurück zur Danwei-Autonomie gefunden hat.

In den vier anderen Kulturkreisen wird dagegen der Staat die Wirtschaft noch auf lange Zeit hin an der Hand führen müssen, da es dort zumeist am inneren Antrieb fehlt, über die bloße Eigenversorgung hinaus zu arbeiten. Vor allem in den theravadabuddhistischen Bauerngesellschaften gilt Gewinnstreben und Sparen ja nach wie vor als anrüchig. Der Sangha allerdings ist gegenüber den Herausforderungen der Moderne keineswegs untätig geblieben, sondern hat in zweifacher Weise reagiert, nämlich durch Entfachung eines antikolonialen Widerstands sowie durch den Entwurf eines «buddhistischen Modernismus»[32], der nachzuweisen versucht, daß hochmoderne – und angeblich europäische – Erfindungen in der klassischen Lehre Gautamas ja doch längst vorweggenommen worden seien, so zum Beispiel die Atomphysik oder die moderne Psychologie; ferner sei die Forderung nach Gewaltlosigkeit (ahimsa) schon 2000 Jahre vor der heutigen Menschenrechtsdiskussion erhoben worden, gar nicht zu reden von dem in der buddhistischen Praxis angelegten Friedensgedanken. Solche Neuinterpretationen sind allerdings Stückwerk geblieben und haben vor allem keine kulturadäquaten Deutungen für die Legitimierung modernen Wirtschaftens geliefert. Und doch gibt es ein sozioökonomisches Modell, das über 2000 Jahre alt ist, nämlich den Ashoka-Staatsbuddhismus, in dem die Bürokratie maßgebende Steuerungsfunktionen ausübt (Näheres dazu oben S. 145 f.). Da die Bauern auch heute noch «Regen und Sonnenschein von den Beamten erwarten», erschiene ihnen die Wiederbelebung eines solchen Wohlfahrtsstaates alles andere als anomal. Allerdings verbinden sich mit ihm drei Gefahren[33].

Erstens das Lähmungsrisiko. Ein warnendes Beispiel hierfür gibt das Ceylon der sechziger und siebziger Jahre ab. Unter Ministerpräsidentin Bandaranaike wurde damals fast die ganze Wirtschaft verstaatlicht und eine Politik des «kostenlosen Reises für jedermann» eingeführt, die katastrophale Haushaltslücken riß, den Durchschnittsceylonesen in seiner ohnehin passiven

Haltung noch zusätzlich bestärkte und ein unternehmerisches Vakuum hinterließ. Weitere Sozialisierungsschritte waren die Begrenzung des Grundbesitzes auf 50 Acres pro Familie (1974) sowie auf ein «Haus» pro Familie, die Limitierung des verfügbaren Einkommens auf monatlich 2000 Rupien pro Person, die Verlängerung des Zwangssparens und die Verstaatlichung aller Plantagen (1975). Das Wohlfahrtsprogramm bescherte der Regierung bei den «Reiswahlen» von 1970 zwar berauschende Erfolge, führte aber zu miserabler Versorgungslage, galoppierender Inflation und bedrückender Arbeitslosigkeit. Das Bandaranaike-Experiment ist gescheitert, aber nicht weil es grundsätzlich falsch war, sondern weil es zu einseitig, d. h. ausschließlich von oben, durchgeführt wurde, ohne daß man sich bemüht hätte, gleichzeitig auch die Eigeninitiative von unten zu beleben.

Die zweite Gefahr besteht in der drohenden Korrumpierung des in einem «Ashoka-Staat» übermächtigen Beamtentums. Freilich gibt es hier ein traditionelles Linderungsmittel, das langfristig durchaus wohltätige Wirkung ausüben könnte, nämlich die Deutung sozialpolitischer Maßnahmen als «Verdienst»bringendes Tun mit entsprechenden karmischen Folgen zugunsten lauterer Amtsträger. Man muß sich überhaupt wundern, daß von dieser urbuddhistischen Rechtfertigung bisher in der Praxis so wenig Gebrauch gemacht wurde! Das Credo der Keynesianer heißt «Wohlstand kann organisiert werden». Dies müßte – und zwar aus religiös-ethischen Gründen – erst recht für einen Buddhisten gelten!

Drittens kann der staatlich verankerte Buddhismus die nichtbuddhistischen Minderheiten vor den Kopf stoßen. Einen möglichen Ausweg hat hier der frühere birmanische Ministerpräsident U Nu gewiesen, nämlich die Gewährung von Teilautonomie. Wer sich mit einem solchen Gedanken nicht anfreunden kann, hat den hohen Preis jahrzehntelanger militärischer Auseinandersetzungen zu zahlen, wie er von der Regierung Ne Win, sehr zum Schaden des birmanischen Wirtschaftsaufbaus seit 1962 erbracht werden mußte.

Auch in den islamischen Ländern Südostasiens bleibt der Staat als Entwicklungsagentur noch auf lange Zeit unentbehrlich. Wie oben S. 98 f. bereits ausgeführt, werden obrigkeitliche Interventionen im Rahmen des BIMAS-Programms («Grüne Revolution») den Dörflern vor allem unter dem Siegel der «Zusammenarbeit» (gotong royong) «verkauft».

Ein mögliches Heilmittel gegen die Bürokratisierung der Entwicklungspolitik wäre die fiduziarische Einschaltung regionaler Patronage- und Seilschaftsgruppen (zum Bapak/Anak-Verhältnis siehe oben S. 74 f.), doch ist Jakarta aus Machtverteilungsüberlegungen vor solchen Dezentralisierungsansätzen bisher zurückgeschreckt.

Was die Instrumentalisierung islamischer Lehren für die moderne Entwicklung anbelangt, so gibt es hier seit dem Ende des 19. Jahrhunderts eine Tradition, deren geistige Väter, die beiden Kairoer Rechtslehrer Dajamal al-Afghani und Muhamad Abduh, in der malaiischen Welt mehr Echo gefunden haben als in ihrem eigenen Land. Afghani lehrte ein höchst modern anmutendes Wertesystem, das, wie er betonte, keineswegs westlichen Ursprungs sei, sondern aus der Schatztruhe des Islam stamme, aus der übrigens auch die Europäer ihr Wissen entnommen hätten. Er kleidete ferner genuin westliche Ideen in islamische Termini und lieferte damit den gläubigen Mohammedanern in Niederländisch-Indien das ideologische Rüstzeug zum Kampf gegen die Kolonialmächte. Im Gegensatz zu Afghani empfahl Abduh, mit offenem Visier vorzugehen, also westliche Methoden und westliches Wissen unverkleidet zu übernehmen und gleichzeitig den Islam von allen modernisierungsfeindlichen Elementen und Praktiken zu reinigen. Beide Lehrer hatten also dieselben Ziele, nämlich den antiimperialistischen Kampf und die Beibehaltung «muslimischer Substanz», unterschieden sich voneinander aber in der Taktik, insofern Afghani westliches Gedankengut islamisierte und damit «verdaulicher» machte, während Abduh zur Stärkung der «islamischen Substanz» die offene Übernahme westlicher Methoden für durchaus akzeptabel hielt.

Auf besonders fruchtbaren Boden fiel der neuinterpretierte Islam vor allem bei der kaufmännischen Mittelschicht Indonesiens, die sich 1911 gegen die niederländische und auslandchinesische Konkurrenz zu einem Notbündnis zusammenschloß, das unter dem Namen «Sarekat Dagang Islam» (Gesellschaft der muslimischen Kaufleute) in die Geschichte einging und zur ersten gesamtnationalen Organisation Indonesiens sowie 1912 auch zu einer politischen Partei wurde[34]. Mit seiner positiven Bewertung der Industrie und des Privateigentums wirkte der islamische Modernismus zugleich auch als Kristallisationskern für ein bis heute allerdings marginal gebliebenes indonesisches Unternehmertum[35]. Auf die Auslegungstradition Afghanis zurückgehen dürfte u. a. auch die Uminterpretation des Gotong-royong-Begriffs zur Rechtfertigung von Staatsinterventionen. Es wäre für die indonesische Regierung ein leichtes, mit zusätzlichen neuinterpretierten Islam-Begriffen das Bewußtsein der Bevölkerung zu besetzen und über diese «Meinungsführerschaft» auch wiederum den Zugriff auf die politische Macht zu verstärken; doch würde sie mit einer solchen Islamisierungspolitik ihren eigenen Grundsätzen zuwider handeln, die ja, wie oben ausgeführt, in der überkonfessionellen Pancasila-Verfassung verankert sind.

Wohl am schwierigsten gestaltet sich die Entwicklungspolitik in der Indischen Union. Hier gibt es einerseits die erwähnten Business Communities, die «Weltniveau» besitzen, Eigeninitiative entwickeln und auch internationaler Konkurrenz standhalten können. Sie bedürfen der staatlichen Hilfe nur am Rande. Ganz anders die breite, noch in Kastenregeln eingebundene Bauern- und Handwerkerbevölkerung, die, wenn überhaupt, nur durch den Staat aus ihrer traditionellen Verkapselung herausgelöst werden kann. Dazu aber bedürfte es, wie das politische System Indiens nun einmal gelagert ist, der Mithilfe selbstloser, «patriotischer» und der «gemeinsamen Sache» verpflichteter Lokalpolitiker. Leider lehrt die indische Erfahrung, daß solche Erwartungen illusorisch sind. Die Stärke der Congress Party beruht darauf, daß sie es verstanden hat, sich den lokalen Machtstrukturen anzupassen, also vor allem die Anhängerschaft der «dominanten» Kasten zu gewinnen. Die Partei spiegelt in ihrer National-, Einzelstaats- und Distriktsstruktur ziemlich genau die Machtverhältnisse auf den Dörfern wider. Die Congress Party hat der in ihr mehrheitlich vertretenen Abneigung gegen Landreformen auch künftig Rechnung zu tragen, will sie sich nicht selbst den Teppich unter den Füßen wegziehen[36]. Unter diesen Umständen ist das Dorfentwicklungsprogramm auf Sand gebaut. Man fragt sich, wie hier je eine «Entwicklung» in Gang kommen soll, wo es doch weder Eigeninitiative noch wirksame Handreichungen von seiten des Staates gibt. Der prominenteste Nachfolger Gandhis, Jayaprakash Narayan, forderte einst «eine umfassende Revolution auf politischem, wirtschaftlichem, sozialem, erzieherischem, moralischem und kulturellem Gebiet», wenn die sozialen und wirtschaftlichen Probleme Indiens wirklich an der Wurzel gepackt werden sollen[37]. Wie aber soll sich diese «Revolution» vollziehen? Der marxistische Weg ist von vornherein verbaut, da es in der hinduistischen Gesellschaft keine Ansatzpunkte für Klassenbildungen gibt (vgl. oben S. 76ff., 88ff.) und da überdies auch der Fatalismus weitverbreitet ist (Näheres S. 209). Aus dem gleichen Grund scheitert übrigens auch eine Evolution.

Möglicherweise heizt sich der Kessel also weiter auf, ohne daß es auf absehbare Zeit zur Explosion kommt: vielleicht die zutreffende Beschreibung der gegenwärtigen indischen Gesellschaft. Sollte es, als Ultima ratio zu einer diffusen chiliastischen Bewegung ohne präzise Ziel- und Mittelvorgaben kommen, so wäre dies am Ende des 20. Jahrhunderts eine wahrhaft paradoxe Situation. Man fühlt sich erinnert an ähnliche indische Revolten, zum Beispiel die Rebellion der Santal-Stämme (1855), die Mutiny-Revolte (1857) und eine Reihe weiterer Bauernaufstände zwischen 1873 und 1900, die allesamt zu elementaren Ausbrüchen ohne Kanalisierung in eine bestimmte Richtung führten[38].

IV.
Wie Asiaten denken

1. Andere Fragestellungen, andere Antworten

Beim Vergleich von «westlichem» und «östlichem» Denken haben sich im Laufe der Zeit einige Stereotypen herausgebildet, die sich auf folgende Formeln bringen lassen: hie analytisch, logisch und materialistisch, dort synthetisch, intuitiv und spirituell, hie objektiv, aktiv und dynamisch, dort subjektiv, passiv und statisch, hie intellektuell, dort emotional, hie «Zugewandtheit zu den Dingen», dort «Eskapismus», hie Betonung des Raums, dort Bevorzugung der zeitlichen Dimension und dergleichen mehr. Abgesehen davon, daß es sich hier um unzulässige «Panasiatisierungen» handelt, machen solche Schlagworte auch nicht genügend deutlich, daß das (traditionelle) asiatische Denken in einem anderen Kontext steht und daß es deshalb so verschieden vom europäischen ist, weil es erstens andere Fragen stellt, zweitens andere Antworten gibt und drittens seine Erkenntnisse anders überträgt und vermittelt.

Die abendländische Philosophia perennis fragt in der klassischen Formulierung Kants: Was kann ich wissen? Was soll ich tun? Was darf ich hoffen? Typischerweise kreisen all diese Fragen (und auch noch weitere wie: Woher komme ich? Wohin gehe ich? Warum bin ich?) um ein Subjekt, dessen Substantialität als selbstverständlich vorausgesetzt wird.

Demgegenüber fragt Indien: Ich? Gibt es mich denn? Ist die Frage nach dem Woher, dem Wohin und dem Warum überhaupt sinnvoll?

Wiederum anders die chinesische Tradition, die weniger vom Erlösungs- als vom Erziehungsdenken bestimmt ist. Vor allem die Schulen des Konfuzianismus und des Legalismus fragen: Wie wird aus dem Ich ein Wir?

All jene vielfältigen Problemstellungen, die in Europa höchst verstandesbezogen und mit spielerischer Neugier jahrhundertelang «durchkonjugiert» worden sind, wie «Sein und Werden», «Subjekt und Objekt», «Form und Materie», «Transzendenz und Immanenz», sind für die chinesische Philosophie, sieht man einmal vom Daoismus ab, kein Thema, und zwar nicht etwa deshalb, weil es dafür an der nötigen geistigen Potenz fehlte, sondern weil dafür einfach kein «faustischer» Wissensdrang bestand. Selbst eine der wenigen auch in China angestellten «Wesens»-Erkundigungen, nämlich die Frage nach der Natur des Menschen, wird unter höchst zweckbezogenen Gesichtspunkten gestellt. Bekanntlich gibt es darauf drei klassische Antworten, die freilich nicht um der bloßen Erkenntnis, sondern vielmehr um praktischer Konsequenzen willen erteilt werden:

Konfuzius, Menzius: Der Mensch ist gut; sonst hätte er nicht aus einem Hordentier zu einem Wesen mit Gesittung (li) und Tugend (de) werden können. Durch Erkenntnis seiner wahren Natur, durch Ordnung seines Inneren, durch Ordnung der Familie, der nächsten Umgebung und schließlich des Reiches erfolgt die stufenweise Vervollkommnung, wie sie in einem der jahrhundertelang auswendig zu lernenden Grundtexte des Konfuzianismus, der «Großen Lehre» (daxue), niedergelegt ist (Näheres dazu S. 191, 196).

Xun Zi (298–235 v. Chr.): Die Menschennatur ist unersättlich[1] und bedarf daher strenger Disziplinierung. Durch präzise Befolgung der Rituale, durch den Nachvollzug genau umschriebener sozialer Rollen (mingfen) und durch Koinzidenz von Bezeichnungen und Verhaltensweisen (zhengming) (Näheres oben S. 147 ff.) wird der einzelne zum Mitglied einer zivilisierten Gemeinschaft.

Han Fei und die Legalisten (4. und 3. Jahrhundert v. Chr.): Der Mensch ist schlecht. Er muß deshalb durch Gesetze und äußeren Zwang gefügig gemacht werden. Ob Tugend, Gesittung, Institutionen oder Gesetze, wie sie in diesem Zusammenhang vorgeschlagen werden, göttlicher oder menschlicher Herkunft, ob sie ursprünglich (Naturrecht) oder gesetzt sind – all dies steht bei den chinesischen Praktikern nicht zur Debatte!

Nur im Daoismus breitet das sonst so nüchterne China die Flügel aus und beginnt frei zu schweben. In fast «indischer» Weise wird hier das Ich hinterfragt, wird die ständig fließende «Veränderung» von Person und Umgebung und das Schweben zwischen Tag und Traum thematisiert. Ähnlich fragt der (Theravada-)Buddhismus: Gibt es mich? Vor allem aber: Wie kann ich die Ich-Verstricktheit und Ich-Täuschung überwinden und frei von Leid werden? Der Islam schließlich fragt: Was ist Gottes Wille?

All diese Ansätze zeigen, daß im traditionellen Asien kein Bedürfnis nach Wissen um des Wissens und nach Erkenntnis um der Erkenntnis willen bestand: Erkennen wollen kann ich ja nur, was ich auch werden kann (dazu Näheres unten S. 198 ff.). Die europäische Philosophie- und Wissenschaftsgeschichte legt demgegenüber einen einzigartigen Erkenntniswillen an den Tag, der schon früh auf ganzheitliche Betrachtungsweisen verzichtete, sich Einzelphänomenen zuwandte und damit die Voraussetzungen für eine Verselbständigung der Natur- und Geisteswissenschaften schuf, die am Ende auch zur Naturbeherrschung führten. Die stets ganzheitlich gebliebene asiatische Denkweise fragt nach «Verkettungen», d. h. nach dem «Wozu?», wobei stets religiöse oder soziale Belange mit im Spiel sind, während das westlich-analytische Denken sich hauptsächlich für das «Wie?» interessiert. Die Frage «Wie geht dies vor sich?» oder «Wie funktioniert dies?» verlangt eine Analyse, nicht aber das Erkennen (eines Zwecks oder Ziels). (Zum Unterschied zwischen Wirk- und Zweckursachen vgl. unten S. 206 ff.).

Die Folgen dieses Unterschieds treten auf fast jedem Gebiet zutage: Während in Asien religiöse oder soziale Spekulationen vorrangig blieben

(«Wozu» muß ich mich so oder so verhalten?), ging in Europa die teleologisch und holistisch ausgerichtete Religion immer mehr zugunsten von Einzelwissenschaften wie Soziologie, Psychologie und Naturwissenschaften zurück, die nach den Wirkursachen fragten («Wie» kommt es zu Störungen in der gesellschaftlichen Ordnung oder im seelischen Haushalt?, «Wie» funktionieren die Fallgesetze? etc.). Während es für die «harte Wissenschaft» des Westens zur Ehrensache wurde, zielgerichtete Betrachtungsweisen aus ihren Analysen so weit wie möglich auszuklammern, konnte sich das traditionelle asiatische Denken nie von seinen teleologischen Ansätzen lösen (zur Ganzheitlichkeit vgl. oben S. 38 ff.).

Kein Wunder, daß angesichts solch grundverschiedener Prämissen die Gefahr des Mißverstehens beträchtlich ist. Ein klassisches Beispiel dafür bildet der 1927 von Alfred Forke in der Reihe «Handbuch der Philosophie» veröffentlichte Beitrag mit dem Titel «Die Gedankenwelt des chinesischen Kulturkreises»[2], der nach typisch «abendländischen» Gesichtspunkten gegliedert ist («Logik und Erkenntnistheorie», «Metaphysik», «Naturphilosophie», «Psychologie», «Ethik», «Staats- und Rechtsphilosophie») und dem ganzheitlichen chinesischen Denken keinerlei Rechnung trägt. Wer so vorgeht, zwängt das chinesische Denken in ein Prokrustesbett ein. So kommt es denn auch, daß die einzelnen Kapitel, obwohl sie mit bewundernswerter Akribie und Sachkenntnis gearbeitet sind, an Sprödigkeit und Unergiebigkeit kaum noch zu übertreffen sind. Lediglich beim Kapitel «Staats- und Rechtsphilosophie» gewinnt der Stoff an Leben. Wen wundert es!

2. Wo Asien anders denkt als Europa

a) Erkenntnis- und lerntheoretische Unterschiede: Nicht «erkennen», sondern «innewerden»

Traditionelle Arten des «Innewerdens»
Einer der Hauptunterschiede zwischen europäischem und asiatischem Denken besteht darin, daß dieses zu Objektivierung, jenes dagegen zu Subjektivierung einlädt – zumindest in der Großen Tradition.

Nach westlicher Auffassung stehen sich beim Erkenntnisvorgang Subjekt und Objekt als Erkennendes und Erkanntes – in dualistischer Weise – gegenüber. Ziel aller Erkenntnis ist es seit Aristoteles, die Gegebenheiten zu objektivieren und sie in Begriffe zu fassen, wobei «etwas als etwas erkannt wird», zum Beispiel A als «Lügner» oder ein geometrisches Gebilde als «Viereck». «Erkannt» ist demnach, was in objektive Begriffe eingegangen und von subjektivem Beiwerk befreit ist. In der asiatischen Tradition verläuft dieser Prozeß gerade umgekehrt. Hier besteht der Drang, alles Objektive zu subjektivieren. Was hiermit gemeint ist, wird anhand einiger besonders typischer Beispiele aus der Welt des Hinduismus, des Buddhismus und des Konfuzianismus Wang-Yangmingscher Prägung deutlich:

Nach hinduistischer Auffassung, wie sie besonders für das klassische Veda und das Denken Shankaras bezeichnend ist, gibt es nur *eine* Substanz, die «Weltseele» (brahman), aus der alles und jedes hervorgeht und in die alles und jedes rhythmisch wieder zurückkehrt. Jeder einzelne Mensch muß erkennen, daß er nicht ein losgelöstes Individuum, sondern ein Funke ist, der sofort wieder in die Lohe zurückfällt, oder ein Wassertropfen, der im Ozean verfließt. «Tat twam asi» («Das bist du») – dieses «große Wort» ist gewiß eine der radikalsten und großartigsten Identitätsaussagen, die in der Geschichte der Menschheitsphilosophie gemacht worden sind. Indem der einzelne mit Hilfe mystischer Übungen in ein «Selbst» (atman) eintaucht, kann er jene All-Einheit «erfahren», von der er nur ein Teil ist. «Erkannt» hat er am Ende nicht das, was er mit dem Verstand erfaßt und objektiviert hat, sondern nur, was er selbst geworden ist[3]. Gott (oder das umfassende Brahman) kann also weder begrifflich festgelegt noch, wie es bei Immanuel Kant geschieht, postuliert werden; vielmehr kommt es für «mich» darauf an, die in sich trügerische Subjekt-Objekt-Dualität zu durchstoßen und damit in das Meer der Weltseele zurückzutauchen: Im Deutschen gibt es für dieses mystische Einswerden den schönen Ausdruck «innewerden», der weitaus besser paßt als «erkennen». Schon hier wird deutlich, daß «Wissen» und «Erkenntnis» nur so viel wert sind, wie sie praktisch auf dem Erlösungs- oder Selbstvervollkommnungs-«Weg» weiterhelfen. Wo es so sehr darauf ankommt, daß ich etwas nicht nur (begrifflich) erfasse, sondern daß ich es vor allem werde, verengt sich Philosophie auf wenige Interessengebiete. Kann ich doch nur erkennen wollen, was ich werden kann! Alles andere zwischen Himmel und Erde möge dem Agnostizismus anheimfallen. Kreative Neugier wie im Westen ist hier nicht gefragt; Wissen um des Wissens willen gilt als wertlos – ein Gedanke, der vor allem in Zen-Klöstern gängig ist, wo theoretisches Wissen für überflüssig erklärt, Bücherliteratur bisweilen sogar auf den Abort gelegt und ausschließlich praktisch auf das mystische Erlebnis hingearbeitet wird.

Zu einer ähnlichen Subjektivierung führt die in Indien kreierte, aber vor allem in Ostasien, und hier wiederum in Japan, verbreitete Philosophie des buddhistischen Mönches Nagarjuna (ungefähr 200 n. Chr.) von der «Leere» (sunyata). Auf der Suche nach der wahren «Buddhanatur» stellte er drei Kriterien für das «Wesenhafte» (svabhavata) auf. «Es» dürfe nicht entstanden, durch keine andere Erscheinung bedingt und nicht vergänglich sein. Nichts auf der Welt könne vor diesem dreifachen Maßstab bestehen, weder der Mensch, der im Laufe seines Lebens ständigen Veränderungen unterliege, noch sogar ein Stein, der ja ebenfalls abgeschliffen und ausgewaschen werde. Letztlich gebe es überhaupt nur eine einzige Eigenschaft, die allen Phänomenen gemeinsam sei, nämlich ihre «Nichtwesenhaftigkeit» (asvabhavata), die von Nagarjuna auch «Leere» genannt wird. Dieses «Sunyata» sei aber keineswegs identisch mit dem «Nichts»; vielmehr müsse es als das einzige Beständige, Wesenhafte und Absolute begriffen werden. Ziehe sich aber nun einmal die «Leere» als roter Faden durch alle Dinge, Erscheinungen und Begriffe, so gebe es am Ende nirgends mehr Unterschiede, sondern nur noch eine einzige umfassende Einheit – eben die wahre «Buddhanatur». Selbst Samsara, der Kreislauf der Wiedergeburten, und Nirvana, das Erlöstwerden aus dem Kreislauf, sind dann nicht mehr verschieden, sondern identisch. Jedes Lebewesen ist, da es an der großen «Leere», Buddhanatur, teilhat, potentiell bereits erlöst. Die aktuelle Erlösung freilich geschieht erst durch das Wissen um die «Leere». Wer unwissend dahinlebt, erfährt Täuschungen und Leid, wer dagegen wissend wird, ist erlöst. Da dieses Wissen aber jenseits der Begriffe liegt, ist es nur durch mystisches Eintauchen in die «Leere» – eben durch Innewerden – zu erreichen. Nagarjunas Sunyata-Konzept hat im tibetischen, chinesischen und japanischen Meditations(chan/zen)-Buddhismus jahrhundertelange Nachwirkungen gehabt. Um Satori («Erlösung») zu erreichen, strebt der Zen-Buddhist nach Einswerden mit der «Leere durch unmittelbare Schau». «Leere» darzustellen ist vor allem das Anliegen der in ihren schönsten Exemplaren unsterblichen Zen-Malerei, die auf unvergleichliche Weise mit Andeutungen arbeitet und zum mystischen Miterlebnis einlädt[4].

Der klassische Konfuzianismus, angefangen vom Meister selbst bis zu Zhu Xi (1130–1200), dem «Thomas von Aquin» der Schule, hat die Frage nach der Natur der Dinge und ihrer Wahrnehmung in typisch chinesischer Weise als solche zwar nicht zur Kenntnis genommen, doch haben auch sie in ihrer Lehrpraxis nie einen Zweifel daran gelassen, daß «Erkennen» letztlich im «Nachahmen» eines persönlichen Vorbilds besteht. Erst Wang Yangming, ein Philosoph der Ming-Zeit, brachte die Subjektivierungsfrage auch theoretisch auf den Punkt, wobei seine Überlegungen beim konfuzianischen Kernbegriff «gewu» (wörtl.: «Erforschung der Dinge») ansetzen, der das Fundament der «Großen Lehre» (daxue) des Konfuzius bildet und von dem aus die gesamte Erziehungslehre des Meisters entwickelt wird: Wer die Dinge richtig erforscht, kommt mit sich selbst ins reine, führt ein korrektes Familienleben und ist am Ende auch in der Lage, die Welt zu regieren. Der Gewu-Begriff ist nie richtig erläutert worden und hat deshalb Anlaß zu den verschiedensten Interpretationen gegeben. Vor allem der Terminus «ge», der heutzutage die Bedeutung von «erforschen» hat, besaß früher eine höchst vielschichtige und z. T. gegenläufige Bedeutung: Er wurde zum Beispiel entweder im Sinne von «in Kontakt treten» oder im Sinne von «etwas abwehren» verwandt[5].

Zhu Xi, nach dessen Kompilationen Generationen von Studenten bis ins 20. Jahrhundert hinein konfuzianische Orthodoxie «gepaukt» haben, bevorzugte die Übersetzung «in Kontakt kommen mit den Dingen» und forderte deshalb, daß der wahre Konfuzianer den Dingen auf den Grund gehen müsse, wobei vorausgesetzt wird, daß diese «Dinge» (wu) sowie das in ihnen wirkende «Dao» *außerhalb* des Menschen lägen. Zhu Xi geht hier m. a. W. von einem Subjekt-Objekt-Dualismus aus. Ganz anders Wang Yangming, für den die «Dinge» (und das Dao) *im Inneren* jedes Menschen schlummern, weshalb es beim «ge» lediglich darum gehen könne, alle von außen kommenden Täuschungen, Anfechtungen und Verwirrungen «abzuwehren», um die (dao-gemäße) gute Natur des Menschen zu ihrer wahren Entfaltung kommen zu lassen. Aus diesen grundverschiedenen Prämissen folgten unterschiedliche Theorien des Erkennens und Handelns, die den wichtigsten Beitrag zur «spätmittelalterlichen» Philosophie Chinas bilden. Zhu Xi empfiehlt, vor allem Wissen zu erwerben, um die Welt zu objektivieren, während Wang Yangming davon ausgeht, daß Erkennen und Handeln nicht voneinander getrennt werden können; sein Wahlspruch – einer der berühmtesten der chinesischen Philosophie überhaupt – lautet dementsprechend: «Zhi xing wei yi» («Wissen und Handeln sind eins»). Will ich ein rechter Staatsmann werden und auf dem Weg der Selbstvervollkommnung voranschreiten, so habe ich mein ganzes Sein zu ändern – und keineswegs nur Erkenntnisse von außen zu erwerben. Anstelle des Nacheinander von Wissen und Handeln wird Gleichzeitigkeit gefordert: Indem ich erkenne, daß eine Blume schön ist, bejahe ich auch bereits ihre Schönheit. Wissen läßt sich nie vom Handeln trennen. Ich folge dem Dao, also dem «richtigen» Weg nur, wenn ich ihn auch praktisch nachvollziehe, mit ihm identisch werde – ganz im Gegensatz zur kontemplativen Grundeinstellung des Daoismus, der das «wuwei», also das Gewährenlassen (wörtl.: «Nichthandeln») predigt. Wird mein Wissen, so Wang Yangming, nicht augenblicklich zur Tat, so kann ich auch nicht behaupten, etwas zu wissen. Wissen wird hier also nicht im Sinne eines «Wissens von etwas» objektiviert, vielmehr werden alle Objekte und die Welt subjektiviert: Ich verändere mein ganzes Sein, indem ich ohne Wenn und Aber dem Weg der Altvorderen folge, ihre Rituale nachvollziehe, ihre heiligen Texte «erlebe» und mich in ihrer Musik und Poesie vollende, indem ich mich also vollkommen «bekehre»; denn wahrhaft «begriffen» habe ich nur, was ich bis in die letzte Faser meines Herzens geworden bin! Führungsqualitäten sind nicht eine Frage von Institutionen oder «richtigen» Ideologien, sondern eine automatische Folge vollständiger «Einverleibung» des Dao, dessen führungsrelevante Einzelheiten in der geschichtlich-literarischen Überlieferung beschrieben sind.

In ähnliche Richtung weist auch der Zen-Buddhismus: Wie hier die Einheit von Wissen und Handeln zu erlangen ist, ergibt sich aus einer bekannten Parabel[6], in der ein Zen-Meister, nach seinem Weg der Vervollkommnung gefragt, folgende Antwort gibt: «Wenn ich hungrig bin, esse ich, wenn ich müde bin, schlafe ich.» Dies tue doch jeder, war der Gegeneinwand, den der Meister jedoch sogleich in den Wind schlug, indem er behauptete, daß die anderen, wenn sie äßen, nicht äßen, sondern vielerlei anderes dächten und dadurch zuließen, daß sie gestört würden. Wenn sie schliefen, so schliefen sie nicht, sondern träumten von tausend Dingen. Es ist gewiß kein Zufall, daß vor allem Männer der Tat solche Lehren gerne übernahmen, zum Beispiel die japanischen Samurai.

Die Identität von erkennendem Subjekt und erkanntem Objekt wird besonders plastisch in einer bekannten Erzählung Mishimas[7] herausgearbeitet. Der Ich-Erzähler ist hier ein buddhistischer Mönch, dem der Vater seit Jahren von der Schönheit des berühmten Kyotoer Goldenen Tempels (Kinkakuji) vorgeschwärmt hatte. Als der Erzähler das Bauwerk nun nach vielen Jahren zum erstenmal mit eigenen Augen sieht, kann er eine leichte Enttäuschung nicht unterdrücken, doch beschließt er auf der Stelle, ihn schön finden zu müssen: «Ich setzte demnach alles nicht so sehr auf die objektive Schönheit selbst als auf meine eigene Fähigkeit, mir diese Schönheit gegenwärtig zu machen.» Dieser innere Zwang, mit dem Tempel «eins zu werden», bringt ihn so sehr unter Druck, daß er das Bauwerk am Ende in Brand steckt. Die Geschichte beruht übrigens auf Wahrheit: Es handelt sich um die Biographie des Mönchs, der den Kinkakuji 1955 anzündete und sich damit des berühmtesten Kulturvandalismus in der neueren Geschichte Japans schuldig machte.

Was andererseits den Islam anbelangt, so ist er in seiner Erkenntnistheorie durchaus «westlich», d. h. dualistisch ausgerichtet; nicht umsonst gehörten Araber ja mit zu den bedeutendsten Aristotelikern und Wissenschaftlern des Mittelalters; im malaiischen Islam freilich, vor allem in der Überlieferung Javas, schlägt sofort wieder das Erbe des Hinduismus mit seinem Verlangen durch, die gesamte Erscheinungswelt im allumfassenden Brahman aufzulösen. Demzufolge besteht «rechte Einsicht» nicht «in diskursivem Wissen», sondern in einem instinktiven «Erfühlen», «rasa»[8]: also wiederum in einem Identifikationsakt.

«Modernes» Lernen

«Innewerden» ist auch für den modernen Alltag durchaus noch von Bedeutung. Allen westlichen Einflüssen zum Trotz verläuft z. B. der Lernprozeß immer noch relativ ganzheitlich; hierbei genügt es nicht, daß ich nur den Kopf in die Materie stecke, vielmehr muß ich mit Haut und Haar «eintauchen». Der Königsweg dazu ist nach wie vor das Auswendiglernen, das anfangs zwar höchst mechanisch erfolgt, in dessen Verlauf das Erlernte aber in immer tiefere Schichten einsickert, bis es schließlich Teil meines Ichs geworden ist, aus mir lebt – und damit erst als «erkannt» und «begriffen» gelten darf.

In Taiwan sind die meisten Sprach- und Ethiklehrbücher der Mittelschulen nach drei Kriterien gegliedert und am Anfang jedes Abschnitts mit einem entsprechenden Symbol versehen: Ein Teil der Stücke muß lediglich gelesen, ein anderer gründlich durchgearbeitet und ein dritter schlichtweg extemporiert werden. In alter Zeit hat es der «Drei-Zeichen-Klassiker» zu besonderer Berühmtheit gebracht, der während der Ming-Zeit verfaßt worden und von jedem nur halbwegs Gebildeten auswendig zu beherrschen war. Ein moderner Text zum Auswendighersagen waren die vom früheren Verteidigungsminister Lin Biao im milliardenfach verteilten Kleinen Roten Buch zusammengestellten «Worte des Vorsitzenden Mao Zedong».

Angesichts solcher Lerntraditionen sind Konflikte zwischen asiatischen Schülern und – wenn es denn zur Berufung kommen sollte – europäischen Instruktoren geradezu vorprogrammiert. Vor allem deutsche Ausbilder neigen ja dazu, den Schüler sofort an die Werkbank zu führen und ihm dort eine solide handwerkliche Ausbildung zu vermitteln, die dem nebenherlaufenden theoretischen Unterricht zumindest gleichwertig sein soll. Der chinesische Azubi erwartet demgegenüber aber zunächst einmal eine gründliche theoretische Einstimmung – am besten wiederum durch kräftiges Auswendiglernen. In diesem Zusammenhang erweisen sich festgeschnürte Lehrangebotspakete als ideales Hilfsmittel, so z. B. die bekannten amerikanischen «Manuals».

«Innewerden» hat noch einen weiteren Aspekt: In der westlichen Philosophie interessiert man sich zwar für Sachfragen, z. B. für die Ideen eines Kant, eines Schopenhauer oder eines Rousseau, kaum jedoch für deren Persönlichkeit und Leben. Daß ein Jean-Jacques Rousseau, der die Lehre vom Gesellschaftsvertrag entworfen und die «Rückkehr zur Natur» popularisiert hat, seine eigenen Kinder ins Findelhaus einlieferte, ändert nichts an der Qualität seiner Überlegungen. Selbst wenn ein Computer seine Gedanken formuliert hätte, so sprächen sie uns genauso an!

Eine solche Trennung zwischen Werk und Person erschiene dem Durchschnittsasiaten absurd; sind doch «Erkenntnisse» in Asien niemals bloßes Bücherwissen, sondern stets Erfahrungen, die durch disziplinierte Lebensführung gewonnen und von einer ganz konkreten Person «vorgelebt» werden. Lehren ist im Idealfall ein schweigendes Heranführen, Lernen dagegen ein Nachahmen, wie es als Imitatio ja auch im mittelalterlichen Europa noch durchaus üblich gewesen war.

In China spielt auch heute noch das positive oder negative (persönliche) Modell eine alles entscheidende Rolle. Ein Mentor ist zehntausendmal mehr wert als das beste Lehrbuch. In Indien ist es vor allem der Weise, der die überkommenen Werte nicht nur abstrakt vermittelt, sondern sie vorlebt und den man daher in weiten Bereichen der Bevölkerung spontan als «Lebenderlösten» (Jivanmukta) verehrt. Es läßt sich anhand von Biographien nachweisen, daß die geistigen Führer des modernen Indien, angefangen von Mahatma Gandhi über Aurobindo und Ramakrishna bis hin zu Vivekananda eine «übermenschliche» Rolle gespielt haben. Mag dies noch angehen, so wirkt es für den westlichen Beobachter nachgerade grotesk, wenn etwa

Rama Rao, ein Superstar der Telugu-Filmindustrie, der in Dutzenden von Filmen immer wieder den Gott Rama dargestellt hat, inzwischen auch als Gott verehrt und von der Bevölkerung zum Chief Minister des südindischen Unionsstaates Andhra Pradesh gewählt wird. Wer sich durch vorbildhafte Einhaltung der überkommenen Regeln vervollkommnet oder wer es, wie Rama Rao, versteht, als Verkörperung eines Gottes aufzutreten, «wirkt» durch Evidenz (vgl. auch S. 105 ff.).

Auch bei Erkennungsvorgängen pflegt der Durchschnittsasiate intuitiver/ subjektiver vorzugehen als der Europäer. Seine Art von «Logik» besteht nicht darin, geradewegs auf das Ziel zuzugehen, sondern den Gegenstand einzukreisen. Dieses «Umzingelungsdenken»[9] trifft die «Wahrheit» am Ende zwar nie so exakt, wie es bei einer rein rationalen Analyse manchmal der Fall ist, es geht dafür aber selten auch so weit am Ziel vorbei, wie es mancher «logischen» Denkoperation passiert. Das «Gespür» hat hier großes Gewicht. Überhaupt werden Werturteile und Entscheidungen in Asien häufig weniger mit dem Kopf als vielmehr, wie die Japaner sagen, «mit dem Bauch» (hara) gefällt – ein Ausdruck, den westliche Interpreten allzugerne mit «Herz» wiedergeben, da die wörtliche Übersetzung auf den westlichen Leser vielleicht abstoßend wirken könnte. Jedenfalls ist «Erkenntnis» weniger eine Sache des Kopfes als des ganzen Menschen.

Logiker werden gern lächerlich gemacht: In der berühmten Fischparabel Zhuang Zis geraten ein daoistischer Mystiker und ein Logiker darüber in Streit, ob die Elritzen, die sich unter der geschwungenen Brücke im sonnenbeglänzten Wasser tummeln, auch innerlich «heiter» gestimmt seien. Der Logiker beweist mit präzisen Argumenten, daß sein Gesprächspartner doch nicht in die Fische hineinblicken könne, doch dieser lacht nur und verweist auf seine Intuition. Die asiatischen Sympathien liegen hier eindeutig beim Mystiker, wie ja überhaupt der mystische Erkenntnisweg in Asien weitaus verbreiteter ist als im Westen (Näheres dazu unten S. 233 ff.).

«Innewerden» führt auch zu einer anderen Art von Lernergebnis als im Westen: Sowohl Konfuzianer als auch Daoisten waren davon überzeugt, daß «Vollkommenheit» machbar sei, wenn man nur den richtigen «Weg» (dao) beschreitet. Während der Konfuzianismus das Dao durch völliges «Innewerden» der gesellschaftlichen und moralischen Überlieferung, also durch «Ritualfrömmigkeit» anstrebte, weil ja das ehrwürdige Ritual Ausdruck höchster Sittlichkeit und seine genaue Befolgung als solche schon moralisch wertvoll sei, empfahl der Daoismus die Identifizierung mit der Natur. Der Konfuzianismus bietet ein wohldefiniertes ethisches System, ein präzises Regelwerk für zwischenpersönliche Beziehungen und ein Instrumentarium für die Harmonisierung von Himmels- und Gesellschaftsordnung an, während der Daoismus nicht die Verinnerlichung einer sozialen Tradition, sondern das «Eintauchen» in die Natur empfiehlt – und damit vor allem die Stimmungslage pensionierter Literatenbeamten und sensibler Künstler traf.

Überall in der konfuzianischen Welt gehört es zu den Grundprämissen sozialphilosophischen Denkens, daß ein «richtiges» Bewußtsein (= korrektes «Innewerden») gleichsam automatisch eine korrekte Sozialordnung und eine angemessene Politik nach sich zieht. Die «Große Lehre» (Daxue), das Kernstück des klassischen Konfuzianismus, lautet: Willst du die Welt verbessern, dann verbessere zuerst den Staat, willst du den Staat verbessern, dann verbessere zuerst die Familie, willst du die Familie verbessern, dann verbessere zuerst Dich selbst, willst du dich selbst verbessern, dann verbessere dein Herz, kläre deine Gedanken und «erforsche die Dinge». Hast du die Dinge erforscht, werden deine Gedanken klar, wird dein Herz aufrecht, kommst du mit dir selbst ins reine, kannst du die Familie verbessern, kannst Du den Staat verbessern und kannst du die Welt verbessern. Worauf alles hinausläuft, ist also das rechte Innewerden. Damit aber verlagert sich das Hauptinteresse von der «Sache» auf die Person, vom Fachwissen auf die korrekte Haltung und vom Expertentum auf das Amateurideal, so daß es letztlich zu einer Personalisierung auch des gesamten politischen Lebens kommt. Personalisierung freilich zieht einerseits vorbehaltloses Vertrauen zu einer Gruppe und hemmungslose Gegnerschaft zur anderen nach sich.

Auch die modernen Kommunisten verlangen übrigens totale Identifizierung. Was für Mao Zedong z. B. zählte, war nicht der Abstammungs-, sondern der Gesinnungsproletarier. Es ist nicht die objektive soziale Herkunft, sondern die bewußtseinsverändernde gesellschaftliche Praxis, die als Prüfstein gilt: Ich bin «Proletarier», indem ich mich durch mein soziales Verhalten dazu «entwerfe». Selbst der Klassenbegriff wurde hier also subjektiviert. Anhängerschaft äußert sich in Ergebenheit, Nachahmung und «Nachbeten» von «Worten» und Parolen. Der Anhänger/«Schüler» wird mein zweites Ich, indem er sich mit mir völlig identifiziert. Stürzt andererseits das Vorbild, verschwinden mit ihm auch seine «Worte», selbst wenn sie noch so zutreffend gewesen sein mögen. So im Fall Lin Biaos, der zunächst zum Kronprinzen Mao Zedongs erkoren worden, dann aber ins politische Abseits geraten war.

b) «Ontologie»: Nicht Sein, sondern Schein und «Leere»

Während es für die westliche Philosophie als ausgemacht gilt, daß Gott, die Welt und der Mensch real sind (Gott als Schöpfer, die Welt als Schöpfung und der Mensch als Inhaber einer göttlichen Seele), neigt die Mehrzahl der Großen Traditionen Asiens dazu, all diese Subjekte eher als irreal, imaginär oder als Blendwerk (maya) zu betrachten.

Am nachdrücklichsten ist dies beim Theravadabuddhismus der Fall. Die Vorstellung, daß man den Dingen, sei es nun der Welt, den Menschen oder einem wie immer vorgestellten «göttlichen Wesen» Wirklichkeit zuschreibt, gilt nach buddhistischer Lehre als eine der drei Hauptursachen allen Leides.

Der einzelne Mensch hat keinen Substanzcharakter, sondern ist das Ergebnis einer flüchtigen Zusammenfügung von fünf Skandhas (Daseinsfaktoren), nämlich Körperlichkeit (bestehend aus vier Elementen), Empfindung (mit Hilfe der sechs Organe wie Auge, Ohr etc.), Wahrnehmung (Aussehen, Geräusch, Geruch etc.), Reaktionen auf diese Wahrnehmungen und «Bewußtsein», das die äußeren Eindrücke zu einem Seh-, Hör- oder Riech-Erlebnis verarbeitet. Alle fünf Daseinsfaktoren unterliegen einem permanenten Verwirbelungsprozeß. Sie sind leidvoll, weil sie ständig vergehen, und sie sind unsubstantiell, weil sie sich von Augenblick zu Augenblick ändern. Meine Erlösung, d. h. das Austreten aus dem Kreis der leidvollen Wiedergeburten, vollzieht sich dadurch, daß ich die «objektive» Welt als wesenlos begreife, indem ich selbst zur Wesenlosigkeit werde (zum Innewerden vgl. oben S. 189 ff.). Die «Leere» (sunyata) des Mahayanabuddhismus, mit der mich zu identifizieren Erlösung bedeutet, besitzt ebenfalls keinen Substanzcharakter, sondern wird geradezu als Nicht-Substanz, als das Ganz-anders-Seiende definiert.

Welche Verständnishürden sich hieraus für einen Europäer ergeben können, zeigte sich deutlich an den Frustrationen eines deutschen Lektors, der auf die Idee verfallen war, seinen Studenten an der University of Ceylon das Goethe-Gedicht «Auf dem See» zu vermitteln. In der Tradition der deutschen Klassik ist die Natur ein Quell des Guten und Schönen: «Und frische Nahrung, neues Blut saug' ich aus freier Welt; wie ist Natur so hold und gut, die mich am Busen hält» – diese in Versen eingefangene Naturverherrlichung muß einem Theravadabuddhisten, in dessen Tradition die Natur nichts als Blendwerk ist, die es zu durchschauen gilt, als Einladung zum Verweilen – und damit zur Verlängerung des Leidens erscheinen[10].

Im Hinduismus gilt das allumfassende Brahman als Ens realissimum. Wer glaubt, sein eigenes Ich und die ihn umgebende Welt sei von dieser Welt-«Seele» verschieden, unterliegt einem für sein Erlösungsschicksal fatalen Denkfehler. Erlösung tritt jedoch in dem Augenblick ein, da das «Ich» sich als «Atman», d. h. als unablösbaren Teil des Brahman begreift, und zwar wiederum nicht nur verstandesmäßig, sondern durch ein mystisch zu vollziehendes Einheitserlebnis von Einzelseele und Weltseele – zumindest nach der Interpretation der Vedanta und des Shankara[11].

Auch Götter haben keine Substanz, sondern sind ebenfalls nur Funken aus der großen Glut der «Weltseele». In den theistischen Ablegern der Hindu-Religion allerdings, vor allem im Vishnuismus und Shivaismus, wird der Gestalt des Großgottes ausnahmsweise Realität zugesprochen.

Zur Philosophie der Substanzlosigkeit hat auch der chinesische Daoismus seinen Beitrag geleistet – und hier wiederum sein wohl geistvollster, originellster und lesbarster Vertreter, Zhuang Zi. Sein Hauptthema ist das Ineinanderfließen von Traum und Realität, das in dem wohl berühmtesten Gleichnis der chinesischen Literatur Gestalt angenommen hat: «Ich träumte, ich sei ein Schmetterling und schwirrte ohne Sorgen umher, ohne zu wissen, daß ich Zhuang Zi sei. Aber plötzlich erwachte ich und war da – der leibhaftige Zhuang Zi. Ich fand es schwierig zu sagen, ob ich nun Zhuang Zi sei, der geträumt hatte, er sei ein Schmetterling, oder aber ob ich nicht ein Schmetterling war, der geträumt hatte, er sei Zhuang Zi.» An das indische «Maya» erinnert sein folgendes Gleichnis: «Wenn ein Mensch an einem feuchten Ort schläft, bekommt er Rücken- und Gliederschmerzen. Gilt dies aber auch für eine Schmerle? Wenn er auf einem Baum sitzt, hat er Angst und zittert vor Furcht, aber gilt dies auch für einen Affen? Wer von diesen drei Lebewesen weiß schon, welches der schönste Ort zum Leben ist? Die Menschen essen Reis und Gemüse, Rehe fressen Gras, Maden bevorzugen Schlamm und Raubvögel Mäuse. Welches von diesen vier Lebewesen weiß schon, welches die köstlichste Speise auf Erden ist? Die Menschen behaupten, daß die Damen Mao Qiang und Li die schönsten Frauen der Welt seien; ein Fisch freilich würde bei ihrem Anblick sogleich auf den Grund des Flusses tauchen, ein Vogel augenblicklich davonfliegen und ein Hirsch das Weite suchen. Welches von diesen drei Lebewesen weiß schon, was Schönheit wirklich ist?»

Jede Erscheinung unter dem Himmel drängt sogleich zu ihrem Gegenteil und ist daher einem ständigen Wandel unterworfen – ähnlich dem Zu- und Abnehmen des Mondes; es gibt nur ein Qi («lebendige Kraft»), das sich für einen Augenblick zur Materie konzentriert und dann sogleich wieder zerfließt. Was bedeuten angesichts dieses ständigen Wandels und endlosen Gegenspiels schon konventionelle Werte – vor allem aber der merkwürdige konfuzianische Ritualismus; ist doch z. B. der Leser dieser Zeilen bereits eine andere Person als diejenige, die er war, als er den Absatz zu lesen begann.

Zu einer ähnlichen Einstellung führte in Japan der während der kriegerischen Kamakura-Periode (1185–1333) zur Blüte gekommene Zen-Buddhismus, der die Einheit von aktiver Lebenshaltung im Diesseits und mystischer Transzendenz sowie die Übergangslosigkeit vom Leben zum Tod predigte und zur Lebensphilosophie einer Klasse wurde, die bis ins 19. Jahrhundert hinein den Ton angab, nämlich der Samurai. Für einen Schwertträger, dem der Tod stets vor Augen stand, mußte folgende Lehre höchst einleuchtend erscheinen: «Es ist ganz falsch zu denken, daß du dich einfach von der Geburt bis zum Tod bewegst. Geburt ist aus buddhistischer Sicht nur ein Durchgangsstadium vom Vorausgehenden zum Nachfolgenden und kann deshalb auch ‹Geburtlosigkeit› genannt werden. Dasselbe gilt für den Tod und die ‹Tod-Losigkeit›. Leben ist keineswegs nur Leben, und Tod ist keineswegs nur Tod; vielmehr entstehen und sterben wir in jedem Augenblick[12].» Wo Leben und Tod nicht absolut gesetzt werden, sondern wo sie ineinanderspielen, ist Todesangst fehl am Platze; vielmehr entsteht hier eine «Ästhetik des Todes», wie sie sich beispielhaft in einem Gedicht aus der Tokugawa-Periode niedergeschlagen hat: «Fragst du mich nach der Seele Japans, so zögere ich nicht zu antworten, daß sie sich finden läßt in den Kirschblüten, die in der Sonne duften und leuchten» – und deren Lebensspanne so kurz ist. Kein Wunder, daß in dieser «dahinfließenden Welt» der Tod – und Selbstmord – als «natürlich» empfunden wird und daß die Wehmut der Freude so nahe ist – man denke an das in dieser Hinsicht so bezeichnende «Fest des Kirschblütebetrachtens»[13].

Während in allen christlichen Glaubensrichtungen der Selbstmord als Sünde und als Protest gegen Gott empfunden wird, hat es in Japan seit der Kamakura-Zeit eine «Kultur der Thanatophilie» (Todesfreundschaft) gegeben, die nicht nur im Seppuku, das im Westen als «Harakiri» bekannt ist, und in der schlagzeilenträchtigen Kamikaze-Fliegerei des Zweiten Weltkriegs ihren Ausdruck gefunden hat, sondern auch in hohen Selbstmordraten weiterlebt. Nach einer Übersicht aus dem Jahre 1975 tragen sich bis zu 60% der Japaner einmal oder mehrere Male mit der Idee, ihrem Leben ein Ende zu machen[14]. Vom Gedankenspiel zur Ausführung ist es aber dann doch ein weiter Weg, so daß Japan, nach Statistiken aus den Jahren 1970 bis 1975, doch erst an zehnter Stelle der Länder mit der höchsten Selbstmordrate liegt. Allerdings führt es, zusammen mit Sri Lanka (Platz Nr. 8), die asiatische Phalanx an, gefolgt von Hongkong (Nr. 20), Singapur (Nr. 22) und Thailand (Nr. 37). Die Plätze 1 bis 9 werden von europäischen Ländern belegt, darunter der Bundesrepublik auf Platz 6[15].

Was schließlich den Islam anbelangt, so geht er als Schöpfungsreligion zwar genauso wie das Christentum von der Realität Gottes, der Welt und des Menschen aus, doch ist diese klassische Grundauffassung um so mehr aufgeweicht worden, je weiter sich die Lehre nach Osten bewegt hat. Vor allem die Mystikerorden des Sufismus und die «javanische Weltanschauung», deren «tiefste Dimension... die Verwirklichung der Einheit von Ich und göttlichem Urgrund» ist[16], gehen a priori von der Irrealität des Diesseits und von der Welt als Blendwerk aus.

c) Das asiatische Zeit- und Raumverständnis:
Nicht geradlinig, sondern zyklisch; nicht isometrisch, sondern fließend

Ein dreifacher Unterschied
Zeit und Raum sind im traditionellen Asien niemals nur nach Metern oder nach Minuten gemessen worden. Der Begriff einer objektiven Zeit und eines objektiven Raums als einer Summe gleichmäßiger Quanten wäre allemal auf Unverständnis gestoßen. Wichtiger als die meßbaren Eigenschaften waren vielmehr die in Zeit und Raum subjektiv erlebbaren und zu Traditionen verdichteten Erfahrungen. Zeit und Raum wurden m. a. W. wesentlich konkreter und ganzheitlicher erlebt als in Europa.

Drei Unterschiede sind vor allem in der Zeitauffassung hervorzuheben:
- Nach ihrer Form verläuft die Zeit, asiatischem Verständnis zufolge, nicht geradlinig, sondern zyklisch.
- Nach ihren Modalitäten erscheint sie nicht als ein metronomisch darstellbares Geschehen, sondern als Diskontinuum aus günstigen und ungünstigen Momenten, die es zu ergreifen oder aber zu vermeiden gilt.
- Nach ihrem Inhalt schließlich ist sie nicht eine abstrakte Rechengröße, sondern ein in Jahresfesten und Saisonarbeiten konkret erlebbarer Prozeß.
Im einzelnen:
- In der Geschichtsdeutung haben sich zwei Grundmodelle herausentwickelt: Da ist einmal die Geschichte als Kreislauf. Am Anfang steht das Goldene Zeitalter, dem, in einem zunehmenden Verfallsprozeß, das Silberne, das Bronzene und das Eiserne Zeitalter folgt, bis dann auf dem äußersten Tiefpunkt ein Umschlag stattfindet und erneut eine Goldene Zeit eingeläutet wird. Das zweite Modell sieht die Geschichte dagegen als eine aufsteigende Linie, als ein Fortschreiten zum Besseren und Höheren; die Geschichte ist nicht Wiederkehr des ewig Gleichen, sondern Heraufkunft eines Neuen; der Prozeß bekommt also eine Zukunftsdimension. In ihrer säkularisierten Gestalt nimmt diese Sicht die Form des modernen Fortschrittsglaubens oder der marxistischen Utopie von einem künftigen Reich der Freiheit in einer klassenlosen und herrschaftsfreien Gesellschaft an. In der Religion dagegen beruht sie auf der Prämisse, daß die Welt aus dem Nichts geschaffen wurde und am Tage des Zornes untergeht, so daß es einen Anfang und ein Ende sowie eine dazwischenliegende Prüfungszeit gibt. Das Linearmodell ist typisch westlich und gehört zum jüdisch-christlich-mohammedanischen Verständnis vom individuellen Lebenslauf als einmaliger, unverwechselbarer und unwiederholbarer Lebensgeschichte, die in einem zweiten oder dritten Anlauf nicht mehr korrigiert werden kann. Das Kreislaufmodell andererseits ist asiatisches Allgemeingut und hat sich sowohl in der hinduistischen und buddhistischen Wiedergeburtslehre als auch in der chinesischen Geschichtsschreibung niedergeschlagen. Die Zeit flieht hier nicht, sondern kommt immer wieder und wird als Kontinuum erlebt, sei es nun in säkularer Geschichtlichkeit («Konfuzius» konnte z. B. 1974 wieder zum Gegenstand einer politischen Kampagne werden), sei es in religiös-transzendentaler Form; man denke an die Seelenwanderungslehre des Hinduismus – oder an die «leidvolle Wiedergeburt» des Buddhismus.

Die zyklische Zeiterfahrung ist gewiß die ursprünglichere, weil sie sich nach den biologischen und kosmischen Rhythmen der weiblichen Regel, der Jahreszeiten und des Gestirnverlaufs richtet und deshalb vor allem das Bauernleben bestimmt. Tag und Nacht, Aussaat und Ernte, Geburt und Tod vollziehen sich in ewig gleichen Vorgängen. Das Hindi-Wort «kal» heißt denn bezeichnenderweise auch sowohl «heute» als auch «morgen». In der hinduistischen Mythologie wird Zeit vollends zu einer vernachlässigbaren Größe.

Wie das Zeitbewußtsein der Natur nicht in Jahrhunderten, sondern in Welt-
altern als den kürzesten Spannen für Entstehen und Verschwinden der biologischen Arten denkt, so arbeitet, wie Heinrich Zimmer[17] bemerkt, «Indien –
gleichsam das Leben, das über sich selbst grübelt – in Perioden, die denen
unserer Astronomie, Geologie und Paläontologie vergleichbar sind». Vier
einander folgende Yugas (Zeitalter) bilden ein Mahayuga (Großzeitalter),
das 4,3 Millionen Menschenalter umfaßt. 1000 Mahayugas ergeben ein
Kalpa (d. i. ein Tag Brahmas), und 100 Brahma-Jahre wiederum summieren
sich zu einem Para (Weltzeitalter), das 311 Trillionen Menschenjahre umfaßt. Die moderne Naturwissenschaft laboriert übrigens mit ähnlichen Di-
mensionen. Danach ist die Erde ein Planet der Sonne, die Sonne wiederum
ist nur eine von Milliarden Sonnen unserer Milchstraße, die zu durchqueren
ein Lichtstrahl rund 100000 Jahre braucht; die Milchstraße ihrerseits ist lediglich ein Tropfen im Meer von Millionen, ja vielleicht Milliarden weiterer
Milchstraßen, die voneinander abermals Millionen von Lichtjahren entfernt
sind. Unter fünf Milliarden Menschen des winzigen Tröpfchens Erde lebe
auch ich – «Ich»: muß dieses Ich oder «Selbst» nicht geradezu zwingend Teil
des Ganzen sein – also das «Atman» im «Brahman»? Zeit, Raum und Transzendenz verfließen, wie man zugeben muß, bei solchen Größenordnungen
in der Tat zu einem Punkt.

In der traditionellen chinesischen Geschichtsschreibung wird die Zeit eher
säkularen Zwecken dienstbar gemacht: Ein Idealherrscher, wie der mythische
Kaiser Shun, lebte z. B. genau 100 Jahre, wie es sich für einen vollkommenen
Herrscher gehört, dessen Einfluß sich gleichzeitig auch auf 100 Generationen
seiner Nachkommen erstrecken soll; mit 30 wurde Shun Minister, mit 50 Kaiser, mit 70 verließ er den Thron und die restlichen 30 Jahre lebte er in Zurück-
gezogenheit. Ein Nachfolgekaiser nehme sich dieses Vorbild zu Herzen und
gliedere sein Lebenswerk ebenfalls nach dem Schema 3:2:2:3.

Der Religionsphilosoph Allan Watts hält die westliche Unterscheidung
zwischen Vergangenheit, Gegenwart und Zukunft für einen der Haupt-
gründe, warum der westliche Mensch nicht an die «Wirklichkeit» heran-
kommt, die sich nicht begrifflich, sondern nur durch ein völliges Aufgehen
im Hier und Jetzt «erleben» läßt – sei es nun im Wege der Meditation oder
eines so einfachen Vorgangs wie der Teezeremonie, wo einfach Tee getrun-
ken wird, und zwar mit einer solchen Aufmerksamkeit, als ob es nichts anderes auf der ganzen Welt gäbe. Erst in solchen Augenblicken, die prallvoll
sind von Gegenwart, erlebe man das ewige Jetzt. Wer an die Sorgen des Gestern oder des Morgen denkt, habe bereits das Eigentliche versäumt[18].

– Der zweite Unterschied zum europäischen Zeitempfinden wird deutlich, wenn man auf die altgriechische Unterscheidung zwischen der quantitativen Zeit, Chronos, und der eher psychologisch bemessenen qualitativen
Zeit, Kairos, der «günstigen Gelegenheit», zurückgreift. Nach asiatischer
Auffassung ist «Zeit» eine höchst unregelmäßige Abfolge von günstigen und

ungünstigen Augenblicken, denen es mit allen Mitteln parapsychologischer Technik nachzuspüren gilt. In ganz Asien, ob nun auf einem birmanischen Dorf, in der Zhonghua-Straße in Taibei oder auf der Ginza im Herzen von Tokyo, gibt es Dutzende von Geomanten und Handlesern und Interpreten von Bauernkalendern, die die guten und schlechten Tage für den Antritt einer Reise, für die Wahl eines Ehepartners u. dgl. herausfinden. Selbst ein aufgeklärter Intellektueller wie Prinz Sihanouk beherzigt solche Fingerzeige und hält z. B. die Geomanten Hongkongs für die besten.

Die westliche Vorstellung, daß «Zeit Geld bedeutet», wäre dem traditionellen Asiaten höchstens unter dem Aspekt des Kairos, niemals aber im Zusammenhang mit Chronos verständlich. Kommt es nämlich auf den «günstigen Zeitpunkt» an, dann ist gar nicht einzusehen, warum ich mich zu einer «Zeit», die nicht unter einem günstigen Stern steht, hetzen soll; ich würde ja doch nur alles verlieren! Drängen wirkt in der Regel befremdlich.

Kairos bemißt sich nach günstigen Augenblicken, Chronos dagegen nach Stunden und Tagen, Wochen, Jahren und Großperioden, die jeweils anders definiert werden:

Am genauesten geht man mit Tagen und vor allem mit Stunden um – nicht deshalb, weil man etwa Geschäftstermine genau einhalten möchte, sondern weil es beim Horoskop auf äußerste Präzision der Zeitberechnung ankommt; kann es doch einen geradezu schicksalhaften Unterschied bedeuten, ob man zur Stunde des Affen oder aber der Ratte geboren ist! Während es z. B. die altrömische Zeitgliederung mit der Einteilung der Nacht in drei Vigilien (Nachtwachen zu je drei Stunden) und des Tages mit ebenfalls drei Dreiereinheiten, nämlich der dritten, sechsten und neunten Stunde, nicht allzu genau genommen hatte, kommen Chinesen und Inder mit ihrer wesentlich präziseren Segmentierung des Tages und der Nacht in 24 Einheiten der modernen westlichen Rechnung verblüffend nahe.

Wesentlich großzügiger – weil für das Horoskop nicht mehr so bedeutsam – ist bereits der Umgang mit der Wocheneinteilung – hier gibt es Rhythmen von der Fünf- bis zur Zehn-Tage-Woche. Ein Definitionsbedürfnis war hier schon deshalb nicht gegeben, weil den Asiaten die Sabbat-Idee, derzufolge jede Woche einen Ruhe- und Bettag (Judentum: Samstag, Christentum: Sonntag, Islam: Freitag) enthalten soll, mit wenigen Ausnahmen unbekannt geblieben war.

Im Gegensatz zu den unterschiedlichen Tages- und Wocheneinteilungen waren die Jahresrhythmen dagegen weltweit fast überall wieder dieselben: In den kälteren Regionen Asiens sind die vier Jahreszeiten klar ausgeprägt, in den tropischen Regionen geben Monsun- und Trockenperioden den Takt an. Sowohl in den Weide- als auch in den Bauernkulturen war damit ein klarumrissenes Rahmenwerk für das Naturjahr vorgegeben. Verschiedene Auffassungen gab es lediglich im Hinblick auf den Beginn eines solchen Jahres. Hielt man sich an die Vollmondphasen, so ließ man das Jahr, wie etwa im alten Israel, entweder mit dem Herbst oder aber, wie in fast allen asiatischen Ländern, mit jener Vollmondphase beginnen, die nach europäischer Rechnung etwa auf den Februar fällt. Das Sonnenjahr wurde von Asien erst unter dem Einfluß Europas übernommen, so daß heutzutage zwei Zeitrechnungen nebeneinanderherlaufen. Wie unten auszuführen, wurde das Naturjahr bei den asiatischen Bauernvölkern schnell zum kultischen Jahr, das sich nach den großen Festen gliederte.

Recht verschieden fiel dagegen die vierte Dimension der Gliederung, nämlich die geschichtliche Periodisierung, aus: In der konfuzianischen Welt pflegte man nach Kaiserjahren zu rechnen – ein Brauch, der in Japan noch heute üblich ist: Da Kaiser Hirohito 1926 unter der Regierungsparole «Showa» den Thron bestiegen hat, gilt 1987 als das 62. Showa-Jahr. Die Mohammedaner periodisieren die Geschichte nach der «Hedschra», d. h. der Übersiedlung Mohammeds von Mekka nach Medina (622 n. Chr.). Die Buddhisten rechnen vom Geburtsjahr Gautama Buddhas (650 v. Chr.) an; das Jahr 1987 ist also «2547 n. B.». Im alten Indien bestimmte sich die Zeitrechnung nach drei alternativen Modellen, nämlich entweder nach dem Buddha-Jahr oder nach der «Vikrama»-Ära (58 v. Chr.) bzw. der «Shakra»-Ära (78 n. Chr.). Die Herkunft der beiden zuletzt genannten Daten ist immer noch umstritten[19].

– Ein dritter Unterschied zur europäischen Auffassung ist das Erlebnis der Zeit als eines konkreten Geschehens. Zeit gilt nicht als Summe von Minuten oder Tagen, sondern von Ereignisreihen, die sich in Jahreszeiten, in Farben, Lichtfülle, Gerüchen und Verhaltensweisen, vor allem aber in Festgirlanden manifestiert, die sich zumeist um Vollmondphasen ranken. Zeit wurde also nicht mit der Stoppuhr, sondern nach der «Dichte» oder Nichtintensität des sozialen Lebens gemessen. Sie wurde «dicht» zur Zeit der Feste, «leer», wenn es wieder an die tägliche Plackerei und profane Feldarbeit ging. So gesehen hatte die Zeit auch eine soziale Dimension: Für einen mandarinären Amtsträger mochte sie auf unterschiedliche Weise verlaufen, für den Reisbauern oder Schweinehirten änderte sich nichts am ewigen Einerlei. Es gab also keine allen gemeinsame Zeit. So herrschte denn auch die Vorstellung, daß die Zeit um den Königs- oder Kaiserhof herum wesentlich «dichter» war als draußen im Lande oder gar an der Peripherie des Reiches, wo ja gleichzeitig auch die Zivilisation schnell abnahm[20]. Wie sich am Körper Meridiane befinden, wo die Akupunkturnadeln eingestochen werden, so gibt es auch in der Landschaft und nicht zuletzt im chronologischen Ablauf Meridianpunkte – die ersteren sind durch Bauwerke, häufig «nadelförmige» Pagoden, die letzteren durch zeitlich erlebbare «Verdichtungen» und Ritenbegehungen gekennzeichnet. So wie sich im Christentum das Naturjahr «verchristlichte», d. h. mit einer Abfolge von religiösen Festen überzog, wurde es in den Theravada-Gesellschaften «buddhisiert», im Muslimbereich «islamisiert» und im sinitischen Kulturkreis konfuzianisiert oder daoisiert (Näheres zu den Festen unten S. 237ff.). Von seinem Zeitverständnis und der damit verbundenen Lebensintensität her war der traditionelle Asiate also weniger ein Homo faber als vielmehr ein Homo festivus.

Geschichtsschreibung als Beschwörung ewiger Gegenwart
Geschichtsschreibung im modern-westlichen Sinne hat es in Asien nie gegeben. Dies lag nicht nur an einem unterschiedlichen Zeitbegriff, sondern auch an differierenden Auffassungen über den Stellenwert der Historie. Die Chinesen leisteten sich zwar seit der Tang-Zeit eigene Historiographenämter, doch hatten diese nicht so sehr die Aufgabe, einen Ereignisfilm herzustellen, sondern vielmehr darzulegen, warum die jeweilige Dynastie ihr himmlisches Mandat so vorbildlich erfüllte und warum das vorausgegangene Himmelsmandat verlorengegangen war. Neben der Legitimation diente «Geschichte» auch als Handreichung von Beamte zu Beamte mit dem Ziel, Präzedenzfälle für die Lösung praktischer Fragen anzubieten. Ob ein «modellhaftes» Geschehen sich um 500 vor oder um 1500 nach Chr. ereignet hat, spielte hierbei keine Rolle. Der Einzel-«Fall» wurde aus seinem konkreten historischen Zusammenhang herausgelöst und, einem Modul gleich, zu heuristischen Zwecken jeweils mitten in die Gegenwart hineingestellt. Aus der Sicht westlichen Geschichtsverständnisses hat Marcel Granet also durchaus recht, wenn er die Historiographie des alten China als eine Abfolge «ebenso genialer wie gelehrter Fälschungen» bezeichnet. Fiel ein Politiker in Ungnade, so wurde er aus den Listen einfach gelöscht oder aber zu einem negativen Modell umgearbeitet. Diese «baobian» – gleichsam ein historischer Palimpsest auf chinesisch – wurde ergänzt durch eine Modulisierung von Handlungssituationen oder Akteuren, so daß chinesische Historiographie sich wie ein Lagerhaus von Präzedenzfällen und historischem Case Law ausnimmt. Die Gliederung der Geschichte erfolgte nach Zweierzyklen (= Wechsel zwischen «Schlichtheit», zhi, und «Verfeinerung», wen), Dreierzyklen (Himmel – Erde – Mensch), Viererzyklen (vier Jahreszeiten), Fünferzyklen («fünf»!) und Neunerzyklen (Abfolge der neun Kaiser der Frühzeit)[21].

Ganz anders die indische Geschichtsschreibung, die es als Institution höchstens in Ansätzen gegeben hat. Zwischen den Steininschriften Kaiser Ashokas und den muslimisch-persischen Chroniken, also in einer Zeitspanne von fast 2000 Jahren, gibt es lediglich das Harshacarita (die «ruhmvollen Taten des Königs Harsha») aus der Feder des im 7. Jahrhundert lebenden Sanskrit-Dichters Bana. Ansonsten hat man die historischen Abläufe entweder aus Tempelinschriften, Legendensammlungen, aus Chroniken lokaler Fürstenhäuser, aus Münzfunden oder aber aus Beschreibungen ausländischer Reisender zu rekonstruieren, sei es nun (im Altertum) der Grieche Megasthenes, im Mittelalter Faxian und andere chinesische Pilgermönche oder in neuerer Zeit eine Reihe von Europäern. Die Bruchstückhaftigkeit dieser «Geschichtsschreibung» erklärt sich aus dem hinduistischen Weltbild, das den geschichtlichen Erscheinungsformen Illusionscharakter beimaß und es nicht für wert befand, «täuschende» Ereignisse für die Nachkommenschaft aufzuzeichnen, zumal ja alle Ereignisse sich dauernd wiederholen, also keinen Einmaligkeitscharakter besitzen.

So sehr sich chinesische und indische Geschichtsschreibung auch unterscheiden mögen, so sehr gleichen sie sich letztlich wieder in zwei Aspekten, insofern sie nämlich bei der Darstellung historischer Abläufe das Exemplarische und nicht etwa das Singuläre betonen und insofern sie weiterhin bei der Schilderung von Personen eher Hagio- als Biographien schreiben. Ganz in diesem Sinne überliefert man lieber Geschichten (Gesta) als Geschichte (Historia), zieht keinen Trennungsstrich zwischen Geschichte und Mythologie und behandelt alles Geschehen letztlich als eigentlich stillstehend und synchron: Geschichte sozusagen als ewige Gegenwart. Nicht zuletzt deshalb war dem klassischen Chinesisch das Präteritum unbekannt.

«Zukunft» und «Fortschritt»

Mit der zyklischen Zeitauffassung hängt es auch zusammen, daß die Asiaten bis vor kurzem keinerlei Organ für Begriffe wie «Zukunft» oder «Fortschritt» hatten. Es galt als ausgemacht, daß Veränderung Verfall bedeutete. Man hatte Angst vor Neuerungen. Alles Alte war als solches wertvoll. Die westliche Zukunftsvorstellung hängt demgegenüber mit der christlichen Lehre, die Fortschrittsidee mit der wachsenden Naturbeherrschung, der zunehmenden Kenntnis sozialer «Gesetzmäßigkeiten» und dem Durchbruch der «Vernunft» zusammen. «Nicht mehr in Gottes Hand, sondern alles im Griff» – so etwa lautete die europäische Botschaft, die zudem begleitet war von Zukunftsoptimismus. Selbstbestimmung des Individuums, Abbau einschränkender Konventionen, «Emanzipation» und Zukunftserwartungen – dies alles waren Forderungen, die in Asien, wo ja Vergangenheit vor Gegenwart, Gemeinschaftsbindung vor persönlicher Autonomie und Schicksalsgläubigkeit vor «Machbarkeit» geht, auf Erstaunen und Unverständnis stoßen mußten. Das «Gute» und «Richtige» lag immer schon in der Vergangenheit und war in «vollendeten Büchern» (chengshu) niedergelegt. In China waren literarische oder administrative Texte des 2. vorchr. Jahrhunderts in Stil und Schreibweise nicht sehr viel anders verfaßt worden als noch am Ende des 19. Jahrhunderts. Im Lichte dieser 2000jährigen, nahezu kontinuierlichen Überlieferung war Geschichte eine Abfolge von Standardsituationen, für die der Grundsatz galt: «Je älter, desto beherzigenswerter.» Die Chinesen – und nicht nur sie – waren durch einen kaum noch zu übertreffenden Konservativismus geprägt. Man kann sich vorstellen, welche Verblüffung – und Verwirrung – angesichts solcher vergangenheitsorientierter Traditionen die «kapitalistische» Wachstumseuphorie oder gar die marxistische Zukunftsverheißung von einer klassenlosen Gesellschaft anrichten mußte, welch letztere noch dazu nur über das Ende der Tradition hinweg zu bekommen war.

Raumvorstellungen

Auch der Raum wurde im traditionellen Asien nicht nach Metern, sondern nach «Dichte» wahrgenommen und erwies sich damit erneut eher als subjektive denn als objektive Größe. So wie die Zeit «konzentrierte» sich auch der Raum um den Königshof (oder um den «Himmelssohn») als dem Zentrum der Kultur und der Religion. Mit zunehmender Entfernung von der «Mitte» nahm dann sowohl das «Barbarische» zu als auch der Raum ab. Eigentlich gibt es nach dieser Auffassung Raum nur dort, wo sich höhere gesellschaftliche Formen entwickelt haben. Dies gilt für eine hinduistische Königsresidenz oder für einen javanischen Kraton nicht anders als für China.

Die Vorstellung von einem homogen beherrschbaren staatlichen Raum (Staat = Gebiet + Volk + Gewalt) war den Asiaten bis zur Begegnung mit den Europäern unbekannt – von Grenzmarkierungen ganz zu schweigen. Demgegenüber pflegte ein dialektisches Raumverhältnis vorherrschend zu sein – man denke an die polaren Vorstellungsmuster «innen/außen, Mitte/Peripherie, Zhongguo («Reich der Mitte»)/Tianxia («unter dem Himmel»). Sowohl in China als auch Indien wurde der Raum als Quadrat und die Zeit als Kreis aufgefaßt. Im Abendland herrschte demgegenüber das Quadrat bzw. die Linie vor. Räumliche «Harmonie» wird im übrigen dadurch hergestellt, daß man die Lage von Häusern, Tempeln oder Grabstätten mittels geomantischer Rückfragen (chin. «fengshui», Wind/Wasser) ermittelt, d. h. sie in analoge Übereinstimmung mit anderen mikro- und makrokosmischen «Daten» bringt (zum Analogismus und Verkettungsketten vgl. S. 39 ff.).

d) Kausalitätsdenken, «Zufall», Analogismus und «Schicksal»:
Nicht wirk-, sondern zweckursächlich

Kulturen mit mechanischer Raum-, Zeit- und Kausalitätsauffassung laborieren vornehmlich mit Maßband, Stoppuhr und Detektor, Kulturen mit einem ganzheitlichen Verständnis dagegen mit Symbolen, Verknüpfungen und Analogien. Wer im Aristotelischen Weltbild denkt, sucht für jedes Ereignis nach einer in der Vergangenheit liegenden Wirkursache und wird Ereignisse ohne zwingenden Kausalnexus als «Zufall» definieren; wer dagegen ein ganzheitliches Weltverständnis pflegt, wird kein Ereignis, und sei es auch noch so merkwürdig, als «zufällig» betrachten, gibt es hier doch nirgends Einzelereignisse, sondern überall nur Verknüpfungen.

In diesem Zusammenhang erweisen sich unter den vier von Aristoteles in die philosophische Diskussion eingeführten (Form-, Material-, Wirk- und Zweck-)Ursachen die beiden letzteren als besonders nützlich für die Aufschlüsselung des Hauptunterschieds zwischen asiatischem und europäischem Kausalitätsdenken. Wer, wie der Durchschnittsasiate, davon ausgeht, daß jedes Sein von Anfang an seine Bestimmung in sich trägt, also «Entelechie» besitzt, betrachtet das künftige Ergebnis als Ursache für gegenwärtiges oder vergangenes Geschehen, dreht den Spieß also um 180 Grad um. Dieses zweckursächliche Denken nun gehört genauso zu Asien wie die Auffassung von der zyklischen Zeit oder vom diskontinuierlichen Raum (zum Analogismus vgl. oben S. 39 ff.). Ein Beispiel: Wenn ein Deich bricht, so können mindestens fünf Gründe dafür maßgeblich sein, nämlich Konstruktionsmängel, der Zorn der durch den Deichbau beleidigten Wasser- oder Erddämonen, eine schlechte Regierung, ein karmisches Ereignis oder der unerforschliche Ratschluß Gottes («Es stand geschrieben»). Im einzelnen:

«Konstruktionsmängel» wären eine allzu «europäische», weil wirkursächliche Erklärung. Sofort ließe sich hier weiterfragen, warum es denn zu solchen Mängeln kommen mußte.

Schon ansprechender ist das «Dämonen»-Argument, das auch heutzutage durchaus nicht der Vergangenheit angehört. Wenn beispielsweise ein indonesischer Taxifahrer auf eine gefährliche Straßenkreuzung zurast und dabei nicht die Bremse, sondern die Hupe betätigt, so geht er davon aus, daß die früher dort stattgefundenen Unfälle nicht durch falsche Fahrweise, sondern durch die Bosheit eines dort lagernden Dämons verursacht wurden, den es ergo zu verscheuchen gilt.

Eine «schlechte Regierung» kann ebenfalls schuld sein, da ja, wie oben im Zusammenhang mit dem «analogistischen» Weltbild und dem «Verkettungsdenken» ausgeführt (vgl. S. 39 ff.), Natur- und Politkatastrophen sowie menschliche Fehlgriffe und Unglücksfälle Folgen einer Nichtübereinstimmung zwischen den fünf Regierungsleitgedanken, fünf Elementen, fünf Jahreszeiten u. dgl. sind. Anders als im westlichen Denken galten dabei (zumindest in der Tradition) Ursachen als um so zwingender, je immaterieller sie waren. Um den tausendfachen Verschlingungen von Ursachen und Wirkungen nachzugehen, stand von jeher ein breitgefächertes okkultistisches Instrumentarium zur Verfügung, mit dessen Hilfe die «Übereinstimmung» irdischen Handelns mit dem Sternengang (Astrologie) sowie mit den Regeln des «Windes und Wassers» (fengshui) sichergestellt werden konnte. Die Bedeutung von Horoskopen und magischen Ritualen kann auch heutzutage gar nicht ernst genug genommen werden.

Für den gläubigen Hindu oder Buddhisten kann das höchst säkulare Ereignis eines Deichbruchs aber auch durch karmische Fernwirkungen aus der vorangegangenen Existenz verursacht sein. Mit der alten Auffassung, daß nichts verlorengeht und jede Wohl- oder Untat eines Tages ihre Belohnung oder Vergeltung findet, konnte die indische Philosophie übrigens auch das Problem der Theodizee, das im abendländischen Denken nie befriedigend gelöst worden ist, in den Griff bekommen. Warum habe ich mein Kind verlieren müssen? Warum werde ich von Krankheit, Lähmung und anderem Unglück heimgesucht: warum ausgerechnet ich? «Hadern mit Gott» ist für den Hindu oder Buddhisten kein Thema. Hänge nicht deinem Kummer nach, sondern bemüh dich statt dessen, bessere Ausgangsbedingungen für

deine nächste Existenz zu schaffen! Auch Sozialpolitik kuriert nach dieser
Auffassung nur an den Symptomen herum, beseitigt aber nicht die Ursachen: Wer im Slum lebt, war seines Unglücks Schmied; nicht «Ausbeuter»
oder menschliche Bösartigkeit sind für das Mißgeschick verantwortlich,
sondern das eigene Tun. Was nützen demgegenüber schon Nächstenliebe,
Mildtätigkeit oder der Abschluß einer Sozialversicherung? (Moderne Sozialpolitik als Möglichkeit für die Regierenden, ihr eigenes Karma aufzubessern,
könnte allerdings, wie oben bereits erwähnt, höchst heilsame Wirkungen haben.) Auch sonst kommt der Europäer mit der buddhistischen Kausalitäts-
lehre nur mühsam zurecht; gibt es dort ja einen aus drei Grundübeln, sechs
Wiedergeburtsbereichen und zwölf Gliedern (nidanas) bestehenden Wirk-
und Zweckursachenzusammenhang, der vor allem in dem (meist neben der
Eingangspforte tibetischer Tempel angebrachten) «Lebensrad» eine eindrucksvolle Illustration findet. Die drei Grundübel, die einander bedingen,
sind Haß (symbolisiert durch eine Schlange), Dummheit (symbolisiert
durch ein Schwein) und Wollust (symbolisiert durch einen Hahn). Die sechs
Wiedergeburtsbereiche (oder Stätten des Leidens), durch die der einzelne
«rotiert», sind die Reiche der Götter, der Titanen, der Tiere, der Höllen, der
Hungergeister und der Menschen. Die zwölf Glieder des Kausalnexus
schließlich sind «Nichtwissen», «Triebkräfte», «Bewußtsein», «Name und
Form», Aktivierung der «sechs Sinnesorgane», «Berührung», «Empfindung», «Lebensdurst», neuerliches Eingehen in den Mutterschoß, erneutes
«Werden», neuerliche «Geburt» und erneut «Alter und Tod». Nach dieser
zwölften Station beginnt das Rad wieder von vorne beim «Nichtwissen» und
so ewig weiter, wenn die Qual nicht endlich durch Eingehen ins Nirvana beendet wird. Ist es schon schwierig, all diese Begriffe richtig zu deuten (es
gibt dazu eine unübersehbare Literatur), so erscheint es nahezu unmöglich,
hier noch Wirk- und Zweckursachen zu unterscheiden. Alles geht wahrhaft
«samsara»-gleich ineinander über. Von der Zweckursächlichkeit zur Akausa-
lität ist es oft nur ein kleiner Schritt. Während z. B. der westliche Mensch
die Welt mit äußeren Mitteln (d. h. die Gesellschaft mit politischen Maßnahmen und die Natur mit Wissenschaft und Technik) beeinflussen will, lautet
die konfuzianische Devise «Ich zwinge die Welt mit inneren Mitteln», indem
ich mich moralisch vervollkommne und mir damit meine Umgebung gefügig
mache. Ein im Sinne der überkommenen Sittenlehre zum «Modell» gewor-
dener Politiker zwingt die Gesellschaft unweigerlich in seinen Bann – wie
übrigens ebenso ein Daoist, der es gelernt hat, seinen Körper vollkommen
zu beherrschen, zu Wundertaten aller Art, zu Heilungen, ja zum freien
Schweben durch die Luft befähigt ist. In zahlreichen chinesischen Spielfilmen werden die Naturgesetze kurzerhand außer Kraft gesetzt, indem die
Helden etwa beim Schwertkampf durch die Luft wirbeln, mühelos rückwärts auf Hausdächer schnellen und von dort sogleich wieder wirbelnd und
todbringend ins Geschehen zurücktauchen. Auch der Yogi, der jahrelang in

seiner Höhle meditiert, oder der Samurai, der sein Schwert nicht führt, sondern selbst zum Schwert geworden ist, vollbringt wahre Wundertaten. Mächtig sein heißt in Asien stets «wirken, ohne zu tun» (vgl. S. 113 f.).

Der «Wille Gottes», der oben als fünfte Erklärungsmöglichkeit angegeben wurde, hat im islamischen Bereich bekanntlich zu einer stark fatalistischen Neigung geführt, aber nicht nur dort, sondern auch im Hinduismus sowie in jenen Kulturen, in denen sich beide Traditionen übereinandergeschichtet haben, z. B. in Java. Als Zeichen «moralischer Reife» gilt es dort, «sabar» (geduldig), «rima» (hinnehmend) und «iklas» (bereitwillig) zu sein, d. h. die Kraft zur stillen Annahme des Unvermeidlichen zu besitzen[22]. Eine der gebräuchlichsten Redensarten Malaysias ist «Bismillah» – der «Wille Gottes». Nicht weniger häufig heißt es auf den katholischen Philippinen: «Bahala na» – «Gott wird es schon richten!» Auch die philippinische Vorliebe für Wetten, Mitbieten beim Hahnenkampf, für Kartenspiele und für das Lotteriespiel Jueteng hängt mit einer aus dem Malaiischen stammenden fatalistischen Grundeinstellung zusammen. Im Zusammenhang damit steht wohl auch das weitverbreitete «Mañana»-oder «May be later»-Denken.

Zum «Fatalismus» als einer Haupteigenschaft des «indischen Volkscharakters» gibt es eine Kontroverse. Die indische Soziologin Kusum Nair, die im Zeitraum 1958/59 Feldforschungen in verschiedenen indischen Bundesstaaten durchführte, kam zu Ergebnissen, die selbst für sie als Hinduistin bestürzend waren[23]: Pachtbauern und Landarbeiter, die von der örtlichen Grundbesitzerschaft aufs schamloseste ausgebeutet wurden, waren mit ihrem Los durchaus nicht unzufrieden. Den Grundbesitzern Land wegzunehmen und es unter die Armen zu verteilen, schien ihnen völlig unvorstellbar. Im gleichen Sinne erregt sich ein britischer Autor[24] über die Gleichgültigkeit, mit der Slumbewohner indischer Großstädte ihre Wohnbedingungen akzeptieren – und das, obwohl sie manchmal «in einem knietiefen Morast von Kot und Kehricht leben, über dem eine einzige dunkle Wolke von Fliegen schwebt. Nichts ist so erniedrigend wie diese Indifferenz, diese zum Himmel schreiende ruhige Mattigkeit von Körper und Geist... Haß ist menschlich, Indifferenz aber ist im Grunde das Ende der Menschlichkeit.» Ein anderer britischer Autor, seines Zeichens Medizinhistoriker, wendet sich gegen die Fatalismusthese und führt dabei das Verhalten indischer Großstadtbewohner während der Pest- und Hungerkatastrophen des 19. und 20. Jahrhunderts ins Feld[25]. Bei den großen Pest- und Choleraseuchen zwischen 1896 und 1916, die rd. zehn Millionen Inder dahinrafften, habe es zwar da und dort durchaus den traditionellen Fatalismus gegeben; doch hätten sich die meisten Inder nicht auf Gebete zur «Pockengöttin» Sitala und auf religiös-magischen Abwehrzauber beschränkt, sondern durchaus rationales Verhalten an den Tag gelegt, indem sie nämlich entweder mit Kind und Kegel aus dem verseuchten Gebiet flohen oder zumindest den «Stammhalter» an einen sicheren Ort schickten.

e) Ganzheitliche Kommunikation: Nicht logisch, sondern symbolisch

Während man im Westen direkte und präzise Auskünfte sowie logische Darlegungen im Sinne genauer Axiome, Begriffe, Urteile und Schlüsse zu schätzen weiß, bedienen sich die meisten Asiaten lieber des Symbols, d. h. eines Worts, einer Zahl oder eines Bildes, das mehr aussagt, als man auf Anhieb erkennen kann, das verhüllt und zugleich offenbart, das also m. a. W. immer einen unübersetzbaren Rest zurückbehält[26], wie ja die Eigenart des Symbols überhaupt darin besteht, daß es sich an den *ganzen* Menschen wendet, nicht nur an seinen Verstand.

Von außerordentlicher Bedeutung ist die Symbolik in der konfuzianischen Kultur. Entsprechend dem zutiefst optischen Verständnis der Chinesen, Japaner oder Koreaner überwiegen die Formsymbole, angefangen vom Menschen über Tiere und Pflanzen bis hin zu Naturphänomenen wie Wolken, Regen und Tau. Unter den Menschendarstellungen ragen vor allem die fünf mythischen Urkaiser und die zahlreichen Gelehrten und Krieger hervor, die im Laufe der Zeit zu Göttern und Schutzpatronen erhoben wurden. In der Fauna spielen vor allem die fünf heiligen Tiere (Drache, Einhorn, Schildkröte, Phönix und Kranich) oder aber die «fünf giftigen Tiere» (Spinne, Eidechse, Tausendfüßler, Schlange und Kröte) eine vielsagende und magische Rolle. Vielfältige Bedeutung in der Pflanzenwelt kommt der Päonie (Symbol für Reichtum und Vornehmheit) zu, dem Pfirsich (Langlebigkeit, ja Unsterblichkeit), dem Bambus (Standhaftigkeit), der Kiefer (langes Leben und Beständigkeit) sowie dem Lotos – man denke an die «Acht buddhistischen Kostbarkeiten».

Neben dem Formsymbol unterscheidet Eberhard[27] noch Laut- und Eigenschaftssymbole. Für die ersteren ist das Beispiel der Fledermaus charakteristisch, die fast überall, sei es nun auf Bildern, im Schnitzwerk oder auf Tapeten, dargestellt wird und die genauso ausgesprochen wird («fu») wie das «Glück». Für Eigenschaftssymbole steht der Adler, der Stärke bis ins hohe Alter bedeutet. Die meisten Symbole Chinas beziehen sich auf säkulare Wünsche, nämlich nach Glück, Reichtum und langem Leben (Formel «fu lu shou»), nach Gesundheit, nach Ansehen und nach Söhnen.

Ganz anders in der hinduistischen, theravadischen oder gar islamischen Welt: Hier treten überall jenseitsbezogene Symbole zutage, sei es nun, wie im Hinduismus, die unüberschaubare Fülle von Gottheiten (bzw. deren Verkörperungen), sei es, wie im Buddhismus, die nie abreißende Vergegenwärtigung Buddhas, der zwölf Stationen seines Lebens und der 500 Stationen seines Vorlebens, oder aber, im Islam, die reiche Ornamentik, vor allem aber ein filigranhaft entwickelter, hochsymbolischer Ritualismus, etwa die Waschung vor dem Gebet, das Ausziehen der Schuhe vor Betreten des Gebetsorts, das Ausbreiten des Gebetsteppichs, die nach Mekka gerichtete Gebetsnische, die kunstvoll kalligraphierten Schriftbänder, die mit ihren

Koranversen ganze Kuppeln überziehen, und nicht zuletzt die Fülle des Lichts, das absichtsvoll in den Gebetsraum gelenkt wird und göttliche Erleuchtung versinnbildlichen soll. Auch Flaggen, Banner, Halbmonde und die grüne Farbe des Propheten sind voll mit Jenseitsverweisen.

Von beträchtlicher Bedeutung ist auch die Farben- und Zahlensymbolik. Farbensymbole zählen vor allem im Hinduismus: Der Heilige Weltenberg Meru ist im Osten weiß, im Süden gelb, im Westen schwarz und im Norden rot; dies entspricht den Farbensymbolen der vier indischen Kasten, nämlich dem Weiß der Brahmanen, dem Rot der Kshatriyas, dem Gelb der Vaishiyas und dem Schwarz der Shudras. Ferner gab und gibt es fünffarbige Fäden zu magischen Zwecken und fünffarbige Amulette; die Körperteile bestimmter Götter oder Dämonen werden mit jeweils fünf verschiedenen Farben ausgemalt, z. B. mit Rot die Hand- und Fußflächen, mit Schwarz die Haare, mit Gelb die Haut, mit Blau die Waffen und mit Weiß die Gewandung[28].

In China steht Schwarz für Schlecht und Rot für Gut, vor allem im Wortschatz der Kulturrevolution: die «Rote Sonne» (= Mao Zedong), das «Rote Buch», die «Roten Garden»; das Denken soll sich «röten» usw. Andererseits gibt es «Schwarze Bücher», «Schwarze Versammlungen» oder «Schwarze Filme».

Auch die Zahlensymbolik ist aktuell wie eh und je. Hier einige Beispiele aus der VR China:

– Es gibt die Drei Demokratien (politisch, wirtschaftlich, militärisch), die Drei Ungleichheiten (Kopf/Hand, Stadt/Land und Industrie/Landwirtschaft) und die Drei Roten Banner (Kampagne von 1958).

– Ferner die Vier Modernisierungen (Landwirtschaft, Industrie, Militär, Wissenschaft), die Vier Plagen (Ratten, Spatzen, Fliegen, Moskitos) und – die «Viererbande».

– Die «Fünf Garantien» (Sozialgesetzgebung auf dem Land: Essen, Kleidung, Wohnung, Ausbildung, Bestattung), die Fünf Übel (Bestechung, Steuerhinterziehung, Diebstahl von öffentlichem Eigentum, Herstellung minderwertiger Waren, Wirtschaftsspionage), die «Fünf Verbesserungen» etc.

– Die Sechs Regeln (der Kriegskunst).

– Die Sieben Arten von Konterrevolutionären.

– Die Acht Verbesserungen in der Landwirtschaftstechnik, die Neun Kommentare (zur Kritik am Sowjetrevisionismus) und die Zehn Großen Beziehungen (Systematisierung der Hauptspannungspunkte im chinesischen Politsystem).

Auch im hinduistischen und islamischen Denken sind Zahlensymbole von überragender Bedeutung, im Hinduismus vor allem die Drei, die Sieben und die Fünf. Am populärsten ist die Götterdreiheit (Trimurti) Brahma, Vishnu und Shiva. Shiva wird manchmal dreiköpfig dargestellt und, ebenso übrigens wie Buddha, dreiäugig. Drei Feuer waren zum Vollzug des altertümlichen

Soma-Opfers erforderlich (das Soma-Elixier wurde aus dem Saft einer in den Bergen gedeihenden Rhabarberpflanze gewonnen und rief heiliges Delirium hervor), und mit drei Schritten hat Vishnu das Weltall durchmessen. Aus sieben Weltschichten baut sich der Kosmos auf, die Mittelwelt besteht aus sieben kreisrunden Kontinenten und sieben sie trennenden Ringmeeren; unterhalb der Erdscheibe liegen die sieben Unterwelten; sieben Rosse ziehen den Wagen des Sonnengottes, sieben Hauptpriester sind zur Darbringung eines Soma-Opfers erforderlich, aus sieben Grundstoffen besteht die indische Heilkunde, und siebenfach auch sind die Träume des Menschen.

Weitaus am häufigsten aber taucht, wie in China, auch in Indien die Zahl Fünf auf. Es gibt die fünf Elemente, den fünffachen Lebenshauch, die fünf Bäume (meist Feigenarten), die fünf Produkte der Kuh, die fünf Gerüche (Kampfer, Aloe, Moschus, Sandel, Kakkola), die fünf Juwelenarten, die fünf Heilwurzeln, die fünf ärztlichen Diagnosen u. dgl. Fünf Personen sind mit der Leitung einer Kaste betraut (sog. «Panchayat»). Fünf Mondtage werden zu einer Fünferwoche zusammengefaßt, und sakrale Feiern pflegten seit unvordenklicher Zeit fünf Tage zu dauern[29].

Im modernen Indonesien wurden die Fünf Grundprinzipien (Pancasila) zum verfassungsrechtlichen Anker sowohl der Alten als auch der Neuen Ordnung (Näheres dazu oben S. 136 f.). Bei der Konferenz von Bandung (1955) wurden die «Fünf Prinzipien der friedlichen Koexistenz» zu einem Hauptinstrument der Außenpolitik erklärt. Fünffach auch sind die Grundpfeiler des Islam, darunter die täglichen fünf Gebete (Näheres dazu unten S. 244).

Es ist vor allem diese Welt der Symbolik, die beim westlichen Betrachter das Gefühl des «Geheimnisvollen» hervorruft und die viele Asiaten als «undurchschaubar» erscheinen läßt. Der Nebel lichtet sich allerdings, sobald man einmal die Symbole kennengelernt hat und ihren Einsatz «versteht». Dann erscheinen sie nämlich als durchaus praktisches Instrumentarium für den Umgang zunächst einmal mit übersinnlichen Mächten, die gepriesen und verehrt, aber auch um Gnade angefleht, ja bisweilen höchst berechnend manipuliert werden!

Der in der Religion allgegenwärtige Symbolismus wirkt z. T. aber auch auf das Alltagsverhalten zurück und führt hier zu einer Kultur der Andeutungen und des leisen Sprechens, die für den an «Direktheit» gewöhnten Europäer nicht immer leicht aufzuschlüsseln ist. So kann es beispielsweise vorkommen, daß ihm wichtige Mitteilungen von seinem Gastgeber erst am Ende eines mehrstündigen Abendessens – und dann vielleicht auch noch in einem Nebensatz gemacht werden; manchmal werden Geschenke überreicht, deren rote oder weiße Farbe bereits bestimmte Wünsche ausdrückt. Der frühere Außenminister Kissinger wurde bei der Anbahnung der chinesisch-amerikanischen Beziehungen Ende 1971 von Zhou Enlai im Fujian-Zimmer der Großen Volkshalle empfangen, also im Symbolraum eben jener Provinz, die der Insel Taiwan direkt gegenüber liegt. Andeutenden Charakter hat auch eine Fülle von Sprichwörtern, wie sie in Asien gerne jedem Gespräch beigeflochten werden.

f) Nicht zergliedernd, sondern ganzheitlich

Das asiatische Denken steht nicht vor oder über den Dingen (d. h. der Gesellschaft, der Natur und dem Übersinnlichen), sondern versucht, *in* ihnen zu bleiben. Daraus ergibt sich ein ganzheitlicher Ansatz, wie er auf S. 38 ff. beschrieben wurde.

3. Unterschiedliche Denkweisen: China und Indien

Neben den oben geschilderten Gemeinsamkeiten soll nun noch die Spannweite unterschiedlicher Denkansätze ausgelotet werden, wobei sich China und Indien als Gegenpole anbieten, zwischen denen die Denkmuster anderer Völker auf einer gleichsam gleitenden Skala liegen.

Nimmt man die Gegensatzpaare abstrakt/konkret, allgemein/individuell, statisch/dynamisch-dialektisch, innen/außen sowie diesseits/jenseits-orientiert als Grobraster, so ergibt sich für das indische Denken folgender Befund, der zugleich ein Kontrastbild zu China liefert: Bevorzugung des Allgemeinen, Abstrakten und Utopischen auf Kosten des Besonderen, Konkreten und Praktischen; der Einheitsidee auf Kosten des Individuellen; des Statischen auf Kosten des Dynamisch-Dialektischen; der inneren Reflexion auf Kosten äußerer Konformität und des Übernatürlichen auf Kosten des Naturhaften. Das chinesische Denken läuft, wie gesagt, bei all diesen fünf Positionen jeweils ziemlich genau auf das Gegenteil hinaus. Andererseits kommen sich beide dann überall dort wieder nahe, wo es um «Harmonie», Toleranz oder Hierarchie geht.

Die hier festgestellten Gegensätze ergeben sich zunächst einmal ganz schlicht aus Befunden der Großen Tradition. Sie sind aber, wie Nakamura[30] nachzuweisen versucht, keineswegs nur Resultat eines Zufalls, sondern notwendige Deduktionen aus jeweils grundverschieden angelegten Sprachmustern – womit ihnen übrigens auch Dauer beschieden wäre. Der Drang des Chinesischen zum Bild, zur konkreten Aufschlüsselung abstrakter Tatbestände und zum Symbol ergibt sich aus dem jahrtausendelangen Umgang mit Bildzeichen, die beträchtliches Eigenleben entwickeln.

Das Sanskrit andererseits, das vielen modernen indischen Sprachen zugrunde liegt, fordert zur abstrakten Stilisierung geradezu heraus: Da ist zunächst einmal die typische Verwischung einer Eigenschaft mit dem Träger dieser Eigenschaft: Prinz Sakyamuni hatte die «Erleuchtung» gewonnen (buddha) und damit einen «Sieg» errungen (jina); damit wurde er als «Erleuchtung» (Buddha) und «Sieg» (Jina) personifiziert – ähnlich wie man etwa

im Deutschen von «den Goethes» spricht, wenn man Personen mit poetischen Fähigkeiten meint.

Während in den modernen europäischen Sprachen Adjektive und Substantive streng voneinander getrennt werden, neigt das Sanskrit dazu, ein Adjek-
tiv als Substantiv zu verwenden, z. B. tapana = «brennend» und zugleich «die
Sonne» oder aber suhrd = «gutherzig» sowie «der Freund»[31]. Im Gegensatz
dazu zwingt die chinesische Satzkonstruktion zu einer präzisen Differenzierung zwischen «Bestimmendem» und «Bestimmtem», jenes wird im Chinesischen, ebenso wie im Japanischen, dem Bestimmten vorangestellt, während
es in den malaiischen Sprachen gerade umgekehrt ist, z. B. «des Mannes
Name» (chin., jap.) oder aber «der Name des Mannes» (malaiisch).

Im Sanskrit besteht darüber hinaus die Tendenz zur Substantivierung –
und damit Abstrahierung von Verben: Man hängt an ein Tätigkeitswort Suf-
fixe wie z. B. «-ta» oder «-tva» (entspr. dem dt. «-tät») an. Der Satz «Er al-
tert schnell» wird im Sanskrit z. B. gern mit «Er geht schnell zur ‹Altität›»
und «Die Frucht fault» mit «Die Frucht geht zur ‹Faulität›» wiedergegeben.
Mit einem winzigen Schritt ist man hier also bereits im Reich der Abstraktion. Kein Wunder, daß indische Denker schnell «abheben», während die
chinesische Darstellungsweise immer irdisch-greifbar bleibt. Substantivierung und Abstrahierung im Sanskrit, dialektische Bewegung und Konkret-
heit dagegen im Chinesischen, so z. B. in Ausdrücken wie «shanshui»
(«Berg-Wasser» = Landschaftsgemälde), «shanhai» («Berg-Meer», das von
Bergen und Meeren umschlossene Land als Ganzes) oder aber, um hier einen
für den Sino-Kommunismus zentralen Begriff zu zitieren: «maodun»
(wörtl. «Speer-Schild», d. h. «Widerspruch» – z. B. im Sinne des Gegensatzes zwischen Bourgeoisie und Proletariat). Zum Paradebeispiel für diese die
Einheit der Gegensätze ausdrückende Eigenart des Chinesischen ist der Begriff yin-yang (dunkel-hell) geworden, in dem sich die chinesische Lebensphilosophie wie in einem Brennglas konzentriert.

Was schließlich die Idee der All-Einheit anbelangt, die ja das Herzstück
des traditionellen indischen Denkens überhaupt ist, so scheint sie ebenfalls
linguistisch vorstrukturiert zu sein. Während z. B. im Altgriechischen, das
ansonsten ja durchaus Gemeinsamkeiten mit dem Sanskrit aufweist, präzis
zwischen «pan» (all, Singular im Sinne von lateinisch «omne») und «pantha»
(alle, alles, Plural im Sinne von lateinisch «omnia») unterschieden wird,
taucht dieser Begriff «alles» im Sanskrit immer nur als «sarva», d. h. im Singular, auf[32]. Wären die indischen Arier Griechen gewesen, so hätten sie
wahrscheinlich nicht gesagt «pantha rhei» (alles fließt, im Sinne von «omnia»), sondern «pan rhei» («all fließt»). Das Sanskrit drängt also den Plural
zum Singular, die Vielheit zum Einen. Von hier ist es nur noch ein kleiner
Schritt zu der Annahme, daß alle Vielheit am Ende doch nur ein und dasselbe und daß der Glaube an ein Individuum Täuschung – weil Folge unzu-
reichender Einsicht in die All-Einheit der Dinge und Erscheinungen – sei.

V.
Was Asiaten glauben:
Religion und Frömmigkeit

1. Längsschnitte

a) Ex oriente lux?

Aus europäischer Sicht sind zwar alle Religionen im «Orient» entstanden. Faßt man diesen nebulos umschriebenen Erdteil jedoch unter religiösen Gesichtspunkten näher ins Auge, so zerfällt er in zwei Teile, deren Scheidelinie am Hindukusch verläuft[1]. Von dort aus läßt sich deutlich zwischen «westlichen» und «östlichen» Religionen unterscheiden – zu den ersteren gehören das Christentum, das Judentum und der Islam, die sich sowohl im Hinblick auf ihr Weltbild, ihre Sittenlehre, ihre Metaphysik und ihr Ritual als auch auf ihre (mangelnde) Toleranz gegenüber anderen Religionen äonenweit von dem abheben, was östlich des Hindukusch entstanden ist – also in jenem Asien der 25 Länder, das in der vorliegenden Untersuchung behandelt wird. Diese Region hat zwar eine Fülle von Volks-, jedoch nur zwei Universalreligionen hervorgebracht, nämlich den Buddhismus und den Konfuzianismus, wobei der Konfuzianismus allerdings eher eine Soziallehre als eine Religion ist. Alle anderen «östlichen» Glaubenssysteme sind, so zahlreich auch ihre Anhängerschaft sein mag, «Volks»-Religionen geblieben, so z.B. der Hinduismus, der lediglich im eigentlichen Indien, in Nepal und auf der indonesischen Insel Bali zu Hause ist, ferner der ganz auf Japan beschränkte Shintoismus, des weiteren der in fast ganz China heimische Daoismus, nicht zu vergessen schließlich auch noch die hauptsächlich auf Indien beschränkten Religionen des Jainismus, Sikhismus und Parsismus, deren Anhängerschaft, verglichen mit dem Hinduismus, zwar zwergenhaft wirkt, deren wirtschaftliches Gewicht aber Riesenausmaße besitzt (dazu oben S. 168f.).

Volksreligionen unterscheiden sich von Universalreligionen erstens dadurch, daß sie weitgehend auf ein bestimmtes Volk beschränkt geblieben sind, daß sie autochthone Götter besitzen, daß sie ferner von den Eigenarten des betreffenden Volkes geprägt bleiben, während in den Universalreligionen der Mensch als solcher mit seinen Nöten und seinen Hoffnungen Gegenstand der Heilsverkündung ist, und daß sie, viertens, keine Missionserfolge aufzuweisen haben, die ja logischerweise erst im Zuge der «Entnationalisierung» des religiösen Anliegens eintreten können. Zwei Drittel der heutigen Menschheit bekennen sich zu einer «Fremd»-, sprich: Universalreligion.

In diesem Sinne besitzt eigentlich nur der Buddhismus einen ähnlichen Universalcharakter wie die beiden «westlichen» Glaubenssysteme Christentum und Islam. Bezeichnenderweise war der Buddhismus in seinem Ursprungsland Indien lange Zeit so gut wie erloschen, während er um so größere Verbreitung unter anderen Nationen gefunden hat – freilich nur nach Osten. Im Westen blieb ihm der Erfolg versagt, weil er mit seiner Anpassungsbereitschaft und seinem Sowohl-als-auch nicht den Hauch einer Chance gegen die beiden vom Entweder-Oder bestimmten «prophetischen Weltreligionen» Christentum und Islam hatte. Was ihm im Westen geschadet hat, kam ihm andererseits im Osten zugute. Während die prophetischen Religionen stets versucht haben, alle anderen Glaubenssysteme auszumerzen und sich an ihrer Stelle zu etablieren, richtete sich der Buddhismus stets neben anderen Religionen ein, ja nahm deren Elemente z. T. bis zur Selbstverstümmelung auf. In Japan trat er als Universalreligion neben den autochthonen Shintoismus, in China neben den Daoismus und in Indien, seinem Ursprungsland, reihte er sich, nach einer langen Zeit der Abwesenheit, bescheiden neben Hinduismus und Islam ein. Besonders stark überwuchert wurde er von der alttibetischen Bon-Religion. Von dort stammen die für den Lamaismus so typischen Götter («zürnende Gottheiten», Göttinnen: «taras»), die charakteristische Ikonographie (erotische Darstellungen, Thankas und Mandalas) sowie die Kultgegenstände (Glocke und Donnerkeil, Zauberdolch, Yakschweif-Standarten, Gebetswimpel, Butter-Opfer, Mani-Mauern, «Geisterfallen», Ladse-Steinhaufen und Gebetsmühlen). Verglichen mit dem Buddhismus hat sich der Konfuzianismus zwar nicht als Weltreligion, wohl aber als Vertreter einer Universalethik über das dichtbevölkerte Ostasien verbreiten können.

Die «östlichen» Glaubenssysteme unterscheiden sich in fast allen entscheidenden Belangen, sei es nun in der Auffassung von Zeit und Raum, von «Erkennen» und «Innewerden», von Sein und Schein, von Wirkursachen und Zweckursachen sowie auch durch ihre Toleranz von den westlichen Religionen. Die Einzelheiten zu diesen Differenzen sind bereits in Abschnitt IV herausgearbeitet worden. Hier nur so viel: Dem vom Judentum, Christentum und Islam vertretenen Konzept eines einmaligen, zeitlich zwischen Anfang (Creatio ex nihilo) und Ende (Apokalypse) verlaufenden Weltprozesses steht die Lehre der Hindus, Buddhisten und Chinesen vom zyklischen Verlauf allen Geschehens diametral gegenüber. Zwar tauchen auch in Indien und China vereinzelte Entstehungsmythen auf, die möglicherweise aus überlagerten Kulturen stammen, so z. B. die chinesische Pangu-Legende; doch handelt es sich hier eher um Nebenflüsse, die im Hauptstrom kaum noch zählen. Ebenso gibt es im Mahayana-Buddhismus und (in später Nachahmung dieses Vorbilds) auch im Daoismus einen Himmel; einer der vielen chinesischen Ausdrücke für «Sterben» heißt gar «qu xitian», wörtl. «in den westlichen Himmel» (d. h. in das Reich des Emitofo, jap.: Amida, Pali:

Amithaba Buddha) «eingehen». Doch hat diese buddhistische «Neuerung» die altchinesische Grundauffassung vom ewigen Wechselspiel zwischen Yin und Yang, d. h. zwischen dem ewigen Entstehen und Ersterben keineswegs verdrängen können.

b) Gottesvorstellungen: Animae, Götter, Gott und das Göttliche

Während Judentum, Christentum und Islam einem mehr oder weniger strengen Monotheismus huldigen (auch die christliche Dreieinigkeitslehre geht ja von der Substanzgleichheit zwischen Vater, Sohn und Heiligem Geist aus), tendieren die meisten asiatischen Religionen zum Polytheismus, vor allem der Hinduismus, der Mahayana-Buddhismus und auch der synkretistische Islam Javas und anderer indonesischer Inseln, wo nicht nur Allah angerufen, sondern wo gleichzeitig auch den Geistern geopfert wird. Eine bunte Götterwelt tritt dem Gläubigen auch in der daoistischen Kirche entgegen, während der Konfuzianismus gegenläufige Entwicklungen durchgemacht hat: Der «Himmel», den der Gläubige dort ursprünglich durchaus noch als persönliches Wesen verehrt und dem er Opfer dargebracht hatte, wurde unter dem rationalistischen Einfluß des Mandarinats immer mehr zur unpersönlichen Macht, die schließlich als Korrelat zur Erde und damit als einer von vielen Aspekten des durchgehend dialektischen Yin-Yang-Verhältnisses gesehen wurde, aus dessen Wechselspiel letztlich alle Dinge hervorgehen und in das sie wieder zurückkehren: kein Entstehen ohne Vergehen, kein Hoch ohne Niedrig, kein Gut ohne Böse, keine Herrschaft ohne Beherrschte und kein Himmel ohne Erde – sowie umgekehrt. An die Stelle des «Himmels» rückte der «große Urgrund» (taiji), in dem die Kräfte Yin und Yang beschlossen sind. Ebenso unpersönlich wie das Taiji ist das in der Vedanta («Veda-Ende») gelehrte und später vom Philosophen Shankara (788–820) für den neueren Hinduismus reaktivierte Brahman («Weltseele»), in das jedes Atman («Einzelseele», «Selbst») immer wieder zurückkehrt, so wie der Funke wieder in die Lohe zurückspringt oder der Tropfen wieder im Ozean verrinnt. Ähnlich unpersönlich ist, drittens, das von Nagarjuna in den Mahayana-Buddhismus eingeführte Sunyata (zu diesem Begriff der «Leere» vgl. oben S. 190 f., 197).

Während die «westlichen» Religionen also ihrem Monotheismus durchgehend treu bleiben, neigen die östlichen Glaubenssysteme zu Extremen, indem sie entweder dem Polytheismus oder aber dem unpersönlichen «Göttlichen» Raum geben. Freilich ist dieses «Göttliche der Philosophen» dem einfachen Gläubigen viel zu abstrakt. Er überläßt deshalb das Taiji, das Leere oder das Brahman den Ritualbeamten oder Hohepriestern und wendet sich selbst weniger anspruchsvollen Adressaten zu, deren ungeheure Vielfalt – und weitgehend auch Widersprüchlichkeit – darauf zurückgeht, daß im Laufe der Geschichte zahllose lokale Traditionen zu einem überlokalen Ganzen verschichtet, nicht jedoch verschmolzen wurden (zum Begriff Verschichtung vgl. unten S. 331 ff.). Als göttlich wurden anfangs Naturerscheinungen (Stern-, Mond- und Sonnen- sowie Sturm-, Blitz- und Donnergötter) oder aber ganz einfach «der Himmel» erfahren – man denke an die Sonnengöttin als Urahnin des japanischen Kaiserhauses, an die altindischen Gewittergötter Rudra und Indra oder aber an den altchinesischen Tian (Himmel). Angebetet wurden/werden ferner Berge, Flüsse und Steine (siehe S. 48 ff.), merkwürdig geformte Steine und Felsen, bestimmte Pflanzen (in Indien und Südostasien u. a. der Feigen- und Banyang-Baum) und Tierarten wie Affen, Krokodile und Schlangen, vor allem die Kuh als Ausdruck des Frommen und Mütterlichen. Schildkröten- und Schlangenverehrung gibt es auch im Daoismus (Schlangentempel in Penang) oder aber in Japan – man denke an die als Götterboten verehrten Hirsche im Tempelpark von Nara – nicht zu vergessen übrigens auch die schöne shintoistische Sitte, besonders merkwürdige Bäume und Felsen mit dicken Verehrungsseilen wie mit einer Bauchbinde zu umwickeln. Auch verstorbene Helden wurden (wie z. B. in China) formell zu Göttern ernannt (dort erhielten sie den Titel «Kaiser», di) und als Nothelfer angerufen sowie als Dorf- oder Berufspatrone verehrt. Daneben kam es zur Herausbildung von Hochgöttern, zu denen der Gläubige in ein z. T. schwärmerisches Ich/Du-Verhältnis trat, so z. B. im Vishnuismus und Shivaismus oder im Mahayana-Buddhismus, wo vor allem Guanyin (jap.: Kannon, Sanskrit: Boddhisattva Avalokiteshvara) angebetet wird.

Viel häufiger aber als Hochgöttern wendet sich der einfache Gläubige den Geistern (chin.: «shen») und Dämonen (chin.: «gui») zu, die er um Hilfe bittet oder aber denen er in seiner Angst Abwehr- und Beschwichtigungsopfer (in Form von Reiskörnern, Weihrauch, Blumengirlanden etc.) bringt. Dieses Nebeneinander wird vor allem im Theravada deutlich. Zwar gilt dort Gautama Buddha theoretisch nicht als Gott, sondern lediglich als menschliches Selbsterlösungsmodell; doch hindert dies den einfachen Gläubigen keineswegs, eine Buddhastatue anzubeten und gleichzeitig auch noch allen möglichen Geistern zu opfern. Kaum ein Ort in Asien, wo bei genauerem Hinsehen nicht Spuren des Animismus zu entdecken wären, dessen Eigenart darin besteht, daß die Begegnung mit dem Numinosen an Hand eines Wesens erfahren wird, das weder völlig unpersönlich noch, wie ein Hochgott, «persönlich», sondern ein Zwischengeschöpf ist – eben ein Dämon. «Dämonen» unterscheiden sich von unpersönlichen «Mächten» dadurch, daß sie personenähnliche Qualitäten besitzen und deshalb Gegenstand einer gewissen Ich-Du-Beziehung werden können, sie gleichen ihnen dann aber wiederum darin, daß ihr Handeln völlig unberechenbar, willkürlich und von boshafter Planlosigkeit – eben «dämonisch» – ist und daß man dauernd auf der Hut sein muß wie vor einer Schlange, die man besser nicht reizt, sondern in weitem Bogen vorsichtig umgeht. Mit den «Göttern» andererseits haben die Animae zwar eine gewisse Personenhaftigkeit gemeinsam, doch unterscheiden sie sich von ihnen durch ihre Unberechenbarkeit. Das Wesen des Dämonischen ist ja nicht nur das Irrationale, sondern das Antirationale und «Sinnlose». Sogar manche Hochgötter haben den Animismus noch nicht ganz abgestreift, so z. B. Jahve, der im Alten Testament willkürlich Seuchen über das Land schickt und am Berge Sinai mit Blitz, Rauch und Donner niederfährt[2].

«Respektiere die Geister, aber halte dich fern von ihnen» – dieser klassisch gewordene Ausspruch des Konfuzius gibt etwas von der Denkhaltung wieder, die auch im modernen Asien überall verbreitet ist. Ein Asiate, der behauptet, nicht an Geister zu glauben, sagt im Zweifel die Unwahrheit, weil er – etwa einem westlichen Besucher gegenüber – sein Gesicht behalten will. Asiaten haben erfahrungsgemäß einen gesunden Respekt vor Mächten, die stärker sind als sie, und sie werden es nie auf eine ernsthafte Mutprobe ankommen lassen. Allzu leicht vergißt man übrigens, daß sich auch in Europa in Form der Maibaum-, Mistel- oder Feuerrituale (Oster-, Johannis-, Sonnwend- und Winterfeuer) Überreste der alten Baum- und Feuerverehrung erhalten haben, auch wenn sie inzwischen ihres alten Sinns entkleidet sind[3]. In Asien aber ist dieses Erbe noch lebendig, wie die zahllosen Schutzrituale zeigen, deren pittoresken Formen man auf Schritt und Tritt begegnet.

Da gibt es unzählige Talismane (von arabisch «telesma», Abwehrzauber): Man trägt an einer Kette um den Hals beispielsweise einen Schweinezahn oder den Samen einer abwehrkräftigen Pflanze (in Europa war dies früher die Alraune), man legt Jade an, die in der daoistischen Tradition die Funktion der «Teufelsvertreibung» hat, oder aber man führt, wie z. B. auf den Philippinen, stets ein Anting-anting mit sich, wie es an jeder Straßenecke verkauft wird – bisweilen sogar unmittelbar am Haupteingang zur katholischen Kirche. Die Thai bevorzugen Amulette, auf denen Schutzgottheiten abgebildet sind, so z. B. Hra Rod («der Überlebensherr»). Talismanfunktion hat auch der javanische Kris, dessen Klinge nach allgemein verbreitetem Glauben eine Seele besitzt, der man sogar Opfer bringt. In weiten Teilen Asiens werden außerdem vor jedem Hauseingang «Geistermauern» aufgebaut, die die Dämonen daran hindern, in das Haus oder in einen Tempel einzudringen. In der malaiischen Welt dienten Hahnenkämpfe oder Schattenspielaufführungen am Rande einer Hochzeit oder einer Beschneidungszeremonie dazu, die Aufmerksamkeit eventuell gerade anwesender Dämonen zu absorbieren und dadurch die Hauptperson der Veranstaltung vor unberechenbaren Attacken zu schützen. Solche Vorstellungen können oft die ganze Nacht andauern. In China werden auch heute noch anläßlich des Neujahrsfestes Türen und Fenster mit Schattenrissen des Kriegsgottes Guan Yu oder einer anderen wehrhaften Gottheit beklebt, deren Aufgabe es ist, ihre Waffen gegen potentielle «Gui»-Eindringlinge einzusetzen.

Auch eine Fülle von Ritualen ist Ausdruck ständiger Alarmbereitschaft. Zwei moderne Beispiele: Als das Hyatt-Hotel in Singapur, ein Haus der

gleichnamigen Luxuskette, Anfang der siebziger Jahre wegen lokaler Über-
kapazitäten in eine geschäftliche Pechsträhne hineingeriet, konsultierte das
Management in seiner Not einen «Wind-Wasser»(fengshui)-Spezialisten, der
die Ursache des Unheils schnell herausgefunden zu haben glaubte: Liege doch
die Eingangsfront des Hotels mitsamt dem Kassenraum nicht nur, allen Feng-
shui-Regeln zuwider, nach Norden hin, sondern sei zudem durch eine riesige
Glasfront abgeschirmt; kein Wunder, daß die zumeist aus nördlicher Richtung angreifenden Dämonen ohne Mühe durch die Eingangsfront eindringen
und die Kassen leerräumen könnten. Die Empfehlung des Geomanten an die
Architekten lautete, die bisher in glatter Front verlaufende gläserne Eingangs-
fassade neu in «Ziehharmonika»-Form anzuordnen, vor die Eingangspforte
eine Geistermauer in Form von Springbrunnen und Blumenarrangements zu
setzen und im Speisesaal ein nach altchinesischem Muster angefertigtes, etwa
acht Meter langes Holzboot mit der Inschrift «Sichere Reise» zu installieren.
Mit dem Hyatt-Hotel ging es nach Durchführung dieser viele Millionen Dollar verschlingenden Reparaturen steil wieder aufwärts[4].

Was in Singapur der Geomant, ist im benachbarten Malaysia der Bomoh
(Medizinmann), der, ähnlich wie in Shakespeares Sommernachtstraum,
«verzaubern» oder aber Dämonen vertreiben kann. Die Football-Associ-
ation of Malaysia beschäftigt regelmäßig einen Bomoh, der dafür sorgt, daß
während der Spiele kein Regen aufkommt. Während des Wahlkampfs in Sarawak (Ostmalaysia) beschuldigten sich im Juli 1985 die beiden Haupt-
bewerber um den Posten des Ministerpräsidenten in offenen Briefen an die
«Sarawak Tribune» gegenseitig des Bomohismus, also der Zauberei: Insbesondere wurde der amtierende Ministerpräsident Taib Mahmud angeprangert, er konsultiere regelmäßig einen lokalen Bomoh in der Stadt Kuching,
den er als Verkörperung eines bereits vor mehreren hundert Jahren gestorbe-
nen Urahnen anspreche. Ein solches Verhalten sei «shirik», d. h., es verstoße
gegen die Grundprinzipien des Islam, nämlich an etwas anderes zu glauben
als an Allah. Der Angeschuldigte leugnete seine Kontakte mit dem Bomoh
keineswegs, zeigte sich jedoch darüber empört, daß man auf diese Weise «in
sein Privatleben eindringe»[5].

Noch wichtiger als Talismane und Abwehrrituale sind die verschiedenen
Formen der Wahrsagung, mit denen man sich in angstbesetzten Situationen
und im Gestrüpp der Dämonie am besten zurechtfinden zu können glaubt.
Astrologiegläubigkeit ist ja häufig Folge einer Ich-Schwäche sowie des Gefühls, ausgeliefert zu sein. Keine Straße in irgendeiner asiatischen Stadt, wo
nicht wenigstens zwei oder drei Wahrsager ihre Dienste anböten. Als besonders zuverlässig gilt das Lesen der Handlinien, bestimmter Gesichtslinien
oder aber die astrologisch fundierte Zukunftsaussage. In nahezu jeder Zeitung oder Zeitschrift sind Belehrungen über das richtige Lesen von Handlinien abgedruckt. Auch die meisten Politiker bedienen sich eines Astrologen,
selbst wenn sie dies vor der Öffentlichkeit nicht gern zugeben. Der Mini-

sterpräsident von Singapur, Lee Kuan Yew, Absolvent britischer Schulen und bekannt für seine Modernisierungspolitik, konsultiert angeblich regelmäßig einen Astrologen in Sri Lanka. Vollends astrologiehörig war vor allem Lon Nol, der Staatspräsident der ehemaligen «Khmer-Republik» (1970–1975). Bekanntlich war auch der Zeitpunkt der indischen Unabhängigkeitserklärung, die um Mitternacht zwischen dem 15. und 16. August 1947 erfolgte, auf astrologisches Anraten festgesetzt worden. Auch die erste indische Atombombe wurde zu einem astrologisch günstigen Zeitpunkt gezündet. Will schon die hohe Politik nicht auf solche «transzendentalen» Hilfsmittel verzichten, so erst recht nicht der kleine Mann, der vor jeder Aussaat und vor Antritt jeder Reise, ja vor jedem für ihn wichtigen Ereignis sicherheitshalber einmal beim Wahrsager oder Handleser vorbeischaut. Auch in einer hochmodernen Stadt wie Taibei gibt es rund 20000 Spezialisten für das «Übernatürliche». Besonders gut leben sie vom Vertrauen in ihre Fähigkeit, feststellen zu können, ob ein junges Paar zueinander paßt. Schlechte Chancen hat hier ein Mädchen, das 1966 geboren wurde; denn nahezu katastrophal ist die auf dieses Jahr fallende Konjunktion von «Feuer, Pferd und Yang».

Eine wichtige Magiefunktion besitzen auch Zahlen, vor allem, wie oben (S. 211 ff.) erwähnt, die 3, die 5 und die 7. Cantonesisch sprechende Unternehmer in Südostasien sind bereit, für eine Lizenznummer mit der Zahlenkombination 138 oder 2328 Unsummen zu zahlen. 138 klingt in der cantonesischen Aussprache («Yat sung fat») phonetisch so ähnlich wie «wohlhabend und günstig». Die Aussprache von 2328 klingt wie «Yee sung yee fat», was soviel heißt wie «Wachstum und Wohlhabenheit kommen leicht». In der Politik von Ferdinand Marcos kam den Zahlen 7, 11, 17 und 21 ebenfalls ein offensichtlich magischer Stellenwert zu. Marcos rief das Kriegsrecht und die Geburt der «Neuen Gesellschaft» am 21. September 1972 aus; am 7. April 1981 hob er das Kriegsrecht wieder auf und verkündete eine Volksabstimmung. Nach seiner Wiederwahl ließ er sich erst um 7 Uhr abends vereidigen, obwohl dies nach der Verfassung eigentlich bereits am Nachmittag hätte geschehen müssen. Schriftstücke, die aus seiner Feder stammten oder für seinen Gebrauch abgefaßt waren, enthielten stets 7 oder 17 Kapitel. Der frühere Handelsminister Luis Villafuerte überschrieb das von ihm herausgegebene Handelsprogramm, in dem u. a. auch die «11 Industrien» behandelt waren, mit dem Titel «7 on 7». Imelda Marcos sorgte dafür, daß die Provinzen der Republik Philippinen von 66 auf 77 angehoben wurden[6]. Auch andere Staatsmänner haben gesunden Respekt vor dem «Übersinnlichen». Der frühere indonesische Präsident Sukarno beispielsweise ließ einen Korrespondenten der «TIME» des Landes verweisen, obwohl dessen kurz vorher in der Ausgabe vom 10. März 1958 erschienener Artikel Indonesien und seinen Präsidenten in ein durchaus vorteilhaftes Licht gerückt hatte. Nach den Gründen der Ausweisung befragt, wies Sukarno empört auf das Titelbild der

TIME hin, das sein Portrait zeigte – von Sorgenfurchen durchzogen, mit einer Überfülle von Grüntönen und Runzeln und das Ganze noch dazu vor einem dämonisch belebten Hintergrund! In einem Malaien wie Sukarno, der in einer animistischen Kultur aufgewachsen war, hatte das Bild offensichtlich tiefes Unbehagen hervorgerufen. Man habe ihn, weiß ein Gesprächspartner Sukarnos zu berichten[7], als «Ungeheuer» und Dämon dargestellt.

Überdies gewährt man den Halbgöttern und Dämonen der Umgebung freundlich Aufnahme, indem man beispielsweise, wie es vor jedem thailändischen Haus oder Hoteleingang zu geschehen pflegt, Geisterhäuschen aufstellt, um der Anima dort Gastfreundschaft zu erweisen, oder indem man, wie in Japan, eigene Firmenschreine errichtet, in denen besonders häufig Inari, also die in Fuchsgestalt erscheinende Reisgöttin, verehrt wird. Etwa ein Viertel aller japanischen Großfirmen, unter ihnen Mitsubishi, haben sich Inari als Schutzgöttin gewählt, da sie dem Geschäftserfolg besonders günstig sei. Andere, wie Hitachi oder Nippon-Oil, verehren dagegen die Gottheit des Ortes an ihrem Hauptverwaltungssitz. Eine dritte Gruppe wählt sich tätigkeitsspezifische Kami (Geister) aus, so z. B. die Japan Mining Company eine Berggottheit, eine Reihe von pharmazeutischen Unternehmen Kräutergötter und die Autofirma Toyota zwei Kami, die seit altersher Verbindung mit dem Element Eisen haben. Häufig findet am Gründungstag des Unternehmens sowie am Jahrestag des verehrten Kami ein Betriebsfest statt, bei dem die Geschäftsleitung als kollektiver Zeremonienmeister fungiert, bei dem ferner Shinto-Priester den Schutz der Gottheit herbeiflehen und bei dem traditionelle Tänze sowie Sumo-Ringkämpfe das Rahmenprogramm abgeben.

Der Animismus weist freilich keineswegs nur panasiatische Gemeinsamkeiten auf, sondern kennt durchaus auch kulturspezifische Unterschiede. So gibt es beispielsweise in Birma den Nat-, in Siam und Laos den Phi- und in Kambodscha den Neak-Ta-Animismus. Innerhalb der Nat-Kulte werden drei Kategorien unterschieden, nämlich Naturgeister von Bäumen, Wäldern und Bergen, ferner die «Siebenunddreißig Nats» mit legendär-historischen Biographien und drittens Devas, die aus der indischen Tradition stammen und als Schutzpatrone für das Königtum, für die Religion und für den Sangha angerufen werden. Während die Naturgeister und die Siebenunddreißig Nats gefürchtet sind und durch Kulte beschwichtigt werden müssen, gelten die Devas als gutartige Wesen[8].

Die Phi werden z. T. gefürchtet, z. T. aber auch als Schutzgottheiten angerufen. Es kann sich hierbei um Seelen von Menschen handeln, die eines unnatürlichen Todes gestorben waren, oder um Sumpf-, Wasser- und Krankheitsgeister, mit denen der Bauer sich unbedingt auf guten Fuß stellen muß, sei es nun, daß er ein Medium einschaltet, daß er Nahrungsopfer darbringt (noch bis in die dreißiger Jahre wurde beispielsweise dem Schutzgott von Chiengmai vor der Reisaussaat ein Büffel geopfert) oder daß er himmlische

Schutzgeister, nämlich die Thevadas (Devas), herbeiruft. In manchen laotischen und thailändischen Landesteilen haben sich überdies bis in die jüngste
Zeit in einer Reihe von Dörfern offizielle Phi-Kulte erhalten. Besondere Verehrung bei den Bauern genießt die Reisgöttin, die anläßlich des Erntedank-
fests eingeladen wird, doch bitte in die Scheune zu kommen und dort bis zur
Aussaat im nächsten Jahr zu verweilen. Eine strohgeflochtene Figur der Reisgöttin wird hierbei, ebenso wie übrigens in Birma, Kambodscha und Bali, in
die Scheune gelegt, um dieses Einwohnen symbolisch zum Ausdruck zu bringen. Das in Thailand und Laos so beliebte «Lichterfest» (Loy Kratong), das
einen Monat nach dem Ende der buddhistischen Fastenzeit abgehalten wird,
geht wahrscheinlich auf Rituale zur Versöhnung der Flußgeister und des für
den Wasserhaushalt verantwortlichen Naga(Schlangen)-Königs zurück. Bei
dem Fest werden auch heute noch Tausende von kunstvoll gefalteten Minia-
tur-«Booten», mit Kerzen und Blumen überladen, ins Wasser ausgesetzt[9].

Die Neak Ta in Kambodscha lassen sich nicht nur auf bestimmten Land-
gebieten nieder, sondern gehen auch in den Körper des Menschen ein, so
z. B. die neunzehn lebenswichtigen Neak Ta, die diese «Wohnung» allerdings während des Schlafs, im Verlauf von Krankheiten sowie beim Eintritt
des Todes wieder verlassen. Obwohl die Neak Ta vorbuddhistischer Herkunft sind, tragen sie im allgemeinen Pali-Namen, nämlich «Nak» (Naga)
und Bei sac (picaca: Dämon). Da die Neak Ta gern auf Bergen wohnen
(kambodschanisch: Phnom), spielen Berge sowohl bei der Namensgebung
als auch im religiösen Kult nach wie vor eine wichtige Rolle[10].

Im konfuzianisch-daoistischen Asien hat man vor allem zu seinem Dorfgott ein gewissermaßen lässiges Verhältnis: Einerseits wissen sich die Bauern
zwar von ihm abhängig, doch andererseits stehen sie mit ihm durchaus auf
Zinsfuß und ersetzen ihn notfalls sogar durch einen anderen Gott, falls er die
in ihn gesetzten Erwartungen nicht erfüllt.

Auch vernachlässigte Ahnen können übrigens eine böse Rolle spielen.
Nach klassischer chinesischer Lehre «haben alle Dinge ihre Wurzel im Himmel, der Mensch wurzelt in seinen Ahnen». Für die Verstorbenen müssen
bestimmte Trauerfeiern durchgeführt, Trauerzeiten eingehalten und genau
vorgeschriebene Opfer erbracht werden. Außerdem ist eine Ahnentafel auf
dem Familienaltar zu postieren. Die Ahnenverehrung, vor allem der Kult für
die kaiserliche Ahnenfamilie, ist zwar im Laufe der Zeit immer mehr zu einem Ritual geworden, bei dem es weniger um den konkreten Toten selbst als
zunehmend um ein rituelles L'art pour l'art ging, bei dessen Nichteinhaltung
allerdings negative Folgen für Politik und Natur zu befürchten waren; doch
haben sich neben dieser neueren philosophischen Interpretationspraxis
durchaus auch uralte Vorstellungen erhalten, wonach eine nicht gesättigte
Seele zum Dämon wird und rastlos Unheil anrichtet. Ahnenopfer, vor allem
an Mond-Neujahr, haben also, abgesehen davon, daß sie der gesellschaftlichen Integration (im Clan) dienen, durchaus auch apotropäische Funktion.

In Nordostasien spielt das Schamanentum eine wichtige Rolle, vor allem
auch im heutigen Korea – ein Tatbestand, der in der «aufgeklärten» Öffentlichkeit freilich meist mit Schweigen übergangen wird. Meist sind es Frauen,
die als Medium zwischen Diesseits und Jenseits auftreten. Sie werden beispielsweise ans Krankenlager gerufen, wo sie den betreffenden Krankheits-
geist feierlich zum Haus hinausbegleiten, sie werden über günstige Ge-
schäfts- und Reisetermine befragt, leisten Sterbehilfe, helfen den Fischern
bei der Besänftigung des wütenden Meergottes oder setzen sich im Trance-
zustand mit Verstorbenen in Verbindung. Ihr «Kundenschild» ist eine Gei-
sterfahne, die vor dem Haus an einer Stange flattert[11].

c) Ethik und «irdische Ziele»

Hier seien nun die drei klassischen, eher «diesseitsbezogenen» Fragen nach
dem höchsten Gut, nach dem richtigen Handeln und nach der Willensfreiheit angeschnitten, bevor dann im nächsten Kapitel auf die Haltung der verschiedenen Religionen zum Jenseits («Wohin geht der Mensch?«) einzugehen ist.

Auf der unteren und mittleren Stufe der Wertepyramide, nämlich bei den
Vitalwerten (Lebenserhaltung, Nahrungs- und Geschlechtstrieb) sowie bei
den «Tugenden» (Gerechtigkeit, Weisheit, Selbstbeherrschung, Bescheidenheit usw.), sind sich die asiatischen Religionen noch weitgehend ähnlich,
selbst wenn Buddhismus und Hinduismus eine Überbetonung der Vital-
werte für schädlich halten, weil sie nur die Ich-Illusion verstärken helfen.
Auf der höchsten Stufe dagegen lassen sich folgende Abweichungen feststellen: Als Summum bonum gilt ein Leben in Übereinstimmung mit der Natur
(Daoismus, Shintoismus), mit der überkommenen Sittenordnung (Konfuzianismus), mit dem Mikrokosmos des Kastensystems (Hinduismus) oder
mit dem Willen Gottes (Islam), nicht zu vergessen die Leidensfreiheit
(Buddhismus). Klassische «höchste Güter», wie sie sich in der abendländischen Philosophie abgewechselt haben, etwa das Tugendideal des Aristoteles
(«Seelengröße»), das Mönchs- und Ritterideal des Mittelalters oder das Hu-
manitätsideal der deutschen Klassik («Entfaltung der Persönlichkeit»), tauchen in dieser Form in Asien allenfalls selektiv auf, so z. B. das Ritterideal
beim japanischen Samurai, das Mönchsideal beim Sangha und das Humani-
tätsideal beim Konfuzianismus. Liest man etwa einige Grundaussagen Wilhelm von Humboldts nach, daß nämlich die Veredelung der ganzen Menschheit das Ziel der Geschichte sei und daß der Weg dorthin über die Veredelung der Einzelpersönlichkeit führe, weil nämlich auf die Menschheit am
besten wirke, wer auf sich selbst wirkt, so fühlt man sich auf Anhieb an konfuzianische Grundpostulate erinnert. Freilich bleibt die konfuzianische
Ethik dann letztlich doch wieder partikulär, weil beim Konflikt zwischen
Familien/Danwei- und Allgemeininteressen sich allemal die ersteren durch-

zusetzen pflegten und pflegen: Man denke an das oben zitierte Beispiel des pietätvollen Sohnes, der Fahnenflucht begeht, weil er die Trauerrituale für seinen Vater einhalten möchte. Ethik gegenüber dem allgemeinen Menschengeschlecht wird von einer einzigen altchinesischen Schule gefordert, nämlich der des Mo Di. Angesichts der Zellularität der chinesischen Gesellschaft ist dieses Postulat der allgemeinen Menschenliebe ein vielbeachteter, ganz gewiß aber auch skurriler Beitrag zur Moraldiskussion in China geblieben: Mo Di, ein Rufer in der Wüste.

Während die aus Indien stammenden Religionen sowie der Islam in seinen asiatischen Ausprägungen dazu neigen, das irdische Summum bonum ex ante im Lichte der Religion, d. h. unter Jenseitsbezügen, zu betrachten, gibt sich die konfuzianische Sittenlehre überaus säkular und nimmt bei den Xiaoren (den «kleinen Leuten») sogar höchst eudaimonistischen Charakter an, beispielsweise in der bekannten Formel «fu, lu, shou, zi» (Glück, Reichtum, langes Leben und Söhne). Vor allem der Wunsch nach einem «langen Leben» wird durch eine Fülle von Symbolen ausgedrückt, die so etwas wie den roten Faden durch die gesamte chinesische Kunst abgeben – man denke an das Zeichen für «langes Leben» (shou), das auf Teppichen, Wandschirmen, Stuhllehnen, Vasen und Lesezeichen erscheint, oder aber an typische Motive wie den alle 1000 Jahre blühenden Pflaumenbaum, dessen Frucht Unsterblichkeit verleiht, an den Pilz der Unsterblichkeit, an den mandschurischen Hirsch, der diesen Pilz findet, an den Kranich oder an den so populären und in allen Devotionalienhandlungen feilgebotenen Nanhai shouxing – den «Stern des langen Lebens vom Südmeer». Gegen diese traditionellen Auffassungen vom «höchsten Gut» haben sich die marxistischen Zielsetzungen (Hingabe an das kollektive Ziel der Selbstbefreiung des Proletariats etc.) nicht im geringsten durchsetzen können.

Was nun macht ferner eine Handlung zu einer moralisch richtigen? Genügt es, daß sie erstens lediglich im Ergebnis einen sittlichen Wert verwirklicht, oder muß sie zweitens um des sittlichen Wertes willen durchgeführt worden sein, oder genügt es drittens, daß sie zur Herbeiführung eines bestimmten Zustands unternommen worden ist?

Der ersten dieser drei Optionen kommt ganz gewiß die hinduistische Moralauffassung am nächsten: Man erfülle, wie es an der klassischen Stelle der Bhagavadgita heißt, sein «dharma», d. h. die jeder Kaste vorgeschriebene Pflicht, «leidenschaftslos». Es handelt sich hier um Ordnungen, die – richtig verstanden – nicht einengen, sondern freimachen sollen. Der Krieger hat also im Ernstfall zu töten, gleichgültig ob der Feind sein Freund oder Verwandter ist. Das Dharma wird von den verschiedenen philosophisch-theologischen Schulen des Hinduismus jeweils anders begründet, nämlich entweder als Manifestation des unpersönlichen Brahman oder (theistisch) als Offenbarung eines persönlichen Gottes oder aber (atheistisch) als immanente Gesetzlichkeit der Welt; unabhängig von solchen Verschiedenheiten sind aber dann doch alle Schulen wieder darin einig, daß nur die Befolgung des Dharma die Harmonie zwischen Mikro- und Makrokosmos sowie zwischen Natur und Gesellschaft sicherstellt und daß sie insofern die Conditio sine qua non für letztendliche Erlösung ist. Wer das Dharma befolgt, rückt von Wiedergeburt zu Wiedergeburt der Erlösung näher, wer es mißachtet, programmiert damit (Vergeltungskausalität des Karma) seinen «Abstieg», insofern er in einer niedrigeren Kaste oder gar als nichtmenschliches Lebewesen wiedergeboren wird. In der Alltagspraxis des Hinduismus wird das Dharma nicht allgemein menschlich, sondern kasten- und altersspezifisch interpretiert: – Kastenspezifische Ethik heißt, daß der Durchschnittshindu sich ausschließlich an den Regeln seiner Kaste oder Jati orientiert; die Kastenregeln sind in den sog. «Leitfäden» (sutras) und «Lehrbüchern» (shastras) niedergelegt, die, anders als die «Veda» zwar nicht direkt göttlichen Ursprungs, sondern menschlicher Herkunft sind, als solche aber gleichwohl zur heiligen Überlieferung, d. h. zur «Smriti» (Erinnerungs)-Literatur gehören, die – wiederum im Gegensatz zur Veda – nicht nur den drei oberen Kasten, sondern jedermann zugänglich sind. Das wichtigste Shastra ist das Gesetzbuch des Manu, das etwa im 1. vorchristlichen Jahrhundert entstanden ist und in dem nicht nur Regeln einzelner Kasten, sondern auch die Pflichten eines Hausvaters, eines Asketen, einer Ehefrau etc. bis ins Detail festgelegt sind. Aufgelistet finden sich hier ferner die verbotenen und erlaubten Speisen, die Beschäftigungen und die Alltagsriten sowie die Rituale zu Sonderanlässen wie Geburt, Hochzeit und Tod, nicht zuletzt auch Regelungen zum Ehe- und Erbrecht sowie zu den Pflichten der vier Varnas («Farben», Kasten). – Das altersspezifische Dharma richtet sich nach den sog. «Vier Lebensstationen» (ashramas), die jeder Mensch tunlichst durchlaufen soll und die sich mit den Stichworten Schüler, Hausvater, Einsiedler und Wanderasket umschreiben lassen. Hermann Hesse beschreibt die idealtypische Umsetzung dieses Schemas in seinem Roman «Siddharta» als eine auch für den westlichen Leser nachvollziehbare religiöse Odyssee.

Im Jainismus ist die Grundforderung verankert, daß angesichts der Einheit von Welt- und Einzelseele jedes Geschöpf wie das eigene Selbst behandelt werden müsse und daß Gewalt gegen andere Gewalt gegen das eigene Selbst sei. Diese Vorstellung («Dein Nächster bist du selbst!») wurde auch von Mahatma Gandhi erneut aufgegriffen[12], konnte sich dann aber in der indischen Praxis doch nicht durchsetzen, wie ja überhaupt die Gegensätze zwischen hinduistischer All-Einheits-Lehre einerseits und strikten Kastenregeln andererseits sowie zwischen höchster Toleranz im religiösen, aber Fanatismus im sozialen Bereich mit zu den Grundwidersprüchen des Hinduismus gehören.

Genügt im Hinduismus das moralische Ergebnis, so verlangt der Konfuzianismus darüber hinaus auch noch die Einheit von äußerem Handeln und innerer Haltung – Option Nr. 2. Das wahre Glück des «Edlen» besteht ja in der freien inneren Übereinstimmung mit dem Sittengesetz. Aus der Freude am moralischen Vollzug erwächst der Seelenfrieden.

Der Islam schließlich, der hier ganz in der «westlichen» Tradition steht, stellt mehr auf die innere Einstellung als auf das äußere Ergebnis ab; in der malaiischen Welt kommt es hier freilich zu einem Tauziehen zwischen hinduistischer und islamischer Tradition. Der einzelne ist aufgefordert, sein «Gespür» (rasa) zum Maßstab seines Handelns zu machen.

Was schließlich den Buddhismus und den Daoismus anbelangt, so gilt alles Handeln als sittlich, das den Zustand des Summum bonum herbeiführt – Option Nr. 3. Nach buddhistischer Lehre geschieht dies durch Beschreitung des «Heiligen achtteiligen Pfades» (rechter Glaube, rechtes Sich-Entschließen, rechtes Wort, rechte Tat, rechtes Leben, rechtes Streben, rechtes Gedenken und rechtes Sich-Versenken), nach daoistischer Lehre durch «Nichthandeln» (wuwei), d. h. durch ein passives Sich-Einfügen in das große Geschehen der Natur und des Yin-Yang. Beides sind typische Alterslehren. Treffend bezeichnet Nietzsche den Buddhismus als eine «Religion für späte Menschen, für gütige, sanfte, übergeistig gewordene Rassen, die zu leicht Schmerz empfinden (Europa ist noch lange nicht reif für ihn): Er ist eine Rückführung derselben zu Frieden und Heiterkeit, zur Diät im Geistigen, zu einer gewissen Abhärtung im Leiblichen... Der Buddhismus ist eine Religion für den Schluß und die Müdigkeit der Zivilisation...[13].»

So sehr sich die Begründung des Sittlichkeitsverhaltens kulturspezifisch auch unterscheiden mag, so sehr gibt es auf der anderen Seite doch gemeinsame Einstellungen. Überall sind die Vier großen Gebote durchgängig, nämlich nicht zu töten, nicht zu lügen, nicht zu stehlen und nicht die Ehe zu brechen, und zwar auch dort nicht, wo Polygamie erlaubt ist. Durchgängige Gebote sind auch die Kindesliebe und die «Goldene Regel», derzufolge niemand einem anderen zufügen soll, was er selbst nicht erleiden möchte. Was andererseits keine asiatische Ethik fordert, ist Nächstenliebe: In den indischen Religionen erscheint der «Nächste» ja als Sinnestäuschung, weshalb es ihm gegenüber kein positives Liebesgebot, sondern nur ein Nicht-Verletzen (Jainismus) oder ein passives Mit-ihm-Leiden (Buddhismus) geben kann; buddhistische Ethik ist nicht gebietend, sondern verbietend: die klassische Fünfzahl Nichttöten, Nichtlügen, Nichtstehlen, Nichtunzucht und Nichtberauschung. Für den Konfuzianismus andererseits ist der Nächste im transfamiliären oder im Transdanwei-Bereich fast schon so etwas wie ein Niemand.

Die dritte ethikbezogene Hauptfrage richtet sich nach dem freien Willen. Wo keine Wahl zwischen mehreren Möglichkeiten besteht, bleibt für sittliches Handeln kaum Spielraum. Bisweilen heißt es, daß Islam und Hinduismus in diesem Sinne «determiniert» seien. In beiden Religionen allerdings kann der Gläubige zumindest darüber entscheiden, ob er sein «Schicksal», sei es nun in Form des unerforschlichen Ratschlusses Gottes (Islam: «Es

steht geschrieben», Kismet) oder aber in Form des Kastenschicksals, hinnimmt – oder nicht hinnimmt («Islam» heißt Ergebung und «Jati» Geburt,
zutreffender eigentlich: hineingeboren sein). Obwohl beide Bindungen extrem stark sind, bliebe doch immer noch die Möglichkeit zur Flucht – für
einen Hindu beispielsweise dadurch, daß er, wie es neuerdings häufig geschieht, zum Buddhismus übertritt. Im metakonfuzianischen Kulturkreis
sind der Handlungsfreiheit des einzelnen keine unmittelbar religiösen
Schranken gesetzt – eine Tatsache, die durch die Erziehungsphilosophie und
durch die prinzipiell zulässige vertikale Mobilität zusätzlich bekräftigt, allerdings durch innerweltliche Vorschriften (li) sogleich wieder eingeschränkt
wird. In den buddhistischen Gesellschaften geht das Postulat, «gute Werke»
zu vollbringen und dadurch sein eigenes Karma zu verbessern, ebenfalls von
der Prämisse der Willensfreiheit aus, die allerdings verlorengehen kann,
wenn man in der nächsten Existenz als niedriges biologisches Wesen wiedergeboren wird. Umgekehrt trägt jeder, der Verdienste sammelt, Bausteine für
eine Potenzierung der Willensfreiheit zusammen.

d) Eschatologie: Seele, Sünde, Jenseits

Standen bei der Ethik die drei Schlüsselbegriffe höchstes Gut, richtiges Handeln und Willensfreiheit im Vordergrund, so sind es hier die Stichworte
Seele, Sünde und Jenseits.

Wohin geht der Mensch? Da keine asiatische Religion ernsthaft vom Wei-
terbestehen des Körpers ausgeht (einige Mumifizierungsbräuche im frühen
China bestätigen hier als Ausnahme die Regel), lautet die Frage also: Wohin
geht die Seele? Wobei sogleich wieder die buddhistische Frage auftaucht, ob
es überhaupt eine Seele gibt. Stellt man die verschiedenen Religionen einander gegenüber, so gewinnt man sogleich ein kontrastscharfes Grobraster:
Für Christen und Moslems hat die Seele einen zeitlichen Anfang, aber kein
Ende, für Buddhisten keinen Anfang, aber ein Ende, für chinesische Univer-
sisten (Daoisten und Konfuzianer) entsteht und vergeht sie wieder; für Vishnuisten und Shivaisten schließlich hat sie weder einen Anfang noch ein
Ende, sondern besteht ewig.

Wohin gelangt die Seele nach dem Tod? Christentum und Islam haben ihre
Lehre vom Letzten Gericht sowie von den ewigen Himmel- und Höllenstra-
fen. Auch der Hinduismus kennt Himmel und Hölle, doch handelt es sich
hier, anders als bei den westlichen Religionen, nicht um «Endstationen, sondern nur um Zwischenhaltestellen», auf denen die Seele eine Wartezeit zu-
bringt, ehe sie ihre Wanderung zu einer neuen Existenz wieder fortsetzt[14].
Wie sich die Vergeltungskausalität (Karma) auf die nächste Existenz auswirkt, wird in den Shastras, vor allem dem Gesetzbuch des Manu, höchst
drastisch veranschaulicht, z. B.: «Wenn man Korn stiehlt, wird man eine
Ratte; Bronze, eine Wildente; Wasser, ein Wassertier; Honig, eine Mücke;

Milch, eine Krähe; Süßigkeiten, ein Hund; Fleisch, ein Geier; ... ein Brahmane, der Alkohol trinkt, geht in den Mutterschoß von Würmern, Regenwürmern und Insekten und von Vögeln ein, die sich von Exkrementen ernähren. Kasten, die von ihrer Berufstätigkeit abweichen, ohne daß eine höhere Gewalt sie dazu zwingt, werden, nachdem sie einen üblen Kreislauf durchwandert haben, Diener bei den Barbaren...[15].»

Eine endgültige Erlösung findet, nach vedischer Lehre, durch Vereinigung des Atman (der Einzelseele) mit dem Brahman (der Weltseele) statt. Drei Wege sind es, die den Gottsucher dorthin bringen, nämlich entweder der Weg des Rituals und der permanenten «Reinigung» oder der Weg der (mystisch zu vollziehenden) Erkenntnis (von der Einheit des Atman mit dem Brahman) oder aber der Weg der vertrauenden Gottesliebe (bhakti), wie er von den theistischen Erlösungsreligionen des Vishnuismus und des Shivaismus gepredigt wird. Alle Wege führen letztlich zu «Gott». Ideal wäre es (nach den Aussagen des Philosophen Vivekananda), gäbe es so viele Religionen und Erlösungswege wie es Menschen gibt; der höchste Weg freilich führt über die Erkenntnis, die nicht mit bloßem Verstand, sondern durch das mystische All-Einheits-Erlebnis erreicht wird. Vergeltungskausalität entsteht nur so lange, wie das Atman vom Brahman getrennt ist. Sobald die Wiedervereinigung (das «samadhi»: Einssein) erreicht ist, hört auch die Erzeugung von Karma auf, der Kreislauf geht zu Ende, die Erlösung ist erreicht; ähnlich in der javanischen Mystik, wo das Aku («Selbst») in Harmonie mit dem Gusti («All-Einen») kommen muß, wobei ein in das «Selbst» gepflanztes «Gespür» (rasa) den richtigen Weg weist. Wer dieses «Gespür» durch Askese und Meditation schärft, bewegt sich zunehmend von der «groben Welt» (wadag) weg – hin zur «Menschwerdung» (dadi weong) und schließlich zur Erlösung[16]. Für Vishnuisten und Shivaisten erfolgt die Erlösung weniger durch eigene Anstrengung als vielmehr durch göttliche Gnadenerweise.

Im Mahayanabuddhismus und (späteren) Daoismus geht die Einzelseele in den «Westlichen Himmel» oder in Höllen ein, die, im Gegensatz zum Hinduismus, den Charakter von «Endstationen» haben. Im Theravadabuddhismus andererseits gibt es weder Himmel noch Hölle, sondern nur das Nirvana, das definitionsgemäß einen Ausstieg aus dem leidvollen Kreis der Wiedergeburten bedeutet.

Im chinesischen Universismus (Begriff oben S.41) findet ein Entstehen und Wiedervergehen der Welt nach dem Gesetz der Yin-Yang-Dialektik statt. Für himmlische oder höllische Endstationen ist in dieser Lehre kein Platz; kein Wunder, daß der einfache Gläubige sich den Verheißungen vom «Westlichen Himmel» zuwandte.

Erlösung besteht also entweder im ewigen Verweilen («Himmel» oder «Hölle») oder aber – bei den Zeitlosigkeitsreligionen – im Verlassen des Rades der Wiedergeburt, sei es nun, daß das Individuum im Nirvana «verlischt» (Theravada) oder daß die Einzelseele in die Allseele eingeht (Hinduismus).

In allen indisch beeinflußten Religionen ist der Tod nur ein Durchgangsstadium zu einer neuen Existenz – ganz im Gegensatz zu den Auffassungen der Kleinen Tradition Chinas, die den Tod als ein endgültiges – und schrekkenerregendes – Ereignis begreift, das mit langen Trauerfeiern einhergeht und über das man allenfalls durch die Hoffnung auf das «Westliche Paradies» hinweggetröstet wird. Unter diesen Umständen läßt sich kaum ein stärkerer Unterschied denken als die Einstellung gegenüber dem Tod in der chinesischen und in der indischen Tradition: hier der Wunsch nach «langem Leben» (shou), Angst vor dem Tode, lange Trauerzeiten und Ahnenkult, dort Gleichmut gegenüber dem Ende, Überantwortung der Asche des Verstorbenen an «heilige» Flüsse und Verzicht auf Gräber oder Ahnenkult.

Welche Kriterien nun entscheiden darüber, ob die Seele «erlöst» oder aber (zur Hölle bzw. zu ständiger Wiederkehr) verdammt wird? Hier kommt jene Vorstellung ins Spiel, die im Christentum «Sünde» genannt wird. Höchst verschieden sind in Asien allerdings die Formen, in denen Sündhaftigkeit zutage tritt. In manchen Religionen, z. B. im Shintoismus und im Hinduismus, ist sie bloße Beschmutzung – Berührung von Unreinen oder vielleicht sogar nur das Gebissenwerden von einer Schlange. Durch Gegenzeremonien gilt es, diese «sündhafte» Verunreinigung wieder hinwegzusäubern. Im allgemeinen muß allerdings zu der objektiven noch die subjektive «Verschmutzung» hinzukommen, d. h., eine Handlung muß, wenn sie sündhaft sein soll, auch vom Vorsatz und vom Bewußtsein der Sündhaftigkeit getragen sein. Eng mit dem Sündenbegriff hängt die Frage nach der Sündenursache (böser Wille, angeborener Irrtum, Erbsünde oder Verblendung?) zusammen. Das Christentum wertet bekanntlich die Erbsünde und den mangelnden Willen zur Gotteskindschaft als Grundursache der Sünde, während Hinduismus und Buddhismus demgegenüber die mangelnde Erkenntnisfähigkeit für ausschlaggebend halten. Dem Christen muß es daher vor allem auf Verbesserung seiner Vorsätze, dem Hinduisten/Buddhisten dagegen auf Schärfung seines Wissens und seiner Unterscheidungsgabe ankommen.

Zum einen lassen sich Sünden durch die Reinigung mit «heiligem Wasser» tilgen: Man badet in geweihten Flüssen, so z. B. in der dem Haupt des Shiva entsprungenen Ganga, um auf diese Weise den feinen Sündenschmutz zu entfernen. Gangespilger pflegen das von Exkrementen und Leichenverbrennungen äußerlich verunreinigte Wasser sogar zu trinken, um auf diese Weise innere Reinigung zu erlangen. Sündentilgende Wirkung hat auch das Hersagen von Gebeten und Litaneien – man denke an die Gebetsstürme im Amidabuddhismus – oder aber das Ansammeln «guter Werke» im Theravadabuddhismus. Im Mönchtum der Jainas und der Buddhisten sowie bei den Daoisten spielen Beichten eine Rolle, bei den Jainas sogar die Ohrenbeichte.

Genügen aber am Ende solche Reinigungszeremonien? Genauer: Kann der Mensch sich aus eigener Kraft erlösen, oder ist er auf höhere Gnade angewiesen? – Das Christentum lehrt bekanntlich, daß die Menschheit infolge der Sünde Adams ihren Gnadenstand verloren hat, also nur durch die Erlösungstat des Gottessohns gerettet werden könne. Durch diese Prämisse von der ursprünglich schlechten Natur des Menschen hebt sich übrigens das Christentum, genauso wie Hinduismus, Jainismus oder Buddhismus, von anderen asiatischen Religionen ab, die das Leben im Diesseits keineswegs als unvollkommen und als bloßes Durchgangsstadium betrachten; vor allem der Universismus, der Daoismus und der Shintoismus haben etwas durchaus Diesseitiges, Fröhliches und Lebensbejahendes; in der konfuzianischen Lehre gilt der Mensch als von Natur aus gut – und er kann sich sogar vervollkommnen.

Völlig abhängig von der Gnade Gottes glauben sich die Mohammedaner, aber auch die hinduistischen Bhakti-Sekten, die sich Gnade durch liebende Ergebenheit gegenüber Vishnu erflehen. Auch der Buddhismus ist in seiner Mahayana-Form zu einer typischen Gnadenreligion geworden. Man betet zu Guanyin (jap.: Kannon) oder Emituofo (jap.: Amida) um Gnade. Auch der daoistische Gläubige wendet sich an eine Fülle von Spezialgöttern, die den europäischen Schutzpatronen des Mittelalters vergleichbar sind und für jeden Zweck bereitstehen, sei es nun für Prüfungs- und Geschäftserfolg oder aber für Mutterglück. Das Guanyin-Schema hat also auch hier Nachahmung gefunden! Als Gegenleistung für erwiesene oder erwartete «Gnade» bietet der pragmatische Chinese im allgemeinen Opfergeld, Nahrungsmittel, Kleidungssymbole oder das fröhliche Prasseln von Knallfröschen an.

Ganz im Gegensatz zu den vorgenannten Religionen ist das Theravada die klassische Religion der Selbsterlösung. Die Lehren für den einzelnen Laien lassen sich in folgende Worte kleiden: Versetz dich in die Nachfolge Buddhas, des Erleuchteten, der dir einen möglichen Selbsterlösungsweg vorgelebt hat und der nicht ein Gott, sondern ein menschliches Vorbild – für dich – sein wollte. Schau auf die Tempelmalereien mit den zwölf Stationen seines Lebens und den 500 Stationen seines Vorlebens («Jatakas») – und lern daraus! Achte auf die Erläuterungen der Mönche und vergiß nie: Du bist dein eigener Schöpfer, dein Erlöser und dein Verderber. Es gibt kein Schicksal außer dir! Es gibt auch (anders als im Christentum oder im Mahayana) keine Vergebung (Gnade), sondern nur Vergeltung nach dem Maß der Verdienste oder der Unterlassungen! Dies sind herbe Gebote, die den Laien zumeist überfordern, so daß er sich in aller Regel ein zweites religiöses Standbein sucht und sich dem Animismus mit seinen zahlreichen Ritualen und emotionalen Angeboten zuwendet.

Sieht man einmal vom Mahayana und von einigen Bhakti-Religionen ab, so gibt es auch sonst in den indischen Religionen keine Gnade und keine Fremd-, sondern nur die Selbsterlösung. Jeder war und ist Schmied seines Glücks. Das Karma ist unerbittlich und kennt kein Pardon. Jede Tat ist Same für künftige Verkörperungen. Dharma, Karma und Samsara hängen aufs engste miteinander zusammen. Für den chinesischen Universismus andererseits ist das Problem der Sünde und der Sündentilgung irrelevant geblieben. Wer sich nicht an die Regeln hält, bringt die «Entsprechungen» aus dem Lot und wird zur Rechenschaft gezogen – allerdings durch die «weltliche Instanz»! Die marxistischen Tröstungen (etwa Maos «Bald werde ich bei Marx im Himmel sein») haben dagegen keinerlei Attraktivität entfalten können.

e) Ritual und Frommsein

Die Gewichtung zwischen den drei Hauptkomponenten Glaube, Moral und Ritual fällt bei jeder Religion anders aus. Während die Religionsphilosophie Kants vor allem auf die Moral, der Islam und der christliche Protestantismus dagegen hauptsächlich auf den Glauben abstellen, zeigt sich in den meisten asiatischen Religionen eine Vorliebe für das Ritual. Wer einmal an einem sonnigen Nachmittag die Shwedagon in Rangoon oder den Drachenbergtempel in Taibei besucht hat, weiß, was hier gemeint ist: In Rangoon übergießt man die «unter Hitze leidenden» Buddhastatuen mit kühlendem Wasser und vollzieht heiter schwatzend die Umwandlung der Chedi. In Taibei steckt man Weihrauchkerzen vor dem Bild des Examens- oder des Reichtumgottes in Brand, breitet auf dem Opfertisch seine Gaben aus, um den Göttern die Essenz anzubieten, unterhält sich unterdessen mit Freunden und nimmt dann das Ganze zum Selbstverzehr wieder nach Hause. In Thailand oder Laos beklebt der Gläubige Buddhafiguren mit Blattgold, spendet Weihrauch, bringt Blumengaben, schlägt auf eine Glocke, um auf diese Weise ein «Musikopfer» zu erbringen, schenkt – für einen geringen Betrag – einem gerade noch im Käfig eingesperrten Vogel die Freiheit, worauf dieser kurze Zeit später wieder vom Händler eingefangen und erneut zur «Befreiung» angeboten wird – die meisten Andachtshandlungen eines buddhistischen Laien erschöpfen sich im Ritual, das weit weniger anstrengend ist als stundenlange Meditation über die Leiderfülltheit allen Seins.

Inneres Frommsein: Gebet und Versenkung

Inneres Frommsein vollzieht sich vor allem durch Andachten und Gebete sowie durch Meditation und Versenkung, wobei sich das Gebet mehr an einen persönlichen Gott, die Versenkung dagegen sowohl an ein personales Wesen als auch an ein unpersönliches Göttliches wendet.

Das tägliche Gebet ist fest verankert in der fünfmaligen Tagesandacht des Islam, die sich im heißen Süden zumeist im Freien vollzieht und damit der «sozialen Kontrolle» unterliegt. Bei den Gebetsübungen sind bestimmte Formeln zu sprechen und rituelle Körperhaltungen anzunehmen, die beim frommen Muslim vom Stehen über das Verbeugen bis zum Flach-auf-dem-Boden-Liegen reichen. Bei den meisten asiatischen Völkern zieht man wäh-

rend des Betens die Schuhe aus; Hindus, Buddhisten, Christen und Mohammedaner verwenden einen Rosenkranz. Bei manchen Religionen, wie z. B.
dem Amidabuddhismus, beschränkt sich die Andacht geradezu auf repeti-
tive Anrufungen, die nicht nur mündlich, sondern auch schriftlich erfolgen –
man denke an die tausendfache Wiedergabe des kalligraphischen Schriftzugs
«Nanwu Emituofo» (Verbeugt Euch vor Amithaba Buddha), die ganze
Waldpilgerwege säumt. Auf die Spitze wird das formelhafte Gebet im Lamaismus getrieben, wo gewisse magische Mantras (am berühmtesten das «O
Mani padmehum») sogar mechanisch «in Gang gehalten» werden, sei es nun
in Form der vom Gläubigen zu drehenden Gebetstrommel oder aber von
keimsilben-übersäten Fahnen und Schriftbändern, die auf Bergpässen oder
vor Tempeltüren im Wind flattern. Für viele Europäer wirkt dies fast «unre-
ligiös». Das Weihrauchkerzen-Anstecken, das Verbrennen von Göttergeld
oder gar das lässige Schwingen einer tibetischen Gebetstrommel erfordert ja
keinerlei Anstrengung und sieht überhaupt nicht nach Arbeit und Pflicht aus
– von «konzentrierter Andacht» ganz zu schweigen. Jedes Kind würde so
etwas mit Freuden tun.

Von ganz anderer Art – und im «meditierenden» Asien unendlich weiter
verbreitet als im «reflektierenden» Europa – ist die mystische Versenkung,
die darauf abstellt, den Dualismus zwischen Ich und Du, zwischen Mensch
und Gott oder aber zwischen Individuum und einem (als unpersönlich ge-
dachten) Göttlichen zur Unio mystica hin aufzuheben, d. h. selbst zum Du,
zum Gott oder zum Göttlichen zu *werden*, und sei es auch nur für einen
Augenblick (Näheres dazu oben S. 189ff.). In Asien gibt es zahllose Mysti-
kerschulen, sei es nun im Hinduismus (hier genüge das Stichwort Yoga), im
Daoismus, im Mahayana (man denke an die Zhan- und Zen-Schulen), aber
auch im Theravada (in Birma beispielsweise sind zahlreiche Tempel mit Me-
ditationszellen für Gläubige ausgestattet) oder im javanischen Kulturkreis,
wo die Mystik sowohl zur Zeit des Hinduismus und des Mahayana als auch
in den nachfolgenden islamischen Jahrhunderten kräftig Wurzeln geschlagen
hat. Kaum jemand in Asien zweifelt daran, daß der Mensch als Ganzer
durch Einswerden mit dem Brahman, mit dem Dao oder mit der Leere der
Buddhanatur religiös weitaus stärker «ergriffen» und zu intensiveren Levi-
tations- und Erleuchtungserlebnissen erhoben wird als durch einen noch so
genial ausgezirkelten thomistischen Gottesbeweis. Gewiß gab es in Europa
ebenfalls eine eindrucksvolle mystische Tradition: Meister Ekkehard, Johannes Tauler und Hildegard von Bingen – für einen modernen Europäer freilich ist Meditation in sehr weite Ferne gerückt, läuft sie doch im wesentlichen darauf hinaus, das eigene Ich auszuschalten, sich nur noch «ereignen zu
lassen» und sich einzuschwingen auf das klangvolle Strömen eines reinen
Klangs, der etwa von einem Gong ausgeht, oder auf ein Mantra, etwa das
AUM (mit dem christlichen «Amen» verwandt), das den ganzen Raum
von der Kehle bis zu den Lippen durchläuft, den gesamten Stimmbereich

umfaßt und sich klanglich variieren läßt, z. B. «Ahhhuuuummmm» oder
«Ahhhhummmm» oder «Ahummmm». Sein Ich aufgeben? Mit einem Großen Umfassenden verschmelzen? Geräusche nicht aktiv hören, sondern sie
einfach auf dem Trommelfell spielen lassen? Das Gestern und das Heute
vergessen und ganz im ewigen Jetzt aufgehen? Dies alles fällt einem höchst
individualistisch aufgewachsenen westlichen Zeitgenossen offensichtlich
ziemlich schwer, zumal er sich unter Meditation wenig vorstellen kann: Medi-
tationserlebnisse lassen sich ja nicht begrifflich, sondern nur durch Nachvollzug vermitteln. Es dennoch zu versuchen, wäre ein ähnliches Unterfangen,
wie einem Blindgeborenen die Farbe Dunkelblau zu beschreiben.

Die meditativen Techniken der Mystikschulen ähneln sich, wie vor allem
beim Vergleich der Zen- und der Ekkehard-Tradition deutlich wird, in er-
staunlichem Maße. Einzelheiten können hier nicht beschrieben werden, zumal es dafür mittlerweile eine umfangreiche Spezialliteratur gibt[17]. Wesentlich für das Gelingen sind eine ganz auf die innere Stimme konzentrierte, am
besten asketische Lebensweise (weshalb sich ja gerade das daoistische und
buddhistische Mönchtum um die Meditation besonders verdient gemacht
hat), ferner gewisse Körperhaltungen (Asanas) und Atemübungen (Pranaya-
mas), des weiteren das Murmeln (ursprünglich magischer) meist einsilbiger
Formeln (Mantras), die im allgemeinen nasalartig enden, z. B. «Aim»,
«Hrim» oder «Khim». Durch eine ständige Wiederholung solcher Silben
sollte die Gottheit ursprünglich gezwungen werden, dem Sprechenden
dienstbar zu sein. In den ostasiatischen Tempeln sind die Hauptzugangstore
von muskelstrotzenden Riesen flankiert, von denen der eine den Mund zu
einem «A» aufreißt, während der andere die Lippen zum lange hingezoge-
nen Laut «M» zusammenpreßt – eine drastische Wiedergabe der klassischen
Grundsilbe AUM, des «A und O» der Mahayana-Lehre. Verschiedene indische Meditationsschulen unterscheiden sich z. T. nur durch ihre jeweiligen
Mantras, die zumeist als Geheimnis gehütet werden.

Um «leer» (d. h. vom Ich befreit) zu werden, gibt es eine Anzahl von
Techniken, wie sie vor allem von der Yoga-Schule zur Perfektion entwickelt
wurden, so z. B. die Fixierung der Gedanken auf ein bestimmtes Körperteil
(Nabel, Nasenspitze) oder auf ein äußeres Symbol (z. B. auf ein Mandala),
Vollzug bestimmter Mudras (Fingerhaltungen), absichtsloses Lauschen auf
einen reinen Klang (Gong), Verbrennen von Weihrauch, wodurch der Geruchssinn angeregt wird – das in Europa wohl am meisten tabuisierte Wahr-
nehmungsorgan, konzentriertes Abzählen der 108 Perlen des Rosenkranzes
u. dgl. Erreicht werden soll nicht etwa eine Art «Yoga-Schlaf», sondern im
Gegenteil ein Zustand hellster Wachheit: lichtvolle Klarheit bei gleichzeitiger Ausschaltung des Ich. Dies ist ein nach westlichen Rationalitätskriterien
kaum begreifbarer Zustand, der freilich mittlerweile in der westlichen Welt
zum Faszinosum geworden ist, weil sie unter der Überbetonung des Ver-
standlichen, unter Entfremdung und Identitätskrisen leidet. Da der mysti-

sche Weg freilich nur erfolgreich sein kann, wenn man sich selbst «anjocht», wie das Wort «Yoga» ursprünglich zu übersetzen war, bleibt die mittlerweile modisch gewordene Meditation im Westen häufig eine bloße Alternativ- und Ausstiegsdroge.

Versenkung findet nicht nur in Klöstern und unter Anachoreten statt, sondern hat auch im höchst weltlichen Betrieb Anhänger gefunden. Ein meditativ vorbereiteter Maler zeichnet z. B. nicht irgendeine Blume, sondern verwirklicht *sich selbst* als Blume – und dies nach langer Konzentration und in einer plötzlichen Explosion des künstlerischen Tuns. Beim Blumenstekken, also dem mittlerweile auch bei uns populären Ikebana, arrangiere nicht *ich* eine Blume, sondern ich arrangiere «*mich*» in dem Blumengesteck. Ein Samurai, der den Weg des Zen gegangen ist, benutzt nicht sein Schwert, sondern wird selbst zum Schwert. Beim japanischen Bogenschießen, das Albert Herrigel so einfühlsam beschrieben hat, kommt es nicht darauf an, daß ich mit dem Pfeil als Objekt ein bestimmtes Ziel treffe, sondern daß *ich*, als Subjekt, *selbst* zum Pfeil *werde*. Hier erfolgt also erneut eine Anknüpfung an das oben im Zusammenhang mit der asiatischen Erkenntnistheorie (oben S. 189 ff.) bereits beschriebene «Innewerden».

Äußeres Frommsein: Das Ritualwesen in Asien

Am eindrucksvollsten kommen religiöse Rituale in hinduistischen Tempelkulten zum Ausdruck, die bis ins letzte stilisiert sind und sich von Ort zu Ort unterscheiden. Im allgemeinen lassen sich aber fünf Grundbestandteile unterscheiden: Einladung an die Götter, Opferdarbringung, Anbetung, Unterhaltung und Heimsendung der Götter. Während der Christ seinem Gott vor allem als Sünder und der Muslim Allah als Sklave entgegentritt, begegnet der Hindu seinen Göttern hauptsächlich als Gastgeber und zwar bei häuslichen Gottesdiensten ebenso wie bei den Tempelfeiern. Nachdem oft Tausende von Menschen sich an den Vorbereitungen zum Fest beteiligt haben, spricht der Tempelpriester die feierliche Einladung aus. Im hinduistischen Bali werden zu diesem Zweck die steinernen Throntürme mit Blumenarrangements ausgepolstert; die «Gästeräume» und Tische sind mit blumengeschmückten Opferarrangements hauptsächlich eßbarer Art ausgestattet, damit sich die geladenen Gottheiten daran gütlich tun können. Während des gesamten Festes kommen die Gläubigen lächelnd und mit den schönsten Kleidern angetan zu Tausenden nacheinander in die heiligen Hallen – oder, wie in Bali, in den mauerumschlossenen Tempelfreiraum und beten die vor ihnen thronenden Götter an, wobei sie zumeist Blüten streuen oder Lichtopfer darbringen. Sie werden von den Priestern mit Weihwasser besprengt und zum Abschluß der Andachtsübung mit einer farbigen Paste zwischen den Augenbrauen betupft. Zum Amüsement der Götter während der oft mehrere Tage dauernden «Puja» werden Tänze, Theaterstücke und Musiknummern dargeboten, erfolgen bei Dunkelheit Lichterumzüge und werden die göttlichen Gäste schließlich in Sänften zum nahe liegenden Fluß gebracht, wo sie ein Bad nehmen können. Am Ende der Puja nehmen die Gläubigen von ihren himmlischen «Gästen» Abschied und räumen dann gemeinsam wieder die Opferarrangements ab. In manchen indischen Großtempeln findet nach ähnlichem Schema fast jeden Tag ein Kult zugunsten des Hausgottes statt, wobei er genauso behandelt wird wie ein altindischer Maharaja.

In hinduistischen und buddhistischen Andachtsstätten kommt im übrigen ein Element zum Tragen, das der Geist des Protestantismus aus dem Westen fast ganz vertrieben hat, nämlich der Geruchssinn. Kein Tempel, keine Andacht und keine Puja, bei der nicht ständig die verschiedensten Sorten von Weihrauch, angefangen von Sandelholz über den Zunder bis hin zum Aloeholz, verbrannt würden. Den Worten des Zen-Meisters Suzuki zufolge ist der «Duft des Gingko» der «Duft des Buddhismus». Die daoistischen Schreine und buddhistischen Tempel in Cholon, dem Vorstadtbezirk Saigons, sind von der Decke her mit riesigen Weihrauchspiralen behängt, an denen sich die Glut tagelang duftspendend entlangfrißt.

In der buddhistischen Welt ist der Reliquien-, Statuen- und Wallfahrtskult besonders ausgeprägt. Gemäß buddhistischer Überlieferung sind jene Reste der sterblichen Hülle Buddhas, die nach der Verbrennung noch übriggeblieben waren, von Anhängern des Erleuchteten gesammelt und in «Stupas» (Reliquienschreine) feierlich bestattet worden, die der Gläubige seit damals zur Bekundung seiner Andacht feierlich umwandelt, mit Blumen überschüttet und vor denen er Hymnen singt und Gebete aufsagt. Die Grabhügelstupa wurde zur Urform der buddhistischen Baukunst, die sich vom stumpfen Hügel bis hin zur ostasiatischen Pagode entwickelte. Von überragender Bedeutung auch der Statuenkult, der unten noch zu beschreiben ist. Zu einem Kernstück des Buddhismus wurden auch die Wallfahrten zu den vier wichtigsten Orten des Heils: wo Buddha geboren wurde (Capilavatsu am Himalaya), wo er die Erleuchtung empfing (Bodh Gaya), wo er das «Rad der Lehre in Bewegung setzte» (Sarnath bei Benares) und wo er ins Nirvana einging (Kusinara).

Auch im Hinduismus ist der Statuen- und Wallfahrtskult außerordentlich lebendig – heiligster Ort aller Pilger ist der Berg Kailash im Himalaya, den der Gläubige in tagelangen Fußmärschen umwandelt, aber auch die Reise zur heiligen Ganga.

Im Islam gibt es zwar keinen Statuenkult, wohl aber ein ausgeprägtes Wallfahrtswesen, das freilich nicht nur nach Mekka, sondern hauptsächlich zu den Gräbern zahlreicher «Apostel» führt, die die Lehre des Propheten u. a. in Pakistan und in Indonesien verbreitet haben. Unter der Hand wurde dieser Wallfahrtskult auch zu einem nach islamischem Selbstverständnis an und für sich unzulässigen Reliquienkult.

Auch in Ostasien gibt es zahlreiche Pilgerorte, wobei die «fünf heiligen Berge» in China, einige buddhistische Großklöster sowie shintoistische Heiligtümer wie der Berg Fuji und das Ise-Heiligtum in Japan besonders beliebt sind. Für den gläubigen Lama-Buddhisten ist nach wie vor Lhasa der Mittelpunkt aller Pilgerwünsche. Dort umwandelt er die Kathedrale des Lamaismus, den Jokhang, auf einem doppelten, jeweils etwa einen Kilometer langen Pilgerweg, dabei ständig Gebetstrommeln drehend und Gebete murmelnd. Manche Pilger werfen sich bei jedem Schritt flach zur Erde, vollziehen dort eine rudernde Gebetsbewegung, erheben sich wieder und gleiten dann erneut zu Boden.

Zur äußeren Frömmigkeit gehören auch die Alltags-, Feiertags- und Stationsrituale. Die Asiaten kennen zwar keine Sabbat-Heiligung, wohl aber eine Alltagsheiligung. Der fromme Muslim beispielsweise verrichtet sein fünfmaliges Tagesgebet, der fromme Hindu nimmt vor Sonnenaufgang das rituelle Bad, hält eine Morgenandacht mit Rezitationen und Wasserspenden an die Götter und Hausidole, wirft zu Mittag «reine» Nahrung in das dem Gott Agni heilige Feuer und befleißigt sich auch sonst zahlreicher Reinigungszeremonien.

Weitaus wichtiger sind die in ganz Asien gefeierten Vollmondfeste, die sowohl eine religiöse als auch eine soziale Funktion haben, insofern sie die Menschen für mehrere Tage zu einem freudigen Anlaß versammeln. Hierbei werden häufig Konflikte geschlichtet, und auch sonst kommt es zu einem «großen Reinemachen», sei es, daß man in den Tagen vor Mondneujahr den Hausputz durchführt oder aber seine Schulden begleicht, daß die Haus- und Küchengeister den höheren Göttern den jährlichen Endstand der guten und bösen Taten einer Familie mitteilen oder daß die Gui (Dämonen) mit Feuerwerk, Drachen- und Löwentänzen samt greller Musik ausgetrieben werden. Nicht zuletzt aber kommen bei solchen Festen auch die Familien zusammen. In neuerer Zeit wird chinesisch Neujahr/Tet auch als Anlaß zum gemeinsamen Bäumepflanzen betrachtet – eine Anordnung, die z. B. in Vietnam auf Ho Chi Minh zurückgeht. Im metakonfuzianischen und im theravadabuddhistischen Asien stehen drei Feste im Mittelpunkt, die gleichsam Archetypen des Reisbauernlebens sind, nämlich das Neujahrs-, das Allerseelen- und das Wasserbannungsfest, das zumeist in der gefährlichen Zeit des Hochwassers abgehalten wird und der Versöhnung der Flußgeister dient. In China finden am Drachenbootfest Ruderwettkämpfe statt, in Laos und Thailand dagegen werden beim «Loy Kratong» unzählige mit Blumen, Münzen und brennenden Kerzen beladene Bananenblattschiffchen als Opfer an die Flußgeister ausgeschickt – eines der bezauberndsten Feste Asiens. Daneben gibt es Trockenmonatsfeste, in deren Verlauf Feuerraketen in den Himmel geschossen werden, um den säumigen Regengott an seine Pflichten zu erinnern. Nicht zu vergessen im Kreislauf des Jahres auch die rein religiösen Festtage, so z. B. Buddhas Geburts-, Erleuchtungs- und Todestag.

Auch der Islam kennt zahlreiche Feste, die dem muslimischen Mondkalender folgen, darunter das Opferfest, Mohammeds Geburtstag, die Himmelfahrt des Propheten, den Fastenmonat Ramadan, vor allem aber das große Fest am Ende der Fastenzeit.

In Indien gehören zu den Hauptjahresfesten der Herabstieg der Göttin Ganga (Januar), Shivarati (Nacht des Shiva), Holi (Frühlings- und Liebesfest, März), Krishnas Geburtsfest (August), Ganeshas Geburtstag (September), Durgapuja (Oktober) und Divali (Herbst- und Lichterfest, November). Außerdem ziehen zahlreiche lokale Feste, darunter in Puri und Orissa, Millionen von Pilgern an.

Besonders lokal verwurzelt sind vor allem die japanischen Matsuri, die mit einem für Japaner ganz ungewöhnlichen Temperament begangen werden. Während christliche Feste nach Möglichkeit alle Menschen mit einschließen sollen, ist das Matsuri ein typisch exklusives Ereignis, das jedermann von der Teilnahme ausschließt, der nicht zum betreffenden Dorf oder zur betreffenden Danwei dazugehört.

Eine gewisse Sonderstellung nehmen die Philippinen ein, bei denen fünf Feste im Vordergrund stehen, nämlich Weihnachten (für die Familie), «Fiesta» (eine Woche nach Weihnachten mit Gemeindefeiern im Zentrum), Ostern (ein Verwandtschaftsereignis), die Maifeste (im Zeichen der Jungfrau Maria und hauptsächlich der Festigung der Nachbarschaftsverbindungen gewidmet) und Allerheiligen/Allerseelen (wieder ein Familienfest). Obwohl alle diese Feiern äußerlich katholisch inspiriert sind, brechen unterschwellig doch immer wieder prächristliche Elemente durch, vor allem am Karfreitag, wenn die Männer die Abwehr ihrer Anting-anting (Talismane) testen, wobei sich Talismanträger bisweilen sogar als Zielscheibe für scharfe Munition anbieten, ein Brauch, der nicht selten fatale Folgen hat[18].

Neben Alltags- und Feiertagsritualen sind noch zwei weitere Zeremonien zu erwähnen, nämlich die Rites de passages (dazu Näheres unten S. 286 ff.) sowie apotropäische Verrichtungen, die entweder durch Herbeirufung eines Magiers (in China: fengshui, in Malaysia: dukun), durch Versöhnungsopfer oder aber durch sogenannte Slametans bewirkt werden. Das vor allem in Java gebräuchliche Slametan ist ein zeremonielles Mahl, das die doppelte Funktion hat, einerseits die Geister zu versöhnen und andererseits die Nachbarschaft an wichtigen Familienereignissen mitzubeteiligen. Slametans gehören zu fast allen bedeutsamen Ereignissen, sei es nun, daß jemand eine Reise antritt, daß er mit dem Bau eines neuen Hauses beginnt, daß ein Kind geboren wird, daß eine Hochzeit stattfindet oder ein Familienmitglied beerdigt wird[19]. Ebenfalls ein wahrhaft aufwendiges Ritual begleitet den javanischen Feldbestellungsvorgang. Mit den Einzelheiten dieser Bubak-bumi-Zeremonie kann man mehrere engbedruckte Seiten füllen[20]. Auch das Brauchtum der zumeist christlichen Bataker auf Sumatra ist rituell bis ins letzte ausgefeilt und von üppigen Slametans eingerahmt – von der Auswahl der Braut über die Heiratsanfrage und die Vereinbarung der Mitgift bis hin zur eigentlichen Hochzeitszeremonie, die aus nicht weniger als zehn Einzelvorgängen besteht. Rituale dieser Art dienen der Alltagsgestaltung, der Lebensheiligung und gewähren emotionale Sicherheit. Wenn diese «Sicherungen» im Gefolge des Kulturwandels auszufallen begännen, würden wahrscheinlich islamische und andere «Fundamentalismen» die Lücken füllen!

Über Staat und «Kirche» sowie Priestertum wurde oben (S. 125 ff.) schon ausführlich berichtet.

2. Die wichtigsten Religionen in Stichworten

Gesamtdarstellungen zu den großen Religionen Asiens gibt es in Fülle[21]. Die meisten Beschreibungen bieten zwar einen guten Überblick zu den theoretischen Grundfragen, sie gehen jedoch wenig oder gar nicht auf die Praxis der Kleinen Traditionen sowie auf die moderneren Entwicklungen ein, z. B. den neuen Fundamentalismus im Islam. Die nachfolgende Darstellung soll – stichwortartig und in äußerster Raffung – die Probleme skizzieren und auf gesellschaftlich relevante Fragestellungen eingehen, wie sie in den üblichen Darstellungen, so z. B. beim Daoismus, vernachlässigt werden.

a) Die Religionen Chinas

Allgemeiner Charakter
Kaum religiöse Führer, dafür um so zahlreichere Religionsgemeinschaften und Laienbewegungen, zumeist im Danwei-Bereich (z. B. Tempelbaugemeinschaften); stark diesseitige Ausrichtung; Hauptakzent auf der Ethik. Die klassische Bezeichnung «Drei Religionen» (Buddhismus, Daoismus und Konfuzianismus) ist unzutreffend, da extremer Synkretismus: Basis ist die vom Konfuzianismus geheiligte Ahnenverehrung, um die herum sich daoistische und buddhistische Elemente kristallisieren.

Charakteristisch ist ferner die Wertschätzung des Diesseits, des Konkreten, des Machbaren und – damit zusammenhängend – das (im Gegensatz zum indischen Denken so bemerkenswerte) Fehlen der metaphysischen Dimension; ferner liegt die «Wahrheit in den Tatsachen»: wahr ist also auch in der Religion nur das, was funktioniert. Eine Religion, die sich nicht auch schon im Diesseits bewährt, hat keine Chance.

Konfuzianische Kulte, wie Opfer auf dem «Himmelsaltar», Opfer an die kaiserlichen Ahnen und Feiern zu Ehren des Konfuzius liegen in der Hand der Beamtenschaft (Ritenministerium und Provinzbeamten). Buddhistische Mönche halten regelmäßige Andachten und sind für die Beerdigungsriten zuständig. Zwei Kategorien von Daoisten-Priestern: Exorzisten, die vom Daoisten-«Papst» im Longhushan (Drachen- und Tigergebirge) in der Provinz Jiangxi bestallt wurden, und Eremitengemeinschaften (Kloster-Daoismus), für die die «Dreihundert Mönchsgebote» gelten.

Konfuzianismus und Daoismus

Zum Konfuzianismus vgl. oben S. 144, zum Metakonfuzianismus vgl.
S. 153f., 160.

Der Daoismus ist eine «Lehre» (xiao), die sich aus vier Schichten aufbaut:

1. Urdaoismus: eine – spirituelle – Lebensversicherung der Bauern gegen
Unwetter und Dämonen, gegen den Zorn des Himmels und der Wind-Wasser-
Geister, die es zu bannen gilt. Dieser Grundbestand durchläuft in einer Art
«darwinistischem Ausleseprozeß» drei schwere Herausforderungen, die prägend werden. Den Daoismus versteht man am besten, wenn man weiß, gegen
welche philosophischen und religiösen Hauptgegner er zu kämpfen hatte.

2. Auseinandersetzung mit dem Konfuzianismus führt zur Ausformulie-
rung des Ideals der Passivität, des Eremitentums und des heiteren(!) Ver-
zichts auf weltlichen Einfluß. Wer (wie die Konfuzianer) Sittengebote ein-
führt, bringe damit auch das Unsittliche, wer Recht erläßt (so die Legalisten), auch Unrecht in die Welt. Daher: «Nicht handeln» (wuwei) und «sich
verhalten wie das Wasser», das weich und widerstandslos dahinfließt, aber
am Ende doch alles an Stärke übertrifft. Wer sich an dieses «Dao» (Weg) des
Wassers hält, (d. h. mystisch zum Dao wird), ist ein Weiser, ein «Unsterb-
licher» (xian), der frei durch die Lüfte schwebt und in überströmendem
Glück «wesentlich» ist. Er ist Teil des großen Yin-Yang geworden. Voraussetzung: Strenge Diät, Atem- und Meditationsübungen.

3. Auseinandersetzung mit den Rhetorikern (4. vorchr. Jh.) führt zur
Schärfung der Begriffe. Der erste Satz des Daodejing besagt, daß das Dao,
wenn man es als «Dao» bezeichnet, schon nicht mehr das wirkliche Dao ist.
Gut und Böse, Leben und Tod dürfen nicht «begrifflich» festgenagelt, son-
dern müssen mystisch erlebt werden. (Vgl. die Schmetterlingsparabel des
Zhuang Zi, S. 197f.).

4. Schwerste Krise des Daoismus bei Auseinandersetzung mit dem um 65
n. Chr. aus Indien eingeführten Buddhismus. Um überleben zu können,
wird der Buddhismus in vielem nachgeahmt: daoistische Göttertrias, Himmel und Höllen, Daoisten-Liturgie, eine daoistische Statuenkunst, die altchinesische Gelehrte und Heroen als Götter und Schutzpatrone präsentiert;
Xiwangmu (die königliche Mutter im Westen) wird zum Gegenstück der
buddhistischen Gnadengöttin Guanyin, der «Schrein» (guan) tritt neben den
buddhistischen Tempel (si) usw.

Während das Mandarinat die Gestalten des Pantheons nicht anbetete, sondern sie als sittlich vorbildhafte Gestalten aus der Geschichte gelten läßt, betrachtete das Volk die Heroen-, Gelehrten- und Buddhastatuen als Götter
zum Anfassen, denen man seine Sorgen anvertraut und die man, wenn sie
nichts taugen, notfalls auch wieder absetzen kann. Für den Bauern ist der
Daoismus (und der Buddhismus) ein Dienstleistungsunternehmen, von dem
er Sozial- und Ernteversicherung, meteorologische sowie astrologische Deutungen und Voraussagen, ärztliche Hinweise und seelische Tröstungen in ei-

nem erwartet. Er unterscheidet zwischen den «Drei Religionen» nicht nach Dogma, sondern nach Nützlichkeit: Den Kalenderdienst besorgt am besten das konfuzianische Beamtentum, die Bekämpfung von Krankheiten, Unfällen und Pestilenzen der Daoisten-Exorzist, die Bestattung und das Totenwesen der buddhistische Mönch. Nützlichkeit ist Trumpf: Zweckmäßigerweise respektiert man die 33 buddhistischen und 81 daoistischen Himmel, fürchtet sich vor den 18 buddhistischen und daoistischen Höllen, vermeidet Feldarbeit an «Schafs- und Tigertagen», läßt sich die Träume deuten, die Hand lesen, die Zukunft voraussagen, verehrt seine Götter, indem man ihnen Weihrauch, Nahrungsmittel und «Göttergeld» opfert, und verjagt Dämonen, indem man Knallfrösche abbrennt. Buddhistische Himmel (vor allem der «Westliche Himmel») gelten als solider als daoistische.

Von Daoisten-Priestern erwartet man handfeste Wahrsagerei und Methoden der Lebensverlängerung: Schattenboxen, Kräutermedizin, Heildrogen, Diätkombinationen, manchmal auch Führerschaft: Die großen Bauernaufstände Chinas standen meist unter Führung daoistischer Heilsbringer und Propheten.

In der Jugend ist man konfuzianischer Beamte, im Alter Daoist, auf dem Sterbebett Buddhist. Der Daoismus fördert die künstlerische Inspiration; seine Philosophie ist die Dialektik: kein Hell ohne Dunkel, keine Erde ohne Himmel, kein Weiblich ohne Männlich, kein Phönix ohne Drache, kein Leben ohne Tod, kein Rot ohne Grün. Auch im kommunistischen China lebt diese Dialektik weiter, sei es nun in den Schriften Maos, in der rot-grünen Farbkulisse der kulturrevolutionären Großaufmärsche oder in den flatternden Bändern mit rot kalligraphierten Politparolen, in denen die magische Kraft der alten Wolkenschrift-Kalligraphie nachwirkt, nicht zu vergessen auch in der alten Terminologie: der Klassenfeind als «Niugui sheshen» («Kuhdämon-Schlangengeist»).

Bisher gab es drei kulturelle Großimporte nach China: den Buddhismus, der bis zur Unkenntlichkeit «sinisiert» («daoisiert») wurde, sowie den westlichen «Kapitalismus» und den Marxismus, denen (aller Voraussicht nach) dasselbe Schicksal zuteil wird.

Kunst im Zeichen des Daoismus und Buddhismus
Ein Kunstwerk soll die Verkörperung des Dao oder – im Buddhismus – der «Leere» sein: Zwar zahllose Kunstgattungen (Bronzegießerei, Keramik, Porzellan, Lackschnitzerei und Lackmalerei, Elfenbeinschnitzerei, Cloisonné und Champlevé, Teppichknüpferei, Architektur, Steinskulptur), aber Hauptentfaltungsgebiet (weil der Polarität von Yang und Yin am besten entsprechend) in der Malerei – und hier wiederum im Landschaftsbild, das zumeist geronnene Dialektik ist. Fünf hervorstechende Merkmale:

1. Polarität: zum Shanshui vgl. S. 48.
2. Ineinanderübergehen von Mal- und Schreibkunst: Die «polare» Dar-

stellungsweise (weich-hart, Wasser-Fels, «10000 Dinge»-Leere) wird unterstützt durch die beiden in Ostasien seit jeher bevorzugten Malgründe: Seide
(seit der Shang-Dynastie) und Papier (erfunden etwa 100 n. Chr.), die mit
den drei klassischen Malrequisiten, nämlich Pinsel, Tusche und leichten
Wasserfarben, bearbeitet werden. Malerei und Kalligraphie gehen dabei un-
merklich ineinander über. Jeder Strich muß auf Anhieb sitzen und kann
nicht mehr korrigiert werden. «Renaissancehafte» Perspektive, Raum, Volu-
men und Licht-Schatten-Wiedergabe, wie sie für die klassische europäische
Malerei so allesentscheidend sind, spielen hier so gut wie keine Rolle. Chinesische Kunst zielt vor allem auf das Weglassen (sog. «Eineckstil»), während die hinduistische Kunst vom Horror vacui bestimmt ist.

    3. Im Gegensatz zur europäischen Malerei steht der Mensch nie im Vor-
dergrund; vielmehr bleibt er ganz eingebettet in die allumfassende Natur
und bildet nur eines von vielen Darstellungsobjekten. Nur im Kaiser- oder
Beamtenportrait durfte auch die Einzelperson ausnahmsweise einmal in den
Vordergrund treten. Auch die Architektur ist übrigens nach Möglichkeit
völlig in die Umgebung eingebettet: Geomantik und Harmonie.

    4. «Perspektivelosigkeit»: Die Tendenz zur Perspektivelosigkeit (im
Sinne der westlichen Auffassung) wird begründet durch das Fehlen eines alles dominierenden Ich und unterstützt durch die Bildformate der Hänge-,
vor allem aber der Querrolle, die häufig nur 10 bis 20 Zentimeter hoch, dafür aber viele Meter lang ist und von rechts nach links (dem Schriftduktus
folgend) ab- und gleichzeitig auch wieder aufgerollt wird, so daß der Betrachter die Landschaft, eine Prozession oder einfach ein Figurenkabinett
wie einen «Film» erlebt, und zwar aus der Vogelperspektive.

    5. Symbolhafte «Zitate»: Ob Bambus, Drache, Päonie, Kranich oder
Kiefer – stets gibt es Bezüge, die über das Bild hinausweisen und doppeldeu-
tig sind. Naturalismus ist nicht gefragt. Lediglich beim Portrait und in der
Kunst des Holzschnitts treten die realen Dinge des Lebens manchmal in den
Vordergrund, sei es nun in der Schnittfolge der «Zehn-Bambus-Halle» oder
aber des «Senfkorngartens» – beide aus dem 17. Jahrhundert stammend –,
vor allem aber im japanischen Farbholzschnitt des 18. und 19. Jahrhunderts
mit seinen Landschaften, Kurtisanen und den anderen Gestalten des «fließenden Lebens» (so die wörtliche Übersetzung des Ausdrucks Ukiyo e).
Kunst dient nicht primär der «Schönheit». Grelle Farben (z. B. an Tapeten)
haben magischen, nicht ästhetischen Bezug.

    Die (neben der Malerei) «chinesischste» Kunst ist die des Porzellans, das
nicht zuletzt aus diesem Grunde auf englisch auch gleich «china» heißt. Eine
Fülle von berühmten Herstellungsorten (am bekanntesten Zhangdejin) und
eine viele Dynastien überspannende Tradition haben dafür gesorgt, daß der
Vielfalt kaum Grenzen gesetzt wurden. Sämtliche nur denkbaren Scherben
(grob/fein, dunkel/hell), Formen, Glasuren (Natur, Blei, Feldspat) und De-
kore (geritzt, geschnitten, reliefiert, bemalt) wurden verwendet. Blütezeit:

vom 6. bis zum 13. Jahrhundert, insbesondere Tang-Zeit («Drei Farben» [sancai]-Glasur [gelb, braun und grün]) und Song-Dynastie (weiße Porzellane mit makellos-schlichten Formen). In Japan wurden die chinesischen Anregungen weiterentwickelt. Vier Wesenselemente[22]: 1. Neigung zum Schlichten, Einfachen und Kleinen, zum Verschwebenden – und damit die Flüchtigkeit allen Seins Ausdrückenden. 2. Schlüsselbegriffe der japanischen Ästhetik sind «wabi» und «sabi». Wabi bedeutet, sich einsam und verloren fühlen (der Kiefernzweig im Mondlicht), Freude an der Herbheit des Einsam-Stillen. Sabi assoziiert Rost, Patina, Reife und Verfall. Der bemooste Fels, das grasbewachsene Strohdach, knorrige Kiefer, die rauhe Keramik einer Teeschale, der leicht verrostete Teekessel – das und ähnliches sind die Symbole eines morbiden Schönheitsideals, dem der Begriff der «Leere» (oben, S. 190f.) vorschwebt und das vor allem im Umfeld der Teezeremonie entstanden ist, aber auch in Kurzgedichten (Haikus) Ausdruck findet: «In den Wäldern drüben, tief unter der Last des Schnees, ist letzte Nacht ein Pflaumenzweig erblüht.» 3. Japanische Kunst wendet sich nicht an den Verstand; sie will vielmehr «Kimochi» (Atmosphäre) vermitteln, wobei Gedichte, Gemälde oder aber auch schlichte Geschenke mit der Umgebung, nicht zuletzt auch mit der Jahreszeit in Übereinstimmung stehen müssen. Beliebt ist das melancholische Schwelgen in Stimmungen und Gefühlen, das Übergehen von Heiterkeit in Wehmut, Einsamkeit, Herbst und Verlorenheit. Es fehlen deshalb die im westlichen Kunstumfeld üblichen Werke philosophisch-theoretischen Begründungscharakters. Kimochi entsteht auch durch Geschenke und raffinierte Kunst der Verpackung, die u. a. auch – unterstützt vom Industriedesign – japanische Exporterfolge in aller Welt mitbegründet hat[23]. 4. Symbolbeladenheit (z. B. Herbstmond und Fuji), ähnlich wie beim bereits erwähnten Haiku, das nicht mehr als 5+7+5, also 17 Silben zuläßt, und in dem, wie Gundert es ausdrückt, «Erdenstaub in das farbige Spiel des Absoluten» verwandelt wird.

Die meisten japanischen Ausdrucksformen sind Weiterentwicklungen chinesischer Anregungen. Einige Gebiete sind jedoch autochthonen Ursprungs, z. B. die seit dem 12. Jahrhundert gepflegte Tierkarikatur, die von ihrer Aussage her an Lafontaine erinnert, und die vor allem von der Kano-Schule seit dem 17. Jahrhundert hervorgebrachte großflächige Dekorationsmalerei in Palästen und Klöstern.

Chinesische Kunst strahlte nach Korea und Vietnam aus, läßt sich in Unterströmungen aber auch noch in Südostasien, z. B. in der thailändischen Architektur, feststellen. Die «Chinoiserie» feierte auch an den europäischen Höfen des 18. Jahrhunderts Triumphe.

b) Islam und islamischer Fundamentalismus in Asien

Je östlicher, um so unorthodoxer: Der Wüstenislam wird hier zum Tropenislam.

Gemeinsamkeiten und asiatische Besonderheiten

Gemeinsam sind zwar die Grundelemente: 1. Glauben: Koran als einzige göttliche Offenbarung; zumeist auch Sunna als menschliche Tradition; strenger Monotheismus; Prädestinationslehre (Kismet, völlige Ergebung in Gottes Willen). 2. Ethik und Ritual: fünf Hauptpflichten (Glaubensbekenntnis gegenüber Allah und seinen Propheten, fünf tägliche Andachten, Fasten im Monat Ramadan, Almosengeben und Pilgerfahrt nach Mekka). 3. Staatsphilosophie: Untrennbarkeit von Staat und Religion sowie von säkularem und «kirchlichem» Leben; Allah als Souverän des Staates und als einziger Gesetzgeber; die Sharia stammt unmittelbar von Gott. Strenge Rechtswahrung gilt als eine Art Kalifats-Ersatz, Einhaltung des Rechts als Hauptkriterium für den «islamischen» Charakter eines Staates. Gleichheit und bruderschaftliches Verhältnis zwischen allen Gläubigen. 4. Wirtschaftsethik: Zins-, Versicherungs- und Monopolisierungsverbot. 5. Tabus: Vermeidung von Schweinefleisch und Alkohol; unter südostasiatischen Fundamentalisten neuerdings auch Vermeiden westlicher Kleidung, Sitzen auf Stühlen, kein Fernsehen etc. 6. Islamische Schulen bis hinein in die Dörfer; Missionsauftrag und Einteilung der Welt in die Sphäre des Islam und in die des Unglaubens, mit der Möglichkeit, «Heilige Kriege» zu führen. 7. Sunna und Schia. Die Schia in «Asien» kaum von Bedeutung, mit Ausnahme einiger Ismaeliten. Schauplatz extremster Differenzierung innerhalb der Sunna ist vor allem Pakistan.

Daneben gibt es aber zahlreiche asiatische Besonderheiten: Vor allem in der malaiischen Welt höchst eigenartige Vermischungen von Sharia und Adat (dazu S. 118 ff.) sowie von Hinduismus, Animismus und islamischem Brauchtum: der Islam als Schale, Hinduismus und Animismus dagegen als Kern. Von den fünf islamischen Grundgeboten betont der Tropenislam vor allem die Nummer 2, nämlich das ritualistische Beten, wobei apotropäische Mantra-Formeln auftauchen. Das religiöse Verständnis ist polytheistisch: Der javanische Bauer fühlt sich umgeben von Schwärmen übelwollender Dämonen, die in Flüssen, auf Bergen, auf Bäumen und in Vulkanen, in einer Türschwelle, in alten Büchern, in einem Kris, in einem Gong oder in einer Reisähre leben; die Ähre ist sorgfältig abzuschneiden, auf daß die «Reisseele» nicht erschreckt wird» (hier ergeben sich Schwierigkeiten, einen Mähdrescher einzuführen). Pilgerfahrten nach Mekka sind selten, man unternimmt lieber Wallfahrten zu den Gräbern heiliger Islam-Apostel und Märtyrer. Die «geradlinige» Zeit (und Geschichtsschreibung) des «westlichen» Islam wird durch eine zyklische Zeit ersetzt und die Bildlosigkeit der Kunst durch sub-

tile Verwendung vorislamischer (hinduistischer!) Elemente (z. B. im Batik-
muster) umgangen. Aus dem Bereich des Animismus stammt das Harmoniebedürfnis («rukun»), das Selbstbeherrschung, Höflichkeit, Respekt gegenüber Älteren und zurückhaltenden Umgang mit der Gesellschaft verlangt
und (sieht man einmal von islamischen Extremisten ab) dem «Heiligen
Krieg» entgegensteht. Aus dem Hinduismus kommt die Neigung zur kontemplativen Innenschau, zur Passivität, zur Ich-Losigkeit und zur mystischen Versenkung.

«Hinduistisch» wirken auch die Rites de passage, die von der Geburt, der
Beschneidung, der ersten Tonsur und der Heirat bis hin zum Tode reichen
und deren Beiwerk übelwollende Geister, die «Hantu» (Malaysia), abwehren soll. Demselben Zweck dienen Wahrsagekunst, Amulette, astrologische
Praktiken, Herbeirufung von Zauberern und Schamanen. Die «Fundamentalisten» kämpfen vergebens gegen diesen «Aberglauben».

Glaube
Der strenge Monotheismus des klassischen «Wüstenislam» wird im
«Tropenislam» durch zahlreiche polytheistische Elemente aufgeweicht (dazu
oben, S. 217ff.).

Heterogenität
20% der Indonesier und fast 50% der Malaysier sind keine Muslime. Aber
auch unter den Mohammedanern selbst fehlt es an Homogenität. Der
Grund: Die neue Lehre, die seit dem 13. Jahrhundert durch arabische, indische und persische Händler vermittelt wurde, trug orthodoxe Züge arabischer Provenienz. Um vom Hafen-Islam zum Hinterland-Islam zu werden,
bedurfte es der Missionsarbeit von Lehrern (javanisch: «kyai»), die, wollten
sie erfolgreich sein, zwei Bedingungen zu erfüllen hatten: Besitz magischer
Kraft (ohne sie wäre die Lehre ja nichts wert gewesen!) und Vermeidung ab-
rupter Übergänge vom bisherigen Hinduismus zum Neuankömmling Islam.
Die Folge: Es gab von nun an strenge (sog. «santris») und «nativistische»
Muslime mit stark hinduistischer und animistischer Neigung (sog. «abangans») sowie – in Mitteljava – ein ausgeprägtes «islamisches Nord-Süd-Gefälle»: Santris leben hier vor allem an der Nordküste, während nach Süden
hin die Abangans immer häufiger werden[24]. Ähnlich auf Sumatra: im Norden das orthodoxe Aceh, das schon den holländischen Kolonialherren die
Zähne gezeigt hatte, weiter im Südosten das «synkretistische» Minangkabau[25].

Ein Gelehrtenstreit besteht darüber, ob Santri und Abangan miteinander
in einem strukturellen Dauerkonflikt stünden[26] oder ob nicht umgekehrt die
Koexistenz verschiedener religiöser Gruppierungen in ein und demselben
Dorf sogar konfliktmildernd wirkt[27].

Koranschulen

Neben dem Recht wird den Institutionen des Lernens im Islam zentrale Bedeutung beigemessen. Exemplarisch seien hier die indonesischen Pesantren angeführt – Internatsschulen, in denen ein islamischer Lehrer (kyai) den Schülern (santri) die islamische Lehre in der klassischen arabischen Form vermittelt. Kennzeichnend für diese indonesische Schule, die bis zu Beginn des 20. Jahrhunderts ein Erziehungsmonopol hatte, war und ist ihre Unabhängigkeit in organisatorischer, politischer, pädagogischer und wirtschaftlicher Hinsicht. Mit der Verleihung des Ehrentitels «Kyai» bekundet die Bevölkerung einer bestimmten Region ihre Bereitschaft, einen gelehrten Muslim (ulama) als ihren religiösen Führer zu respektieren und ihm die nötigen Mittel zur Errichtung und Aufrechterhaltung eines Pesantren zur Verfügung zu stellen. Die Symbiose zwischen Bevölkerung und Kyai kommt vor allem darin zum Ausdruck, daß die Bevölkerung ihm – als eine Art Huldigung an seine magisch-spirituellen Kräfte – Boden, Baumaterialien und Arbeitskräfte zur Verfügung stellt, mit denen er eine Moschee und die erforderlichen Unterkünfte (pondok) für seine Santri baut, während er sich mit vielseitigen Diensten gegenüber der Gemeinschaft revanchiert, nämlich als ländlicher Erzieher, als Heiler, als charismatischer Mystiker (sufi) und als Gelehrter. Eine der wichtigsten Eigenschaften des Kyai besteht darin, ausländische Einflüsse und einheimische Traditionen miteinander zu versöhnen – eine Aufgabe, die seit dem 15. Jahrhundert mit Erfolg gelöst wurde.

Zweimal wurde die Kyai-Institution bisher herausgefordert, nämlich im ausgehenden 19. Jahrhundert, als die aus Mekka zurückkehrenden Pilger (haji) einen eher puristischen Islam zu predigen begannen, und im 20. Jahrhundert, als säkulare staatliche Bildungsanstalten eingeführt wurden, die das Bildungsmonopol der Pesantren brachen. Damit gerieten die traditionellen Internatsschulen in ein Dilemma: Sollten sie die staatlich anerkannte Schulausbildung übernehmen und dabei ihren religiösen Auftrag weitgehend vergessen oder sollten sie sich auf eine religiöse Zusatzausbildung beschränken, damit aber wichtige Teile ihrer traditionellen Universalerziehungsfunktionen aufgeben?

Die Pesantren befinden sich hier noch mitten im Experimentierstadium und auf der Suche nach geeigneten Zwischenwegen: Einige Pesantren haben, meist mit Unterstützung von Nichtregierungsorganisationen, Initiativen zur Dorfentwicklung ergriffen oder haben ihre Santris zu «Motivatoren» für den ländlichen Bereich ausgebildet. Wieder andere suchen eine landwirtschaftliche Fachausbildung mit religiöser Erziehung zu verbinden. Eine dritte Kategorie konzentriert sich auf Sonderprogramme, die z. T. an traditionelle Funktionen der Pesantren oder der Kyai anknüpfen: So bietet beispielsweise der Pesantren «Suryalaya» in Westjava eine Drogentherapie auf mystischer Basis.

Der Fundamentalismus

Seit den siebziger Jahren hat die Salafiya (die Bewegung zur fundamentalistischen «Rückbesinnung») auch auf Asien Einfluß gewonnen und firmiert dort (in Malaysia) unter der Bezeichnung «Dakwah» (wörtl.: «Rückkehr» zum Glauben). Gründe für die Bewegung: «antiwestliches» Unbehagen, Gefahr des Verlustes der eigenen Identität, Überfremdungssyndrome (Coca-Cola-Invasion) und Bedürfnis nach «islamischer Rückbesinnung», Khomeni-Vorbild.

Die Dakwah-Bewegung hat zwei extreme Flügel, nämlich die «Linken» (sozialrevolutionäre Bestrebungen im Stile Libyens und Algeriens, Unterstützung von Aufständischen wie der Moros auf den südlichen Philippinen und der Muslime in den vier südthailändischen Provinzen) und die «Rechten», die islamisch in der Form, theokratisch und antikommunistisch dem Geiste nach auftreten (Khomeni-Richtung). Fundamentalisten kämpfen für die Wiederherstellung der Umma (Gemeinschaft aller Gläubigen) nach dem Vorbild der (idealisierten) Umma von Medina, wie sie vom Propheten persönlich geschaffen worden war, und bekämpfen gleichzeitig alle Anpassung an säkulare «Sachzwänge» im Stile des Kemalismus oder der «Weißen Revolution» des Schah[28]. Vor allem für die malaysischen Bumiputra («Söhne der Erde»), die sich von den agilen Chinesen wirtschaftlich an die Wand gedrückt fühlen, heißt es: «Dakwah» – zurück zum ursprünglichen Islam, weg von der Hohlheit des modernen, städtischen, pluralistischen und säkularen Lebens mit seiner Trivialität, seiner Sinnlichkeit, seiner Korruption und hin zu den Traditionen der frommen Ahnen[29]. Dakwah-Anhänger tragen traditionelle Kleidung, Turban, lange lose Hemden (Männer) und Chador oder Halbschleier (Frauen), pflegen einen besonderen Wohnstil (keine Möbel), sorgen für strenge Trennung der Männer- und der Frauenwelt, beschränken das Erwerbsleben aufs Allernötigste und lehnen das weltliche Schulsystem ab. Die «New Economic Policy» Malaysias, die den Bumiputra entgegenkommen soll, wird als ungenügend empfunden. «Gemütskrankheiten» lassen sich nicht mit einem Pflaster heilen!

Vier Richtungen sind zu unterscheiden, nämlich der imam- und der umma-getragene Radikalismus sowie der imam- und der umma-getragene Reformismus[30]. Imam- und umma-getragene Bewegungen unterscheiden sich hauptsächlich dadurch, daß die ersteren sich nach innen richten, d. h. den Glauben (Imam) der bereits bestehenden Muslimgemeinden bestärken wollen, während die Umma-Bewegungen ihre Stoßrichtung nach außen entfalten und in die Gesamtgesellschaft hineinwirken. Die imam-getragene Richtung geht von der Prämisse aus, daß eine korrupte und unislamische Staats- und Gesellschaftsführung nicht durch organisierte Revolution, sondern durch moralische Aufrüstung ihrer Gläubigen verbessert und geheilt werden könne; ergo: stärkere Glaubensarbeit (tabligh) und Appell an die Selbstheilungskräfte sowie Neubau von Moscheen und Errichtung von

Koranschulen. Für die umma-getragenen Bewegungen geht es hingegen nicht nur um die Selbstreinigung der Gläubigen, sondern um die Reinigung der ganzen Gesellschaft – notfalls in Form eines politischen Aufstands gegen die Staatsführung. Erfolge: Sonderstellung der Bumiputra (Malaiisch als offizielle Sprache, Sultane, Wahlmonarchie). (Zu den Community-Problemen S. 83 ff.)

Dem imam-getragenen Radikalismus lassen sich zwei der vier Islam-Organisationen Malaysias zurechnen, nämlich die Darul Arqam (Anhänger tragen grüne Roben und Turbane, benutzen weder Stühle noch Fernsehgeräte, haben regelmäßigen Koranunterricht) und die Tabligh (Anhänger tragen weiße Roben und Turbane und ziehen sich im allgemeinen ganz aus dem Alltagsleben zurück. 1978 entweihten sie 29 Hindu-Tempel in Kuala Lumpur)[31].

Typisch für den imam-getragenen Reformismus ist die Muslimgemeinde in Colombo/Sri Lanka, die höchst regierungsgetreu handelt und sich harmonisch in die buddhistische Umwelt einfügt.

Radikale umma-getragene Bewegungen andererseits sind in Mindanao (Philippinen) sowie in Südthailand aktiv. Sie werden u. a. von Libyen unterstützt.

Zu den umma-getragenen Reformbewegungen schließlich gehören die beiden übrigen malaysischen Gruppierungen des Abim und der PAS. Die Abim (Angkatan Belia Islam Malaysia: Muslimische Jugendbewegung Malaysias) umfaßt 50000 meist jugendliche Malaien, die sich unter ihrem Führer Anwar Ibrahim gegen Korruption und Ausbeutung der Armen wenden. Anwar Ibrahim hat ein Ministeramt (Erziehung) inne. Die PAS (Pan Malay Islamic Party) kämpft für die politischen Rechte der Bumiputra. Wegen ihrer gradualistischen Strategie sind beide Gruppierungen für die regierende (und säkular ausgerichtete) UMNO tolerierbar.

Fundamentalisten kämpfen um einen islamischen Staat; Indonesien erlaubt aber nur den Pancasila – d. h. einen «religiösen» Staat, in dem mehrere Hauptreligionen koexistieren.

Islamische Kunst in Asien
Auch in Asien grundsätzliche religiöse Scheu vor figürlichen Darstellungen, die zu einer fast völligen Ausschaltung der Plastik und zu einer Einschränkung der Malerei auf höfische Kreise führt, während andererseits das Ornament an sämtlichen Bauwerken und Gegenständen um so üppigere Formen annimmt. Islamische Kunst in Asien ist allerdings keineswegs völlig bildlos. Man denke an die Miniaturmalerei der Moghulen und an Tierdarstellungen; vorislamische Traditionen verschaffen sich ihr Recht.

Besonders wichtige Impulse hat die islamische Kunst im Bereich des Handwerks gebracht, nämlich in der Textilkunst (Batiken in der malaiischen Welt), im Metallgewerbe (Java), vor allem bei den Treibarbeiten und in der

Tauschierung (malaiischer Kris-Schmuck), in der Fayence-, Kachel-, Stuck-
und Terrakotta- sowie nicht zuletzt auch in der Teppichkunst, die in allen
drei Formen (gewebter, gewirkter und geknüpfter Teppich) seit alters in
Pakistan, Nordindien und nicht zuletzt auch im zentralasiatischen West-
turkestan hergestellt werden. Überall solide Handwerklichkeit, wie sie der
islamischen Tradition eigen ist.

Kultische Gegenstände, an denen die Handwerker ihre Fähigkeiten entfalten können, sind die metallenen Koranständer und unzähligen Moschee-
lampen, vor allem aber die Dekorationsarbeiten in Stein und Keramik sowie
die kunstvollen Stalaktitengewölbe, die herabhängenden Tropfsteinen gleichen.

Trotz solcher Einflüsse aber hat der Islam, sieht man einmal von Pakistan,
Nordindien und der zentralasiatischen Seidenstraßenregion ab, auf Asien bei
weitem nicht so tiefgreifenden künstlerischen Einfluß ausgeübt wie Hinduismus, Buddhismus oder chinesische Kultur.

Am prächtigsten sind Profanbauten wie Paläste, Festungen und Mauso-
leen, welch letztere durch ihr bloßes Vorhandensein schon den Geboten des
Glaubens zuwiderlaufen – man denke an die Grabbauten des Rukn-i Alam
in Multan oder aber an das im Zentrum des Indientourismus stehende
Tadsch Mahal in Agra, einer der drei Hauptstädte des Moghulreichs. Unter
den Festungspalästen ragen das Rote Fort in Delhi sowie die Anlage in Lahore hervor.

Die beiden klassischen Moscheetypen, nämlich die Hofmoschee mit ihrem von Säulenhallen umgebenen Hof und die Kuppelmoschee mit ihren
rundzeltartigen Auswucherungen sind überall auch in Asien vertreten –
ebenso übrigens wie die Medresse, das klassische Seminargebäude für den
theologischen Nachwuchs.

Daß die Moscheen, wie sie im Laufe der Zeit zwischen Lahore (Wesir
Khans Moschee!), Samarkand und dem indonesischen Surabaya entstanden
sind, so wenig Gemeinsamkeiten aufweisen, hängt einmal damit zusammen,
daß der Islam keine zentrale Organisation und kein als solches identifizier-
bares einheitliches geistiges Zentrum besitzt, zum anderen aber auch damit,
daß er von seiner religiösen Anlage her weder auf eine Priesterschaft noch
auf einen «Kirchenraum» angewiesen war, weshalb ja die Moscheen lange
Zeit bezeichnenderweise nicht als liturgische Stätten, sondern als Bürger-
zentren für die muslimischen Gemeinden (umma) angelegt waren; daher
auch die «hypostylen» (auf Säulen ruhenden) weiten Kuppeldächer sowie
die architektonische Priorität des Innenraums, die zu einer Vernachlässigung
des äußeren Aussehens führt.

Paläste und Moscheen haben dreierlei gemeinsam, nämlich die klare Trennung der Bauanlage von der städtischen Umgebung, zweitens die additive
Konstruktionsweise, bei der sich, anders als im streng ikonographisch bestimmten christlichen Kirchenbau, nicht ein einziges Schema gebieterisch

durchsetzte, sondern die durch immer neues und stalaktitenartiges Auswuchern gekennzeichnet ist, und drittens die Ausdekorierung sämtlicher Ar-
chitekturelemente bis ins Grenzenlose. Höfe, Minarette, Brunnen, Wasser-
becken und filigranhaft durchbrochene Türen und Tore ergänzen den Deko-
rationsvorrat. Liturgisch zwingend ist in den Moscheebauten eigentlich nur
die Gebetsnische (mihrab), die die richtige Gebetsorientierung in Richtung
Mekka anzeigt.

Anders als in der christlichen, buddhistischen und hinduistischen Architektur haben die Dekorationen nicht die Funktion einer Biblia pauperum;
vielmehr sollen sie in ihrem harmonischen Zusammenspiel einen Abglanz
von der Größe Allahs vermitteln und den Gläubigen in eine harmonische
gottbegeisterte Stimmung versetzen. Die allgemeine Harmonie und Balance
der Gesamtkomposition von Raum und Dekoration ist es denn auch, die
von Muslimen und Nichtmuslimen als zentrale «islamische Tonart» empfunden werden[32].

Der Dekor an islamischen Bauten kommt dem Bedarf des Wüstenbewoh-
ners nach Farbigkeit entgegen. Islamische Bauwerke sind überall dort besonders prächtig, wo die Umgebung zum Wüstenhaft-Monochromen neigt,
während sie in üppig-tropischer Umgebung höchst unscheinbar zu sein pflegen – man vergleiche die farbig glasierten Fliesenkeramiken, Fayencemosai-
ken und Marmorintarsien Nordindiens und Pakistans sowie die geschnitte-
nen Terrakotten Zentralasiens mit der kümmerlichen Bretter- und Kuppel-
blecharchitektur einer javanischen oder malaiischen Dorfmoschee!

c) Buddhismus

Theravada

Der ältere Buddhismus (Theravada, manchmal auch «Hinayana» = Kleines
Fahrzeug) wurde durch das Missionswerk des Mauryakaisers Ashoka zuerst
nach Ceylon und Birma, später auch nach Thailand, Kambodscha und Laos
verbreitet; andere Spielformen, nämlich das Mahayana («Großes Fahrzeug»), vor allem in China, Japan, Korea und Vietnam, das «Diamant-Fahr-
zeug» (oder «Lamaismus») in Tibet sowie in einigen anderen Himalaya-Län-
dern und in der Mongolei erfolgreich.

Der Buddhismus entstand als antibrahmanische Reformbewegung, deren
gesellschaftliche Zielsetzung sich gegen das Kastensystem wandte und deren
religiöse Stoßrichtung gegen die hinduistische Atman/Brahman- und Sam-
sara-Doppelideologie gerichtet war: Letztere wurde akzeptiert, die erstere
dagegen abgelehnt. Nach Gautama Buddhas Lehre gibt es weder eine Welt-
noch eine Einzelseele (beide seien Luftspiegelungen, Maya, und beruhten
auf leidverlängernder Täuschung), sondern nur leidvolle Wiedergeburten,
die dem Gesetz von Ursache und Wirkung (Karma) unterliegen und aus deren Kreislauf auszubrechen oberstes Ziel sein muß. Die Quintessenz der

Vier Edlen Wahrheiten: alles Leben ist Leiden; Ursache dafür sind die drei Grundübel Gier, Haß und Verblendung, die den karmischen Kreislauf von Geburt, Tod und Wiedergeburt verursachen; werden Gier, Haß und Verblendung überwunden, so verschwindet damit auch das Leiden; ein Edler Achtfältiger Pfad führt zu dieser Überwindung. Man übe Disziplin (shila) durch «rechte Rede, rechtes Verhalten und rechtes Leben», Konzentration (samadhi) durch «rechte Anstrengung, rechte Achtsamkeit und rechte Versenkung» (also durch meditatives Einengen des Beobachtungsfeldes) und, als drittes und höchstes, Weisheit (praja) durch «rechten Entschluß und rechte Ansicht». Die eigentliche Weisheit besteht darin, ohne die Vorstellungen von Ich und Mein auszukommen, also die Unwirklichkeit des Ich existentiell zu erfahren.

Da den irdischen Dingen keine Wirklichkeit zukommt und da es auch keinen «Nächsten» im christlichen Sinne gibt, ist die buddhistische Ethik nicht gebietend, sondern verbietend. Eine Doppel-Fünfer-Regel ist Ausdruck dieser passiven Moral: Nichttöten, Nichtlügen, Nichtstehlen, Nichtunzucht und Nichtberauschung. Für Mönche gelten fünf zusätzliche asketische Regeln. Das Nirvana, also die buddhistische Erlösung, hat keine aktive, sondern nur eine passive Qualität (bedeutet also nicht Glückseligkeit, sondern lediglich Nicht-mehr-wiedergeboren-Werden).

Die «Drei zu verehrenden Kleinodien» sind Buddha, der Sangha (Mönchsgemeinde) sowie das Dhamma (Gesetz, Lehre) (Zum demokratischen Charakter und Fehlen einer zentralen Instanz vgl. S. 125 f., 130 f., 146).

Unterschiede zum Hinduismus: Identisch sind die Lehren von der Wiedergeburt (Samsara), der Vergeltungskausalität (Karma), der Welt als Blendwerk (Maya), die Toleranz- und Meditationspraxis, der Statuenkult, das Wallfahrtswesen und das Fehlen eines Papsttums. Andererseits zahlreiche Unterschiede: Ablehnung des Kastensystems, Forderung nach grundsätzlicher Gleichheit aller Menschen, vor allem aber aller Mönche; Ablehnung der Brahman/Atman-Lehre. Es gibt keine Einzel- oder Weltseele, sondern nur Leid und daher auch kein Vereinigungs-, sondern nur ein Leidüberwindungsstreben. In der Ethik fordert Buddha Gewaltlosigkeit (ahimsa) und wendet sich gegen die Tieropfer der hinduistischen Kali-Kulte. Nicht zuletzt aber ist der Buddhismus eine Missionsreligion: Als Hindu wird man geboren, zum Buddhismus dagegen kommt man aus freier Entscheidung; Buddhist wird man überdies nicht aufgrund eines Beitrittsakraments (z. B. einer Taufe), sondern durch schlichte Beherzigung der «Vier heiligen Wahrheiten» sowie durch Befolgung der üblichen Rituale.

Unterschiede zum Mahayana
Hauptunterschiede zwischen Selbsterlösungs- und Gnadenbuddhismus (Theravada und Mahayana): 1. ontologisch: Nach Theravada gibt es nirgends ein Absolutes, vielmehr vergeht alles schon wieder in dem Augen-

blick, da es entstanden ist; demgegenüber postuliert Mahayana ein transzendentales Absolutes, nämlich die «Leere» (sunyata), die als Unabhängigkeit von jedem Kausalnexus definiert wird (Näheres dazu S. 190f.). 2. Erlösungslehre: Theravada: Selbsterlösung als einziger Weg über den Heiligen Achtfachen Pfad. Als Ideal gilt der Arhat, der «den Feind (in sich) besiegt» hat – so die wörtliche Übersetzung. Mahayana: mehrere Erlösungswege, nämlich durch Disziplin, Kontemplation und Weisheit oder aber – dies der Regelfall – durch den Gnadenerweis einer gütigen Gottheit: Boddhisattva-Ideal. 3. Gottesvorstellungen: Theravada: Buddha ist lediglich ein menschliches Erlösungsmodell, das zur Nachfolge einlädt – keinesfalls jedoch ein Gott. Mahayana: Wer das Nirvana erreicht hat, aber aus Altruismus die Schwelle dorthin nicht überschreitet, sondern seine Gnadenfülle den leidenden Menschen zukommen läßt, hat gottähnlichen Charakter. Es gibt viele solche «Boddhisattvas», zu denen in China, Vietnam und Korea, vor allem aber in Tibet, auch vorbuddhistische Gottheiten «umfunktioniert» wurden. Hinzu kommen zahlreiche milde und zornige (Tibet!) Gottheiten, Weltenhüter und «Himmelskönige» (tianwang). 4. Im Volksglauben des Mahayana kommt der Glaube an die Existenz einer individuellen Seele zum Durchbruch, die nach dem Tod in den «westlichen Himmel» eingeht. 5. Unterschiede im Anbetungs- und Verehrungsritual: hier Sammeln von «Verdiensten» (dazu S. 170f.), dort Opfergaben und Gebetsstürme. 6. Im Theravada gibt es nur wenige Mönchssekten, meist sind es in jedem Land nur zwei «Nikayas», im Mahayana dagegen Aufspaltung in zahlreiche Laiensekten, vor allem in Japan, darunter die Tendai-, die Zen-, die Yodo-, die Shin- und die Nichiren-Sekte.

Dem Theravada und dem Mahayana ist andererseits gemeinsam, daß sie missionieren, daß sie über ein reiches Klosterwesen verfügen, einen Teil des Schrifttums gemeinsam haben und bereit sind, vorbuddhistische Religionsformen bis an den Rand der Selbstaufgabe in sich aufzunehmen. Beide sind in der Regel regierungsaffirmativ: Die Regierung gewährt Schutz, der (überall auf den Dörfern vertretene) Sangha sorgt – trotz des Gebotes politischer Abstinenz – de facto für Legitimation.

Praxis

Das Theravada sorgte für eine Durchdringung und damit sakrale Ausrichtung des Alltagslebens. Überall auf den Dörfern sind die Mönche präsent: Sie gestalten die Riten bei der Geburt, bei der Hochzeit und bei der Beerdigung, geben dem Neugeborenen einen Namen, nehmen halbwüchsige Männer mehrere Wochen lang ins Kloster auf, gestalten die Dorffeste mit und erteilen Unterricht in der Pali-Sprache.

Das Theravada beeinflußt auch alltägliche Verhaltensweisen, nämlich Großzügigkeit (im Zuge des «Verdienste-Sammelns»), Individualismus (jeder ist seines Schicksals Schmied!), Pazifismus, Freundlichkeit, Vorliebe für

Späße, Konformismus, Harmoniebedürfnis, Respekt gegenüber Älteren und Vorgesetzten, formbewußter Umgang und «kühles Herz». Abgelehnt werden andererseits Aggressivität, Unbeherrschtheit und Humorlosigkeit. Es sind soziale Werte, die hoch im Kurs stehen, nicht dagegen wirtschaftliche Tugenden (vgl. im übrigen S. 170 f.).

Buddhistische Kunst

Nach Westen kam der Einfluß des Buddhismus bereits im Gebiet des heutigen Afghanistan zum Stillstand. Noch heute lassen sich in diesem auf den ersten Blick so «urislamischen» Gebiet buddhistische Einflüsse nachweisen, und zwar Reste von Stupas, Klöstern und Felsarchitekturen in verschiedenen Tälern, vor allem aber zahlreiche Buddhastatuen, u. a. die riesigen Exemplare von Bamiyan (53 bzw. 35 Meter Höhe). Islamische Eroberung Afghanistans (7. Jh.) löscht Buddhismus aus; seine Gebäude liefern Baumaterial für die neuen Moscheen.

Das heutige Pakistan erlebte drei Kunstphasen: 1. Auf die persische Eroberung (Achmeniden-Reich) folgte mit dem Alexanderzug (326 v. Chr.) 2. der hellenistisch-buddhistische Einfluß, der Jahrhunderte andauerte und vor allem zur Herausbildung des Stils von «Gandhara» führte. Bis zum 1. vorchr. Jahrhundert war Buddha nur symbolisch, d. h. durch das Gesetzesrad oder aber durch den Feigenbaum der Erleuchtung, dargestellt worden. Unter dem Einfluß der griechischen Plastik freilich begann er apollinische Gestalt anzunehmen – mit griechischen Locken, geradem Profil und «westlichem» Faltenwurf. Trotz der «indischen Versuchung» zur Entstellung blieb die anthropomorphe Darstellungspraxis erhalten. Ein äußerlich «griechischer Gott» wurde damit zu einem über ganz Asien verbreiteten Symbol der Heilsbringerschaft. Hellenistisch an der Gestalt Buddhas ist die Behandlung der Gewandfalten (z. B. bei den stehenden Buddhas mit Mönchsgewand), die herausmodellierte Muskulatur und der (ursprünglich) westliche Gesichtsausdruck. «Indisch» andererseits erscheint die dreifache Knickung der stehenden Gestalt, der entblößte Oberkörper, der reiche Schmuck, das erzählerische Detail und der streng ikonographische Gestus – die «Mudra». 3. Der Islam bewirkt seit dem 7. Jahrhundert das Aussterben der Skulpturentradition in Pakistan.

Weitaus erfolgreicher als im Westen wirkte der indische Kultureinfluß nach Norden, nämlich in den Himalaya-Bereich hinein, d. h. vor allem nach Nepal, Bhutan und Tibet – und zwar sowohl mit seinen hinduistischen (Nepal) als vor allem auch mit seinen buddhistischen Traditionen. Hier, im Himalaya allerdings, mußte der Buddhismus schwerwiegende Zugeständnisse machen. Vor allem hatte er die tibetische Bon-Religion zu «verdauen» (Magie, Göttinnen, orgiastische Fruchtbarkeitskulte, schreckenerregende Toten-Schutzgottheiten). Aus dieser Verbindung mit Leichenschutz- und Fruchtbarkeitsgöttern entstand eine Synthese von tausendarmigen, grellbunten «zürnenden» und sich paarenden Gottheiten sowie jene neue Spielform des Tantra-Buddhismus, dessen Hauptziel es war, die buddhistische Erlösung mit Hilfe magischer Praktiken «herbeizuzaubern», wobei vor allem das pausenlose Wiederholen bestimmter Keimsilben als besonders förderlich galt. Die Reichhaltigkeit des Rituals förderte zugleich die Herausbildung von Mönchsgemeinschaften (Rotmützen- und Gelbmützensekte, Theokratie), die Entstehung riesiger Klosterstädte, vor allem der drei Staatsklöster Ganden, Sera und Drepung. Hauptkultobjekte: Stupabauten, die dem Muster des Mandala nachgebildet waren, bronzene Ritualobjekte wie Messer, Dolche, Donnerkeile und Glocken, «Räder der Lehre» und Butterlampen etc. Malereien (häufig im Stile des Mandala-Motivs) und vor allem Skulpturen von milden und zürnenden Gottheiten waren das Ergebnis der Vermischung indisch-buddhistischer und einheimischer Bon-Elemente. Von Tibet aus fand dieser Mischstil Verbreitung in die Mongolei und in die angrenzenden Himalaya-Königtümer von Nepal, Sikkim und Bhutan.

In weitaus reinerer Form fand der Buddhismus seinen Weg nach Süden, und zwar nach Ceylon, dessen Geschichte mit derjenigen des Buddhismus fast identisch ist. Seit der Ashoka-Mission (3. vorchr. Jh.), vor allem aber seit dem 12. Jahrhundert, wurde Sri Lanka zum strahlenden Mittelpunkt und zu einer Art «Verteilerkreis» für den Theravadabuddhismus in Richtung Südostasien. Ohne den singhalesischen Buddhismus gäbe es kein Theravada in Birma, Thailand, Kambodscha oder Laos. Hier wurde das Tripitaka (die heiligen drei Bücher des Buddhismus über Mönchsgemeinschaft, Ethik und Lehre) kanonisiert, hier auch wurde das dem Theravadabuddhismus heilige Pali-Vokabular abgesegnet, und von hier aus verbreiteten sich die für das Theravada typischen Kunstformen.

Den Weg nach Ostasien nahm der Buddhismus über die zentralasiatischen Seidenstraßen – und zwar fast ausschließlich in seiner Mahayana-Form. Langsames Einsickern in China, zuerst im 1. Jahrhundert n. Chr., dann mit Hilfe fremder Eroberervölker erneut im 4. Jahrhundert Höhepunkt während der Tang-Dynastie; Verbreitung nach Korea und im 6. Jahrhundert auch nach Japan. Zahlreiche Pilgerfahrten chinesischer Mönche nach Indien; Übersetzungen der heiligen Texte ins Chinesische. Gewaltige Grottenanlagen mit exzellenter Plastik und Malerei: Longmen-Grotte (Luoyang), Yungang-Grotte (bei Datong), Maijishan (Provinz Gansu), Dunhuang (Gansu) (die riesigen Mantelfiguren Kim Ilsungs und Mao Zedongs stehen in der Tradition der buddhistischen Monumentalplastik). 842–845 große Buddhistenverfolgung, von der sich das Mahayana nie mehr richtig erholen konnte. Davon weitgehend unberührt freilich blieb die Entwicklung in Japan, wo der Buddhismus bis zur Renaissance des Shintoismus am Ende des 19. Jahrhunderts fast die gesamte Große (und z. T. auch Kleine) Tradition beherrschte.

Zwei charakteristische Architekturformen dominieren, nämlich die Stupa und das Kloster: Die Stupa (besonders ehrwürdig die von Sanchi) war ursprünglich nichts anderes als ein Grabhügel, der, wenn dort ein König beerdigt wurde, auch noch von einem «mehrstöckigen» Schirm gekrönt zu werden pflegte, dem Symbol des Königtums. Um den (zumeist mit einer ringförmigen Steinmauer umgrenzten) heiligen Tumulus-Bezirk herum pflegten Prozessionen stattzufinden – seit Jahrtausenden eine typische Verehrungsform. Die Stupa wurde zum buddhistischen Bauwerk schlechthin. Ihre Grundidee ist die des Mals, d. h. eines Reliquienschreins, in dem ursprünglich noch «echte» Reliquien Gautamas eingeschreint waren – etwa ein Teil seiner Bettlerschale, einer seiner Zähne (heute Kandy in Sri Lanka) oder das eine oder andere Haupthaar. Später traten an die Stelle «echter» Reliquien Schriftrollen etc. Blieben die Stupen in Indien noch weitgehend erdhügelförmig – wenngleich sie immer mehr ins Überdimensionale auswuchsen –, so nahmen sie in anderen Ländern höchst eigenwillige Formen an, wobei die Grundidee der Reliquienaufbewahrung nie verlorenging. Blieb in Sri Lanka die Kuppelform des «Erdhügels» noch weitgehend vorherrschend, so wuchs in Birma die «Schirm»-Spitze steil in die Höhe (Cetyh), um sodann in Thailand jene gotisch-schlanke, vom Sockel bis zur Spitze fast gleichmäßig zulaufende Form anzunehmen, wie sie in der Kunst von Ayuthya ihren Höhepunkt erreichte. In China und Japan andererseits interessierten sich die Baumeister für das Erdhügelelement praktisch überhaupt nicht mehr und konzentrierten sich ganz auf die Ausgestaltung des vielgliedrigen Schirms: Die Pagode (ta) war entstanden.

Klosteranlagen sind die zweite Hauptform buddhistischer Baukunst. In Indien waren die meisten dieser Gebäude ursprünglich in Holz ausgeführt – doch hat sich davon nichts erhalten. Um so wichtiger sind die wenigen übriggebliebenen Architekturen in Stein, die z. T. die alte Holzschnitzerei bis ins Filigran nachahmen. Wichtigste Relikte aus der Frühzeit sind die Grottentempel, die z. T. aus nacktem Fels herausgehauen wurden, wie z. B. das Grottenkloster von Ajanta und der Tempelkomplex von Ellora (8. Jh.). Mit dem 8. Jahrhundert verschwindet der Buddhismus, der die bisherige Kunst Indiens nahezu monopolisiert hatte, fast völlig aus dem Mutterland. Gleichzeitig beginnt der Aufstieg der hinduistischen Kunst, die bisher kaum zu sich selbst gefunden hatte.

Von hervorragender Bedeutung für die buddhistische Kunst ist die Skulptur, die ihren ersten Höhepunkt in Indien im 5. und 6. Jahrhundert erreicht und die seit der christlichen Zeitwende in zwei Schulen gipfelt, nämlich der bereits erwähnten (oben S. 253) Gandhara-Schule sowie in jener von Mathura.

Im Kunstzentrum Mathura vor allem wurden auch die ikonographischen Merkmale Buddhas festgelegt, nämlich das dritte Auge auf der Stirn, die langen Ohrläppchen, die Ausbuchtung des Hinterkopfes, die gelockten Haare, das archaische Lächeln, die Strahlenmandorla, die (im Vergleich zur Gandhara-Skulptur) «unanatomischen» Körperproportionen und Gliedmaßen, der sparsame Faltenwurf, die Positionen und die Handhaltungen (mudras), die je nach Gestus Gnadengewährung, Befriedung, Beruhigung, Lehren etc. ausdrücken. Einzigartig in der asiatischen Kunst auch die königliche Gelassenheit, in der Buddha thront, die mystische Versenkung, die Verklärtheit, in der sich sein Nirvanazustand spiegelt, und die sublime Entrücktheit, die die Massivität der manchmal gigantischen Stein- und Bronzevolumina völlig vergessen läßt.

Während der «Gupta»-Dynastie (320–500 n. Chr.) erreicht die indische Kunst ihre klassische Blütezeit und beginnt über ganz Asien auszustrahlen.

Unabhängig von den Vorgaben der indischen Gupta-Zeit ist in der buddhistischen Kunst Südostasiens ein reiches zusätzliches Symbolvokabular entwickelt worden. In der (birmanischen) Schule von Pagan beispielsweise wird Buddha nicht mehr nur sitzend, sondern auch stehend, schreitend und liegend dargestellt. Dieser Tendenz folgen später auch die verschiedenen Thai-Schulen, die Siddharta zusätzlich mit einer Fürstenkrone zeigen. In der (zumeist mahayana-buddhistischen) Kunst der Khmer sitzt Buddha auf dem zusammengerollten Körper des Schlangen(Naga)-Königs. In der tibetanischen Kunst erscheint der Erleuchtete reich gekrönt (und hält in den Händen bisweilen einen Donnerkeil oder eine Glocke). Stets ist Buddha umgeben von Adoranten und einer Fülle von Kleinkunst, vor allem aber einer manchmal verwirrenden Schar von fratzenhaften Wächtergottheiten und Schutztieren, wie Schlangen, Drachen und Vögeln, in deren häufig anekdotischer Gestaltung sich die (kleine) lokale Kunsttradition «austoben» konnte, weil all diese Nebenfiguren, anders als die Gestalt Buddhas, nicht der Strenge ikonographischer Gesetze unterworfen waren.

In der chinesischen und japanischen Kunst erscheint Buddha in reiches Faltengewand gehüllt. Das buddhistisch-ästhetische Ideal der verklärten Heiterkeit erreicht hier einen Höhepunkt.

Für das Material der Skulpturen gibt es keine Vorschriften, weshalb fast alles, vom Granit über vergoldetes Holz bis hin zur Bronze, verwendet wurde. Eine Sonderform ist der birmanische Malachit.

Im Theravadabuddhismus steht die Gestalt Gautamas, des Erleuchteten, im Mittelpunkt, manchmal auch die 12 Stationen seines Lebens und die 500 Stationen seines Vorlebens. Gezeigt wird er in stehender, sitzender, liegender oder schreitender Gestalt, aber auch in Form eines bloßen Fußabdrucks mit den 108 Glückszeichen. Löwen symbolisieren das Herrschertum, Elefanten die Weisheit, Gazellen die erste Predigt, das Schwert die Weisheitsmacht, die Stupa den heiligen Leib und die Lotosblume die Unbeflecktheit Buddhas.

Im Mahayana-Buddhismus dominieren die Gnadengottheiten (Boddhisattva Avalokiteshvara: Guanyin/Kannon); daneben spielen aber auch symbolische Reihungen eine überragende Rolle, so z. B. die fünf Buddhas als Symbole der fünf Himmelsrichtungen, die acht Großen Boddhisattvas, die zwölf Elementargötter, die elf Köpfe Avalokiteshvaras – sowie seine «tausend Arme», die Allwissenheit und gnadenvolle Allmacht symbolisieren. Die buddhistische Kunst steht, wie Seckel[33] es ausdrückt, vor der «paradoxen Aufgabe, etwas grundsätzlich Unanschauliches in anschauliche Gestalt zu fassen». Da sämtliche Erscheinungen als Täuschungen betrachtet werden, muß der Grundsatz gelten: «Je bildloser, desto wahrer» oder besser: «Je transparenter, nachdenklicher stimmend und meditationsfördernder, desto wahrer.» Abstraktion, Symbolik und Dekoration («Heiligung durch Schmuckfülle, chin.: zhuangyan, jap.: shogon) werden angesichts dieser Widersprüchlichkeit zu Hauptgestaltungsprinzipien.

Buddhistische Kultbilder sind aber nicht nur als symbolische Abbilder gedacht, sondern auch – und hierin liegt das zweite Paradox – als Repräsentation Buddhas oder eines Boddhisattva: daher die «dreifache Ehrfurcht» (gegenüber Buddha, seiner Lehre und seiner Gemeinde),die der Künstler beim Schaffensvorgang an den Tag zu legen hat, daher auch die Sitte des «Augenöffnens» und der «Belebung» einer Kultfigur bei der Konsekration durch Einzeichnen der Pupillen sowie durch Einschreinen einer Mantra-Rolle und daher schließlich auch der technische Perfektionsanspruch, den der Künstler an sich stellt: Nur ein vollkommen harmonisches Kunstwerk kann Abbild des Vollkommenen sein; auf diese Weise auch kommen Sakralwert und Schönheitswert am Ende wieder zur Deckung.

d) Hinduismus

Vier historische Schichten

Ähnlich wie der Daoismus wird auch der Hinduismus nur verständlich, wenn man ihn als synkretistisches Gebilde aus zahlreichen Schichten betrachtet: 1. Induskultur: Basis sind die vorarischen Traditionen der einst im Indus-Tal ansässigen Kulturen von Harappa und Mohenjo Daro: Fruchtbarkeitskulte verschiedener Art (Magna Mater-, Tier- und Linga/Phallus-Verehrung), Schädelkulte sowie Schamanismus. Bevölkerung: Vorfahren der (heute südindischen) Draviden? 2. Vedismus: Überlagerung dieser Ackerbau- durch die Hirtenkultur der zwischen 1500 und 1200 v. Chr. ins Indus-Tal eindringenden indogermanischen Arier: kraftstrotzende Donner- und Sonnengötter (Indra und Surya) sowie Hirtengötter. Die Götter werden durch Opferrituale, vor allem durch Hymnen magisch gezwungen, auf die Wünsche der Menschen nach fetten Weiden und militärischen Erfolgen einzugehen. Die Hymnenliteratur ist zusammengefaßt in der Veda («Wissen»), vor allem im Rigveda. Ritualsprache war das Sanskrit (sanskrita: zurechtgemacht, in Regeln gebracht, vollkommen), im Gegensatz zur Alltagssprache des Prakrit (prakrita: gewöhnlich). Je komplizierter das Opferritual wurde, desto mehr wuchs die Macht des Priesterstands – der Brahmanen, die aufgrund ihres Wissensmonopols zur Elite der Gesellschaft wurden. Unter ihnen formte sich der Kriegeradel zur Schicht der Kshatriyas, gefolgt von den Freien – zumeist Bauern und Gewerbetreibende (vaishiyas). Nur diese drei Schichten hatten Anteil am Veda-Opferritual; die unterworfenen Völker blieben ausgeschlossen und wurden später zur Dienstleistungs(Shudra)-Kaste. Die «Tempel» der nomadischen Arier waren auf Streitwagen montiert. Noch Jahrhunderte später wurden Steintempel als Wagen dargestellt – mit «verkümmerten» Rädern und einem gewaltigen Baldachinaufbau, der auch als Berg Meru interpretiert wurde. Diese Cella/Berg-Synthese lag allen späteren Tempelarchitekturen zugrunde. 3. Brahmanismus (900–400 v. Chr.): Die Veden, bestehend aus drei großen Sammlungen, umfassen auch die Upanishaden (geheime Sitzungen), die zu Haupttexten des Brahmanismus werden: zumeist dialogisch verfaßte Lehrer-Schüler-Traktate (8.–1. vorchr. Jh.), Änderung der Lebensstimmung: Schauplatz der Veden war der nordwestliche Panjab, Schauplatz der Upanishaden dagegen die Gangesebene. Verinnerlichung des Opfers. Zentraler Lehrgegenstand: die Einheit von Brahman und Atman, Seelenwanderungslehre, Moksha (Erlösung), Karmalehre; Ausbildung des Kastenwesens. 4. Bhaktismus (ab 400 v. Chr.): Vierte Schicht schließlich waren die Bhakti(Gotterhebung, Gottesliebe)-Kulte. Wandte sich die Lehre der Upanishaden nur an eine kleine Elite, so das Bhakti an die Massen der Gläubigen (Volkshinduismus contra Sanskrithinduismus). Religion wurde wieder «sichtbar»: gewaltige Tempel, vielarmige Götterskulpturen, grelle Farben, reiches Ritual, Volksfrömmigkeit; Hinwendung zu einem Großgott, vor allem zu Vishnu und dessen Inkarnationen (Avataras). In der Bhagavadgita spricht der Gott «Selbst ein ganz schlechter Mensch muß als gut erachtet werden, wenn er sich mir und keinem anderen hingibt... Wer mir ergeben ist, geht nicht zugrunde.» Literatur: Gesetzbuch des Manu, Puranas und die zwei Großepen Mahabharata und Ramayana.

Die vielfache historische Schichtung hat mehrere Auswirkungen: 1. Mannigfaltigkeit der religiösen Richtungen: Vishnu-, Shiva-, Shakti-Verehrung, Vedanta-Anhänger usw. Der Hinduismus hat jedem etwas zu bieten: dem Bauern, dem Gelehrten und dem Sadhu (Eremiten). 2. Erlösung auf mehreren Wegen erreichbar: durch Handeln, durch Wissen und durch Gottesliebe (Bhakti) (zur Erlösung S. 228 ff.). 3. Einzelgötter tragen (logisch an und für sich unvereinbare) Züge aller historischen Traditionen an sich: Shiva ist Donnergott (Religion der indogermanischen Arier), Berggott (Kailash-Überlieferung), Nandi (alte Stierkulte der Induskultur), Herr der Leichenverbrennungsplätze (tibetische Bon-Religion?), Flußgott Ganga, Lehrer, Zerstörer der Welt, Fruchtbarkeitsgott (Magna Mater-Kulte um Kali und Durga sowie Linga-Verehrung) usw.

Zehn Gemeinsamkeiten

Trotz aller Verschiedenheiten gibt es im wesentlichen zehn gesamthinduistische Gemeinsamkeiten: 1. heilige Schriften (vier Veden, Upanishaden, Smritis sowie die Epen Mahabharata und Ramayana); 2. mehrere Großgötter (vor allem Vishnu und Shiva); 3. Haupttugenden (rituelle Reinheit, Wahrheitsliebe, Gewaltlosigkeit: ahimsa); 4. vier Lebensstadien (Erwerb religiösen Wissens; beginnend mit Eheschließung: Pflichten gegenüber der Familie; Rückzug in die Stille; Loslösung von Besitz, von den Menschen und von allen leiblichen Bedürfnissen); 5. vier Lebensziele (Sinnengenuß: kama, Gewinn weltlicher Güter: artha, Erfüllung der Pflichten: dharma und Erreichung der Erlösung: moksha; das jeweils folgende Ziel ist besser als das vorhergehende); 6. gemeinsame Glaubensvorstellungen: Im Zentrum allen Philosophierens und Theologisierens steht das Doppelleitmotiv von Samsara (Seelenwanderungslehre) und Brahman/Atman (dazu S. 217ff., 225, 229). (Voltaire zur Wiedergeburt: «Il n'est pas plus surprenant de naitre deux fois q'une. Tout est resurrection dans la nature.»: «Zweimal geboren zu werden ist keineswegs überraschender als einmal. Alles in der Natur ist Wiedergeburt.») Gemeinsames Ziel aller hinduistischen Religionsrichtungen ist die Vereinigung der Einzelseele (Atman) mit der Weltseele (Brahman). Über die Bewerkstelligung dieses Wiedervereinigungsprozesses gibt es sechs verschiedene Systeme – am wichtigsten das Vedanta-System des Shankara (um 800 n. Chr.) (vgl. oben S. 217). Da das Brahman räumlich ohne Begrenzung oder Teilung, zeitlich ohne Anfang und Ende, zeitlich/räumlich ohne Bewegung und «stofflich» ohne Materie – also auch ohne Verunreinigung – ist, tritt Erlösung (moksha) in dem Augenblick ein, da das Atman dieselben «Eigenschaftslosigkeiten» angenommen hat wie das Brahman, also nicht mehr in Raum und Zeit verhaftet, nicht mehr in Bewegung (Begehren und Leidenschaften) und vor allem auch nicht mehr unrein ist; alles «Reine» fördert ja die Vereinigung mit dem Göttlichen, alles «Verschmutzende» dagegen entzweit das Atman mit dem Brahman; desgleichen sind alle aggressiven und libidinösen Impulse und alles Diesseits-Verharrende für die Erlösung hinderlich, während umgekehrt alles Diesseits-Gelöste und Meditative die Annäherung an das Brahman fördert. Mit der «Heimkehr» des Atman in das Brahman sind drei Konsequenzen verbunden, nämlich das Ende des Atman, das Ende des Karma und das Ende des mit der Seelenwanderung verbundenen Leids. Himmel und Hölle sind keine dauernden Aufenthaltsorte, sondern nur Durchgangsstationen. 7. Vielfältige Pilgerbräuche a) heilige Badeplätze in Allahabad, Hardwar, Ujjain, Nasik; Benares; b) zu den Fußabdrücken Vishnus; c) zu Orten und Wagenprozessionen (z. B. nach Puri in Orissa); d) zum heiligen Berg Kailash. Wallfahrten zu den heiligen Stätten gehören mit zu den wichtigsten Integrationsfaktoren der indischen Kultur[34]. 8. Kein einheitliches Dogma und kein religiöses Oberhaupt. Der Hinduismus ist eine Religion ohne Stifter, ohne «Papst», ohne allgemeinverbindendes Dogma; aber: vitale Schul- und Vermittlungstraditionen; ursprünglich Meditationshöhlen, später Ashrams: Niederlassungen, in denen sich eine Jüngerschaft um einen Guru/Yogi/Bhagvan (Gott)/Sri (Gesegneter, Heiliger) aufbaut. 9. Kastenwesen (dazu S. 76 ff.). 10. Grenzenlose Toleranz des Hinduismus gegenüber anderen Religionen: Ob Hinduismus, Buddhismus, Christentum, Islam oder Animismus: jede Religion zeigt, hinduistischer Auffassung gemäß, den Weg zum *EINEN*, das nur verschiedene Namen trägt. Dasselbe gilt für Polytheismus und Monotheismus, Theismus (Lehre von einem in die Schöpfung aktiv eingreifenden Gott) und Deismus (Lehre von einem inaktiven fernen Gott von unnahbarer Majestät), für persönliche Gottheiten oder unpersönliche Mächte, Selbsterlösungs- (anfänglicher Hinduismus, Theravadabuddhismus) oder Gnadenreligionen (Vishnuismus, Shivaismus, Mahayana). Die Animae und Götter, aber auch die großen Gottheiten sind letztlich nur Erscheinungsformen des *EINEN*; dies gilt auch für Jesus Christus. (Vivekananda setzte zwischen Jesus, Buddha und den anderen «Großen» jeweils ein Gleichheitszeichen und bezeichnete Jesus an einer Stelle sogar als bloße Reinkarnation Buddhas.) Auch Könige gelten als Inkarnationen (avarata) eines Gottes und damit letztlich wiederum als Repräsentanten des All-Einen. Religiöses und säkulares Leben sind untrennbar und ebenfalls vielfältige Erscheinungen des *EINEN*. Alles ist Gott! «Das (alles) bist du!» Objektiv (d. h. seinem Wesen nach) ist alles einheitlich – nur subjektiv ist es verschieden. Alles ist meinesgleichen: daher z. B. keine Gewalt gegen andere, kein Töten von Tieren, kein mutwilliges Vernichten von Pflanzen! Folge: Nie Inquisition, nie Kreuzzüge und bis ins 20. Jahrhundert keine Heidenmission (neu die Ramakrishna-Mission, 1897 durch Svami Vivekananda gegründet).

Dieser so typische Synkretismus ist vermutlich Antwort auf die «Verdauungsanforderungen», mit denen die indogermanischen Arier bei der Eroberung Nordindiens konfrontiert waren: Einerseits übernahmen sie die Religionsvorstellungen der unterworfenen Völker, andererseits grenzten sie sich von diesen Völkern durch ein immer strikter gehandhabtes Kastensystem ab. Mehrere Gründe werden für die Entstehung der Kasten angeführt: das Hautfarbenargument (die hellhäutigen Arier wollten sich von den unterworfenen dunkelhäutigen Völkern abgrenzen; daher der Name «Varna» [Farbe] für die ursprünglichen vier Kasten; daher auch der noch heute fortbestehende «Hautfarbenkomplex» der Inder), das Berufsargument (Varnas gehen in Hunderte von Jatis [wörtl.: «Geburten»] über, die berufsgeprägt sind); das Eroberungsargument (die kriegerischen Rajputen konnten beispielsweise in Rajastan ein besonderes Kastensystem entwickeln), das Stämmeargument, die Identifizierung mit spezifischen Berufsgöttern; Wohlhabenheit als soziale Scheidemarke u. dgl. Keine dieser «Erklärungen» kann für sich allein eine befriedigende Lösung anbieten; jedoch genereller Wandel von der Hautfarben- zur Berufsideologie.

Kastenordnung

Zur Kaste vgl. zunächst S. 76 ff. (zur Reinheit vgl. S. 78 ff.).

Das Kastensystem gilt heutzutage offiziell als unnütz, sinnlos und unmoralisch, die Benachteiligung der Unberührbaren («Parias», «Harijans»: Kinder Gottes oder scheduled classes) als rechtswidrig (Art. 17 der Indischen Unionsverfassung von 1950). Aufschlußreich bleiben folgende Schlüsselfragen an die Harijans: «Lassen es die Kasten-Hindus ohne Zögern zu, daß du dich im Bus oder im Zug neben sie setzt?», «Nehmen die Kasten-Hindus von dir Nahrungsmittel entgegen?», «Darfst du ohne weiteres in den Tempel deines Dorfes (deines Stadtteils) gehen?», «Darfst du aus demselben Brunnen Wasser entnehmen wie die Kasten-Hindus deines Dorfes?», «Hast du den Eindruck, daß du im nationalen Parlament/im Dorf-Panchayat und auf den Schulen angemessen repräsentiert bist[35]?» In Indien leben heute rund 90 Millionen Harijans. Bisher gab es nur einen einzigen «unberührbaren» Minister! Zum Klassenstatus im übrigen S. 81 f.

Hinduistische Götter: S. 258 f., Ethik: S. 225 f., Lehre: S. 225 f., 229 f., 233, Staat und Kirche: S. 128, 130.

Politisierungserscheinungen

Die Indische Union ist dasjenige Land, in dem heutzutage die meisten lebendigen Weltreligionen unmittelbar nebeneinander existieren. Auch nach der Teilung des Subkontinents ist Indien, gleich nach Indonesien und Bangladesch, die drittgrößte Muslimnation der Welt. Das Christentum faßte in Indien früher Fuß als in Europa und findet sich hier in einer bunten Vielfalt von Konfessionen repräsentiert, die von der Urkirche der syrischen Orthodoxie bis zu den Quäkern reichen. Diese Toleranz ist neuerdings im Zeichen der Politisierung des Hinduismus gefährdet. Wie vorher die indischen Mohammedaner in Pakistan eine neue Heimat fanden, so streben fanatische Hinduvereinigungen, die sich mit dem Gedanken eines säkularen Staates nicht abfinden wollen, nach einem «Hindustan» – ebenso wie die meisten Sikhs nach einem Sikhistan (oder «Khalistan»).

Auffassung der Congress Party: Der Hindu/Muslim- und der Hindu/Sikh-Konflikt gehöre zu den Traditionen der nationalen Identität, die es auszuhalten gelte; auch die indischen Muslims/Sikhs seien ja keineswegs Zuwanderer, sondern lediglich indische Konvertiten. Vor allem Hindus und Sikhs sprächen das gleiche Idiom und feierten die gleichen religiösen Feste. Zu betonen sei die nationale und nicht etwa die religiöse Identität!

Dieser gandhische Grundgedanke des Vorrangs der nationalen Identität ist in den letzten Jahren angesichts des wachsenden «Fundamentalismus» einiger extremer Hindugruppen, verschiedener islamischer Organisationen und nicht zuletzt auch des Sikh-Nationalismus untergraben worden.

Hinduistische Kunst

Hindu-Kunst soll den Zugang zum All-Einen öffnen und zur Erlangung höherer Bewußtseinsstufen verhelfen.

– Architektur: Wichtigstes architektonisches Leitmotiv ist die Götter-Cella, die bei den nomadischen Völkern der Veda noch auf Rädern gezogen wurde, weshalb frühe hinduistische Tempel z. T. noch Spuren der alten Radform erkennen lassen, und deren Dach später in Form eines Götterbergs (Meru) wiedergegeben wurde, auf den die Götter – hierarchisch über- und untereinander – wohnen und teilweise auch ganz naiv samt ihren Wohnungen dargestellt werden – oft Hunderte an der Zahl.

Aus dieser Grundidee der Götterwohnung heraus entwickelten sich seit dem Ende der Gupta-Zeit zwei Haupttypen von Sakralbauten, nämlich im nördlichen Indien die «Sikhara» und im Süden die «Vimana», beide auf quadratischem Grundriß und in pyramidenförmigem Aufbau, die sich vor allem dadurch unterscheiden, daß die Vimana einen von einer stumpfen Kuppel gekrönten Oberbau beibehielt. Beide Bautypen erreichten ihre Blüte um das Jahr 1000. Die Außenwände der Tempel sind mit vollplastischen Skulpturen überzogen, darunter im Norden die berühmten «Liebespaare» und erotischen Gruppierungen, so z. B. an den Tempeln von Khajuraho (11. Jh.) und Konarak (13. Jh.); in Südindien riesige Tempeltore.

Südindische Stile wurden auch in zahlreichen südostasiatischen Kulturen rezipiert, so z. B. von einigen hinduistischen Königreichen auf Java. Das hervorragendste Beispiel dafür ist der Prambanan, ein dem Shiva geweihtes Heiligtum in der Nähe des mitteljavanischen Jogjakarta, der seinerseits wiederum den ersten Khmer-Königen als Vorbild für die Bauten von Angkor gedient hat.

Auch nach Bali hat sich die hinduistische Kunst fortgepflanzt, doch gibt es dort keine überwölbte Cella; die gesamte Tempelfläche steht vielmehr unter freiem Himmel und wird lediglich zur Seite hin durch hohe Mauern aus der Landschaft «herausgeschnitten» – verdient also gewiß den Namen «Tempel» (von griech.: temein, schneiden). Eine zweite Eigenart des balinesischen Tempels sind die gespaltenen Tore, die über dem Andächtigen nicht gewölbt werden, sondern – eben – offen bleiben!

– Skulptur: Hochbedeutsam ist auch die hinduistische Plastik, die dazu dient, dem Gläubigen wenigstens einige der Götter des ansonsten unüberschaubaren hinduistischen Pantheons sichtbar zu machen. Die Statuen – meist aus Stein oder Bronze – finden sich zumeist auf den Dächern der Tempel und der gewaltigen Tortürme, doch werden sie darüber hinaus auch im Inneren der Tempel aufgestellt – besonders häufig Vishnu und Shiva in ihren verschiedenen Erscheinungsformen, von denen die achte Erscheinung Vishnus, nämlich Krishna, wohl am berühmtesten und populärsten ist. Häufig auch der tanzende Shiva oder aber Shiva in seinen drei Aspekten (zornig, friedvoll, weiblich). Während im (älteren) Buddhismus die Menschendarstellung noch durchaus anthropomorph ist und nur bei den niedrigeren Begleitfiguren dämonenhafte Gestalt annimmt, findet im späteren Hinduismus meist eine (vom Europäer so empfundene) «Denaturierung» statt: Die Wände sind überzogen mit vielköpfigen, vielarmigen und vielbeinigen, bisweilen auch tierköpfigen Wesen. Besonders «abstoßende» Form nehmen einige weibliche Avaratas des Shiva an, so Camunda, die zornige und ausgemergelte Form der schwarzen Göttin Kali, der Tieropfer gebracht werden, und Durga. Beliebter Darstellungsgegenstand sind auch die Reittiere der jeweiligen Götter, anhand derer die betreffenden Göttergestalten manchmal überhaupt erst identifiziert werden können – allen voran das Reittier Shivas, der Büffel Nandi, und das Reittier Vishnus, der Pfau-Adler Garuda, nach dem beispielsweise die moderne indonesische Fluglinie benannt ist.

Sämtliche Skulpturen – und Architekturen – zeichnen sich durch äußerste Schmuckfülle aus: die Figuren durch Juwelen, mächtige Frisuren und «durchsichtige» Gewebe, die Architekturen aber durch Nachahmung der ursprünglichen Holzbauweise. Bezeichnenderweise wurden die Jahrhunderte vorher verwendeten Nägel, Zapfen, Gebälkformen, die gedrechselten Säulen, die verkröpften Säulenenden und die filigranhaften Zirate minuziös in Stein nachgebildet – und zwar nicht nur in Indien, sondern beispielsweise auch im fernen Angkor: In Angkor Vat finden sich an den umlaufenden Balustraden lange Partien von «Geweben», die so sorgfältig in den Stein eingemeißelt sind, daß man glaubt, sie wehten im Winde.

Vielarmigkeit und -köpfigkeit gibt es auch in der mahayana-buddhistischen Kunst, doch verliert dieses Merkmal um so mehr an «Aufdringlichkeit», je weiter sich die rezipierende Kultur von Indien entfernt. In der japanischen Kunst von Kyoto und Nara beispielsweise gibt es zwar ebenfalls tausendarmige Kannons und vielarmige «Asuras», doch sind diese Bildnisse so anthropomorph «gebändigt», daß von seiten des betrachtenden Europäers keinerlei Kontaktschwierigkeiten aufkommen.

Der Hinduismus und Südostasien
Rund 1200 Jahre lang, nämlich von etwa 400 n. Chr. bis zum Beginn der Kolonialzeit, hat Indien den meisten Ländern Südostasiens seinen soziokulturellen Stempel aufgeprägt – ohne Zweifel eine der erstaunlichsten Leistungen «auswärtiger Kulturpolitik», die es je in der Geschichte gegeben hat.

Seit 400 n. Chr. erste hinduistische Einflüsse in Südostasien; ab 1200 theravadabuddhistische Missionserfolge – via Ceylon – in Siam, Laos, Kambodscha und Birma. Seit dem 13. Jahrhundert wurde Indien (südöstliche Coromandel- und südwestliche Malabarküste) auch zum Vermittler des Islam: Eindringen des Islam in Aceh/Nordsumatra im 13. Jahrhundert, in Malaya Anfang des 14. Jahrhunderts und in Java im 15. Jahrhundert Überlagerung des Hinduismus und Buddhismus, aber nicht völlige Verdrängung. Ende des indischen Einflusses 1511, als Albuquerque Malakka erobert.

Wer waren die Überbringer des Hinduismus? Drei Theorien[36]: 1. Kshatriya-Theorie: Indisches Militär als Motor z.T. direkter Indisierung durch koloniale Expansion. Diese in den zwanziger Jahren von der «Great India Society» vertretene Ansicht war ein Kind ihrer Zeit, insofern sich nämlich das kolonisierte Indien Trost aus der eigenen Vergangenheit zu holen suchte. Zwar gab es militärische Vorstöße Indiens, vor allem unter der südlichen Cola-Dynastie, die jedoch Randerscheinungen bei der ansonsten höchst unkriegerischen Ausbreitung der indischen Kultur blieben. 2. Vaishiya-Theorie: Indische Händler als Übermittler; trifft zwar für die islamische, aber nicht für die hinduistische Mission zu. Gründe: Hinduismus breitete sich nicht nur in den Hafenfürstentümern, sondern auch im Hinterland aus, wo es keine indischen Händler gab; ferner war der Missionshinduismus stark durch Sanskrit geprägt, das die Händler nicht beherrschten. 3. Brahmanen-Theorie: Letztlich dürften es die Brahmanen gewesen sein, die von den lokalen Fürstenhäusern als eine Art «Entwicklungsexperten» berufen wurden und die nicht nur ihre Religion mit ihren hochwillkommenen Legitimationsmechanismen, sondern auch Weisheitsbücher mitbrachten, in denen Regeln der überregionalen Verwaltungskunde, der Baukunst und der Infrastruktur enthalten waren. Später kamen buddhistische Mönche hinzu, die ja, dem Auftrag Buddhas und Ashokas entsprechend, einen Missionsauftrag hatten und die dafür sorgten, daß zahlreiche Südostasiaten indische Universitäten, vor allem die weltberühmte buddhistische Universität von Nalanda nahe den heiligen buddhistischen Stätten von Bodh Gaya, besuchten.

Wie tief ging der indische Einfluß in Südostasien? Zum Teil wirkten zwar kolonial-indische Impulse sogar wieder auf das Mutterland zurück, so z.B. die Architektur Angkors auf die südindische Cola-Kultur (11.Jh.); also kein reiner «Monolog» Indiens (zur Verschichtung unten S.331ff.). Trotzdem tiefe Spuren:

– Die auch heute noch sichtbarste Hinterlassenschaft ist das Schriftsystem, das bei den Birmanen, Thai, Khmer und Cham, aber auch noch bei den inzwischen vom Lateinischen verdrängten javanischen und balinesischen Schriftformen deutlich zu erkennen ist, wenngleich die alten Vorlagen regional variiert wurden.

– Außerdem sind die südostasiatischen Sprachen mit Sanskrit-Ausdrükken angereichert worden, die in der literarischen Hochsprache, in der Religion und im Austausch zwischen «Mahaguru» und «Mahasiswa» (in Bahasa Indonesia: «Lehrer» und «Schüler») nach wie vor eine wichtige Rolle spielen. Vor allem hat das Sanskrit den einheimischen Sprachen die Fähigkeit zur Bildung abstrakter Begriffe erleichtert.

– Auch das Indische Recht, das in den klassischen Gesetzbüchern der «Dharmashastras» besonders im Gesetzbuch des Manu niedergelegt war, hat bis zur Rezeption europäischen Rechts laut G. Coedès[37] eine ähnliche Prägefunktion ausgeübt wie das Lateinische Recht auf die barbarischen Gesellschaften in nachrömischer Zeit. Vor allem haben die Vorschriften des Rajaniti (des königlichen Benehmens) beträchtlichen Einfluß auf die lokalen Monarchien gehabt.

– Des weiteren verbreiteten sich die verschiedenen indischen Periodisierungssysteme, sei es nun die buddhistische Zeitrechnung, welche 543 v. Chr. beginnt, oder aber das «Kleine Zeitalter»-System, das vom Jahre 638 n. Chr. an rechnet. Die thailändische Königsgeschichte der Chakri-Dynastie ist z. B. noch ganz nach der buddhistischen Zeitrechnung abgefaßt. Die «indischen» Kalendarien wurden erst durch eine Übernahme des europäischen Systems abgelöst.

– Ferner hat die indische Ästhetik die Kunst Südostasiens entscheidend mitbestimmt. Die Tempelstädte von Pagan und Angkor oder die javanischen Heiligtümer Prambanan und Borobodur wären ohne das indische Vorbild nicht denkbar, wenngleich lokale Traditionen für manchmal bedeutsame – und geniale! – Abweichungen gesorgt haben. Diese Vorbildfunktion gilt allerdings nicht für die islamische Kunst, die in Südostasien zu keiner nennenswerten Entfaltung gekommen ist.

– Auch die verschiedenen indischen Religionen, vom Shivaismus und Vishnuismus bis hin zum Theravada- und Mahayana-Buddhismus sind für Jahrhunderte prägend gewesen, wobei allerdings das Theravada den Umweg über Ceylon nahm. In der malaiischen Welt wurden die hinduistischen Kulte im 14. und 15. Jahrhundert vom Islam verdrängt – und haben sich am Ende nur in Bali halten können. Kratzt man freilich in Java nur ein wenig am islamischen Lack, kommt sofort wieder hinduistische Tradition zum Vorschein. In Vietnam ist es nach wie vor der Mahayana-Buddhismus, in Thailand, Birma, Laos, Kambodscha und Ceylon aber die Theravada-Überlieferung, die die Lehre Gautamas, welche in Indien fast ausgestorben war, bis auf den heutigen Tag bewahrt hat.

– Eng mit den religiösen sind auch die literarischen Überlieferungen verknüpft, wie sie in der buddhistischen Folklore der Jatakas (den 500 Vorleben Buddhas) und in hinduistischen Überlieferungen weiterleben, nicht zuletzt im klassischen Tanztheater und im Schattenspiel. Sogar der Tourist begegnet den eindrucksvollen Tänzen Ramas und Sitas auf Schritt und Tritt, sei es nun in Bangkok, in Phnom Penh, Angkor, auf Bali oder sogar im äußerlich doch so islamischen Java. Wohin man auch blickt – überall schimmern die indischen Muster so kräftig durch, daß Coedès vorgeschlagen hat, man möge das alte Indien doch einmal «durch die Brille des Ostens» studieren[38] und rekonstruieren!

e) Südostasien: Schattenspiel und Musik als Gottesdienst

Als «verschichtete» Kultur (zu diesem Begriff vgl. S. 331 ff.) hat Südostasien die meisten seiner künstlerischen Ausdrucksformen aus Indien oder China bezogen. Zwei Bereiche sind besonders charakteristisch geworden: das Schattenspiel und die (streckenweise autochthon gebliebene) Musik.

Wayang (Schattenspiel)

Das Schattenspiel, eine Art vormodernes Kino, ist in ganz Asien beheimatet und hat beispielsweise auch in China durchaus eine Rolle gespielt, läßt sich aber seit Jahrhunderten hauptsächlich mit dem malaiischen Kulturkreis identifizieren und gehört vor allem zur indonesischen Kulturlandschaft wie die Pyramiden zu Ägypten oder die Musik zu Wien.

In Java läßt es sich seit dem 9. Jahrhundert nachweisen. Genauso wie sich die mittelalterliche europäische Kirche der Tafelmalerei oder der erzählenden Plastik als Propaganda und als Biblia pauperum bedient hatte, wurde das Wayang-Spiel im hinduistischen Südostasien zu einem Instrumentarium religiöser Belehrung und hatte insofern nicht nur ästhetische, sondern vor allem religiös-strategische Bedeutung. Fromme Einsiedler aus fürstlichem Geblüt demonstrieren «auf der Leinwand» tugendhaftes und der hinduistischen Heilslehre entsprechendes Leben, während das Böse in der Allegorie von Riesen, Gespenstern, Geistern, Gnomen und Kobolden auftritt.

Von allen Wayang(wörtl.: Schatten)-Spielen ist das Wayang kulit (mit Lederpuppen) das bekannteste. Die Figuren werden von Künstlern gefertigt, die einem eigenen Berufsstand angehören. Stets sind strenge ikonographische Vorschriften zu beachten. Ein schwarzes Gesicht mit goldenem Körper zeigt einen Krieger in äußerster Anspannung, ein grünes Gesicht dagegen gehört zu einem niedrigen Charakter. Adel und Wissen lebt in weißen Gesichtern, nackte Gier dagegen in den roten und Anmaßung in den gelben Gesichtern.

Nicht nur die Farbe, sondern auch der Umriß liefert unmißverständliche Hinweise: Der feine Charakter zeichnet sich durch mandelförmige Augen und eine lange Nase aus, die von der Stirn bis zur Nasenspitze in einer fast geraden Linie verläuft; ihm ist ein leicht geneigtes Haupt eigen, das Bescheidenheit ausdrückt, er trägt ein Bärtchen und wenig Schmuck. Der rohe Charakter dagegen hat runde Augen, eine gequollene Nase, plumpe Kopf- und Körperformen und einen Haarwald. Vor allem aber stellt er seinen Schmuck in protziger Weise zur Schau, spricht laut und ist in seinem Gebahren ungehobelt.

Sämtliche «Puppen» sind vollkommen in sich beweglich, wobei die Gelenke etwa an derselben Stelle angesetzt sind wie in der menschlichen Anatomie. Von diesen leise schwingenden Figuren gibt es im Schattenspiel nicht weniger als etwa 600. Eigentlich aber genügt schon ein Viertel dieser Zahl, um die 144 menschlichen Leidenschaften, die von der javanischen Mystik formuliert wurden, zu symbolisieren.

Sämtliche Figuren werden von einem einzigen Spieler gehandhabt, dem «Dalang», der im Schneidersitz hinter der transparenten Leinwand sitzt – in seinem Rücken das Gamelan-Orchester, seitlich der Figurenwald und über ihm die flackernde Lampe. Er führt nicht nur die Puppen und spricht die verschiedenen Rollen dazu, sondern gibt zwischendrin auch immer wieder Beschreibungen und Hinweise. Außerdem ist er für die Lichtregie verantwortlich und hat u. a. frischen Docht nachzuschieben.

Im Gegensatz zu vielen anderen asiatischen Bühnenberufen genießt der Stand der Wayang-Spieler in Indonesien höchstes soziales Ansehen. Nach vielen Jahren der Ausbildung hat er eine im wahrsten Sinne des Wortes heilige Verantwortung wahrzunehmen. Er haucht den Wayang-Figuren Leben ein und vollzieht damit eine heilige Handlung. Er beherrscht sämtliche Ebenen der javanischen Sprache, angefangen von der alten poetischen Kawi-Sprache über das klassische Javanisch und über zwei Stufen des niedrigen Javanisch bis hin zu den drei Ebenen des hohen Javanisch. Außerdem hat er mit einem Spezialvokabular vertraut zu sein, das Personen des Königshofs sowie Göttern vorbehalten ist. Was wäre im übrigen ein Wayang-Spieler wert, der nicht auch die Formalitäten der alten Königshöfe präzise wiederbeleben könnte? Sprechen, Singen und doppelhändiges Handhaben von zwei bis drei Figuren während einer hitzigen Schlacht sind Unternehmungen, die in ihrer Gleichzeitigkeit unvereinbar erscheinen – für einen Dalang-Spieler freilich gibt es hier kaum Grenzen!

Normalerweise dauert eine Wayang-Vorstellung, die stets im Zusammenhang mit bestimmten religiösen Feiern (Hochzeit, Zahnfeilen etc.) stattfindet, die ganze Nacht hindurch, und zwar von der Dämmerung bis zum Morgengrauen. Gegen Mitternacht ereignet sich einer der Höhepunkte, wenn nämlich der Hauptheld des Stückes, z. B. der edle Arjuna, auftritt und sofort von bösen Mächten in heftige Kämpfe verwickelt wird. Kaum sind die heftigsten Szenen vorbei, pflegen auf einmal vier seltsame Gestalten aufzutreten, sich mit allerlei Schwänken zu vergnügen und teilweise, zum Ergötzen der Zuschauer, sogar Einlagen in modernem Indonesisch zu liefern: Es handelt sich um die vier treuen Diener des Arjuna, u. a. den kugelrunden und fidelen Semar – die mit Abstand beliebteste aller Figuren, der gleichsam das javanische Volk in der Wayang-Welt repräsentiert und damit ein Gegenbild zum adligen Prijaji-Ideal darstellt. Als Diener ist Semar ganz von Eigeninteressen frei und lebt seiner Pflicht, geht also völlig in der hinduistischen Kastenethik auf, obwohl er, im Gegensatz zu den meisten Figuren des Wayang-Spiels, kein Import aus Indien, sondern ein javanisches Geschöpf ist[39].

Das Wayang hat mehrere Funktionen: Es bringt die Welt der Götter ins Diesseits herein und bewirkt damit eine «Realisierung des Göttlichen» (Wayang als Gottesdienst), es erfüllt gleichzeitig aber auch Abschirmfunktionen, indem es nämlich übelwollende Dämonen die ganze Nacht hindurch so sehr fasziniert und absorbiert, daß sie gar nicht erst auf den Gedanken kommen, dem Neugeborenen oder aber dem jungverheirateten Paar, zu deren Festtag das Wayang bestellt wurde, zu schaden.

Angesichts der Popularität des Schattenspiels liegt es auf der Hand, daß es auch für politische Zwecke eingesetzt werden kann: Dies bekamen u. a. die holländischen Kolonialherren zu spüren, denen schnell klarwurde, daß die Symbolik des Kampfes zwischen Gut und Böse bedenkliche Propagandawirkung haben konnte, und die deshalb bestimmte Formen des Wayang verboten. Doch auch in nachkolonialer Zeit wurden Wayang-Gehalte immer wieder auf das politische Leben übertragen. Vor allem bei der Aussendung antikommunistischer Liquidationskommandos im Herbst 1965 oder aber bei der Verhaftung Sukarnos verstanden es die Machthaber, ihre Emissäre mit Attributen zu umgeben, die Figurenassoziationen zum Wayang und zu dessen Kampf gegen das Böse weckten.

Gamelan: Musik in Südostasien
Sieht man einmal von den Philippinen und von Vietnam ab, wo die spanisch/ südamerikanische Folklore bzw. der chinesische Einfluß tiefe Spuren hinterlassen haben, begegnet man überall in Südostasien einer Musik höchst bodenständigen Charakters, die zwar indischen Einfluß da und dort erkennen läßt, bei der aber ansonsten die präindische Tradition erhalten geblieben ist, vor allem, was die Musikinstrumente anbelangt. Jedem Besucher Südostasiens werden die Buckelgong- und Xylophon-Orchester mit ihrer mystischen Klangkultur unvergeßlich bleiben – vor allem die Gamelan-Musik. «Gamel» heißt Hammer und charakterisiert treffend die Haupteigenschaft des Orchesters, das ja zur Hauptsache aus Schlaginstrumenten besteht. Prototypen des modernen Gamelan-Orchesters lassen sich bereits auf den Reliefs des Borobodur-Tempels aus dem 9. Jahrhundert identifizieren. Das durchschnittliche Gamelan-Orchester setzt sich aus sieben Instrumentengruppen zusammen, worunter Gongs, Trommeln, «Xylophone» (z. T. aus Holz, z. T. aus Metall), Zupfinstrumente, Miniflöten und das Gender, eine Art Tasteninstrument, das seine Mechanik auf Klangröhren überträgt und mit zwei runden Hämmerchen gespielt wird, die Hauptrolle spielen.

Auffallend ist, daß Musik kaum je für sich allein, sondern stets im Zusammenhang mit einem Schauspiel, einem Tanz oder mit einer literarischen Rezitation steht. Kein Zweifel: Die südostasiatische Musik ist aufs engste mit Zeremonien, Ritualen und religiösen Theaterdarstellungen verwoben.

Charakteristisch ist, drittens, die in der Musikwissenschaft sogenannte «polyphone Schichtung», womit gemeint ist, daß einerseits viele musikalische Linien simultan hörbar werden (deshalb «polyphon») und daß diese getrennt voneinander laufenden Linien Unterschiede in Bewegungstempo und Dichte aufweisen. Viertens gibt es den Begriff der absoluten Tonhöhe in

Südostasien nicht. Vielmehr richtet sich der Solist oder das Orchester nach einer «Stimmung», die der Gefühlslage des jeweiligen Anlasses angepaßt ist und die deshalb von Mal zu Mal ad hoc festgelegt werden muß.

Schließlich ist die Musik, wie übrigens überall im traditionellen Asien, niemals Anlaß, individuellen Gefühlen Ausdruck zu verleihen oder die Schönheit der Töne zu genießen; vielmehr ist sie Brücke und Kontaktmittel zu den übersinnlichen Wesen, die es entweder abzulenken oder aber gnädig zu stimmen gilt. Aus diesem Grunde auch treffen Musiker immer wieder besondere Schutzvorkehrungen, so z. B. am Kraton (d. h. dem Königs- oder Sultanshof) von Jogjakarta, wo sich die Musiker bei den großen Jahresfesten einer Periode des Fastens und der Selbstreinigung unterziehen, bevor sie das Gamelan (also das Hammer-Orchester) spielen. Sogar die Schattenpuppenspieler in Kambodscha und in Bali unterziehen sich religiösen Ritualen, bevor sie ihr Spiel beginnen. Auch in Indien hat die Musik häufig Darbringungsfunktion, vor allem bei den Tempelfesten, in deren Verlauf die Gottheit eingeladen und als anwesend gedacht wird.

Im Abendland wurde die Musik lange Zeit analog zu den Gestirnen und «Sphären» sowie zur Mathematik gestaltet – dies klingt noch in Hindemiths «Harmonie der Welt» nach. In Asien gilt sie als Göttergeschenk. Besonders galt dies für die Hof/Kraton-Orchester, aber auch für die Tempelmusiken in den buddhistischen Ländern Südostasiens, vor allem in Birma, das wegen seiner jahrhundertelangen Eremitenhaftigkeit die altertümlichsten Instrumente und Spielweisen besitzt.

Diese Traditionen werden heute vor allem durch drei Entwicklungen gefährdet, nämlich durch die nach westlichem Vorbild organisierten Musikakademien, wo nicht mehr die Methode des jahrelangen mechanischen Nachahmens des Guru durch den Schüler, sondern systematisches Musizieren mit Notationen und westlichen Instrumenten geübt wird, ferner durch den Einbruch der westlichen Musikkultur (nicht zuletzt auch des «Schlagers»), drittens aber durch das Aufkommen einer aktivistischen Lebensstimmung, die der kontemplativ entrückten Welt des Gamelan, des indischen Raga oder aber des überall in Südostasien gepflegten höfischen Piphat-Ensembles fremd ist.

Lediglich dort, wo der Tourismus Traditionen «finanzieren» und remotivieren hilft, sind die Musikgebräuche erhalten geblieben, so z. B. der thailändische (und früher auch kambodschanische) Hof- und Volkstanz und die Musik Balis, die wegen ihrer Virtuosität, wegen der zeitweise rasenden Tempi und vor allem wegen des Einsatzes unwattierter Hämmer und Schlegel extremen Signalcharakter besitzt[40].

Wer sich mit der asiatischen Musik sonst nicht abfinden kann, wird beim Anhören des Gamelan-Orchesters vielleicht seine Meinung ändern. Es gibt kaum jemanden, der nicht von dem undifferenzierten Klang und von der seidenen Schönheit, die über der Klangmasse schwebt, entzückt ist. Scharfe dynamische Kontraste, die plötzlichen Tempowechsel und der überhelle Klangcharakter der Schlaginstrumente geben der Musik den Charakter von Unwirklichkeit und schaffen damit jene Hintergrundstimmung, die für den «Gottesdienst» des Wayang-Spiels so wichtig ist. Der Klang des Gamelan intensiviert das Erlebnis des Zuschauers und gibt ihm das Gefühl, ins theatralische Geschehen mit einzutauchen.

VI.
Wie man «Asiate» wird:
Lebenslauf, Sozialisation und Familienleben

1. Hauptprägephasen

In der westlichen Erziehungswissenschaft ist bekanntlich viel darüber gestritten worden, ob Kindheit, Jugend oder aber «lebenslanges Lernen» den Menschen am stärksten formt. Wer die Kindheit für ausschlaggebend hält, wird bei der Erziehung und Ausbildung vor allem auf Familie, Kindergarten und Grundschule setzen. Wer dem Jugendalter am meisten Lernkapazität zutraut, fördert Mittelschulen, Lehrlingsausbildung und Rekrutenzeit sowie – im traditionellen Asien – das Meister/Schüler-Verhältnis. Die Befürworter lebenslangen Lernens schließlich betonen die Erziehung vor allem durch den Beruf, durch Erwachsenenbildung und durch Teilnahme an sozialen und politischen Prozessen.

Während in China, wie überhaupt in den konfuzianischen Kulturen, der dritte Ansatz stark ausgeprägt war, stand im traditionellen Indien das Adolenszenzalter im Vordergrund – zumindest in der brahmanischen Theorie von den vier Lebensstufen: Danach hatte jeder Brahmane in seinem zweiten Lebensstadium das Elternhaus zu verlassen und sich nach Möglichkeit unter die Fittiche eines Gurus zu begeben, der ihm die heiligen Texte vermittelte und ihn in das religiöse Ritual einweihte, bis er dann, in einer dritten Phase, einen eigenen Hausstand gründete, um sich schließlich, am Ende seines Lebens, in die Einsamkeit zurückzuziehen und dort Einkehr zu halten. Von solchen besonders herausgehobenen Traditionen abgesehen, waren sich jedoch alle asiatischen Kulturen darin einig, daß die Hauptformung des Menschen in der Kindheit – und hier wiederum im Schoß der Familie –, also keineswegs unter «Gleichaltrigen» erfolgen müsse.

Darüber hinaus besteht aber auch im Westen weitgehend Einigkeit darüber, daß kindliche – und nun gar frühkindliche – Erfahrungen entscheidend zur Anpassung des einzelnen an seine gesellschaftliche Umwelt und zur Herausbildung seines Wertesystems beitragen. Nachfolgend seien die wichtigsten Sozialisationsphasen skizziert:

2. Geburt, Kindheit und Jugend

a) Pränatale Beeinflussung

Die Einwirkung auf das Kind beginnt schon im Mutterleib. In China besteht seit alter Zeit der Glaube, daß bereits der Fötus einer Erziehung bedarf[1]. Man erwartete von der Mutter ruhiges und würdiges Benehmen und ging davon aus, daß jedes mütterliche Fehlverhalten die Zukunft des Ungeborenen entscheidend beeinflussen könne.

In der malaiischen Welt ist der Glaube verbreitet, daß die Eigenschaften eines Kindes durch die Sehnsüchte der werdenden Mutter mit geformt werden. Wird, wie es manchmal vorkommt, ein Europäer von einer hochschwangeren Philippinin verlegen-kichernd berührt, so mag sich darin der Wunsch ausdrücken, daß ihr Kind besonders hellhäutig werde.

In traditionellen Familien wird der Mutterkuchen und die Nabelschnur nach der Geburt auch heute noch an einen möglichst «sicheren» Ort gebracht und, z. B. in der indonesischen Welt, vor der Hausschwelle vergraben, weil dort die geringsten Chancen für übelwollende Dämonen bestehen, Zugriff auf diese Teile des Kindes zu bekommen und dadurch magisch von dem Neugeborenen Besitz zu ergreifen.

b) Nach der Geburt

In China wie in Indien pflegte und pflegt sich die gesellschaftliche Situation der jungen Mutter in dem Augenblick dramatisch zu verbessern, da sie einem männlichen Nachkommen das Leben schenkte. Es war nur logisch, wenn sie unter diesen Umständen in ihrer Mutterrolle völlig aufging und dabei besondere Aufzucht- und Sozialisationstechniken entwickelte, die in einem fast permanenten «Gewährenlassen» bestehen. Statistische Auswertungen zum Erziehungsverhalten hinduistischer Familien zeigen, daß die mit Abstand elementarste und liebevollste Beziehung innerhalb einer Durchschnittsfamilie allemal zwischen Mutter und Sohn besteht, gefolgt vom Bruder/Schwester-, Bruder/Bruder- und Vater/Sohn-Verhältnis. Mit weitem Abstand hinken die Großeltern/Kinder-, Mutter/Tochter- und Vater/Tochter-Beziehungen hinterher. Ganz unten an der Skala schließlich stehen die Vater/Kinder-, Ehegatten- und Schwestern/Schwestern-Beziehungen[2].

Das Neugeborene hängt von früh bis spät an der Mutter, so daß die Wiege fast nie benutzt wird. In China ist es z. T. auch heute noch üblich, das Kind bis ins 4. Lebensjahr hinein zu stillen – mit der Folge, daß der Nachwuchs auch in späteren Jahren immer höchst gemeinschafts- und umsorgungsbedürftig bleibt[3]. In Indien wird die Stillperiode ebenfalls nur dann unterbrochen, wenn eine neue Schwangerschaft einsetzt[4]. Auch sonst bemühen sich alle Familienmitglieder, darunter neben der Mutter vor allem die älteren Geschwister, dem Nachwuchs jeden Wunsch von den Augen abzulesen. Kein Tag, an dem ein Asienbesucher nicht halbwüchsige Kinder anträfe, die ihre jüngeren Geschwister ständig auf dem Arm tragen und unter dieser Last meist mit durchgebogenem Rückgrat dastehen. Oft wird das Kind mit einem Sarong (Tuch, «selendang») am Körper der Trägerin festgebunden, wobei übrigens deren Muskulatur bemerkenswert gekräftigt wird. Auch die Großeltern kümmern sich in rührender Weise um das Neugeborene. In Java und in Bali heißt es, daß ein Kind bis zum 3. Lebensjahr nie den Boden berühren dürfe, da es sonst zu einem krabbelnden Tier werden könnte – eine magisch verklausulierte Begründung für Einsichten in hygienische und erzieherische Zusammenhänge. Das Kind wird also im wahrsten Sinne des Wortes fast ständig «auf Händen getragen» – und eigentlich nur zum Schlafen hingebettet.

Während der physische Mutter-Kind-Kontakt fast nie abreißt, geht der Vater, der den Nachwuchs anfangs noch mit verzärtelt, schon früh auf Distanz und wird zur Quelle der Disziplin. In China, wie auch in den meisten anderen Teilen Asiens, pflegt die Mutter das Kind nicht selbst zu bestrafen, sondern ihm mit Sanktionen durch den Vater zu drohen[5].

Aufschlußreich ist es, den modernen europäischen Erziehungsstil mit asiatischen Gewohnheiten zu vergleichen. Dabei stellen sich drei Hauptunterschiede heraus: Erstens wird das europäische Kind schon früh zur Unabhängigkeit erzogen und daher auch mehr sich selbst überlassen, zweitens wird es ermuntert, sich seine Position notfalls zu erkämpfen, und drittens sieht es sich schon früh von Gleichaltrigen (statt von Eltern und Geschwistern) umgeben und fühlt sich hier abermals zur Selbstbehauptung aufgerufen.

Demgegenüber neigen asiatische Eltern dazu, dem Nachwuchs möglichst lange alle Sorgen abzunehmen, ihm Konflikte zu ersparen und ihn im Schoße der Familie zu behalten. Durch diese Sorgsamkeit wird dem Kind einerseits ein hochempfindliches Gemeinschafts- und Harmoniedenken, andererseits aber auch ein Hang zur Unselbständigkeit anerzogen. Aufschlußreich – und typisch – die Erziehungsmethode einer in den USA lebenden laotischen Flüchtlingsfamilie: Obwohl die Eltern mit nicht weniger als sieben Kindern im Alter zwischen 1 und 16 Jahren auf engstem Raum leben mußten, gab es selten Lärm von kindlicher oder lautes Schelten von elterlicher Seite. Wenn ein Kind ausnahmsweise doch einmal zu schreien begann, wurde es von der Mutter augenblicklich in den Nebenraum gebracht und dort – also isoliert von der übrigen Familiengemeinschaft – beruhigt, wobei die Mutter allerdings stets beim Kind blieb und es keinen Augenblick allein ließ. Spätestens mit drei Jahren würde es gelernt haben, daß es nur dann die Gesellschaft anderer zu teilen würdig ist, wenn es sich in einer gesellschaftlich akzeptablen Weise verhält. Auch gegenüber den älteren Kindern war die Botschaft des mütterlichen Erziehungsverhaltens klar: Wer nicht leise und lächelnd spricht, sondern sich auf lärmende und unzivilisierte Weise äußert, verdient keine Aufmerksamkeit, ja wird nicht einmal einer Schelte für würdig befunden, sondern im wahrsten Sinne des Wortes «aus dem Verkehr gezogen»[6].

Überhaupt dient «soziale Verweigerung» als Strafe: Das Verbot, Gegenstände mit der «unanständigen» und mit vielen Tabus belegten linken Hand an andere weiterzureichen oder mit der Linken entgegenzunehmen, wird z. B. dadurch verinnerlicht, daß die Mutter die linke Hand des Kindes immer wieder beiseite schiebt und ein Erfolgserlebnis bei ihm nur dann aufkommen läßt, wenn es die rechte Hand benutzt. Auch die Versuche des Kleinkinds, während seiner oralen Phase Gegenstände in den Mund zu stekken, werden durch augenblickliches Zurückhalten der Hand verhindert, wobei der Geduld keine Grenzen gesetzt zu sein scheinen. Für einen westlichen Beobachter fällt es immer wieder auf, daß es dabei nie böse Worte gibt[7]. Es wird auch selten mit Liebesentzug oder mit der Verweigerung von Rechten gedroht. Statt der Drohung bedienen sich asiatische Mütter eher der Bestechung, d. h., sie stellen nicht eine Strafe für schlechtes, sondern eine Belohnung für gutes Verhalten in Aussicht. Allerdings wird dem Kind klargemacht, daß Kräfte von außerhalb, z. B. Dämonen, ihm etwas antun könnten, falls es sich nicht ordentlich benimmt.

Ein weiteres Hauptmerkmal des panasiatischen Erziehungsstils ist die Einübung eines möglichst konfliktfreien Verhaltens. Das Kind wird weniger gestraft als vielmehr durch «Necken», Schmeicheleien, durch Warnung vor den Geistern oder durch Sensibilisierung für das eigene «Gesicht» unter Kontrolle gebracht. Die asiatische Mutter sagt in der Regel nicht: «Wenn du dies tust, wirst du bestraft», sondern «Wenn du dies tust, lachen dich die anderen aus.» Es wird also nicht an das Schuld-, sondern an das Schamgefühl appelliert. Ein ungehorsames Kind wird weniger durch Schimpfen als vielmehr durch Sticheleien, «Aufziehen» und gutmütigen Spott zur Räson gebracht. Es bleibt jedem überlassen, ob er einen in dieser Form vorgebrachten Tadel als Scherz oder als bitteren Ernst interpretiert. Immer bleibt der Ausweg, daß ja alles nur ein Spaß gewesen sei; und stets auch bleibt die Möglichkeit, sein Gesicht selbst dann zu wahren, wenn heikle Themen zur Debatte stehen. Auch hier gilt es, Konflikte so wenig wie möglich offen auszutragen. Asiatische Kinder werden selten zum Essen oder zum Schlafengehen zu bestimmter Stunde gezwungen; häufig sieht man sie noch um Mitternacht durch das Haus toben. Körperliche Strafen und Schelten sind unüblich. In aller Regel verwöhnt man das Kind.

In Gesellschaften, in denen Kinder so lange im Schoße der Familie bleiben wie auf den Philippinen, in Indien oder im traditionellen China, ist diese «sanfte Strategie» der Konfliktaustragung nicht nur im Sinne des Familienfriedens nahezu unentbehrlich, sondern auch für das spätere Verhalten des Kindes von ausschlaggebender Bedeutung.

Vor allem über die chinesische Erziehung lassen sich zwei Doppelleitsätze schreiben: Negativ ausgedrückt gilt es, das Kind nie schreien (= leiden) und es auch nie alleine zu lassen; fängt ein Kind zu schreien an, hört unter Erwachsenen sofort das Gespräch auf, und jedermann wendet sich dem Kleinen zu, bis es sich wieder beruhigt hat. Positiv formuliert, darf das Kind an sämtlichen Unternehmungen der Eltern teilnehmen und hat ebenso wie der Erwachsene sein eigenes Gesicht, auf das Rücksicht zu nehmen ist.

c) Erziehung nach dem 6. Lebensjahr

Im Alter bis zu fünf Jahren spielt das Geschlecht des Kindes bei der Erziehung kaum eine Rolle. Dies beginnt sich erst nach dem 6. Lebensjahr zu ändern. In bäuerlichen Regionen werden die Kinder jetzt in den Arbeitsprozeß eingeschaltet und übernehmen leichtere Aufgaben, z. B. das Sammeln von Gras oder das Viehhüten. Vor allem aber werden jetzt beide Geschlechter voneinander getrennt und separat erzogen. Maßgebend für diesen Szenenwechsel ist der Eintritt der sexuellen Reifung. Zumeist haben sich in diesem Zusammenhang Reste alter Initiationsriten erhalten. Im 8. Lebensjahr beispielsweise erfolgt in der hinduistischen Gesellschaft die Verleihung der Heiligen Schnur an die Angehörigen der Oberkasten; in den islamischen Gesellschaften – und übrigens auch auf den katholischen Philippinen – findet die Beschneidung statt, die unter den frommen Familien Malaysias oder Indonesiens durchaus noch religiöse Bedeutung, in den philippinischen Familien dagegen nur noch den Stellenwert eines Familienrituals hat. Überall gilt die Beschneidung, die heutzutage meist in der Klinik und unter Teilnahme gleich einer ganzen Gruppe von Kindern erfolgt, als Virilitätsprobe; auf den Philippinen stellt man die Männlichkeit Unbeschnittener mit dem abwertenden Griff «supot» in Frage.

Demgegenüber wird die weibliche Menstruation kaum noch von Zeremonien begleitet; allerdings nehmen nun die Neckereien zu, deren Ziel es ist, bei den Mädchen ein Gefühl für «Sittsamkeit», Bescheidenheit und weibliche Anmut zu wecken. Während die Trennung zwischen den Geschlechtern stark ist, sind Frauen untereinander höchst kontaktfreudig. Vor allem in Korea sieht man sie immer wieder gemeinsame Ausflüge unternehmen, zusammen lachen, tanzen und picknicken, wobei die gemeinsame Fröhlichkeit manchmal auch vom Alkohol herrührt.

Erziehungsideal ist bei beiden Geschlechtern ein Verhalten, das entspannt, zurückhaltend, angenehm im Umgang und frei von Zornes- oder Temperamentausbrüchen ist. Während sich das Frauenideal in den meisten asiatischen Gesellschaften ähnelt (bei Mädchen setzt die systematische Erziehung früher ein als bei Jungen), zeigt das Männerbild gewisse Abweichungen und tritt im Kontrast zwischen Thailändern und Filipinos einerseits sowie Japanern, Koreanern und Chinesen andererseits besonders deutlich zutage.

In der philippinischen Gesellschaft ist eher der weiche und anmutige Typ gefragt, der in seinem Äußeren auf den europäischen Geschmack meist etwas feminin wirkt, vor allem was die Stilisierung der Frisur oder aber die Vorliebe für Rüschenhemden und für besondere Eleganz in der Kleidung anbelangt. Die als selbstverständlich vorausgesetzte Anmut im äußeren Verhalten führt dazu, daß die Übergänge zwischen Hetero- und Homosexuellen sozial kaum zur Kenntnis genommen werden. Der «bakla» (Homosexuelle) stößt in der philippinischen Gesellschaft auf keinerlei Vorurteil. Besonders häufig ist er unter Architekten, Friseuren oder Modegestaltern anzutreffen.

In Thailand wünscht man sich Söhne, Freunde und Ehemänner mit «kühlem Herzen» (chai yen yin), die Sinn für Spaß (sanuk) haben und mit denen man zwanglos umgehen kann. Viel bewundert werden auch Personen, die andere geschickt hereinzulegen wissen, zumal wenn diese ihr Mißgeschick womöglich gar nicht merken; das Ganze geschehe möglichst noch anmutig.

In Ostasien wird demgegenüber eher der herbe Typ geschätzt, sei es nun in der Gestalt des japanischen Samurai oder aber des gerontokratischen Mandarins, um hier einmal zwei besonders prominente Idealbilder zu erwähnen. In Indien hat sich das britische Virilitätsideal in bestimmten Aspekten durchsetzen können und dafür gesorgt, daß, wie Rothermund[8] es ausdrückt, «indische Prachtentfaltung durch spartanische Disziplin ersetzt wurde». So kann es vorkommen, daß der westlich-einfach gekleidete General sich Diener hält, neben deren orientalischer Kleidungspracht seine eigene Zurückhaltung um so kontrasthafter zur Geltung kommt. Diese äußere Auffassung hat z. T. auch auf die innere Haltung abgefärbt.

Weit verbreitet im traditionellen Asien war die Kinderehe, die auf Betreiben der Eltern durch professionelle Vermittler gestiftet wurde. In China waren auf dem Land noch bis zum Erlaß des Ehegesetzes von 1950 sog. «Kindbräute» (tongyangxi) üblich, die einem ebenfalls noch kindlichen Knaben anverlobt wurden. Dieser Brauch war Ausdruck eines sozialen Zusammenhangs, der in der neueren westlichen Erziehungspraxis verlorengegangen ist, seit man hier immer stärker zwischen einer Jugend- und einer Erwachsenenkultur trennt.

In Indien wurde die Kinderehe vor allem in Brahmanenkreisen gepflegt, da auf diese Weise die Jungfräulichkeit – und damit auch die rituelle «Reinheit» – zweifelsfrei gewährleistet blieb. Dem gleichen Zweck diente übrigens das (auch in China seit der Song-Zeit übliche) Verbot der Wiederverheiratung von Witwen, das im hinduistischen Indien durch den für Europäer schockierenden – und von den Briten bereits im 19. Jahrhundert verbotenen – Brauch der Witwenverbrennung ergänzt wurde. In China wurden der «guten Ehefrau und keuschen Mutter» Gedenkstelen errichtet, und auch in Indien war die «Sati», d. h. die «sich opfernde Gefährtin», hoch geehrt, während andererseits eine weiterlebende Witwe dauernde Demütigungen zu gewärtigen hatte.

3. Ehe und Familie

a) Eheschließung und Scheidung

In China war (und ist) die Verehelichung ein wichtiges, in Indien sogar das zentrale Ereignis im Leben eines Menschen, während sie in den theravada-buddhistischen und malaio-islamischen Gesellschaften einen wesentlich geringeren Stellenwert hat. Nirgends in Asien wurde die Ehe bis vor kurzem primär als Liebes-, sondern fast immer nur als Zeugungsgemeinschaft verstanden. Individuelle Gefühle spielten also nur eine Nebenrolle; weitaus wichtiger war (und ist) die Erwartung, daß (in der hinduistischen Gesellschaft) beide Partner der gleichen Kaste angehören, daß ferner die wirtschaftlichen Voraussetzungen «stimmen» und daß vor allem das Horoskop für beide günstig ausfiel. Kein Wunder, wenn angesichts solcher Voraussetzungen Ehen fast immer nur vermittelt wurden. Während man, wie es heißt, in Europa einen heißen Topf auf eine kalte Platte setzt, geschieht es in Asien zumeist gerade umgekehrt. So sehr die Liebe in den großen klassischen Romanen Chinas, Indiens, Japans oder Thailands auch verklärt sein mag – in der Ehe war und ist sie eher eine angenehme Zugabe als eine Voraussetzung.

Hohe Erwartungen richten sich auch auf die Fruchtbarkeit der jungen Frau; Kinderlosigkeit gilt allemal als Übel und als seriöser Grund für Ehescheidungen, wie sie ansonsten in den metakonfuzianischen und hinduistischen Gesellschaften verpönt sind.

Die Rechte der Frau in der Ehe fallen verschieden aus, je nachdem ob in der betreffenden Gesellschaft eine patrilineare, eine matrilineare oder eine «bilaterale» Tradition vorherrscht:

Die patrilineare Familie ist der asiatische Normalfall – zumindest herrscht sie in den bevölkerungsstarken metakonfuzianischen und hinduistischen Gesellschaften vor. Der Prototyp, nämlich das traditionelle chinesische Familienrecht, war bestimmt von der Herrschaft des Mannes über die Frau und des Alters über die Jugend. Es war patrilinear, patriarchalisch, patrilokal und patronym. Es verneinte die «freie Partnerwahl», verbot die Wiederverheiratung von Witwen, duldete das Nehmen von Nebenfrauen, behandelte Eheschließungen als eine Art Kaufvertrag, durch den die Braut gegen Leistung eines ansehnlichen Geschenks an Familie und Clan des Bräutigams ausgehändigt wurde, und ermöglichte Kindesverlobungen. Nach moderner sinokommunistischer Auffassung gilt die traditionelle Familie als einer der vier «Stricke» (politische, Sippen-, religiöse und Gattengewalt), mit denen der größte Teil der Gesellschaft, vor allem aber die Frau, «gefesselt» war[9]. Auch um ihr Erbrecht gegenüber den Eltern war es zumeist schlecht bestellt, da sie mit der Verheiratung als «weggegeben» und damit für die eigene Familie als verloren galt.

Häufig haben die Brauteltern, wie z. B. im heutigen Indien, einen horren-
den Preis zu zahlen, wenn sie ihre Tochter an einen «vielversprechenden»
Schwiegersohn verehelichen wollen. Völlig unsentimental wird um eine
möglichst üppige Mitgift gefeilscht. Erst sie ermöglicht ja nach allgemeiner
Auffassung einen günstigen Start in das gemeinsame künftige Leben. Weit
verbreitet ist auch die Auffassung, daß mit einer ehelichen Verbindung die
Familien der beiden Ehegatten zusammengeschweißt werden sollen. Auf
den Philippinen begnügt man sich freilich nicht einmal damit, sondern lädt
darüber hinaus bei der Geburt eines Kindes noch Personen aus dritten und
vierten Familien ein, doch bitte die Patenschaft zu übernehmen und damit
zu «Compadres» («Mitvätern!») zu werden. Auch die hierbei zustande
kommenden Compadrazco-Bande laufen auf eine Stärkung und Erweiterung der familiären Einflußmöglichkeiten hinaus.

In patriarchalischen Gesellschaften bestand die Verehelichung in der Übergabe der Braut an die Familie des Bräutigams – in vielen Fällen könnte man
hier sogar von einer «Auslieferung» sprechen; denn das Mädchen, das in seiner eigenen Familie verhältnismäßig viel Freiheit genossen hatte, war von jetzt
an der schwiegermütterlichen Willkür ausgesetzt. Das Leid, das damit häufig
begann, zieht sich wie ein roter Faden durch die Volksliteraturen. Nicht viel
besser erging es übrigens der hinduistischen Ehefrau. Beide konnten ihr Los
allerdings durch die Geburt eines Sohnes schlagartig verbessern.

Erbberechtigt waren in den patrilinearen asiatischen Gesellschaften meist
nur die Söhne. Mochten Frauen beim Vermögensrecht manchmal noch mit
beteiligt sein, so blieben sie vom Sakralerbrecht, das ja die Nachfolge im Bereich der so fundamentalen Ahnenverehrung regelte, völlig ausgeschlossen[10].

In patrilinearen Gesellschaften pflegen Ehen auf einer soliden Basis zu stehen. Vor allem in Indien werden die Regeln sehr genau genommen. Die Ehe
ist hier eine Art Sakrament, dessen Besiegelung mit feierlichen Zeremonien
(Umschreitung des Heiligen Feuers des Gottes Agni) und mit finanziell fast
ruinösem Aufwand begangen wird. Scheidungen bleiben die große Ausnahme – auch in moderner Zeit, zumal die indische Frau nach wie vor bereit
ist, die traditionelle Rolle der aufopfernden Hausfrau und Mutter auf sich zu
nehmen. Nirgends kommt dies deutlicher zum Ausdruck als im populären
indischen Film, der ja bei aller Melodramatik und Realitätsferne doch immer
wieder um gewisse Grundvorstellungen kreist, die Streifen dieses Genres
nun einmal zum Kassenschlager machen. Einer der Schlüsselwerte, an denen
im kommerziellen Film nie auch nur der Hauch eines Zweifels aufkommt,
ist die Familie – und der Kern dieser Familie: die Mutter in ihrer Rolle als
Hüterin und Hohepriesterin der Traditionsbewahrung. Die chinesische
Schriftstellerin Han Suyin, die in dritter Ehe mit einem Inder verheiratet ist
und die das Absorbierende einer größeren Familie eigentlich schon von
China her kennen müßte, schreibt über ihre indische Verwandtschaft: «Eine

der liebenswertesten, aber manchmal auch bis aufs Blut reizenden Züge der Familie ist die Art und Weise, wie ihre Mitglieder unerschütterlich, bereitwilligst und ohne Unterbrechung immer und ewig beisammen sind, wie sie ständig im selben Meer schwimmen wie in einem großen Mutterschoß, unabänderlich alle miteinander. Selbst wenn sie durch Raum und Zeit voneinander getrennt sind, schreiben sie sich Briefe, die Kartons füllen... Sie ziehen aus der Gesellschaft des anderen ein nie endendes Gefühl von Wärme und Geborgenheit, von Zusammengehörigkeit und gemeinsamem Interesse, das in der Kindheit beginnt, ihr ganzes Leben durch nicht abreißt, erst mit dem Tode aufhört und alle anderen Beziehungen zweitrangig erscheinen läßt. Dieses Zusammengehörigkeitsgefühl begünstigt auch die häufigen Eheschließungen zwischen Vettern und Cousinen 1. und 2. Grades. Wer von außen kommt, bleibt auf subtile, unausgesprochene und sehr indische Weise immer außen[11]... Wenn alle Verwandten zusammenkommen, beispielsweise zu einem Geburtstag oder zu einer Hochzeit, so sind es 470 Personen, die Kleinkinder nicht mitgerechnet[12].»

Im allgemeinen ist die patrilineare Familie besser als ihr Ruf. Nur theoretisch erscheint sie als Repertoireveranstaltung mit starr vorgeschriebenem Rollenspiel. In der chinesischen Familienordnung gab es z.B. eine strikte Nomenklatur, an die sich jeweils auch präzise Verhaltenserwartungen knüpften. U.a. sprach man von «drei Vätern und acht Müttern» – hier einige Beispiele für die «acht Mütter» (mu = Mutter): 1. «dimu»: Anrede für ein von einer Konkubine geborenes Kind gegenüber der Hauptgattin des Kindesvaters, 2. «jimu»: Bezeichnung für die Stiefmutter, 3. «yangmu»: Adoptivmutter, 4. «cimu»: Anrede für eine Konkubine, die ein Kind der Hauptgattin betreut, 5. «jiamu»: Bezeichnung für die wiederverheiratete Mutter, 6. «chumu»: Bezeichnung für die geschiedene Mutter, 7. «shumu»: Anrede der von der Hauptgattin geborenen Kinder gegenüber einer Konkubine des Vaters und 8. «rumu»: Bezeichnung für die Amme. Auch für Söhne und Töchter gab es eine klare Reihenfolge (zi = «Kind» oder «Sohn»): 1. «dizi»: ein von der Hauptgattin geborener Sohn, 2. «shuzi»: ein von einer Konkubine geborener Sohn, 3. «sizi»: der Stammhalter und Fortsetzer des Ahnenkults, 4. «yangzi»: Adoptivsohn, 5. «sisheng zi»: ein unehelich geborenes Kind. Mit all diesen Bezeichnungen waren, wie gesagt, auch bestimmte Rechte und Pflichten im Ahnenkult, beim Erbrecht etc. verbunden. Die Stellung des Familienoberhaupts war aufs äußerste geschützt: Vater-, Gatten- und Familiengewalt bildeten eine unauflösliche Trias. Söhne und Töchter galten als eine Art Eigentum der Eltern und hatten kaum eigene Rechte. Ungehorsam und Pietätlosigkeit konnten mit schweren Strafen geahndet werden. Die «Familiengewalt» umfaßte personelle (Erziehung, Strafe, Vertretung) und vermögensrechtliche Aspekte (Verwaltung, Einwilligung, Nutznießung). Ferner wurde das konfuzianische Familiensystem mit drei Hauptelementen identifiziert, nämlich Ahnenverehrung, d.h. Einbeziehung der verstorbenen Eltern und Großeltern in die lebende Familie, Patriarchat und Tendenz zur Großfamilie («drei Generationen unter einem Dach»).

All diese Qualifizierungen entstammen mehr oder weniger der idealisierenden Geschichtsschreibung, entsprachen jedoch selten der Wirklichkeit. Felduntersuchungen seit 1915 decouvrierten immer wieder die These vom «chinesischen Patriarchat» als reinen «Mythos»[13]. Bei einer Fragebogenaktion von 1972 in Hongkong[14] stellte sich heraus, was ohnehin jedermann zu wissen glaubt, daß nämlich in 53% aller befragten Familien die Ehefrau die Entscheidung in sämtlichen wichtigen Familienangelegenheiten trifft – von der Kindererziehung über die Planung des Familienbudgets bis hin zur Festlegung von Reiseterminen. 35% vermochten keinen «dominierenden Entscheidungsträger» auszumachen, und nur 12% rückten den Ehemann eindeutig in den Vordergrund. Auch stand für fast alle Befragten fest, daß die Frau das «Gehirn» der Familie war, da sie nicht nur sachkundiger mit Geld umgehen, Krankheiten behandeln und die Alltagsangelegenheiten ordnen könne, sondern darüber hinaus über Rituale, Gebräuche, Genealogien usw. weitaus besser Bescheid wisse als der Mann. Wenn der Ehegatte gleichwohl nach wie vor als Kopf der Familie erscheine, so nur deshalb, weil die Frauen klug genug seien, nach außen hin stets «einen Schritt zurückzutreten». Dies ist nicht sehr viel anders als in Japan oder Korea, wo «diejenige im Haus» (koreanisch: «anae») die Hauptentscheidungen trifft. Auch im übrigen Asien beginnt sich das Märchen von der unterdrückten und schwachen Ehefrau mittlerweile zu verflüchtigen. Im Familienkreis läuft im allgemeinen nichts ohne ihre Zustimmung, ob es nun um das Budget, um die Bodennutzung, um Erziehungsfragen, um Begutachtung des Verlobten eines ihrer Kinder oder um die Höhe der Mitgift geht. Eine ihrer wichtigsten Waffen gegenüber dem Ehemann ist die Manipulation von schlechtem Gewissen, das angesichts der in fast allen asiatischen Kulturen üblichen «weitherzigen» Auslegung ehelicher Treue reichlich vorhanden ist. Wenn man sich immer wieder wundert, wieso Frauen, wenn sie einmal den Sprung in die Öffentlichkeit wagen, so schnell an Macht gewinnen, so übersieht man, daß diese Macht im Innern der Familie immer schon selbstverständlich war und daß sie nun lediglich nach außen projiziert wird. Vor allem Indira Gandhi und Jiang Qing sind dafür Paradebeispiele.

Weiß sich die Frau schon in patrilinearen Gesellschaften gut zu behaupten, so erst recht dort, wo matrilineare Ordnungen vorherrschen, wie im malaysischen Bundesstaat Negri Sembilan und in einigen anderen Regionen, die bis hinauf zu den südwestchinesischen Provinzen Sichuan und Yunnan reichen, wo auch heute noch das sog. «Azhu»-System nachwirkt, d. h. ein mutterrechtliches Heiratssystem, das im prähistorischen Asien weit verbreitet gewesen sein muß und das es den Frauen erlaubte, über die Männer zu dominieren. Der Mann verbringt zwar die Nächte im Hause seiner Frau, kehrt jedoch am Morgen zu seiner Stammfamilie zurück. Gemeinsame Kinder gehören zur Familie der Frau, erhalten deren Familiennamen und werden vom Vater in keiner Weise unterstützt. Auch führen die Frauen im Rahmen der Familienwirtschaft das Wort[15]. Überhaupt haben die mutterrechtlichen Kulturen Südostasiens in der evolutionistischen Diskussion, die von Bachofen über Morgan bis hin zu Marx reicht, eine ausschlaggebende Rolle gespielt. Die Evolutionstheorie ist in der modernen Anthropologie zwar aufgegeben worden, doch bleibt die Tatsache, daß Südostasien eines der Hauptverbreitungsgebiete des Mutterrechts gewesen zu sein scheint, in denen die Frauen deshalb so überlegen waren, weil sie den Feldbau erfunden hatten, und in denen sich das andere Geschlecht nur durch Bildung von Männerbünden ein bescheidenes Maß von «Gleichberechtigung» erkämpfen konnte.

In Südostasien nehmen die Frauen auch heute noch eine starke Position ein, so z. B. auf den Philippinen im Geschäftsleben. Viele Unternehmen werden von Frauen geführt; eine Frau gründete die Frauenuniversität, eine andere besitzt eines der größten und bekanntesten Warenhäuser im Luxusviertel Manilas, Makati, und überdies gilt das Sprichwort, daß «hinter jedem großen Mann eine Frau steht»; in diesem Zusammenhang fällt einem nicht zuletzt der Name Imelda Marcos ein – gar nicht zu reden von Corazon Aquino.

Die geheime Macht der Frau wird auch sofort deutlich, wenn man an die Stellung der «älteren Schwester» im asiatischen Familienverband denkt. In China ist es beispielsweise die «jiejie», auf den Philippinen die «ate», die von den jüngeren Geschwistern jeweils als eine Art Ersatzmutter betrachtet wird und die sich um all ihre Belange kümmert – ob sie die Nachgeborenen nun auf dem Arm herumträgt, sie badet, ankleidet oder füttert. In den Augen der jüngeren Geschwister wird die Jiejie auf diese Weise schon bald zu einer Respektsperson, die man um Rat fragt, die als Vermittlerin zwischen Eltern und Kindern auftritt, der man nicht weniger gehorcht als der Mutter und die vor allem nach dem Tode der Eltern dafür sorgt, daß die Familie zusammenbleibt. Wer einen anderen zur Rechenschaft ziehen will, ohne sein Gesicht zu verletzen, wendet sich, wenn er klug ist, an die ältere Schwester und überläßt dieser die «Disziplinierung». In Indien teilt sich allerdings der ältere Bruder diese Rolle mit der älteren Schwester. Er leitet die Familienberatungen, schlichtet Streitigkeiten, sorgt für die Erziehung der Geschwister, während der Vater sich – zumindest wenn er traditionell eingestellt ist – mit zunehmendem Alter aus der materiellen Welt und damit der Familie zurückzieht. In Südostasien sorgt außerdem das Adat dafür, daß Frauen rechtlich im allgemeinen genauso wegkommen wie Männer.

Die Macht der Frauen gründet sich nicht zuletzt auch darauf, daß es in vielen Gesellschaften zu den wichtigsten Pflichten eines Mannes gehört, ein guter Sohn zu sein – man denke an China oder Korea, nicht zu vergessen auch an Indien oder die Philippinen. Von dieser «pietätvollen» Zuneigung profitieren zumeist die Mütter.

Zwar nicht so weit verbreitet wie die patrilineare, aber unendlich wichtiger als die matrilineare Familienordnung ist das bilaterale Familiensystem, das vor allem in «schwach gefügten Gesellschaften» wie Indonesien, Malaysia oder Thailand zu Hause ist. Keine Spur von Patrilinearität beispielsweise in Malaysia. Während es im traditionellen chinesischen Familienverband Clans (zu) und Unterclans (fang) gab, in Japan den «Stammhaushalt» (honke) und den Seitenhaushalt (bunke), fehlen solche vertikalen Familienverklammerungen völlig in Malaysia oder Indonesien – von Clans oder Ahnenkult ganz zu schweigen. Auch gibt es hier keine eigentlichen Familiennamen, wenngleich die aus der arabischen Tradition übernommenen Benennungsweisen ein patrilineares Brauchtum nahezulegen scheinen. «Ibrahim bin Arun» heißt z. B. «Ibrahim, Sohn des Arun» und «Rokiah binti Arun» «Rokiah, Tochter des Arun». Dieser Brauch wirkt freilich etwas verbal aufgesetzt, da man in vorislamischer Zeit auch ohne den Abstammungszusatz auskommen konnte. Anders auch als ein Chinese oder Japaner ist der Durchschnittsmalaie kaum in der Lage, die Namen seiner vier väterlichen Urgroßväter zu nennen. Schließlich gibt es, anders als in China oder Japan, auch keinen Hofnamen.

Zweitens ist die malaiische Familie auch nicht patrilokal, genauer: sie ist weder patri- noch matri-, noch neolokal, sondern richtet sich völlig nach den wirtschaftlichen oder sozialen Gegebenheiten. Ein jungverheiratetes Paar bleibt zwar aus pragmatischen Überlegungen häufig mit Haus und Hof der Eltern oder Schwiegereltern verbunden, doch kann es auch von heute auf morgen aus dem Dorf verschwinden: Feste Regeln gibt es hier jedenfalls nicht.

Drittens aber ist eine malaiische Familie weder patri- noch matriarchalisch, sondern partnerschaftlich ausgerichtet und setzt diese Tradition erst recht in neuerer Zeit fort. Nicht die Groß-, sondern die Klein(Kern)-Familie ist also vorherrschend. Mühelos kann die Kernfamilie um schnell adoptierte Kinder, um zuziehende Großeltern oder um wieder zurückgekehrte Kinder erweitert werden – ein Vorgang, der sich manchmal freilich auch schnell wieder in die andere Richtung umkehrt. Was die Ehe anbelangt, so ist sie heutzutage in aller Regel monogam. Man heiratet früh – Frauen meist vor dem 18. und Männer vor dem 21. Lebensjahr; trotz der Möglichkeit zu horizontaler Mobilität besteht eine Tendenz zur Dorf-Endogamie. Polygamie ist die Ausnahme. Obwohl ein Muslim bis zu vier Frauen gleichzeitig ehelichen kann, machen davon in der Regel nicht einmal 5 % der Männer Gebrauch[16]. Wenn jemand schon mit vier Frauen verheiratet sein will, so ist es angesichts der unkomplizierten Scheidungsprozeduren offensichtlich «bequemer», viermal nacheinander als viermal nebeneinander zu heiraten. Den schwachinstitutionalisierten Personalbeziehungen entsprechen auch die Eigentums- und Erbschaftsregelungen. Sieht man einmal von Moscheegrundstücken sowie vom Friedhof ab, so herrscht Privateigentum vor, und zwar nicht nur an

Mobilien, sondern auch an Reis-, Kautschuk- oder Gemüseland. Männer und Frauen, manchmal auch Kinder, haben getrenntes Eigentum. Die Vorstellung von Familienland im Sinne eines Gesamthandeigentums ist unbekannt. Auch die Erbschaftsregelungen sind «individualisiert» – und führen damit auch zu einer schnellen Fragmentierung von Grund und Boden. Zwei Rechtskreise stehen im Familien- und Erbrecht zur Wahl, nämlich die Shariah und das Adat. In der Regel entscheidet man sich sowohl in Malaysia als auch in Indonesien für die Adat-Regelung, da die «islamische» Option für die selbstbewußter gewordenen Frauen kaum akzeptabel wäre.

Extrem hoch sind die Scheidungsraten. Eine Statistik aus dem malaysischen Bundesstaat Kelantan, die 22 Jahre überspannt, zeigt die extremsten Ausschläge: 1948 wurden 93,1 %, 1969 dagegen «nur» 52,1 % aller Ehen geschieden. Viele der Trennungen erfolgten bereits wenige Monate nach der Eheschließung; kein Wunder, daß auch die Wiederverheiratungsrate hoch ist: sie lag z. B. 1970 bei 38,6 % für Männer und bei 41,2 % für Frauen. Einige heirateten bis zu siebenmal[17].

Die Scheidung schafft übrigens keine hohen Barrieren zwischen den früheren Eheleuten. Nicht selten kommt es zur Wiederverheiratung; vor allem aber können Kinder aus geschiedenen Ehen mühelos zwischen Vater und Mutter «rochieren» – eine Sitte, die in China oder Japan als schockierend empfunden würde.

b) Das traditionelle Frauenbild

In den meisten asiatischen Ländern besteht das traditionelle Frauenbild noch heute. Drei Beispiele sollen hier fürs Ganze in China, Indien und Südostasien stehen:

In der traditionellen Literatur Chinas hat sich nach jahrhundertelanger Entwicklung ein auf drei Stereotypen reduziertes Frauenbild herausgebildet: Die Heldin, die, als solche unerkannt, in Männerkleidung wahre Wunder vollbrachte; ferner das von der konfuzianischen Ethik gehegte Ideal der «treuen Ehefrau, guten Mutter und keuschen Witwe» und schließlich die Femme fatale mit ihren durch und durch verwerflichen Charakterzügen – wie sich ja überhaupt fast die gesamte überkommene Literatur in Schwarzweißmanier präsentierte und auf die Schilderung innerer Vorgänge sowie auf individualistisches Filigran verzichtete. Im Zeichen des Sozialistischen Realismus, der vor allem in den fünfziger und sechziger Jahren Triumphe feierte, gehörte dann, wie Mao es gefordert hatte, «die Hälfte des Himmels den Frauen» – freilich nur auf dem Papier, wie ein Blick auf die Besetzung der Spitzengremien in Partei, Staat und Massenorganisationen zeigte. Als es nach 1978 galt, die Kulturrevolution zu überwinden, erschienen Werke der Bekenntnis- und der «Narben»-Literatur, in denen die moderne Heldin kaum noch ein frauentypisches Schicksal erlebt. Was die Autorinnen zu berichten haben, könnte genausogut aus der Feder eines Mannes stammen. Hier zeigen sich Annäherungen im sozialen Rollenspiel beider Geschlechter, die man freilich, wie Ergebnisse einer neuen Singapurer Statistik zeigen (dazu unten S. 285 f.), nicht überbewerten darf.

In Indien zeigt vor allem der populäre Film ein Frauenbild, das auf westliche Feministinnen wie ein rotes Tuch wirkt – hier ein Beispiel: «Er, der Dominierende: Er neckt und ärgert sie, kneift und drängt sie, demütigt sie und lehrt sie Mores; sie singt sentimentale Lieder, schwingt ihre Hüften und haucht schließlich ja. Die Prämie, die sie für ihre bewiesene Unterlegenheit bekommt, ist die Ehe und der Platz an seiner Seite, wo sie ihm fortan dienen und ein tugendhaftes Leben führen kann. Hat sie zu Beginn noch Jeans getragen, läßt sie sich von ihm bereitwillig wieder in einen Sari hüllen, war sie berufstätig, akzeptiert sie nach der Hochzeit ihren Platz am häuslichen Herd[18].»

Repräsentativ für Südostasien ist das «Maria Clara»-Leitbild[19], wie es auf den Philippinen nach wie vor herrscht. Zum idealen Frauenbild gehören danach heute noch traditionelle Eigenschaften wie Schüchternheit, Sprödigkeit, Bescheidenheit, Selbstlosigkeit und Mütterlichkeit, während Emanzipiertheit oder erotische Aggressivität sowohl von Frauen als auch von Männern als Provokation empfunden werden. In ganz Asien gilt bezeichnenderweise auch die stillschweigende Übereinkunft, daß «eine Frau nicht raucht».

c) Ehe und Familie im heutigen Asien: Eine Fragebogenerhebung im modernen Singapur

Auf der Suche nach zeitgemäßen Erziehungszielen veranstaltete die Regierung in Singapur Anfang der achtziger Jahre umfangreiche Untersuchungen, die zu dem erstaunlichen Ergebnis führten, daß konfuzianische Werte in der neben Tokyo und Hongkong vielleicht modernsten Großstadt Asiens nach wie vor Gültigkeit besitzen: Wenn schon in Singapur, so kann man weiter folgern, dann erst recht in der viel weniger schnellebigen VR China. Das Interesse richtete sich auf drei Konstellationen, nämlich die Beziehungen zwischen erwachsenen Kindern und Eltern, zwischen den Ehegatten sowie auf das Verhältnis zwischen den Geschwistern.

Zwei «Dilemmafragen» brachten Überraschungen zum Verhältnis Kinder/Eltern ans Tageslicht: Nr. 1 lautete: «Ihre betagten Eltern wollen mit Ihrer Familie zusammenziehen, doch Ihr Ehegatte ist dagegen. Wie würden Sie als einziges Kind Ihrer Eltern entscheiden?» 51 % hielten es für das beste, den widerstrebenden Ehegatten zu überzeugen, doch bitte seine Einwände fallenzulassen, 32 % wollten die Eltern auch ohne Zustimmung des Ehegatten zu sich ziehen lassen, und nur 11 % gaben sich mit bloßen Besuchen der Eltern zufrieden. Den Rekord an «Elternfreundlichkeit» erreichten freilich nicht die Chinesen, sondern die Inder Singapurs, von denen nämlich nicht weniger als 41% auch gegen den Willen des Ehegatten die Eltern bei sich aufnehmen wollten. Gleichzeitig erklärten sich allerdings nur 20% aller Singapurer mit abgeschlossener Tertiärbildung bereit, einen solchen elternfreundlichen, aber ehegattenfeindlichen Schritt zu wagen. Dieses Gesamtergebnis veranlaßte eine Zeitung, ihren Bericht mit der Schlagzeile «More filial than married» zu überschreiben[20].

Eine andere «Dilemmafrage» lautete: «Meinen Sie, daß Sie Ihre freie Zeit eher mit den Eltern verbringen sollten, als irgend etwas anderes zu unternehmen?» 78% bejahten die Frage! Ferner hielten es 49% aller Inder für wünschenswert, daß der eigene Ehegatte von den Eltern ausgewählt wird; derselben Ansicht waren 38% der Malaien, während sich die Chinesen nur noch zu 25% für eine solche Option erwärmen konnten.

Das Verhältnis zwischen den Eheleuten Singapurs sollte durch folgende Dilemmafrage geklärt werden: «Eine im Beruf stehende Frau erhält ein Beförderungsangebot, das ihre Zeit ganz wesentlich einschränkt. Wie soll sie sich verhalten?» 56% entschieden sich für eine Diskussion mit ihrem Ehemann, 16% würden sofort annehmen und den Ehemann erst post festum zu überzeugen versuchen, und nur 10% würden das Angebot ablehnen, falls der Ehemann dagegen sei. An dieser Stelle wird besonders deutlich, wie wenig Frauen in der metakonfuzianischen Welt bereit sind, sich dem Willen des Mannes zu unterwerfen.

Besonders erstaunlich für die Meinungsforscher war die Einstellung zu Sexualfragen, die mit Hilfe des folgenden «Dilemmas» geklärt werden sollte: «Zwei junge Leute Anfang Zwanzig ‹gehen› miteinander schon seit vielen Jahren. Eines Tages wünscht der junge Mann Intimbeziehungen zu seiner langjährigen Freundin. Wie soll sie sich verhalten?» 44% plädierten für Ablehnung, aber Wiedersehen, 38% für Ablehnung mit geraumer Denkpause, 12% stimmten mit der Einschränkung zu, daß anschließend geheiratet werde, und ganze 2% waren für Willfährigkeit ohne Zögern. Eine weitere Frage lautete: «Ein verheirateter Mann erhält bei einer Reise zufällig Gelegenheit zu einer Affäre mit einer attraktiven Ausländerin. Wie soll er sich verhalten?» 61% der befragten Männer sprachen sich aus sittlichen und 18% aus gesundheitlichen Überlegungen gegen Beziehungen aus, 5% würden die Gelegenheit sofort beim Schopf ergreifen, wenn es niemand erführe, und nur 2% würden «ohne Zögern» zugreifen! Überhaupt sprachen sich 83% aller Befragten gegen ein Zusammenleben ohne Trauring aus. Erstaunlicherweise war das Meinungsbild der 15- bis 19jährigen (86%) mit demjenigen der 40- bis 49jährigen (85%) fast identisch. Schon 1980 hatte eine Umfrage ergeben, daß 97% der 15- bis 25jährigen Jugendlichen vorehelichen Intimverkehr für «falsch» hielten, wobei die Malaien am strengsten, die Inder dagegen noch relativ freizügig dachten.

Was andererseits eheliche Seitensprünge anbelangt, so sprachen sich von den Chinesen 84%, von den Indern 75% und von den Malaien 67% dagegen aus. Einzige Ausnahme: 13% aller Befragten wollten eine solche Affäre noch hingehen lassen, falls «echte Gefühle» im Spiel seien. Bezeichnenderweise zeigten sich Personen mit Hochschulabschluß in sämtlichen Ehefragen liberaler als Befragte mit niedrigerer Qualifikation. Darüber hinaus bewiesen die Angehörigen asiatischer Religionen (Hinduismus, Islam, Daoismus und Mahayana-Buddhismus) eine wesentlich traditionellere Haltung als der übrige Befragtenkreis. Kein Wunder, daß Kommentatoren sich die Augen rieben und von <u>Singapur</u> als einer «<u>puritanischen Bastion</u>» des <u>sexuellen Konservativismus</u> sprachen.

Thema Nr. 3 war das Verhältnis zwischen den Geschwistern. Auf die Frage, wie Söhne und Töchter in Erbangelegenheiten behandelt werden sollen, optierten 86% für die Gleichheit. Eine andere typische Frage lautete, ob ein Mädchen sich früher verehelichen dürfe als seine ältere Schwester. Gegen eine solche Möglichkeit sprachen sich 49% der Hindus, 32% der Muslims, aber nur 19% der Chinesen aus. Für die (singapurischen) Christen andererseits schien diese Frage schon vom Ansatz her unverständlich zu sein.

Bei sämtlichen Fragen zeigten Personen mit höherer Schulbildung durchweg geringere Anhänglichkeit gegenüber traditionellen Sitten: ein Hinweis darauf, von wo die größte Gefahr für «traditionelle Werte» ausgeht – oder wo, umgekehrt, die Hauptchance für ihre Überwindung liegt.

4. Rites de passage als gesellschaftliche Klammern

Überall in Asien gibt es einen üppigen Kranz von Festen, die z. T. sämtliche Angehörigen einer bestimmten Religion mit einbeziehen, z. T. aber ausschließlich lokalen Charakters sind. Daneben gibt es noch zusätzlich die Lebensstationsfeiern, bei denen die «schwach gefügten Gesellschaften» bezeichnenderweise sogar ein Übergewicht besitzen – eine Tatsache, die nicht weiter verwunderlich ist, da der Mangel an festen Institutionen durch ein Mehr an rituellen Feierlichkeiten wettgemacht sein will.

Zeremonien finden statt anläßlich des «Lebendigwerdens» des Fötus im Mutterleib (6. Monat), bei der Geburt, beim Eintritt in die Koranschule (zwischen dem 6. und dem 9. Lebensjahr), bei der Beschneidung (zwischen dem 8. und dem 14. Lebensjahr), bei der Beendigung der Koranstudien, wenn der Lehrer feierlich beschenkt wird, bei der Hochzeit, beim Tod und bei den Nachtodesfeiern. Anlässe für gemeinsame Rituale und Festgelage sind aber auch Ad-hoc-Ereignisse wie der Hausbau, der Antritt einer Reise oder gar einer Pilgerfahrt nach Mekka – nicht zu vergessen die zahlreichen Zeremonien zur Geisteraustreibung, die noch den Stempel vorislamischer Traditionen tragen. Zu den guten Geistern in Malaysia gehören u. a. Semangat, eine «Anima», die allen Wesen, ob Tieren, Pflanzen oder Menschen, gemeinsam ist, vor allem die Reisseele (segmangat padi). Den bösen Geistern andererseits werden die Hantu zugerechnet, die Krankheiten, Autounfälle oder Tierseuchen auslösen, sowie die «langsoir» – Schatten von Frauen, die im Kindbett gestorben sind und die vor allem Wöchnerinnen zu schaden suchen. Die Beschwichtigung und Beschwörung solcher Geister erfolgt durch den «pawang», einen Magier, oder durch den «bomoh», einen Medizinmann, der u. a. Mittel gegen Schlangenbisse verabreicht oder aber, jenseits der rein körperlichen Behandlung, versucht, das psychosomatische und psychosoziale Gleichgewicht mit magischen Mitteln wiederherzustellen. In kritischen Situationen können Pawang und Bomoh auch zu Anführern eines amoklaufenden Mobs werden, wie er beispielsweise bei den Rassenunruhen von 1969 mordend durch Kuala Lumpur stürmte. Anlässe zu gemeinsamen Feierlichkeiten liefern auch die (oben S. 203 f., 237 f. aufgezählten) muslimischen Jahresfeste.

Bei all diesen Gelegenheiten finden Feiern statt, zu denen man Familienmitglieder, Freunde und Nachbarn einlädt und bei denen man auch jedesmal ein gemeinsames feierliches Mahl einzunehmen pflegt. Solchen Kenduri-Feiern, die dem javanischen Slametan entsprechen, liegt die Vorstellung zugrunde, daß auch die Geister oder die Seelen der verstorbenen Angehörigen mitessen, indem sie nämlich die Essenz abbekommen.

Die Kenduri/Slametan-Veranstaltungen können in ihrer Summierung zu einem ruinösen Unternehmen auswuchern und werden deshalb häufig als wirtschaftsfeindlich gescholten, doch müssen auch die Kritiker zugeben, daß sie jeweils ad hoc eine Atmosphäre der Gegenseitigkeit schaffen, wie sie in metakonfuzianischen Gesellschaften beneidenswerterweise bereits institutionell vorhanden ist.

Ein besonders wichtiges Ritual, an dem die meisten asiatischen Völker Anteil haben, ist der Ahnenkult. Vor allem im konfuzianischen Asien bestand ja immer schon die Überzeugung, daß lebende und tote sowie diesseitige und jenseitige Wesen keineswegs strikt voneinander getrennt sind, sondern daß vielmehr fließende Übergänge bestehen. Dafür spricht einerseits der Glaube, daß die Menschen von mythischen Urahnen abstammen (z. B. die Chinesen vom Gelben Kaiser, die Japaner von der Sonnengöttin Amaterasu Oyikami) und daß andererseits Menschen nach ihrem Tod wieder göttliches Wesen annehmen können – man denke an die zahlreichen Gelehrten und Volkshelden, die im chinesischen und vietnamesischen Daoismus oder im japanischen Shintoismus «eingeschreint», durch einen vom Kaiser verliehenen Titel (di) geheiligt und von den Bauern als Schutzpatrone angefleht werden. Nach dem japanischen Volksglauben leben alle Verstorbenen als Kami (Geister) weiter – eine Auffassung, die durchaus auch im chinesischen oder malaiischen Volksglauben verbreitet war – man denke an die «Fuchsgeister» in der Ming-Literatur oder an die oben erwähnten Langsoir.

In China war der Glaube an das Fortleben im Ahnenpantheon um Tausende von Jahren älter als die erst im 1. nachchristl. Jahrhundert eingeführte mahayanabuddhistische Lehre vom Eingehen in ein Westliches Paradies. Kein Wunder, daß die «Gemeinschaft von Opfer, Rauch und Feuer», also der Ahnendienst, mit zu den wichtigsten Familienfunktionen gehörte. Die regelmäßige Verbrennung von Papiergeld, Papierkleidern und anderen «Konsumartikeln» sollte sicherstellen, daß die Ahnen nicht Hunger leiden, frieren oder aber die Annehmlichkeiten des «Lebens» entbehren müssen. Die Ahnendienstideologie ging davon aus, daß man sich bei der Versorgung der Toten lieber auf die überlebenden Verwandten als auf irgendwelche nebulösen Gottheiten stützen sollte. Ahnendienst war insofern eine Art «Sozialversicherung für die Verstorbenen», auf die unbedingter Verlaß sein mußte – und konnte! Im allgemeinen lag die Verantwortung dafür auf der Schulter des ältesten Sohns, der deshalb auch im Elternhaus zu bleiben und die Zeremonien wahrzunehmen hatte. Für das Ahnenzeremoniell stand ein häufig äußerst solider Kapitalstock zur Verfügung, vor allem in Form von Clan-Grundstücken, deren Erträgnisse dem Ahnenkult, dem Bau von Ahnenhallen oder der Finanzierung von «Reisespesen» für Familienmitglieder dienten, die zu den Ahnenfeiern nach Hause kamen, vor allem zu «Neujahr».

In Indien gehört es mit zu den wichtigsten Tätigkeiten eines Sohns, den Scheiterhaufen des verstorbenen Vaters anzuzünden; notfalls mußte man hierfür sogar einen Sohn adoptieren; denn es gilt als ausgemacht, daß der Verstorbene ohne den korrekt vollzogenen Verbrennungsritus einen höchst dornenreichen Weg bis zur nächsten Wiedergeburt durchlaufen müsse. In China wie in Indien hatten die Söhne Trauerkleidung anzulegen, sich den Kopf scheren zu lassen und dreizehn Tage (Indien) bzw. drei Jahre lang (China) Trauer zu demonstrieren, wobei «Trauer» sich eher im korrekt vollzogenen Ritual als in innerer Anteilnahme zeigte. Anders als in China gab es im Hinduismus jedoch keinen Ahnenkult, der ja die Lehre von der Scheinhaftigkeit allen Seins auf den Kopf gestellt hätte. Während man im China der Frühzeit noch Mumifizierung betrieb (noch in den sechziger Jahren wurde beispielsweise eine perfekt konservierte Leiche aus der Zhou-Dynastie entdeckt, an der man sogar operative Eingriffe vornehmen und die Krankheitssymptome diagnostizieren konnte), werden die Toten in Indien seit jeher verbrannt: ein Brauch, der inzwischen auch in China eingeführt worden ist. Ferner gibt es in China, ebenso wie im islamischen Bereich, Friedhöfe, nicht dagegen in Indien. Hier wird die Asche des Verstorbenen zumeist im Wege der Flußbestattung dem All-Einen zurückgegeben.

In Bali sucht man den vorhinduistischen Ahnenkult mit dem hinduistischen Glauben an ein Wiedereintreten der Einzelseele in die Weltseele dadurch zu versöhnen, daß man nach der Verbrennung die Asche des Toten dem Meer überantwortet, gleichzeitig aber bei der Rückkehr von der Versenkungszeremonie eine (schon vor der Ausfahrt ins Boot gelegte) Strohfigur zurückbringt, die dann im häuslichen Familienaltar eingeschreint wird. Die beiden Extremhaltungen gegenüber dem Tod, nämlich Ahnen- und Samsara-Glaube, werden damit auf überraschende, aus westlicher Sicht höchst «unlogische» und überaus symbolische Art und Weise auf einen Nenner gebracht.

5. Folgen der kulturspezifischen Sozialisation

Im ersten Kapitel wurde als panasiatischer Gemeinschaftsnenner die «Ganzheitlichkeit» herausgestellt, die sich in einem fundamentalen Bedürfnis nach «Harmonie» mit der gesellschaftlichen, natürlichen und übernatürlichen «Umwelt» ausdrückt.

In der Tat läuft die Erziehung des Kindes, wie die obigen Ausführungen gezeigt haben, in sämtlichen asiatischen Kulturen – so unterschiedlich sie auch sein mögen – auf eine solche «harmonische Einbettung» hinaus. Der Nachwuchs soll von Anfang an lernen, seine eigenen Wünsche zurückzustellen, weniger nach Selbständigkeit als vielmehr nach Gegenseitigkeit zu streben, Streit zu vermeiden, Gespür für das Gesicht des anderen sowie einen gesunden Respekt vor übernatürlichen Kräften zu entwickeln und bei Verfehlungen «Scham» zu empfinden; Schuldgefühle gelten zwar als ehrenwert, spielen sich jedoch nur in der Brust jedes einzelnen ab und bringen insofern wenig für die Gemeinschaft. Scham geht daher immer vor Schuld, Necken vor Tadeln und «Bestechen» vor Drohen.

Ferner steht nicht der Wettbewerb, sondern Kooperativität und gegenseitige Abstimmung mit den Spielgefährten im Vordergrund. «Raufbolde» werden im allgemeinen genauso verabscheut wie notorische Rechthaber. Idealbild beider Geschlechter ist das Verhalten, das heiter, gelassen, angenehm im Umgang und frei von Zornes- oder Temperamentsausbrüchen ist. Ziel der Erziehung ist nicht individuelle Selbstzufriedenheit, sondern die Fähigkeit, gemeinsame Zufriedenheit zu erzielen: «Pakikisama», wie es auf den Philippinen heißt.

«Nur ja keine Vereinzelung» könnte als Motto über der panasiatischen Erziehungsszene stehen, während im Westen gerade umgekehrt das individuelle Durchsetzungsvermögen internalisiert wird – mit nicht nur immer positiven Folgen: Erziehungspsychologen sind sich darüber einig, daß das Hauptproblem westlicher Jugendlicher heutzutage keineswegs die (physisch-sexuelle) Pubertäts-, sondern die (sozial-psychologische) Beziehungskrise sei. Die Notwendigkeit, mit Freiheiten umgehen zu müssen, schaffe permanente Entscheidungszwänge, für deren Lösung es selten vorgegebene und «sinnstiftende» Muster gibt, zumal die Erfahrungen der Eltern von den Kindern nur in den seltensten Fällen als Vorbild akzeptiert werden.

In Asien gibt es zwar ebenfalls Pubertäts-, weit seltener jedoch auch Beziehungskrisen. Hier lebt man, von einigen «verwestlichten» Ausnahmen abgesehen, nach wie vor in einem dichten Netz von Selbstverständlichkeiten, die durch überkommene Normen präzise festgelegt und die auch heute nur selten hinterfragt werden. Dies gilt nicht nur für metakonfuzianische Gesellschaften, in denen «festgefügte» Beziehungsmuster ohnehin zu Hause sind, sondern auch für schwachstrukturierte Sozietäten, wo es zwar ebenfalls eine Erscheinungsform des «Individualismus» gibt, die jedoch, wie im Theravada, keinen Wettbewerb auf Kosten anderer, sondern Ausgleich und Harmonisierung sowie Mitgefühl und Empathie im ursprünglichen Sinne des Wortes («Mit-hinein-Leidung») befürwortet (Näheres S. 302), wie ja überhaupt den westlichen Begriffen «Freiheit» oder «Liberalismus» in nahezu sämtlichen asiatischen Sprachen eine negative Einfärbung widerfahren ist, weil damit niemals, wie spontan unterstellt wird, gemeinschaftsfreundliche und verantwortliche Freiheit gemeint ist.

Die in ganz Asien übliche Verzärtelung und Verwöhnung des Kleinkinds hat fast immer Ich-Schwäche zur Folge – und damit das Bedürfnis, sich so wenig wie möglich mit anderen anzulegen. Wohin die «sanfte» Erziehung zu führen pflegt, schildert Kantowsky[21] treffend im indischen Kontext: Angesichts des ständigen Hautkontakts mit Bezugspersonen sei die Kindheit einerseits eine «Zeit erfüllter Bedürfnisse», gleichzeitig aber auch eine Periode «ohne kreative Stimulierungen und Forderungen», zumal eine Bestrafung durch Liebesentzug nicht in Frage komme. Die «Sozialisierung durch Gewährenlassen» schlage sich vor allem bei den männlichen Nachkommen der «Zweimalgeborenen» in einem unauslöschbaren Persönlichkeitsmerkmal nieder, nämlich einem überstarken Abhängigkeitsverhältnis zur Mutter, das so ganz im Gegensatz zur Vaterprojektion im Christentum stehe; weitere Folge sei eine «narzißtische Fixierung» mit der Folge ausgeprägter Egozentrik, nicht zuletzt aber auch ein passives Verhalten gegenüber jeder Autoritätsinstanz, sei es nun ein Vorgesetzter, ein Lehrer oder ein Älterer.

In den metakonfuzianischen Gesellschaften mündet die auf konfliktlose Einordnung ausgerichtete Erziehung häufig in eine für den westlichen Beobachter nur schwer nachvollziehbare Neigung, sich in Abhängigkeit zu einer Gruppe oder einem Gruppenmentor zu begeben. Für dieses Psychogramm des Anlehnungsbedürfnisses hat der japanische Psychologe Doi Takeo[22] den Begriff «amae» geprägt, für den es in keiner europäischen Sprache ein Äquivalent gibt, da hier nirgends zwischen aktiver und passiver Liebe unterschieden wird. Amae sei im Sinne einer solchen Passivität zu verstehen und müsse als Hauptcharakteristikum der «japanischen Gesellschaft und Kultur» angesehen werden[23]. Prototyp des Amae sei die Sehnsucht des Kindes nach Nähe zu seiner Mutter sowie, im späteren Leben, die ständige Suche nach immer neuen Mutterstrukturen (Universität, «Club», Betriebsgemeinschaft) – ein Bestreben, das manchmal geradezu «pathologische» Züge annehme und nicht selten von «homosexuellen Neigungen» begleitet sei. Wirklich emotio-

nale Beziehungen gebe es auf japanischem Boden eigentlich nur in Männer-
kreisen: Vergleicht man ein gesellschaftliches Treffen in Amerika und Japan,
stößt man auf kaum zu überbietende «Mischungsverhältnisse»[24]. Doi geht so
weit, Freudsche Ansätze auf Japan zu übertragen: Nach Freud entsteht Ho-
moerotik ja dadurch, daß ein Sohn so eng mit seiner Mutter verbunden ist,
daß er sich schließlich völlig mit ihr identifiziert und nach Liebesobjekten
sucht, die ihm selbst gleichen[25]. Während der «westliche Mensch» sein Denken und Fühlen im allgemeinen nach dem Vater orientiere, liege die Mutter
«auf dem Grund der östlichen Natur»[26].

Ob diese Interpretation zutrifft oder nicht – jedenfalls bestätigt sich im
japanischen Kontext erneut das panasiatische Bestreben, jeder Art von Unabhängigkeit, Alleinsein, individueller Selbstbehauptung, Eigeninitiative
und Konflikthaftigkeit aus dem Wege zu gehen. In Indien und auf den Philippinen taucht man lieber im Familien- und Verwandtenkreis, in Ostasien
dagegen eher in selbstgewählten Männerbünden, Betriebsgemeinschaften
und anderen «Mutterstrukturen» unter. Das Ergebnis ist in jedem Fall das
gleiche: Man flieht vor der individuellen und konfliktbehafteten Einzel-
verantwortung. Allerdings geschieht dies nicht immer ohne schlechtes Gewissen. Bei einer Rundfrage unter asiatischen Studentinnen in der Bundesrepublik wurde der deutsche Erziehungsstil nach anfänglicher Skepsis positiv
beurteilt: Er fördere die Selbständigkeit, während asiatische Eltern in den
ersten Lebensjahren gegenüber den Kindern allzu viel Besorgnis zeigten und
ihre Eigeninitiative unterdrückten. Die Folge seien Passivität bei der Kon-
taktsuche, Hemmung bei mündlichen Prüfungen und Versagen bei jeder Art
von Einzelleistung[27].

VII.
Vom alltäglichen Umgang zwischen und mit Asiaten:
Ein ABC der Begegnungskunde

1. Kommunikationsdefizite als Hauptkonfliktquelle

Die Form einer Mitteilung ist oft wichtiger als ihr Inhalt, und so kann es nicht überraschen, daß Kommunikationsfehler meist zur Hauptursache von Konflikten werden, über die niemand mehr erstaunt ist als die am Prozeß unmittelbar Beteiligten. Konfliktfreie Kommunikation ist nur dort möglich, wo die Zeichen und Symbole der anderen Kultur beachtet – und wenigstens die schlimmsten «Fettnäpfchen» umgangen werden. Ein Europäer, der die eingefleischten Hierarchieregeln mißachtet, der ein «Ja» wörtlich nimmt, der freundliche, ins Persönliche gehende Fragen als Zudringlichkeiten empfindet, der lieber recht behalten als das Gesicht des anderen wahren möchte, der Unpünktlichkeit für eine Beleidigung hält, der einer jungen chinesischen Mutter ein weißes Blumengebinde mit einem Storchensymbol schenkt, ohne zu wissen, daß beides Tod und Unglück bedeutet, oder der «aus Zeitersparnis» ein oder mehrere Glieder in der eingefahrenen, innerbetrieblichen Informations- und Befehlskette ausläßt, wird erstaunt sein, daß er sich in seiner neuen, sonst so zuvorkommenden Umwelt, plötzlich unerwarteten Hindernissen gegenübersieht.

2. Das öffentliche Asien:
Begegnung mit den «Massen» und Kulturschock

Wer sich längere Zeit in Asien aufgehalten und die anfänglich «exotischen» Eindrücke verarbeitet hat, entwickelt ein eigenes, höchst durchwachsenes Asienbild, das durch diese oder jene Vorliebe, z. B. eine tiefe Sympathie für den Buddhismus und seine Verklärtheiten, bestimmt sein mag. Gleichwohl bleiben generelle Haltungen bestehen, die auch nach dem 20. oder 30. Besuch noch spontan durchschlagen können und die sich in Vergnügen oder aber Unbehagen äußern.

Als höchst positiv werden im allgemeinen die asiatischen Umgangsformen empfunden, die durch formale Höflichkeit, Heiterkeit, Leichtgängigkeit, Kompromißbereitschaft, Geduld, Aufmerksamkeit, Contenance und vor allem durch das Bestreben bestimmt sind, offene Konflikte auszugrenzen. Mit zunehmendem Alter weiß man auch den asiatischen Hang zur Ritualisierung des Mitmenschlichen zu schätzen – vor allem die Berechenbarkeit des anderen. Doch gibt es andererseits eine Reihe von ortsüblichen Erscheinungen, die auf den Durchschnittseuropäer, vor allem wenn er alleine reist, zumindest bei der ersten Begegnung irritierend, ja schockierend wirken und die sich mit den Stichworten Gedrängel, Schmutz, Lärm und «Kleine Traditionen» wiedergeben lassen.

Was fast allen asiatischen Gesellschaften, abgesehen von Ausnahmeerscheinungen wie der Mongolei, Kambodscha oder Laos, gemeinsam ist, sind die stets allgegenwärtigen Menschenmassen, die nie auch nur einen Augenblick des Alleinseins zulassen. Stets befindet man sich in einer unübersehbaren, lässig dahinschlendernden Menschenmenge, in der es erstaunlicherweise fast immer friedlich zugeht. Selbst dort, wo es ausnahmsweise einmal zum Gedrängel kommt, wird Aggressivität vermieden. Jedermann beginnt dann zwar kräftig zu «rudern» und zu schieben, vermeidet aber gleichzeitig herausfordernde Augenkontakte; wer nach rechts schiebt, wendet seine Blicke todsicher nach links – und umgekehrt. Überall ein Zusammenklang greller Farben und zunächst schwer sortierbarer optischer Eindrücke. Fast nirgends werden Straßenverkehrsregeln eingehalten. Kein Verkehrsmittel, das nicht vertreten wäre – vom Ochsenkarren über das Fahrrad bis zur Rikscha. Nirgends geht es hierbei bunter, farbiger und lauter zu als in Indien – und nun gar in Benares, wo sich täglich unübersehbare Pilger- und Touristenscharen zu den Gaths am heiligen Fluß Ganges hinunterschieben – in der Menge eingekeilt ein «Kleinunternehmer», der quer über seinem Fahrradgepäckträger einen Sarg transportiert, daneben eine halbverhungerte Kuh, ein Bettler oder ein Sadhu, der sich aufgemacht hat, im Fluß sein Morgenbad zu nehmen. Wer in dieses «heilige Irrenhaus» (A. Koestler) hineingerät, hat das Gefühl, von einem Ich schnell zu einem Jemand zu werden, zumal dann, wenn ihn auch noch grelle Hitze auflöst und ihn seine «Würde» verlieren läßt.

Alles überwältigend auch der Lärm. Wer je in einer der Schnellküchen irgendeiner asiatischen Stadt eine halbe Stunde zugebracht hat, fühlte sich wahrscheinlich überrollt von einer Geräuschkulisse aus unzähligen Autohupen, lärmender Schallplattenmusik von nebenan, Hundegebell und den Ausrufen umherziehender Händler. Selbst in den Tempeln geht es lärmig zu – man denke an die «Kanonenschüsse», die den Göttern in daoistischen Schreinen zum Opfer gebracht werden, oder an das manchmal ohrenbetäubende Geschrei in hinduistischen Tempeln.

Und doch gibt es gerade in Asien überall auch eine Kultur der Stille, die vermutlich eine sublime Form der Flucht vor dem sonst so alles durchdringenden Lärm ist – man denke an die uralten monastischen Traditionen des Buddhismus, die sich von Indien bis Japan ausgebreitet und dort in der Meditation der Zen-Gemeinschaften einen Höhepunkt gefunden haben, man denke aber auch an die zahllosen Ashrams (wörtlich «Gemeinden») frommer Lehr- und Lerngruppen, an die Weltflucht der traditionellen Daoisten und der mohammedanischen Sufis, an das Anachoretentum der indischen Sadhus, nicht zuletzt aber auch an gewisse Verhaltensformen, die auch heute im Alltag noch ganz selbstverständlich sind, z. B. die Kultur des leisen Sprechens, die den Umgang mit den meisten Südostasiaten so angenehm erscheinen läßt.

Immer neu auch erlebt man die Geruchswelt. Asien duftet, brennt und schmeichelt: Von Madras bis Singapur hat jede Stadt ihre Gewürzstraße, wenn nicht gar ein ganzes Gewürzviertel, wo Hunderte von Händlern zwischen Bergen grüner, roter oder gelber Chilifrüchte und zwischen Kaskaden von grell leuchtenden Gewürzpulvern lachen und feilschen und wo Pyramiden jener tropischen «Stinkfrüchte» aufgetürmt sind, die von Kaufinteressenten mit Kennermiene beschnuppert werden und deren Mitnahme ins Hotel in jeder Haussatzung verboten ist. Dazu kommen die verschiedensten Fischgerüche – von den unzähligen Trockenfischen über die kambodschanische Fischpaste (prahoc) bis hin zur vietnamesisch-thailändischen Fischsoße (nuoc mamh).

Und dann der Schmutz, der in den Städten so bedrückend wirkt, vor allem in Indien, wo sogar die Menschen manchmal wie Müll auf den Straßen herumliegen. Andererseits bestehen in vielen asiatischen Gesellschaften Gegenwelten in Form von Reinlichkeitskulten: die vom Shintoismus beeinflußte japanische Badekultur etwa, die islamischen Reinigungszeremonien in den Moscheen oder das Bad des gläubigen Hindu, der niemals «ungereinigt» vor seinen Hausaltar, geschweige denn in einen Tempel treten würde. Höchste Bedeutung wird, wie oben beschrieben, der «rituellen» Reinlichkeit beigemessen. Um den Sündenschmutz wegzuwaschen, spült man sich mit dem Wasser der «Mutter Ganga» den Mund aus; an dieser Stelle geraten rituelle und physische Reinheit in einen schlimmen Konflikt; ist doch der Ganges seit Jahren zu einem «heiligen Abwasserkanal» verkommen, in dem Industrielaugen, Müll, tote Tiere und halbverbrannte Menschenkörper dahintreiben und der biologisch kurz vor dem «Umkippen» steht.

Befremdlich wirken schließlich auch viele Erscheinungsformen der Kleinen Tradition, die sich mit den Vorstellungen eines Europäers, der sich ja im allgemeinen nur auf die edlen Ausdrucksformen der Großen Tradition eingestellt hat, selten vereinbaren lassen: schwer zu verdauen etwa die Grellheit der Farben, die Schrillheit der Laute, die Vielfalt der Gerüche oder bestimmte Ausdrucksformen der Volkskunst, wie überbunte Farbholzschnitte, Fistelgesänge eines Straßentheaters oder überhaupt die «Ungemütlichkeiten» der vielfach ins Freie verlegten Wohnkultur. Bei Erstbegegnungen dieser Art ist nicht selten das gesamte Weltbild eines in klassischer Indologie oder Sinologie ausgebildeten Besuchers innerhalb weniger Stunden hoffnungslos zusammengebrochen. Und doch kann man sich von diesem «Kulturschock» verhältnismäßig schnell erholen, wenn man die Anonymität verläßt und individuelle Kontakte aufnimmt.

3. Das private Asien: Einzelbegegnungen

a) *Harmoniebedürfnis und Konfliktscheu*

Grundlegend für den zwischenpersönlichen Verkehr ist überall in Asien, wie oben bereits ausführlich dargelegt, das Streben nach «Harmonie», also einem Zustand, der eher negativ als positiv definiert werden kann, nämlich als Vermeidung jeder Art von offener Konfliktaustragung. Stets wird deshalb das Senioritäts- dem Leistungsprinzip und das «mufakat» (einvernehmliche Abstimmung) dem Führerprinzip vorgezogen. Ein «Kampf ums Recht», wie er von Rudolf von Ihering verherrlicht wurde, oder ein «Qui suo iure utitur neminem laedit» verbietet sich hier von vornherein, wie ja überhaupt jede kompromißlose Durchsetzung eigener Interessen auf Kosten anderer Gruppenmitglieder einem Kapitalverstoß gegen das Harmonieprinzip gleichkäme. Bei Interessenkonflikten heißt es, mit Fingerspitzengefühl zu handeln: Ein direktes Nein gilt als verpönt, aber auch ein Ja bleibt ambivalent: Möge doch der andere herausfinden, ob damit möglicherweise nicht doch ein Nein gemeint sein könnte!

Während Konfliktbereitschaft in Demokratien geradezu als Markenzeichen einer funktionierenden Demokratie gilt, wird sie in Asien als Zeichen schlechter Erziehung angesehen. Bei einer Meinungsumfrage unter asiatischen Studentinnen in der Bundesrepublik stellte sich heraus, daß Japanerinnen oder Indonesierinnen vor allem dann in einen Wertekonflikt zu geraten pflegen, wenn Harmoniefragen anstehen: Einerseits bewunderten sie zwar die deutschen Kommilitoninnen wegen ihrer Redegewandtheit, warfen ihnen gleichzeitig aber auch vor, sie redeten zuviel und versuchten, sich in den Vordergrund zu spielen. Sogar mit älteren Personen ließen sie sich auf Streitgespräche ein! Gehörten doch Schweigen und Zurückhaltung überall in Asien zu den vornehmsten Tugenden. Ungeachtet dessen wünschte sich freilich jede dritte der befragten Asiatinnen, auch ein wenig so «reden zu können» wie ihre deutschen Kommilitoninnen[1].

Harmoniestiftendes Verhalten äußert sich in Gemessenheit und Zurückhaltung: – «Gemessenheit»: Asiaten schätzen leises und zurückhaltendes Auftreten, ruhiges bis sanftes Sprechen, «würdige» Bewegungen – also Disziplin und Selbstkontrolle in allen Äußerungen. Lautes Daherreden, sei es nun zornig getönt oder aber, wie häufig im Westen, «herzlich» gemeint, ruft beim Durchschnittsasiaten eher Unbehagen hervor, so daß er sich, weil ihm kein adäquates Erwiderungsrepertoire zur Verfügung steht, häufig in sich selbst verkriecht, zumal dann, wenn die «herzlichen» Worte seines Gegenüber auch noch durch einen mannhaften Schulterschlag bekräftigt werden. Vom ersten Tag seiner Existenz an lebt der Durchschnittsasiate in einer Umgebung, die freundlich melodiös auf ihn einredet und die umgekehrt jede laute und ungehobelte Äußerung dadurch sanktioniert, daß sie den Störer vorübergehend «aus dem Verkehr zieht« (dazu oben S. 273). Es gilt die Maxime: Je vornehmer, desto leiser. Häufig werden darüber hinaus auch Dinge um so unauffälliger mitgeteilt, je wichtiger sie sind. – «Zurückhaltung»: Auf wenig Gegenliebe stoßen «offene und ehrliche» Aussprachen über persönliche Probleme, Sorgen und Intimitäten. Über solche Dinge redet «man» nicht im zugeknöpften Asien. Diese Art der Reserviertheit mag dreierlei Gründe haben: Zum ersten will man den anderen offensichtlich nicht «belasten», zum anderen soll niemand mit einem «Gesicht» spielen, und sei es auch nur mit seinem eigenen, zum dritten wehen hier möglicherweise noch animistische Spinnweben mit herein: Liefert man zufällig lauschenden Dämonen nicht möglicherweise Angriffsflächen, wenn man sein Inneres allzu offen nach außen stülpt? Übelwollende Geister sollen kurzgehalten und abgelenkt, nicht etwa gar noch eingeladen werden. Wenn im übrigen eine moderne Wissenschaft wie die Psychoanalyse in Asien bisher so wenig Nachfrage gefunden hat, so hängt dies nicht nur mit einer anderen Einstellung zur Sexualität zusammen, sondern auch mit der hier angedeuteten Reserviertheit in persönlichen Dingen.

Auch Lamentieren, Äußerungen von Selbstmitleid oder Schmerzensschreie hat man nach panasiatischer Auffassung gefälligst zu unterlassen. Hinter der Tabuisierung solcher offen zur Schau getragenen Empfindungen stehen in der Regel zwei Motive: der Wille, den Schmerz nie Oberhand gewinnen zu lassen, weil dies am Ende auch auf einen Gesichtsverlust hinausliefe, und die mit Schmerzäußerungen verbundenen Befürchtungen einer Harmoniestörung. Wo immer möglich, wird Leid deshalb lächelnd ertragen – und von den anderen nicht zur Kenntnis genommen. Wer in irgendeinem asiatischen Land je einen Verkehrsunfall miterlebt hat, war vermutlich erschüttert über das Desinteresse und die mangelnde Hilfsbereitschaft der anderen. Hierbei sollte man allerdings bedenken, daß Schmerz, Leid und Tod kulturspezifisch erlebt werden. Es ist ein Unterschied, ob ich mich, wie im Westen, als individuelle Person mit unwiederholbarem Schicksal empfinde oder ob ich Geburt, Leben und Tod als einen ewig sich wiederholenden Kreislauf – und Leid nur als karmisches Ereignis, als Schickung («Kismet») oder gar als «Täuschung» interpretiere. Tabuisiert sind allerdings nur individuelle, nicht dagegen ritualisierte Schmerzensäußerungen – man denke an die Tränen bei Mao Zedongs Tod!

Während der Durchschnittsasiate in persönlichen Fragen zurückhaltend ist, gibt er sich umgekehrt höchst ungeniert, wenn es um wirtschaftliche und finanzielle Belange geht. So ist es beispielsweise ganz normal, einen anderen nach der Höhe seines Einkommens oder aber nach dem Preis seiner Schuhe zu fragen, wobei der Fragesteller in aller Regel weniger an der Antwort selbst interessiert ist, als vielmehr freundliches Interesse für die Person des anderen zum Ausdruck bringen will. Hier freilich reagiert dann der westliche Ausländer höchst befremdet.

Zurückhaltung wird noch auf einem anderen Gebiet geübt, nämlich beim Verteilen von Komplimenten. Im allgemeinen kann ein Lob in Asien freilich genauso wenig schaden wie im Westen; gewisse Einschränkungen sind jedoch gegenüber Frauen und vor allem Kindern geboten – ersteres hängt mit der «rituellen Scheu» zusammen, die vor allem Frauen aus dem malaiisch-islamischen Bereich gegenüber Männern an den Tag legen; letzteres hat animistische Gründe. Wer Kinder wegen ihrer Hübschheit, wegen ihrer Gesundheit oder wegen ihrer schulischen Fortschritte mit Lob überhäuft, riskiert, daß das Kind aus den gleichen Gründen die Aufmerksamkeit übelwollender Wesen erregt. Nicht selten ziehen deshalb traditionell eingestellte Eltern mit der Hand sogleich einen «magischen Kreis» um das Kind.

b) «Atmosphäre»

Der Begriff «Atmosphäre» (chin.: qifen, jap.: kimochi, korean.: kibun) ist eine zentrale Denkkategorie. Lieber nimmt man eine Unwahrheit in Kauf, als das Kibun zu stören. Man sagt also ja, obwohl es eigentlich nein heißen müßte. Man spendiert ein aufwendiges Essen, um Kibun zu schaffen. Als Politiker während des Koreakriegs 1950 die belagerte Hafenstadt Pusan besuchten und dabei an überfüllten Flüchtlingslagern vorbeifahren mußten, wurden diese Lager zur Straße hin mit hohen Zäunen abgeschirmt, damit das Kibun der Politiker und Besucher nicht verletzt würde[2]. Um ein angemessenes Kibun zu wahren, gibt man sich am besten bescheiden, zurückhaltend, spricht leise – aber auch nur dann, wenn nicht gerade ein Höherstehender redet, ordnet sich genau in die Hierarchiekette ein und läßt älteren Personen den Vortritt. Wer sich solchen Erwartungen nicht zu fügen vermag, ist eine «Unperson» (korean: sangnom), die man am besten links liegenläßt[3]. Diese Haltung gilt nicht nur in Ost-, sondern auch in Südostasien. Nach thailändischer Auffassung beispielsweise müssen auch höchst nüchterne Geschäftsbesprechungen «luk nong», d. h. in kultivierter Form durchgeführt werden. Dazu gehört einmal, daß ein Ausländer dem thailändischen Partner formell vorgestellt wird, daß er sich liebenswürdig und berechenbar verhält und daß man sich in seiner Gegenwart «sabai» (wohl und sicher) fühlt. Am besten fährt der Farang (Ausländer, ursprünglich von «Français»), wenn er ein «kühles Herz» (chay yen yin) behält, d. h. weniger Gefühle zeigt, als er empfindet – und zwar sowohl in der Freude als auch im Ärger. Ein gemeinsames Essen ist dem «luk nong», wie überall in Asien, höchst förderlich. Am besten wählt man ein Lokal, das «sanuk» vermittelt, d. h. ein Gefühl kultivierter und heiterer Stimmung, bei der es sich gut reden läßt. Gespräche brauchen bei solchen Gelegenheiten keineswegs geistreich zu sein – Hauptsache, sie schaffen «Atmosphäre». Unterhaltungen über das Wetter, über die Aufenthaltsdauer, über den Familienstand, über die Zahl der Kinder und über die ersten Eindrücke sind völlig in Ordnung. Wer glaubt, mit einem Feuerwerk von Einfällen brillieren zu müssen, bringt den anderen schlimmstenfalls in Verlegenheit. Alles muß schön berechenbar bleiben – so u. a. die Antworten auf die üblichen Standardbemerkungen. Fragt man einen Asiaten, wie sein erster Eindruck sei, so wird dieser niemals Kritik äußern, sondern nur das Positivste zu sagen wissen. Nicht auf den Inhalt der Aussage, sondern auf die durch die Aussage vermittelte Atmosphäre kommt es an! Man gibt nicht inhaltlich-richtige, sondern situativ-richtige Antworten.

Atmosphäre ist dann gesichert, wenn die Partner sich innerlich nach einer Redensart richten, die in Thailand «Mai pen rai» oder in China «Meiyou guanxi» lautet und die sich mit «Das macht doch nichts» übersetzen läßt. Nichts ist so wichtig, als daß es sich lohnte, die Gelassenheit zu verlieren. Kein Wunder, daß Nervenzusammenbrüche, Magengeschwüre oder Herzinfarkte in Asien seltener sind als im Westen. Man ist gut beraten, wenn man sich nicht unter Zeitdruck setzen läßt, wenn man den Ärger als Nebenerscheinung, die Freude aber als Hauptsache interpretiert. Eine vor allem in Südostasien weitverbreitete Lebensphilosophie läßt sich folgendermaßen formulieren: »Die Dinge nicht so eng sehen, kühlen Kopf bewahren und sich so viel wie möglich aus Ärgernissen und Problemen heraushalten.» Erlesene Höflichkeit und Contenance («kühles Herz») sind gefragt. Ein kambodschanisches Sprichwort lautet: «Nicht mit Frauen diskutieren, keine Prozesse mit Beamten führen und nicht mit Chinesen handeln.» Auch dies ein Programm, sich vor Ärger zu schützen. Die europäische Tendenz, Regelungen durch die juristische Brille zu betrachten und vielleicht gar noch auf einen Rechtsstreit zu rekurrieren, führt sehr oft zu Mißstimmungen.

Wer «Atmosphäre» schaffen will, muß zur Empathie erzogen sein – im philippinischen Tagalog gibt es dafür den Ausdruck «pakikisama»[4]. Gutes Klima ist dem Durchschnittsfilipino meist mehr wert als geschäftlicher Erfolg. Pakikisama dient der gesellschaftlichen Integration, schadet aber manchmal dem Unternehmergeist und der individuellen Risikobereitschaft. Mitglieder in einem Betrieb, die kaum Leistung erbringen, sich aber als «nett» erweisen, werden mitgeschleppt. Kritische Stimmen[5] tadeln die Überbetonung des «Gefühlsklimas»: Das lähme den Leistungswillen.

c) Gesicht

Beherzigt man in Asien nichts weiter als die Regel «Gesicht geben, niemals Gesicht nehmen, selbst Gesicht wahren», so ist fast schon alles Wichtige getan. Jedermann hat ein soziales Gesicht, mit dem bestimmte Erwartungen verbunden sind und das nicht nur ständiger Bewährung, sondern auch permanenter Bestätigungen bedarf – der Dolmetscher hat ein Dolmetscher-, der Kaufmann ein Kaufmanns- und der Student ein Studenten-«Gesicht»; ferner hat jedermann einen bestimmten gesellschaftlichen Rang und ein bestimmtes Alter. Wehe demjenigen, der einen anderen Gesicht verlieren läßt (z. B. an den sprachlichen Qualitäten eines Dolmetschers offen Kritik übt), oder aber demjenigen, der selber «aus der Rolle fällt». Behandlung von oben herab, Zurechtweisungen, «ehrliche» Aussprachen etc. führen am ehesten dazu, daß ein anderer sein «Gesicht verliert» (chin.: shimian, thail.: khai naa). Die Angst vor Gesichtsverlust ist in ganz Asien verbreitet und heißt in Tagalog beispielsweise «hiya». Hiya ist, nach Bulatao[6], die «Angst vor Preisgabe des Wichtigsten, was man hat: des eigenen Selbst. Es ist ein Gefühl, das die Selbstbehauptung erschwert oder gefährdet, eine Angst vor Bloßstellung. Hiya kann dazu führen, daß der einzelne aus Furcht vor Gesichtsverlust sich weigert,ein auch nur marginales Risiko einzugehen. Asiaten werden so erzogen, daß sie von der Gemeinschaft anerkannt werden; es ist für sie sehr wichtig, was die anderen über sie denken, vor allem die Alten, die Familienoberhäupter und die Nachbarn. Im Tagalog gibt es bezeichnenderweise nicht weniger als sechs Ausdrücke für das «Gesicht».

Will man sein «Gesicht wahren» (thail.: kreng chai) statt, wie die Kambodschaner sagen, es zu «zerbrechen» (bak muk), so empfiehlt sich ein Verhalten, das auf Thai «chai yen yin» heißt. Ein Mensch mit Chai yen yin verliert niemals die Selbstbeherrschung, ist immer gleichmäßig temperiert, zeigt möglichst nie Gefühle, fährt auch dann nicht aus der Haut, wenn er beleidigt worden ist, und belastet niemanden mit seinen Sorgen. Seine stoische Ruhe läßt den Gegner töricht, ja lächerlich erscheinen. Ein Mensch mit Chai yen legt immer ein freundliches, höfliches, nach Möglichkeit lächelnd-nonchalantes und angenehmes Verhalten an den Tag und zeichnet sich durch Heiterkeit, Leichtgängigkeit, angenehme Umgangsformen und sogar eine gewisse Anmut aus. In seiner Umgebung kommt es niemals zu Spannungen, da er sich, wenn es ernst wird, physisch oder metaphorisch «aus dem Staub macht», wie ja überhaupt Rückzug statt Gegenangriff eine wichtige Lebensregel ist. Das Gegenteil von Chai yen ist «Chai ron» (heißes Herz), das Zorn hochkommen und die Selbstbeherrschung vergessen läßt.

Als erstrebenswert gilt ein durch und durch ausbalanciertes Verhalten, sei es die Erhabenheit und buddha-gleiche Entrücktheit eines Mönchs oder auch nur die souveräne «Trockenheit» eines Witzeerzählers[7]. Die Anthropologin Ruth Benedict hat die berühmte Unterscheidung zwischen (westlicher) «Schuld»- und (östlicher) Schamkultur in die wissenschaftliche Diskussion eingeführt. Es wäre vielleicht treffender, nicht von Scham-, sondern von «Gesichtskultur» zu sprechen.

d) *Indirektheit*

Der Europäer pflegt in seinem Mitteilungsverhalten wesentlich direkter zu sein als der Durchschnittsasiate. Man redet hier nicht lange um den Brei herum, sondern «packt den Stier bei den Hörnern», «redet deutsch» oder wie dergleichen Ausdrücke sonst noch lauten mögen, während der wohlerzogene Asiate zumeist mit Umschreibungen, Andeutungen und Symbolen arbeitet. Je wichtiger eine Botschaft, um so behutsamer die Mitteilung. Man fällt nicht «mit der Tür ins Haus», sondern spricht sich zunächst einmal von Mensch zu Mensch an. Dabei werden im allgemeinen Bemerkungen einfachster Strickart ausgetauscht, wobei das Wetter den sozusagen idealen Anknüpfungspunkt abgibt. Erst langsam tastet man sich dann an den eigentlichen Verhandlungsgegenstand heran. Auch hier wieder gilt: keine Spontaneität! Man ist immer wieder überrascht, mit welch «ungeheurem Interesse» asiatische Gesprächspartner Bemerkungen über das Wetter, über die Güte des Schlafs in der vergangenen Nacht u. dgl. quittieren. Auch scheint es auf der Welt nichts Wichtigeres zu geben als Berichte des Gastes über die Dauer seines Aufenthaltes im Land und über die einzelnen Stationen seiner Reise.

Louis Fischer[8] berichtet vom Fall einer Prijaji(Adels)-Familie in einem javanischen Dorf, die verhindern wollte, daß ihre Tochter mit dem Sohn des Postmeisters eine Liaison einging. Hierbei bediente sie sich der typisch javanisch-indirekten Form. Die Mutter des Mädchens lud nämlich die Postmeisterin zum Tee ein und ließ dabei traditionelle Symbolik zu Worte kommen: Wird kein Tee vorgesetzt, so darf der Gast nach javanischem Brauchtum nur einen Augenblick verweilen; wird das Getränk unmittelbar nach Ankunft des Gastes gereicht, so hat der Besuch kurz zu sein; im vorliegenden Fall servierte die Prijaji-Dame den Tee zwar erst nach geraumer Zeit, legte ihm aber eine Banane bei, also eine höchst gewöhnliche Frucht, die an jedem Wegrand wächst und die normalerweise nicht zu einer solchen Teestunde gehört. Damit war genügend deutlich ausgedrückt, daß die Tochter eines Edelmannes nicht einen Postmeisterssohn heiratet.

In China werden Kritik und Opposition innerhalb der Machtelite im Wege des traditionellen «Schattenschießens» vorgebracht, wofür u. a. die «Anti-Konfuziuskampagne» 1974 charakteristisch war, bei der nicht der Konfuzius der Antike, sondern der Konfuzius des Jahres 1974, nämlich Zhou Enlai, ins Feuer geriet. Gehört jemand nicht zu den Mächtigen, kann er sich freilich nicht einmal das Schattenschießen erlauben und ist statt dessen auf noch subtilere Mittel angewiesen. Zwei der bedeutendsten modernen Schriftsteller Chinas, Mao Dun und Ding Ling, beschränkten sich beispielsweise auf die bloße Schilderung persönlichen Leidens, ein Vorgehen, das aufgrund einer langen chinesischen Tradition als Mittel indirekter Kritik legitim ist. Hierbei kommt es allerdings darauf an, die Toleranzgrenze zwischen aktiver Kritik (z. B. in Form einer kritischen Analyse des Obrigkeitsverhaltens) und passivem Klagen nicht zu überschreiten. Selbst die ansonsten nicht kleinlichen Reformer achteten bei der nach 1979 erscheinenden «Narbenliteratur» stets darauf, daß die KP-Legitimation nicht hinterfragt wurde. Bei Verstößen gab es harte Reaktionen: Als der von politischen Kampagnen gebeugte Held in dem Film «Bittere Liebe» am Schluß aus der Gesellschaft flieht und sterbend ein großes Fragezeichen in den Schnee malt, folgte eine monatelange Kampagne gegen Regisseur und Buchautor – er war zu «direkt» geworden!

Bei der Selbstkritik zeigt sich allerdings ein tiefgreifender Unterschied zwischen der metakonfuzianischen und der indischen Gesellschaft. Die ohnehin sehr kommunikationsfreudigen Inder sind kaum je zurückhaltend, wenn es darum geht, Kritik an ihrem eigenen System zu üben. Anders als Chinesen oder Japaner, die ihre schmutzige Wäsche vor den Augen Fremder in der hintersten Ecke des Schrankes verstecken, waschen Inder sie in aller Öffentlichkeit. Zu Recht bemerkt Handke[9], «daß sich für den Außenstehenden dadurch leicht der Eindruck einer unmittelbar bevorstehenden Katastrophe ergibt, obwohl tatsächlich nichts geschieht». Nicht zuletzt selbstkritische Übertreibungen dieser Art haben dazu geführt, daß viele Ausländer indische Probleme, so schwer sie auch sein mögen, in meist noch krasserer Verzerrung sehen. China andererseits kann gar nicht genug davon bekommen, sich und seine Methoden gegenüber dem Ausland ins beste Licht zu rücken, sei es früher die Kulturrevolution oder neuerdings die Reformpolitik. Dadurch entsteht die Gefahr, daß man nicht über das Reale, sondern über das Modellhafte spricht. Merkwürdigerweise verzeihen die meisten Ausländer solche Übertreibungen gern den Chinesen, nicht jedoch den Vietnamesen, von denen Pike meint, sie seien bei Selbstdarstellungen ihr «eigener Erzfeind: Je mehr sie sprechen, desto mehr Befremden rufen sie hervor»[10]. Sogar Japaner geraten bei Eigendarstellungen schnell in Selbstbeweihräucherung.

Angesichts der «Indirektheit» von Kommunikationsvorgängen bedient man sich in Asien gern des Mittelsmannes, sei es nun des Ehestifters, des Schlichters oder ganz einfach des Kontaktmanns zwischen Behörden und Basis. Die klassische Figur, die im ländlichen Indien den Abgrund zwischen Administrativorganen und Bauern zu überbrücken pflegt, ist der Pyraveekar (von persisch: pyrov = betreiben, erledigen und kar = Arbeit). Pyraveekars gibt es auf dörflicher, regionaler, nationaler und internationaler Ebene. Sie treten als Kommissionäre im Handel, als Makler bei Grundstücksgeschäften, als Heiratsvermittler und als «Dolmetscher» zwischen Behörden und Bauern auf, wobei sie sich vor allem im Rahmen der ländlichen Entwicklungsprogramme ein ergiebiges Arbeitsfeld geschaffen haben[11]. Der Pyraveekar kann entweder ein Beamter sein, der nebenbei Vermittlungsdienste übernimmt, oder aber ein professioneller Mittelsmann. Während es in westlichen Gesellschaften für Vermittlungszwecke Pressure-Groups und in sozialistischen Gesellschaften Parteifunktionäre gibt, sind Bauern in vielen Drittwelt-Ländern Asiens auf den Mittelsmann angewiesen, vor allem in Indien, wo eine einzige Kreisbehörde bisweilen für bis zu drei Millionen Personen zuständig ist und wo Kreisstädte vom letzten Dorf manchmal bis zu 250 Kilometer entfernt liegen können. Angesichts seiner Unentbehrlichkeit liegt es auf der Hand, daß der Pyraveekar sich seine Dienste fürstlich honorieren läßt – und damit den Dörflern ähnlich schadet wie der notorische Geldverleiher.

e) Gemeinschaftsfühligkeit statt Individualismus

Nirgends tritt der west-östliche Unterschied holzschnitthafter zutage als bei der Frage, ob die Einzelperson ein autonomes oder aber ein heteronomes Wesen sei. Seit der Renaissance bestimmt sich das «abendländische» Menschenbild durch die Stichworte: «Träger selbstverantwortlicher Würde», freie Entfaltung des Individuums, Schuldgefühl bei Aufgabenverfehlung, Rechtsethos und Vertragsdenken, Ich-Bewußtsein, Mut zum Konflikt, Gefahr der Isolierung – in jedem Fall aber: Streben nach Unabhängigkeit.

Die asiatischen Korrelate zu diesen neun Begriffen wären: Gemeinschaftswesen, Gemeinschaftsfühligkeit, «Scham»-Gefühl, Pflichtethos und Korporativität, Wir-Bewußtsein, Streben nach Harmonie, gegenseitige Abstimmung und Streben nach Abhängigkeit. Selbst in Gesellschaften mit Vereinzelungscharakteristik, wie es beim Theravada der Fall ist, hat der «Individualismus» eine andere Einfärbung. In der westlichen Tradition ist der Begriff positiv, im Theravada dagegen negativ besetzt. Weil der Mensch hier nicht als «Abbild Gottes» gilt, weil er nicht durch Gnade erlöst wird und weil ihm niemand helfen kann als nur er sich selbst, ist sein «Individualismus» eher ein «Alleinsein» als ein selbstbewußtes Für-sich-Sein. Dem Mitmenschen gegenüber ist folglich auch keine positive und aktive Zuwendung geboten, sondern ein Unterlassen von Leidzufügung und ein (passives) Mit-Fühlen, Mit-Leiden und Mit-Empfinden. Vor diesem Hintergrund wird verständlich, warum der thailändische oder birmanische «Individualist» alles andere als ein Ellenbogenmensch ist und statt dessen Neigungen entwickelt, die denen des westlichen Individualismus antipodenhaft entgegengesetzt sind, z. B. nach Abhängigkeit von einer Clique und vor allem nach Harmonie mit seiner Umgebung.

f) Hierarchiebewußtsein

Einer der wichtigsten Mechanismen zur Sicherstellung der Harmonie ist neben der guten Atmosphäre, der Wahrung des «Gesichts», der Indirektheit und der Gemeinschaftsfühligkeit die Anerkennung der bestehenden Hierarchie, für die fast jeder Asiate eine überempfindliche Antenne besitzt. Dies gilt vor allem für die metakonfuzianischen Gesellschaften, wo die Hierarchie so stark ausgeprägt ist, daß einem Sprecher, der den Rang seines Gegenüber nicht kennt, die Zunge versagt, so im Japanischen und Koreanischen.

Wer an der Spitze einer Delegation erscheint, ist ohne Zweifel die Nummer eins. Jeder Wechsel in der Reihenfolge wiese auf eine – als solche ganz überraschende – Änderung in der Führung hin. Hierarchien sind auch bei Sitzordnungen zu beachten: Entweder sitzt der Delegationsleiter der Gästeseite direkt zur Rechten des Verhandlungsleiters der Gastgeberseite, oder aber sie sitzen sich gegenüber: Das erstere ist manchmal bei großen Rundtischen, das letztere dagegen bei Langtischen der Fall, wobei die Verhandlungsleiter genau in der Mitte des Tisches Platz nehmen, zu ihrer Rechten die jeweilige Nummer zwei, zu ihrer Linken die Nummer drei; der zweite von rechts ist die Nummer vier, der zweite von links die Nummer fünf usf. Bei der Verhandlung selbst gibt es auf jeder Seite immer nur einen Sprecher. Will ein anderes Delegationsmitglied Bemerkungen einflechten, so darf es nicht einfach dazwischenreden, sondern muß bei seinem «Sprecher» ums Wort bitten.

Einer der schlimmsten Fehler, der einem Europäer unterlaufen kann, ist das Überspringen eines Glieds der Hierarchiekette. Während sich ein Deutscher manchmal aus Gründen der «Schnelligkeit und um der Sache willen» direkt an den zuständigen Sachbearbeiter wendet, beachtet man in metakonfuzianisch organisierten Unternehmen stets genauestens den Dienstweg, auch wenn dies noch so zeitraubend sein mag.

In den theravadabuddhistischen und malayo-islamischen Gesellschaften geht es auf den Dörfern zwar höchst egalitär zu, zwischen Bauernschaft und Bürokratie dagegen entwickelt sich sogleich wieder ein steiles Gefälle, das sich sowohl in Verhaltens- als auch in Sprachformen niederschlägt. In den beiden verwandten Sprachen Thai und Laotisch ist es beispielsweise unmöglich, in neutraler Weise das «Ich» oder «Du» zu verwenden; vielmehr verändern sich solche Ausdrücke je nachdem, ob es sich beim Adressaten um eine über- oder untergeordnete Person handelt. Abstufende Ausdrücke dieser Art werden bereits innerhalb der Familie, aber auch analog in der außerfamiliären Kommunikation verwandt. Je nachdem, ob der Gesprächspartner älter oder jünger ist, kommt ein Vokabular zum Einsatz, das entweder gegenüber dem Großvater, dem Vater, der Mutter, dem Bruder oder aber der Schwester zu verwenden wäre. (Im volksrepublikanischen Laos experimentiert man z. Zt. mit einer egalisierenden Ausdrucksweise.) Was den beruflichen Status anbelangt, so stehen Mönche oder Beamte äußerst hoch im Ansehen, während Kaufleute in der Tradition niedrig eingestuft wurden. Ein laotisches Sprichwort lautet «Zehn Kaufleute sind nicht so viel wert wie der Diener eines Gelehrten»[12]. Auch der Bauer steht in seinem Ansehen noch hoch über dem Kaufmann, wobei hinzuzufügen wäre, daß der Kaufmannsberuf in Laos im allgemeinen von Ausländern, nämlich von Chinesen, Indern oder Vietnamesen, wahrgenommen wird. (Wohlhabenheit wurde im traditionellen Laos übrigens nach der verfügbaren Reismenge gemessen. Erst die neue Zeit bringt hier andere Maßstäbe hervor.) Um selbst höher zu kommen, hängt man sich an einen Leitstern und schenkt seine Loyalität nur der betreffenden Person, nicht irgendeiner Institution. Hat man Erfolg, führt der Weg schnell nach oben, verblaßt dagegen der Leitstern, so nimmt man dies wie ein Schicksal, nicht jedoch wie eigene Schuld hin.

Das tiefeingewurzelte Hierarchieverständnis erklärt im übrigen auch, warum es in Asien fast nirgends «Geselligkeit» als gleichsam «ästhetisches

Spiel» gibt. Selbst zwischen Meister und Jüngern wirft man sich hier nicht
die Bälle und Anregungen zu, sondern schweigt ehrfürchtig vor dem «Lehrer». In einer chinesischen oder japanischen Gesprächsrunde führt fast nur
der oberste Anwesende das Wort – und jedermann hat zu lachen, wenn er
das Zeichen dazu gibt. Kein Wunder, daß angesichts solcher Monologe kein
geistreiches Zwiegespräch und schon gar kein «gemeinsames zwangloses
Philosophieren» zustande kommt.

Während zahlreiche asiatische Gesellschaften die Ungleichheit entweder
als karma-verursacht oder als gottgewollt (Islam) akzeptieren, herrscht in
der (überwiegend katholischen) philippinischen Gesellschaft das Gefühl vor,
daß die Menschen im allgemeinen gleich seien. Wer sich über die anderen
erhebt, wird schnell zum Gegenstand allgemeiner Mißbilligung. Auch das
mit der egalitaristischen Betrachtungsweise zusammenhängende Phänomen
Neid ist in den theravadabuddhistischen oder malaiisch-islamischen Gesellschaften so gut wie unbekannt, auf den Philippinen dagegen weit verbreitet.
Man bemüht sich daher, Erfolge zu verkleinern und neuerworbenen Reichtum so weit wie möglich zu verheimlichen, um nicht Neid und Forderungen
auf sich zu ziehen[13]. Allerdings gibt es wenige gesellschaftliche Spitzen – vor
allem die 200 bis 300 Ilustrado-Familien, die sozusagen jenseits von Gut und
Böse stehen und unschuldigsten Gewissens «palakasan» verlangen, d. h. eine
privilegierte Behandlung durch die Machthaber. Die Söhne und Töchter
wohlhabender Familien, die sich am Rande des Gesetzes ihre Eskapaden leisten und dafür im allgemeinen kaum zur Rechenschaft gezogen werden, sind
Dauergegenstand heller Empörung in der philippinischen Presse.

g) Ritualisierung von Verhaltensweisen: Berechenbarkeit und Konservativismus

Harmonie läßt sich nur wahren, wenn die Umgebung berechenbar bleibt.
Spontaneität und «Go-ins» sind der Schrecken jedes Asiaten. Daher auch
der Hang zur Ritualisierung möglichst vieler gesellschaftlicher Situationen.
Sogar Konflikte lassen sich ja durch bewußt formelles Verhalten auf ein Minimum herabschrauben. Korrekte Verbeugungen, Benutzung der richtigen
Begrüßungsformeln zwischen Gleichen sowie gegenüber Vorgesetzten und
verehrende bis kritiklose Anerkennung dessen, was ein Lehrer seinem Schüler oder ein Vorgesetzter seinem Untergebenen beibringt, sowie überhaupt
Konformismus in allen Lebenslagen können dafür sorgen, daß eine gute
«Atmosphäre» herrscht. «Man» überreicht bei der Vorstellung Visitenkarten, «man» bietet den Gästen ein präzises Programm, «man» stellt den Gästen Tee vor, der von einer sonst schweigend im Hintergrund sitzenden Person eingeschenkt wird.

In der konfuzianischen und auch in der hinduistischen Gesellschaft
kannte man eine ähnliche «Ritenfrömmigkeit», die mit der Gesetzesfröm-

migkeit der alten Israeliten vergleichbar war. Der Nachvollzug der traditionellen Normen als solcher war bereits ein in sich sittlicher und von der Gesellschaft aufs äußerste gebilligter und geheiligter Akt, da die «Li»-Vorschriften ja nach traditioneller Interpretation nichts anderes waren als Widerspiegelungen makrokosmischer Gesetze im Mikrokosmos der Familie oder der näheren sozialen Umgebung. Als ältester Sohn trauerte «man» drei Jahre lang, wenn der Vater gestorben war, selbst wenn man keinerlei wirkliche Trauer empfand. «Man» feierte Feste nach einem bestimmten Schema, «man» leistete obrigkeitlichen Ermahnungen Lippendienste usw. Für das «Ich» gab es wenig legitime Entfaltungsmöglichkeiten. Dies galt und gilt erst recht in der hinduistischen Kastengesellschaft sowie in Gesellschaften, die einst im Zeichen des Hinduismus standen, wie z. B. Java. Vor allem dann, wenn gegensätzliche Interessen aufeinander zukommen, flieht man ins Ritual, schreitet zur gemeinschaftlichen Abstimmung (musjawarah) und beschließt die Einigung mit einem Slametan-Mahl. Angesichts dieser Ritualisierung weiter Lebensbereiche hat ein westlicher Beobachter manchmal den Eindruck, die Toten herrschten mit ihren Traditionen über die Lebenden.

Kein Wunder, daß angesichts dieser Einstellung überall in Asien der Konservativismus zu Hause ist. Ein «westliches» Bedürfnis nach «Selbstverwirklichung», nach «neuen Erfahrungen» und nach «größerer Unabhängigkeit und Selbstverwirklichung» ist dem Asiaten, sieht man einmal von wenigen Ausnahmen ab, auch heute noch fremd. Ihm genügt es, wenn seine Bedürfnisse nach sozialer Einordnung, nach Sicherheit, nach Statusbestätigung und vor allem nach Berechenbarkeit des sozialen Umfelds befriedigt werden. Dieses Kriterium der «Berechenbarkeit» läßt es auch logisch erscheinen, daß der Durchschnittsasiate an Partnern und Waren, die ihm einmal vertraut geworden sind, lange festhält. Wer zu einem «Freund» geworden ist, pflegt dies geraume Zeit zu bleiben. Das positive Bild von «den Deutschen» und von «Deutschland», wie es heute fast überall in Asien präsent ist, kann deshalb gar nicht hoch genug eingeschätzt werden.

Nicht nur «Freunde», sondern auch Waren können übrigens schnell eine Art Fetischcharakter annehmen. Ein Beispiel dafür ist der Verkauf von «Hamburger Hufeisen» um die Jahrhundertwende, wie er von dem amerikanischen Geschäftsmann Carl Crow[14] geschildert wird: Als Ende des 19. Jahrhunderts noch Segelschiffe nach China fuhren und dabei nur auf dem Rückwege voll beladen waren, galt es, für den Hinweg Ballast mitzuführen. Eines der Schiffe brachte hierbei eine Ladung alter Hufeisen aus der Hansestadt mit und setzte sie in Shanghai zu Schleuderpreisen ab. Bald stellte es sich heraus, daß die Hufeisen – halbiert und geschliffen – ideale Rasiermesser im traditionellen Stil abgaben. Im Nu stieg die Nachfrage so stark, daß die Reederei den Bedarf kaum noch decken konnte. Dadurch angespornt, versuchten nun auch Schiffe aus Liverpool und Antwerpen alte Hufeisen anzuliefern, stießen jedoch auf eine Mauer der Ablehnung. Die chinesischen

Schmiede behaupteten, daß «erst die Größe und das Gewicht der deutschen Zugpferde und das tägliche Abschleifen der Hufeisen auf dem Hamburger Granitpflaster dem Metall jenen Schliff gäben, der gerade für die Erzeugung von Rasiermessern notwendig und in keiner Stadt gleichwertig sei». Am Ende wurden in Hamburg Hufeisen aus aller Welt gesammelt und von dort aus zügig nach China verschifft, wo sie reißenden Absatz fanden, da sie «aus Hamburg» stammten. Wie gesagt: Wer oder was immer einen guten Ruf erlangt hat, behält ihn lange.

h) Gegenseitigkeit

In ganz Asien sind die Tugenden des Verpflichtungsdenkens, der Dankbarkeit und der Gegenseitigkeit weit stärker ausgeprägt als in Europa. Den Höhepunkt erreicht dabei Japan. Dort gibt es z. B. nicht weniger als 35 verschiedene Ausdrücke für Geschenke, wie z. B. Abschieds-, Einführungs- oder Beerdigungsgeschenke etc.[15]. Während man im Westen oft mehr ideelle und individuelle Geschenke macht, seien es nun persönliche Zeichnungen oder Blumen, entsprechen die japanischen Darreichungen materiell exakt der Gegengabe und richten sich im übrigen auch nach dem Rang, dem Alter und der konkreten sozialen Situation, so daß es vorkommen kann, daß jemand dutzendemal das gleiche Hemd oder eine Flasche Salatöl erhält. Ist der Wert der Gegengabe geringer als das ursprüngliche Geschenk, kommt Befremden auf, ist er dagegen höher, muß der Beschenkte sogleich nachschießen, so daß sich hieraus schlimmstenfalls eine endlose Eskalationsspirale ergeben kann. Wer als Ausländer die Probe aufs Exempel machen will und seinem Gastgeber ein Geschenk von unterwegs mitbringt, wird diesen Beschluß vielleicht schon bald bereuen, wenn er es nicht versteht, das gegenseitige Hin und Her des Schenkens taktvoll wieder «herunterzufahren». Es gibt jedoch (rituell genau festgelegte) Gelegenheiten, bei denen der Wert der Geschenke nicht im Gleichgewicht stehen muß. Ein klassisches Beispiel dafür ist die Hochzeitsgabe, die vom Brautpaar nach Abschluß der Feierlichkeiten mit einem Gegengeschenk erwidert wird, das nur einen Teil des Werts der Brautgabe ausmacht. Hier und bei anderen Gelegenheiten entwickelt sich m. a. W. eine regelrechte Geschenkmathematik.

Da die Geschenkpraxis so hochgradig ritualisiert ist, hat sich die Gepflogenheit eingebürgert, die meist hochästhetische Verpackung sorgfältig zu öffnen, die Karte des Schenkers herauszunehmen, sie durch seine eigene zu ersetzen und das Geschenk dann weiter «auf Rundreise» zu schicken; peinlich nur, wenn darin verderbliche Gegenstände untergebracht sind und einer der Beschenkten auf die unglückliche Idee kommen sollte, das Paket zu öffnen. Um solche Praktiken zu unterbinden, sind die Geschenkabteilungen mancher Kaufhäuser inzwischen dazu übergegangen, außen sichtbar einen Datumsstempel aufzudrücken.

Hauptzweck dieser «Gegenseitigkeitspraxis» ist die Harmonisierung der Beziehungen. Manchmal werden freilich die Grenzen zwischen einer Höflichkeitsgabe und einer Bestechung hauchdünn – man denke etwa an Geschenke für Politiker oder gar für Lehrer, die am nächsten Tag die Prüfung für den Sohn des Schenkers abzunehmen haben. Da die Gaben stets eingewickelt sind, da sie vom Schenker als «höchst bescheiden» hingestellt werden und da sie schließlich stets eine Gegenverpflichtung nach sich ziehen, entstehen höchst delikate Grenzfälle. Zur Bestechung wird das Geschenk freilich erst in dem Augenblick, da der Lehrer bessere als die verdienten Noten vergibt oder der Politiker bei einer Genehmigung die Augen zudrückt[16].

Vielleicht noch stärker als in Japan (sowie in Korea oder in China) ist der Geist der Gegenseitigkeit auf den Philippinen ausgebildet. Zentraler Ausdruck der dortigen Verpflichtungsphilosophie ist «utang na loob». Eine solche «Ehrenverpflichtung» kommt zumeist in drei Schritten zustande: Zuerst erfolgt die Übergabe eines «Geschenks» an eine Bezugsperson, bei der man sich in Erinnerung bringen will, wobei diese Gabe vom einfachsten Gegenstand bis hin zur Überlassung ganzer Latifundien gehen kann, je nach dem persönlichen oder politischen Zuschnitt der beiden Parteien. In einem zweiten Akt folgt die Annahme oder Ablehnung. Annahme ist gleichbedeutend mit der Errichtung eines wechselseitigen Verpflichtungsverhältnisses, Ablehnung läuft de facto auf einen «Korb» hinaus, der selten verziehen wird. Der dritte Schritt besteht dann in einer Gegenleistung, die praktisch wiederum eine Neuverpflichtung mit sich bringt. Die Utang-na-loob-Beziehung löst also objektiv eine Gegenleistung aus, zielt aber vor allem auf eine innere «Verbundenheit» hin, die vom Beschenkten geflissentlich zur Schau getragen werden muß. Dieses Verbundenheitsgefühl ist noch wichtiger als die Gegenleistung. Es handelt sich hier also weniger um kommerzielle Austausch- als vielmehr um soziale Integrationsbeziehungen. Kein Wunder, daß das größte Lob für einen Filipino darin besteht, daß man ihn als «erkenntlich» hinstellt, während der größte Tadel im Vorwurf der Undankbarkeit besteht[17]. Die Folgen dieses Rollenverständnisses sind beträchtlich. Sie führen zu einer weitgehenden Personalisierung aller Beziehungen, zu «fließenden Übergängen» zwischen Privatgeschenken und Bestechung sowie zur Köderung von Wählern. Der örtliche Repräsentant einer politischen Partei richtet beispielsweise eine Dorfhochzeit aus und verkündet auf dem Höhepunkt des Festes, daß die Gäste doch bitte einen bestimmten Politiker wählen möchten.

Weniger ausgebildet ist die Gegenseitigkeit- und Dankbarkeitsphilosophie in den Theravada-Ländern. Wer nämlich glaubt, daß eine Wohltat lediglich die Folge karmischen Tuns ist, wird wenig Anlaß zur Dankbarkeit empfinden. Ein theravadabuddhistischer Mönch gar, der sich von den Gläubigen mit Reis beschenken läßt, sieht keinerlei Anlaß, sich zu bedanken, sondern erwartet umgekehrt diesen «Dank» vom Schenker, dem er ja Gelegenheit zur Wohltätigkeit und damit zur Verbesserung des eigenen Karmas gegeben hat.

i) Aggressionsstau: Die Kehrseite der Harmonie

Eine gerade im Zusammenhang mit den Theravada-Gesellschaften häufig gestellte Frage lautet, wie Liebenswürdigkeit, Selbstbeherrschung und Toleranz vereinbar seien mit jenem «Vulkanismus», der zwar nur vereinzelt, dafür aber um so elementarer zutage tritt und der beweist, daß es unter der anscheinend so ruhigen Oberfläche heftig brodeln kann – man denke an die zahlreichen zwischen Birma, Siam und Kambodscha im Laufe der Jahrhunderte geführten und mit eruptiver Brutalität ausgetragenen Kriege (Vernichtung Angkors und Brandschatzung Vientianes durch die Thai) oder aber an die prima facie etwas unverständliche Tatsache, daß das Verbrechen des Totschlags in dem sonst so friedlichen Birma häufiger vorkommt als in irgendeinem anderen asiatischen Staat.

Auf der Suche nach den Gründen für dieses so inkonsistente Verhalten, verweist Pye[18] auf den kindlichen Sozialisierungsprozeß und wälzt hierbei fast alle Schuld auf die birmanische Mutter ab, deren Verhalten dem Kind gegenüber höchst zweispältig sei: Auf der einen Seite wende sie ihm alle mütterliche Liebe und Wärme zu, um jedoch im nächsten Augenblick wieder «kalt, distanziert und sogar grausam neckend mit dem Kind umzugehen». Ständig werde das Kind so einem Wechselbad zwischen Zuneigung, Schamgefühl und Angst ausgesetzt – Angst nicht zuletzt auch deshalb, weil es immer wieder mit den Nats (Dämonen) erschreckt werde. Im Kinde entstehe auf diese Weise eine Haltung permanenten Mißtrauens und ständiger Angst, die offen zur Schau zu tragen sich freilich nicht zieme. Unter einer dünnen Kruste von Sanftmut und lächelnder Höflichkeit verbörgen sich deshalb Furcht und Mißtrauen, die man durch Streben nach Macht zu kompensieren suche.

Absurde Deutungen dieser Art hätten sich vermeiden lassen, wäre das gesamtasiatische Spektrum im Visier geblieben. Kehren doch dieselben Widersprüche auch im chinesischen und japanischen Verhalten wieder. Wenn es um Klärung des Widerspruchs von strenger Etikette und wilder Aggressivität geht, braucht man nicht unbedingt auf Fehlleistungen der *birmanischen* Mutter zurückgreifen. Vulkanismus ist vielmehr die Kehrseite übermäßiger Selbstzügelung, ist eine Art Ventil für den im Inneren angestauten Überdruck. Während Angehörige anderer Völker, man denke vor allem an die Südeuropäer, im Rahmen ihrer Verhaltenskultur ausreichend Gelegenheit haben, Spontaneität zu entfalten und erst gar keinen Aggressionsstau aufkommen zu lassen, bleibt den meisten asiatischen Völkern, deren Verhalten von einem Maskenkodex geregelt ist, gar nichts anderes übrig, als Aggressionen nach innen abzulenken, m. a. W. also alles «in sich hineinzufressen».

Kein Wunder, wenn eines Tages die innere Erdung nicht mehr funktioniert und das Gewitter dann mit Vehemenz nach außen abgeleitet wird. Überall halten zwar die «Sicherungen» den inneren Spannungen lange Zeit stand; brennen sie aber einmal durch, so gibt es kein Halten mehr. Dies wäre übrigens auch eine Erklärung für die Ausschreitungen der japanischen Soldaten in China während des Zweiten Weltkrieges oder aber für das Amoklaufen, wie es in die so sanfte malaiische Welt überhaupt nicht hineinzupassen scheint, das aber bei den interkommunalen Unruhen 1969 in Kuala Lumpur mit elementarer Gewalt zum Ausbruch kam.

Damit es nicht zum Aggressionsstau kommt, sind in einigen Gesellschaftsordnungen subtile Blitzableiter eingebaut. Spontaneität beispielsweise wird frei bei der Teilnahme an Hahnenkampfwetten, beim Thaiboxen oder beim neuerdings so beliebten Fußball. Wer je Zaungast bei einem Hahnenkampf war, wird über die dabei explosionsartig zutage tretenden Temperamentsausbrüche erstaunt, wenn nicht erschreckt sein. In diesem Augenblick lernt man besser verstehen, warum ein «kühles Herz» in der Werteordnung so hoch angesiedelt ist.

4. Körpersprache

Was das physische Ausdrucksrepertoire anbelangt, so ist der Durchschnittsasiate mit seinem Würdeideal fast so etwas wie ein Antipode zu den Afrikanern mit ihrer lebhaften Körpersprache. Selbst die überall in Asien beheimatete Tanzkunst beweist keineswegs das Gegenteil; denn gerade bei den Tänzen, die zumeist religiösen Charakters sind und bei denen sich der Mensch in einen Rhythmus versetzt, der zum Einklang mit dem Göttlichen oder der Natur (Dao) oder aber mit dem Ritual (Konfuzius) führt, herrscht strikte pantomimische Gesetzmäßigkeit. Daß es einer Tänzerin erlaubt ist, zu lächeln, hebt den thailändischen schon weit vom asiatischen Normtanz ab. Und doch gibt es auch in Asien ein reiches Vokabular an Gebärden und Signalen, das sich wie ein Cantus firmus durch das asiatische Kommunikationsverhalten zieht und das von europäischen Gewohnheiten oft beträchtlich abweicht.

a) Finger- und Handbewegungen

Als unkultiviert, ja beleidigend gelten in ganz Asien das Deuten auf eine Person, das Herbeiwinken eines anderen mit rollendem Zeigefinger oder mit einem, zwei, drei oder vier Fingern, vom Herbeischnalzen ganz zu schweigen. Andererseits ist es jedoch erlaubt, auf jemanden entweder mit dem Daumen zu deuten (so in den islamischen Ländern) oder aber ihn – gleichsam einladend – mit geöffneter Hand (jedoch aneinandergelegten Fingern) herbeizuwinken. Im ersteren Fall deutet der Daumen der rechten (!) Hand, unter dem die vier Finger zur Faust zusammengelegt sind, auf den Adressaten; nach der malaiischen Tradition hat der Daumen eine gute Bedeutung, denn er vertritt Gott, während der kleine Finger Symbol des Bösen ist. Es ist deshalb auch nicht empfehlenswert, eine Handbewegung zu vollziehen, bei der Daumen und kleiner Finger ausgestreckt, der Rest der Finger aber eingerollt bleibt. Vor allem von älteren Malaien könnte diese Konfiguration als eine Aussage in Richtung «Gott ist schlecht» gedeutet werden. Es empfiehlt sich, jede Handbewegung mit einem Lächeln zu begleiten.

Als extrem ungesittet gelten aggressive Handbewegungen wie das Boxen der einen geballten in die offene Fläche der anderen Hand oder aber die Bildung von Fingerformationen, die als frivol empfunden werden könnten. Auch das Einstützen beider Hände in die Hüften gilt als Zeichen von Arroganz – wie übrigens auch das Verschränken der Hände auf dem Rücken in Gegenwart eines Arbeitenden. Zu vermeiden sind nach Möglichkeit auch «italienisch» ausholende Gesten bei der Unterhaltung, da sie schlecht zur allgemeinen Reserviertheit passen.

Streng verpönt ist es, Dinge mit der linken Hand zu reichen oder entgegenzunehmen oder jemandem die linke Hand entgegenzustrecken. Man ißt mit der Rechten, aber man «säubert» mit der Linken – dies ist die überall gebräuchliche Interpretation. Die sicherste Art, Gegenstände zu reichen, besteht darin, hierfür die rechte Hand zu verwenden und den rechten Arm von unten her in die Höhe der Armbanduhr bei oben liegendem Daumen zu umklammern. In Ostasien, und hier wiederum besonders in Korea, dürfen Gegenstände nur mit beiden Händen gleichzeitig gereicht und entgegengenommen werden. Die Nordkoreaner beleidigen ihre amerikanischen Verhandlungspartner in Panmumjom schon seit 1953, indem sie ihnen Protokolle und Dokumente immer nur mit einer Hand überreichen.

In Indien und in den meisten Ländern Südostasiens (mit Ausnahme von Vietnam und besonders westlich orientierten Bevölkerungsschichten) wird mit den Händen gegessen – eine Sitte, die in der konfuzianischen Welt wiederum als barbarisch gilt. Beim Anfassen der Speisen darf nur die rechte Hand eingesetzt werden, wobei die Finger nicht über das zweite Glied hinaus besudelt werden dürfen. Drückt man beim Einnehmen den Happen mit dem Daumen nach, so offenbart sich darin besondere Eßbegeisterung und ein Kompliment an die Köche. Höchst unschicklich ist es, die Finger abzulecken oder sie in den Mund zu stecken. Die Linke bleibt während des gesamten Essens nach Möglichkeit unter dem Tischrand; sie darf höchstens zum Weiterreichen einer Schüssel oder zum Halten eines Trinkglases eingesetzt werden.

Was Begrüßungsformen anbelangt, so hat sich die Sitte des Händeschüttelns im Zuge der Europäisierung zwar in den Städten eingebürgert, ist auf dem Lande jedoch nach wie vor unüblich – und auch den städtischen Asiaten untereinander ist es im allgemeinen lieber, wenn ihnen das westliche Zeremoniell erspart bleibt. In Indien und in den Theravada-Ländern gibt es statt dessen die schöne und anmutige Geste des Grüßens mit «betend gefalteten», bis zur Nase, manchmal sogar bis zur Stirn erhobenen Händen, die von einem ruhigen Lächeln und einem leichten Kopfneigen sowie von einem weiten Öffnen der Augen begleitet ist, wobei der Augenkontakt kurz zu sein hat. In Indien pflegt man gegenüber Personen des anderen Geschlechts zusätzlich eine «Sozialdistanz» von mindestens einem Meter einzunehmen, die notfalls durch einen (für den Ausländer manchmal verwirrenden) Schritt rückwärts hergestellt wird. Eine jüngere Person ehrt einen Älteren dadurch, daß sie mit der rechten Hand dessen Fußspitzen berührt – und so eine Art Proskynesis vollzieht.

In der malaiisch-islamischen Welt begnügen sich Personen verschiedenen Geschlechts mit einem aufmerksamen gegenseitigen Zunicken, während man bei der Begrüßung von Mann zu Mann oder von Frau zu Frau die ausgestreckten Hände des Partners mit den eigenen Händen kurz berührt und sie sodann zur eigenen Brust zurückführt, um auf diese Weise die «Herzlichkeit» des Grußes zu unterstreichen. Eine jüngere Frau, die eine ältere Dame begrüßt, führt beide Hände zur Brust, während die Ältere diese Bewegung nur mit einer Hand vollzieht. Grußgesten werden im allgemeinen von verbalen Grußformeln begleitet, die z. B. in der modernen Bahasa Indonesia mit dem arabischen Segenswort «Selamat» und einer (Hinzufügung z. B. «Morgen», «Abend», «Reise» usw.) ergänzt werden – je nach dem Anlaß, dem der «Segen» gelten soll. Auch in den anderen Kulturen wechseln die Grußformen je nach der Tageszeit. In China fragt man höflich, ob der andere «schon seinen Reis gehabt hat», eine Frage, der die Prämisse zugrunde liegt, daß man sich bejahendenfalls auch wohl fühlt.

In Japan und Korea spielen Hand- und Fingerbewegungen beim Begrüßen kaum eine Rolle. Hier vollzieht man vielmehr die weltberühmte Verbeugung (jap.: ojigi), und zwar aus der Hüfte heraus, nachdem man vorher einen Schritt zurückgetreten ist, wobei gleichzeitig Grußformeln («ohayo», «konnichiwa») oder vielleicht Entschuldigungsformen («sumimasen») gemurmelt werden. Begegnet man sich zum erstenmal, nennt man seinen Namen mit bescheidener und zumeist fast unhörbarer Stimme – und überreicht, möglichst wiederum mit beiden Händen, seine Visitenkarte. Der andere liest mit gespannter Aufmerksamkeit Namen und Bezeichnungen und läßt sodann häufig ein hörbares Zischen durch die Zähne vernehmen: Ausdruck der Bewunderung für die hohe Stellung seines Gegenüber! Anschließend erfolgt nochmals eine respektvolle Verbeugung, die u. U. in immer kleiner werdende Nickbewegungen auspendelt, wobei man sich zwischendurch kurz in die Augen blickt. Die Arme bleiben bei der Verbeugung gestreckt: Bei den Männern werden sie allerdings auseinandergenommen und an die Hüften gepreßt, bei den Frauen werden sie – Innenhandkante an Innenhandkante – zusammengeführt. In China ist der Verbeugungsvorgang kürzer und weniger formell.

In diesem Zusammenhang noch eine Bemerkung zum Rauchen: In Asien gibt es eine Vielzahl von Arten des Tabakgenusses, die von der Zigarette westlichen Stils über die Wasserpfeife und das Bambusrohr (Südchina) bis hin zum «berührungslosen» Saugen geht, das von gewissen hinduistischen Kasten aus rituellen Reinlichkeitsüberlegungen geübt wird. Da die Asiaten, sobald sie sich im überschaubaren Personenkreis bewegen, wesentlich gemeinschaftsförmiger denken als die meisten Europäer, bittet man um die Erlaubnis, rauchen zu dürfen – diese Sitte ist in Indien freilich wesentlich strenger als beispielsweise in China. In Indien und Südostasien gilt es generell als Zeichen mangelnden Respekts, in Gegenwart von älteren Personen zu rauchen. In Korea versteckt man die brennende Zigarette hinter dem Rücken, sobald ein Älterer hinzutritt. In Indien pflegen Kinder aus Respekt auch nicht in Anwesenheit ihrer Eltern zu rauchen. In Japan ist Rauchen in öffentlichen Verkehrsmitteln, vor allem in den U-Bahn-Zügen, sowie in Stoßzeiten auch auf den Bahnhof-Wartesteigen verboten. Manche Asiaten, z.B. die Sikhs, lehnen aus religiösen Gründen Rauchen überhaupt ab. Unangebracht ist es, einer Asiatin Zigaretten anzubieten. Rauchende Frauen gelten dort als exotische Ausnahmeerscheinung.

b) Füße

Im städtischen Asien hat sich die westliche Sitte des Gebrauchs von Tisch und Stühlen weitgehend durchgesetzt – zumindest im öffentlichen Leben. Privat und auf den Dörfern dagegen sitzt man noch häufig auf dem Boden – eine Sitte, die Südostasien und Indien mit Japan und Korea teilt. In China und Vietnam dagegen nimmt man seit Jahrhunderten an Tischen und auf Stühlen Platz.

Probleme für den Ausländer ergeben sich im allgemeinen nur dann, wenn er privat eingeladen wird. Grundsätzlich sind in Indien, Japan und Korea sowie den meisten südostasiatischen Ländern die Straßenschuhe beim Betreten der Wohnung (und übrigens auch eines Tempels) auszuziehen, und zwar nicht nur aus hygienischen, sondern vor allem aus religiös-rituellen Gründen: Man könnte ja unversehens Partikel in die Wohnung tragen, die «dämonisch aufgeladen» sind, oder aber – so in der indischen und islamischen Welt – die Spuren «unreiner» Objekte ins Hausinnere bringen – etwa Blutreste oder Hunde- und Schweineexkremente etc. In indischen Häusern dürfen Schuhe auf keinen Fall im Küchenbereich oder in einem Puja-(Andachts)-Raum getragen werden. In China und Vietnam andererseits verhält man sich ähnlich wie in Europa. Türschwellen, die häufig sehr hoch sind, werden nicht be-, sondern überstiegen.

Man setzt sich erst, wenn der Älteste unter den Anwesenden Platz genommen hat. Beim Sitzen auf der Bodenmatte haben Männer generell die Beine zu kreuzen. Sie ausgestreckt liegen zu lassen, gilt als nachlässig und unhöflich; vor allem darf man dem Gegenüber nie die Fußsohlen zuwenden, geschweige denn mit den Zehenspitzen auf ihn, etwa gar seinen Kopf zeigen – dies wäre ein noch unverzeihlicherer Verstoß als das Deuten mit dem Finger. Es löste nervöse Heiterkeit beim thailändischen Publikum aus, als der frühere US-Präsident Johnson während einer Fernsehdiskussion dauernd mit der Fußspitze auf den Kopf des Königs «zielte». Der Fuß ist der unterste Teil des Körpers, der Kopf dagegen Sitz des «Allerheiligsten» im Menschen. Vollends unmöglich wäre es, die Füße zur Entspannung auf den Tisch zu legen.

All diese Vorschriften sind besonders streng zu handhaben, wenn ältere Personen anwesend sind: Spätestens jetzt kann man es sich nicht mehr «bequem machen». In Korea preßt man – zumindest vorübergehend – die beiden Fußsohlen fest auf die Matte: ein Ausdruck angespannten Respekts! Es gilt als unhöflich, über eine auf dem Boden sitzende Person hinwegzusteigen oder an einer älteren Person vorüberzugehen, ohne sich kurz zu verbeugen und dabei vielleicht auch noch die rechte Hand demonstrativ und respektvoll nach unten zu strecken. Stets empfiehlt es sich dabei, sei es nun in Japan, Korea oder in der malaiischen Welt, in leicht gebückter Haltung zu gehen. In Java gilt es auch noch als unhöflich, wenn eine Person niedrigeren sozialen Ranges in Anwesenheit von Respektspersonen den Kopf hoch trägt.

Frauen sitzen seitwärts mit angezogenen Knien auf der einen und den Füßen auf der anderen, dem Blick des Gegenüber abgewandten Seite. Da es im traditionellen Asien keine gemischten Reihen gibt, gelten diese Verhaltensregeln praktisch nur für «gleichgeschlechtliche» Gesellschaften. Wenn (einheimische) Frauen überhaupt an Männergesellschaften teilnehmen, so allenfalls als höflich bedienende Gastgeberinnen. Ein fröhliches Beisammensein gibt es jedoch mit professionellen Unterhalterinnen, seien es nun die Kisaeng in Korea oder die Geishas in Japan.

c) Kopfbewegungen

Der Kopf galt im traditionellen Asien als Sitz numinoser Kräfte, den niemand außer den unmittelbaren Angehörigen berühren durfte. Dieses strenge Tabu gilt bei Kindern auch heute noch in Indien und Thailand, bei Erwachsenen aber in ganz Asien. Kopfbewegungen spielen in der Kommunikation eine wichtige Rolle, sei es nun bei der vor allem in Japan und Korea geübten Verneigung oder aber zur Bestätigung oder Verneinung einer Frage. Häufig haben Kopfzeichen in Asien jedoch eine andere Bedeutung als in Europa. Wenn beispielsweise ein Inder den Kopf schüttelt, so heißt das nicht, wie in Europa, «nein», sondern bedeutet Zustimmung. Mit diesem indischen Kopfnicken kommen europäische Ehefrauen manchmal selbst nach Jahrzehnten des Verheiratetseins nicht klar.

Mit Blickkontakten wird in Asien sparsamer umgegangen als in Europa, und nun gar im deutschsprechenden Mitteleuropa: Hier gilt der Augenkontakt als Zeichen von aufmerksamer Höflichkeit, während das gleiche «Verweilen» in Asien als höchst unangenehm, ja manchmal bedrohlich empfunden wird.

Liebkosungen mit Kindern erfolgen nicht nach Art des westlichen Küssens. Vielmehr drückt die Mutter ihre Nase auf die Wange des Kindes und gibt dabei einen kurzen Atemstoß ab. Auf diese Weise wird in den malaiisch-islamischen Ländern übrigens auch die Hand eines Älteren durch einen Jüngeren geküßt. Diese malaiische Art des Küssens heißt «chium».

d) Berührungen

Während es im Westen durchaus üblich ist, Personen des anderen Geschlechts den Arm zu reichen (z. B. beim Überqueren einer Straße) oder sie zur Bekräftigung eigener Worte kurz anzutippen und sie bei der Begrüßung vielleicht auf die Wange zu küssen, ist eine solche Kontaktnahme in allen Ländern Asiens streng tabuisiert – von Zärtlichkeiten in der Öffentlichkeit gar nicht erst zu reden. Dieses Tabu gerät erst bei der jungen städtischen Generation langsam in Vergessenheit, wobei der westliche Film einen entscheidenden Einfluß ausübt. Andererseits sind physische Kontakte zwischen Personen des gleichen Geschlechts im allgemeinen nicht nur erlaubt, sondern auch beliebt. Häufig sieht man Männer (und Frauen sowieso) Hand in Hand durch die Straßen schlendern – ein Bild, das nun wiederum von den meisten Europäern als befremdlich empfunden wird und Assoziationen hervorruft, die dem durchschnittlichen Asiaten ferne lägen – und ihm Unrecht tun.

5. Sprachsignale

Kommunikation kann direkt oder eher symbolhaft, konflikt- oder aber harmoniebedacht, egalitär oder hierarchisch, eher spontan oder formell-ritualistisch, laut oder leise, offen oder aber zurückhaltend erfolgen: Die jeweils erstere dieser Alternativen entspricht tendenziell dem europäischen, die letztere jeweils dem asiatischen Mitteilungsverhalten. Dies gilt auch für die Sprache, die zunächst einmal ganz einfach als Instrument der Tatsachenmitteilung, der Tatsachenbewertung und der Analyse, daneben aber auch, in echt «asiatischer» Weise, zum Zweck der Hierarchisierung, der Gemeinschaftsbeschwörung und der Identifizierung eingesetzt werden kann.

Da ist erstens die Hierarchisierungsfunktion: Idiome, die wie das Japanische, Koreanische, Birmanische, Thai oder Javanische besonders hierarchieorientiert sind, verlangen, daß ein Sprecher unterschiedliche Anredepartikel, ja sogar manchmal verschiedene Verben oder Substantive für ein und dieselbe Sache verwendet, je nachdem, ob er «von unten nach oben» oder aber in umgekehrter Richtung kommuniziert. Wer den sozialen Rang seines Gegenüber nicht kennt, weil dieser z. B. hartnäckig schweigt, gerät in Sprechnot, da er keine Wortwahl treffen kann. So weiß er z. B. nicht, ob er das «Gehen» mit «irasharu» («schreiten», gesprochen von unten nach oben) oder mit «mairu» («Latschen» im Sinne eines bescheidenen Sprechens von sich selbst) und ob er das «Schenken» mit «ageru» («hinaufgeben») bzw. mit «kudasaru» («herabgeben») bezeichnen soll. Erst recht kann er den anderen nicht korrekt anreden oder sich über dessen Familie unterhalten. Die Möglichkeit, sich durch möglichst neutrale Ausdrucksweise aus der Verlegenheit zu ziehen, ist von vornherein verbaut. Stets gilt es ja, auch linguistisch Farbe zu bekennen. Kein Wunder, daß Visitenkarten in allen Lebenslagen eine für das europäische Verständnis kaum nachvollziehbare Rolle spielen.

Aus dem gleichen Grunde auch ist es um die Intuitionsfähigkeit der meisten Asiaten weitaus besser bestellt als um die der Europäer. Zwar können auch sie nicht gerade Gedanken lesen, doch registrieren sie, weil dies für sie gleichsam eine Frage des «kommunikativen Überlebens» ist, im Nu jede Einzelheit, die einen Hinweis auf Ranghöhen liefern kann. In japanischen oder chinesischen Betrieben ist es außerdem üblich, daß Betriebsleiter ab einer bestimmten Rangstufe sich die Bemerkungen eines Ausländers auch dann übersetzen lassen, wenn sie selbst der fremden Sprache mächtig sind. Das Hierarchiesignal zählt also mehr als die verlorengegangene Zeit. Es wäre ganz falsch, für dieses Verhalten eine rein pragmatische Begründung zu finden, etwa die, daß der japanische Partner während der Übersetzung bereits Zeit zum Nachdenken habe. Ohnehin trifft er ja eine Entscheidung nie allein, sondern stets im weiteren Mitarbeiterkreis. Die Hierarchie wird auch noch durch die Mitschreibepraxis bekräftigt, insofern nämlich der «kleine Mitarbeiter» für den Manager, der Manager für den Generalmanager, der Generalmanager für den Präsidenten in einem fort Notizen anfertigt. Da Konferenzen mit «hoher Besetzung» auf diese Weise schnell zu einem Riesenkreis auswachsen, gerät die symbolische Rangbestätigung zu einem eindrucksvollen Schauspiel.

Die meisten asiatischen Sprachen tragen dem Hierarchiedenken auch durch einen weiten Fächer von Titeln Rechnung. Vor allem das malaiische Rangsystem verwirrt viele Ausländer – man denke an die Namen und Titel bekannter Persönlichkeiten wie Tun Abdul Razak, Tunku Abdul Rahman, Datuk Hussein Onn etc. Datuk, Seri, Tunku, Tun und Tuan sind teilweise staatliche, teilweise föderale, z. T. aber auch inoffizielle Titel mit feinen Schattierungen. Datuk (wörtl.: «Großvater») ist ein Titel, der sowohl innerhalb der einzelnen Bundesstaaten (durch die Sultane) als auch auf Gesamtbundesebene (durch den König) verliehen wird. Eine Stufe höher als Datuk ist der Titel «Tan Seri» und noch eine weitere Stufe erhabener der Titel

«Tun». Nachdem Datuk Hussein Onn zum Ministerpräsidenten aufgestiegen war, hieß er Tun Hussein Onn. Tunku (gleiche Bedeutung wie «Raja») ist eine erbliche Bezeichnung für Angehörige königlicher Häuser. «Datuk Seri» ist ein seltener vorkommender Titel, der nur im Bundesstaat Perak verliehen wird, «Tuan» ist ein ehrenvolles Prädikat, das allerdings nicht offiziell verliehen wird, und «Tuanku» («Eure Hoheit») schließlich die Bezeichnung, mit der man den König anspricht.

Zweitens hat die Sprache fast in allen asiatischen Gesellschaften die Funktion der Gemeinschaftlichkeits- und Harmoniebeschwörung. Auf den Dörfern zumal kann die Kenntnis der Situation als bekannt vorausgesetzt werden. Wer dort mit anderen in Verbindung tritt, tauscht nicht in erster Linie Informationen aus, sondern versucht mit seinem Redebeitrag eine gemeinschaftsfreundliche Stimmung zu erzeugen. Dazu bedarf es beträchtlichen Einfühlungsvermögens. Der amerikanische Journalist Louis Fischer wurde von Freunden gewarnt, doch bitte nicht javanisch zu sprechen, sondern sich nach Möglichkeit der wesentlich neutraleren Bahasa Indonesia zu bedienen. Worte sagten ja niemals, was sie zu sein schienen. »Wenn eine Forderung an dich gestellt wird, deren Ablehnung Schmerz bereiten würde, mußt du zustimmen. Anders zu handeln hieße, deinen Gesprächspartner zu kränken. Zunächst einmal spende stets Freude. Später kannst du immer noch bescheiden andeuten, was du wirklich willst. Umschreibung ist die beste Politik. Stelle nie eine direkte Frage und erwarte nie eine direkte Antwort: Präsident Sukarno besteht zwar auf Pünktlichkeit; in den meisten anderen Dingen aber ist er der lässige Prijaji geblieben: Revolten mögen ausbrechen, feindliche Partisanen die Dschungel füllen, und die Staatsschatzreserven mögen schwinden: Stets behält der Präsident sein entspanntes Lächeln und benimmt sich, als ob er keinerlei Sorgen in der Welt hätte[19].«

Nicht nur in Java, sondern auch in anderen Ländern Asiens neigen die Menschen dazu, Fragen stets mit Ja zu beantworten und das Nein zu tabuisieren – unmittelbare Folge von Harmoniebedürfnis und Gesichtsstrategie. Nicht auf den Inhalt der Aussage, sondern auf Situation und Atmosphäre kommt es hier an! In den meisten Sprachen wird «ja» übrigens nicht durch eigene Worte, sondern durch affirmative Wiederholung einer Frage ausgedrückt, z. B. «Hast du ihn gesehen?» Antwort: «Ich habe ihn (nicht) gesehen!»

«Ja» kann viererlei bedeuten: 1. «Ich habe es verstanden», 2. «Ich habe es nicht verstanden», 3. «Ich habe es zur Kenntnis genommen» und 4. «Ja» im westlichen Sinne. Noch schwieriger ist es mit dem «Vielleicht». Es kann heißen: 1. «Nein» oder 2. «Vielleicht ja» oder 3. «Vielleicht nein» oder 4. «Möglicherweise» oder aber 5. «Bestimmt nicht». Die wirkliche Bedeutung herauszufinden, bleibt der Feinfühligkeit des Gesprächspartners überlassen. Am besten wiederholt der Ausländer – sich selbst für seine Ungeschicklichkeit bezichtigend – mehrere Male und in immer neuen Umschreibungen seine «Botschaft» und hält vielleicht sogar noch einmal Rückfrage, um wirklich sicher zu sein, daß sie auch angekommen ist und ein wirkliches «Ja» verdient.

Das Wort «Nein» gehört, wie erwähnt, nicht zum Wortschatz, da es die «Atmosphäre» trübt. Es wird dagegen immer dann gebraucht, wenn man eine verneinende Frage stellt, die im Deutschen entweder mit «Doch» oder aber mit «Nein» beantwortet werden müßte. Auf die Frage «Haben wir das nicht vereinbart?» wird in Asien überall auch dann mit «Nein» geantwortet, wenn nach deutscher Sprachgewohnheit ein «Doch» zu erwarten wäre.

Für bestimmte Situationen bestehen Sprachtabus. Dies ist etwa der Fall während der Feiern zum chinesischen Neujahrsfest, dessen Verlauf schicksalhaft für das ganze bevorstehende Jahr zu sein pflegt – zumindest ist dies der allgemeine Glaube. Niemand würde an diesem Tag die Silbe «guan» in den Mund nehmen, auch wenn sie in einem ganz harmlosen Zusammenhang steht. Guan hat nämlich u. a. auch die Bedeutung von «Sarg». Umgekehrt werden gerne die Laute «fu» und «lu» verwendet: Fu bedeutet sowohl Fledermaus als auch Glück, lu sowohl Hirsch als auch Reichtum. Fledermäuse und Hirsche sind deshalb auch in der Kunst beliebte Darstellungsgegenstände. Zur Gemeinschaftlichkeitsbeschwörung gehört auch der richtige atmosphärische Gebrauch der Sprache. Für einen Japaner erscheint es durchaus unverständlich, daß europäische Idiome zwar äußerst präzise sind, was die Zeit, den Modus oder das Genus anbelangt, daß sie aber andererseits so wenig auf den jeweiligen gesellschaftlichen Kontext eingehen, daß man also beispielsweise lediglich «ich» sagt und nicht etwa «ich als Mann» oder «ich als Frau» und daß das Wort «sein» nicht im geringsten ausdrückt, ob es als «höflich seiend» oder «weniger höflich seiend» gemeint ist. Europäische Sprachen (und Sprecher) vermitteln aus dieser Sicht also nur Sachlogik, nicht aber Situationslogik, nur Sprachinhalt, nicht aber «Sprecherinhalt». Für einen Japaner ist es unter diesen Umständen ziemlich schwer, über den eigenen kulturellen Schatten zu springen. Zwar vollzieht er die westlichen Spielregeln mit, um sich aber anschließend noch bewußter in sein Japanertum zu verkriechen. Kein Wunder, daß Japaner(innen), die jahrelang im Ausland waren, sich nach ihrer Rückkehr eifriger dem «Tee-» oder «Blumenweg» widmen als Landsleute, die immer zu Hause geblieben und nie mit den westlichen Zumutungen konfrontiert gewesen sind.

Während es in Europa als Zeichen besonderer Aufmerksamkeit gilt, den Namen des Gesprächspartners möglichst häufig zu nennen, wird diese Gewohnheit in Asien als störend empfunden und dient ganz gewiß nicht der «Gemeinschaftlichkeit». Namen gelten hier nach wie vor als Persönlichkeitsbestandteile, die, wenn sie in den Besitz übelwollender Animae geraten, für ihren Besitzer zum Einfalltor von Mißgeschicken aller Art werden können. Aus diesem Grunde auch gibt man den Namen so wenig wie möglich preis. Dies gilt vor allem für Kinder, die als ganz besonders gefährdet gelten.

Ruft also eine koreanische Mutter ihr Kind mit «Hundedreck», so bedeutet dies lediglich, daß sie unheilvolle Mächte vom Nachwuchs ablenken möchte; denn wer interessiert sich schon für Hundedreck! In der chinesischen, vietnamesischen oder koreanischen Welt bezieht sich diese Preisgabescheu weniger auf den Haupt- (und damit Allerwelts-) als vielmehr auf den «Vornamen», dessen Verwendung nur einem ganz kleinen Personenkreis gestattet ist. Aber auch beim Nachnamen empfiehlt sich Zurückhaltung. Im allgemeinen ist man gut beraten, es bei der Anrede «Abteilungsleiter», «Oberst» oder «Leitender Ingenieur» zu belassen.

Drittens hat Sprache eine Identifizierungsfunktion, die sich hauptsächlich mit der Namensgebung verbindet. In den metakonfuzianischen Gesellschaften haben Namen allerdings, ganz im Gegensatz zur hinduistischen Welt, wenig soziale Aussagekraft. Eher geben sie Hinweise auf den Bildungsstand der Eltern. Wer seine Tochter «Meili» («die Schöne») nennt, beweist im Zweifel weniger literarischen Spürsinn als wer sie beispielsweise «Lijun» («Schöne Herzogin») nennt.

Familien(besser Stamm)-Namen stehen in China, Japan und Korea an erster, in Vietnam dagegen an letzter Stelle des (zumeist) dreiteiligen Namens. Das Chinesische kennt etwa 350 bis 400, das Koreanische und das Vietnamesische dagegen nur etwa 250 Familiennamen, wobei in Korea nicht weniger als 22% Kim («Gold») heißen. Der chinesische «Meier» heißt Wang («König»), Li («Pfirsich») oder Chen, der japanische «Dupont» heißt Yamada («Bergfeld»), Watanabe oder Ishibashi («Steinbrücke»), der koreanische oder vietnamesische «Smith» dagegen Kim, Lee, Park und Choi bzw. Vu, Tran, Le oder Hung.

Die «Vornamen» (besser: individualisierenden Namen) bestehen zumeist aus einem Doppelwort, etwa Jianguo («Staatenerrichter») – ein typischer Männername – oder Xiaoxia («Lachende rosige Wolke»). Ob hinter einem Namen eine Frau steckt, läßt sich besonders leicht im Japanischen erkennen, wo dem Mädchennamen in aller Regel ein «ko» («Kind», z.B. Hanako: «Blumenkind») angehängt ist, oder aber im Vietnamesischen, wo zumindest früher ein «Thi» (Wunschwort für «Zahlreiche Nachkommenschaft») als Mittelteil des Namens üblich war, während bei Knaben im Mittelnamen häufig ein «Van» (wörtl. «Literatur» als Wunschwort für «Guten Erfolg bei der Staatsprüfung») auftauchte. Außerdem erhalten Mädchen häufig Eigennamen mit «blumigen» Bezeichnungen wie «Chrysantheme», «Rose», «Frühling» oder Symbole weiblicher Tugenden, vor allem aber das Attribut «Phönix» (chin.: feng, vietn.: loan). In Knabennamen kommen demgegenüber meist Bedeutungsträger wie «Tugend» (chin.: de, vietn.: duc), «Bescheidenheit», «Kraft«, «Mut» oder aber «Drache» vor.

Der Familienname bleibt das ganze Leben durch erhalten, während der «Vorname» mit der Adoleszenz verändert werden kann, indem der Betreffende entweder einen sogenannten «Pinselnamen» oder aber, wie in jüngster

Vergangenheit, einen revolutionären Namen annimmt, so z. B. das chinesi-
sche Politbüromitglied Wan Li («Zehntausend Meilen») oder die langjährige
Nummer zwei in Vietnam, Truong Chinh («Langer Marsch»), oder (Kim)
Ilsung («Aufgehende Sonne»).

Im allgemeinen werden Personen mit ihrem Nachnamen oder einem Zusatz «Herr» (chin.: xiansheng, wörtl. «Früher Geborener») oder aber mit
«Genosse» (z. B. Wang «tongzhi») angesprochen. Im Koreanischen kommt
es darauf an, ob der «Genosse» hierarchisch über oder unter dem Sprechenden steht. Ist er höher angesiedelt, so hat man ihn mit (dem vornehmeren
sino-koreanischen Titel) «Tongji» anzusprechen, im andern Fall mit
«Tongmu». Die Gepflogenheiten der feudalistischen Hierarchie sind auf die
moderne «sozialistische» Gesellschaft bruchlos übergegangen.

Weit verbreitet sind Spitznamen, im Koreanischen z. B. «Dickschädel»
oder «Betonkopf» oder «Yangban», eine zumeist neckend gemeinte Bezeichnung, unter der früher nur Angehörige der Mandarinatsklasse auftraten. Ältere Personen werden häufig mit «Onkel» (Ho Chi Minh z. B. als «Onkel
Ho»), mit «Großvater» oder aber «Großmutter», manchmal auch – wie in
China – mit «Alte ältere Schwester» (laojie) oder «Alter, älterer Bruder»
(laoge) angesprochen, z. B. ein Kellner. Frauen behalten ihren Nachnamen
übrigens auch nach der Verheiratung.

Im hinduistischen Indien gibt es gegenüber dem bisher Gesagten eine
weitaus weniger einheitliche Namensvergabe, weil hier die Kasten/Jati-Dif-
ferenzierung durchschlägt. Um in einer anonymen Großstadt zu erkennen,
welcher Kaste jemand angehört, braucht man nur seinen Namen zu wissen –
und schon hat man im allgemeinen den Schlüssel zu seinem sozialen Schub-
fach. Zwar sind die «Vornamen» allen Schichten und Jatis gemeinsam, doch
die «Familiennamen» signalisieren dann sogleich wieder, welcher Kaste der
Träger angehört. Ein echter Sozialist oder Kommunist ist gut beraten, lediglich unter seinem «Vornamen» aufzutreten, während ein Konservativer eher
den «Familiennamen» betont.

«Vornamen» waren für die unteren Kasten lange Zeit die einzigen Na-
mensbezeichnungen. Heutzutage stehen sie im allgemeinen hinter dem «Familiennamen», falls ein solcher verwendet wird. Die meisten Vornamen entstammen der religiösen Nomenklatur, wobei die zahllosen Ehrennamen der
beiden Hauptgötter Vishnu und Shiva besonders beliebt sind, z. B. «Gopal»
(Vishnu/Krishna als Beschützer der Herden), «Madhusudan» (Riesentöter)
oder – bei Mädchen – «Lakshmi» (Gattin Vishnus), «Parvati» (Gemahlin
Shivas), aber auch «Asha» (Hoffnung) oder «Sulochana» (Schönäugige).

«Familiennamen» erscheinen bei höheren Kasten in der Regel in Form des
Ortsnamens der Clanherkunft, bei den unteren Kasten zumeist in Form der
Berufsbezeichnung[20]. Den Historiker S. Gopal verband mit seinem Vater,
dem Staatspräsidenten S. Radhakrishnan namensmäßig nur das «S.», das
die Initiale des Ortsnamens Sarvepali bildet, auf den diese südindische

Brahmanenfamilie ihre Herkunft zurückführt. In manchen Gegenden, z. B. in Andhra, fügen Brahmanen ihrem Namen noch den Ehrentitel «Rao» hinzu. «Herr S. R. Rao» ist also auf Anhieb als Brahmane zu erkennen, stammt aus einem Ort, der mit einem «S» beginnt, und hat den Vornamen «R», vielleicht also «Ramakrishna». Unterkastenangehörige führen demgegenüber entweder nur einen «Vornamen» oder aber in aller Regel einen zusätzlichen berufsbezeichnenden Nachnamen, z. B. «Mali Gopal» («Gärtner» + Vorname Gopal); statt «Mali» kann es auch heißen «Teli» («Ölpresser»), «Lohar» («Schmied») oder «Desai» («Landrat»), bei königlichen Kasten auch «Singh» («Löwe») – welch letztere Bezeichnung auch zu jedem Sikh-Namen gehört. Die Anrede erfolgt bei den Hochkastenangehörigen mit jenem Namen, den sie ausgeschrieben vorweisen, bei Unterkastenangehörigen dagegen beim Vornamen.

Ähnliche Regelungen gelten für die Angehörigen der alten südostasiatischen Gesellschaften, wo es, nach indischem Vorbild, bis an die Schwelle des 20. Jahrhunderts zumeist nur den Vornamen als «Identifikationsausweis» gab, so z. B. in Thailand und Laos.

Im Gegensatz zur überwältigenden Fülle von «Vornamen» im chinesischen und indischen Kulturbereich beschränken sich die muslimischen Gesellschaften auf einige bekannte Allerweltsnamen (Mohammed, Ali, Hussein, Hassan etc.). Der Ministerpräsident von Malaysia heißt beispielsweise Mohammed Mahathir, wobei dem Namen seit Beginn des hohen Amtes der Ehrentitel «Datuk Seri» vorgeschaltet wird.

6. Raum und Zeit als Kommunikationselemente

Über die verschiedenen Raum- und Zeitbegriffe in Europa und Asien ist oben (S. 199 ff.) bereits gesprochen worden. Diese Unterschiede wirken sich auch auf die Kommunikation aus:

Da ist erstens die grundverschiedene Einstellung zum Räumlichen: Empfindet der Nordeuropäer im allgemeinen ein Bedürfnis nach Abschottung «seines» Raums durch Zäune, Gartenhecken, «geräuscharme» Wände und solide Türen, ja manchmal Doppeltüren, wünscht er außerdem weite Gesprächsabstände und verabscheut er nicht zuletzt körperliche Berührungen, so ist in Asien Zusammenleben auf engstem Raum und «Offenheit» der Wohnungen die Regel, sei es nun im wohlhabenden Japan mit seinen hellhörigen Häusern oder im armen Indien – gar nicht zu reden von Südostasien, wo die tropischen Temperaturen ein übriges tun, um die räumlichen Distanzen schmelzen zu lassen. Überall herrscht hier drangvolle Enge, nirgends gibt es «privaten Raum», und Isolation ist hier ein Fremdwort. Mit zunehmender Enge wächst die soziale Kontrolle und der Bedarf an gegenseitiger Rücksichtnahme. Der «einsame alte Mensch» ist hier eine extreme Ausnahmeerscheinung, andererseits gibt es aber auch keine Rückzugsmöglichkeiten in eine «private Sphäre».

Ein zweiter fundamentaler Verhaltensunterschied ergibt sich aus einem grundlegend verschiedenen Zeitverständnis, insofern der Nordeuropäer nämlich, um hier einen Ausdruck von Hall[21] zu benutzen, ein «Zeiteinteiler», der Durchschnittsasiate dagegen ein «Zeitzerteiler» ist. Der Deutsche neigt dazu, sein Pensum in sukzessive Abschnitte aufzuteilen und es Schritt für Schritt zu erledigen; er geht hierbei, wie man sagt, «in seiner Arbeit auf» und fühlt sich durch Besucher aller Art schnell gestört. Asiaten dagegen haben selten etwas gegen Unterbrechung ihrer Arbeit einzuwenden. Für sie ist Kommunikation und Beziehungspflege wichtiger als die Erledigung dieser oder jener Teilarbeit. Sie leben inmitten dichtgeknüpfter Informationsnetze und sind deshalb auch wesentlich besser über Hintergründe ihrer Umwelt informiert als Deutsche. Überall hat in Asien das Zwischenmenschliche «Vorfahrt» – was zählen demgegenüber Tagesordnungen und Pläne? Nicht zuletzt deshalb sind stundenlange Arbeitsessen, bei denen man zweckmäßigerweise nicht über Geschäfte spricht, von großer Bedeutung. Hier ist man Mensch, hier darf man's sein, und hier auch soll man sich persönlich schätzenlernen. Menschliche und nicht etwa Funktionsbeziehungen gelten überall als Salz gesellschaftlichen Verhaltens.

Das unterschiedliche Zeitgefühl äußert sich übrigens nicht nur darin, daß man in Asien mehr Zeit für einander hat, sondern es kommt auch in einer anderen kommunikativen Dimension, nämlich in der Kunst, zum Ausdruck – sei es nun in der Malerei (man denke an den ostasiatischen «Eineckstil»), an die ewig fortlaufenden Skulpturenfriese des Buddhismus, an die endlosen Kalligraphien des Islam oder aber an die Musik: Balinesische oder javanische Gamelan-Musik oder aber indische Ragas scheinen die Zeit stillstehen zu lassen. Hier gibt es kein Voranschreiten im Andante oder Allegro, sondern ein häufiges meditatives Verweilen bei einem einzigen Ton. Sich nie von der Uhr versklaven lassen – dies ist ebenfalls ein Stück asiatischer Lebensphilosophie.

Dritter Teil

Wertewandel oder Werteeinbruch?

I.
Wertesystem und politische Kultur besitzen keinen Ewigkeitscharakter

Werte sind geschichtlich gewachsene Vorstellungen von dem, was die Mehrheit einer Gesellschaft als «normal» und als wünschenswert empfindet. Als historische Erscheinungen sind sie einem dauernden Wandel unterworfen, so daß die Frage hier nicht sein kann, ob die überkommenen asiatischen Vorstellungen sich verwestlichen müssen, sondern vielmehr wie schnell hier eine Annäherung geschieht und vor allem wie sich diese Anpassung vollzieht.

1. Die Frage nach der Geschwindigkeit des Kulturwandels

Die Suche nach Bewahrung der nationalen, gesellschaftlichen und soziokulturellen Eigenart ist, wie bisherige Erfahrungen in der Dritten Welt zeigen, zumeist brisanter und politischer als etwa die Auseinandersetzung um den objektiv ganz gewiß nicht weniger wichtigen Kurs des Wirtschaftsaufbaus. Auch die asiatischen Gesellschaften stehen heute vor der Frage, wie sie die schwierige Wegstrecke zwischen den beiden Polen Tradition und Moderne am besten ansteuern. Sollen sie sich am Anker der Vergangenheit festketten oder den Hals-über-Kopf-Sprung in die Moderne wagen, oder sollte am Ende nicht ein mittlerer Kurs ratsamer sein? Für alle drei Varianten gibt es inzwischen Schulbeispiele. Wer, wie der Birmane U Nu, die Moderne zugunsten der Tradition auszuschließen versucht, läßt sein Land hoffnungslos in Rückstand geraten; wer andererseits die Tradition ausradieren will und alles auf die Karte der Modernität setzt, wie das ehemalige Schah-Regime in Persien oder aber der Maoismus in China, muß riskieren, daß die Vergangenheit ihn schnell wieder einholt. Noch immer gilt: Je identitätsgefährdeter, desto rückfallträchtiger! Reaktionen können sich in extrem linker oder extrem rechter Form äußern, sie können aber, sobald sie sich etwas abgekühlt haben, auch als Reformimpuls wirken: so in China nach Mao!

Drei Überlegungen sprechen dafür, daß in Asien heute der Mittelweg beschritten und daß dabei eher ein Schnecken- als ein Eiltempo eingeschlagen wird.

a) *Extreme Widerstandsfähigkeit der Traditionen*

Jedes Land und jeder Kulturkreis entfaltet unterschiedliche Selbsterhaltungskräfte, die, so möchte man spontan meinen, vom jeweiligen Alter der Tradition, von der Größe des Territoriums und von der Exponiertheit gegenüber dem Westen abhängen. Bei näherem Hinsehen zeigen sich allerdings durchaus andere Ergebnisse.

So scheint z. B. das Alter der Tradition wenig Einfluß auf die Widerstandsfähigkeit zu haben. Indien und China hatten beide eine rund 4000 Jahre lange kontinuierliche Tradition hinter sich, ehe sie dem Westen «begegneten», und doch konnte Indien von den Briten verhältnismäßig leicht in Besitz genommen werden, während China, das doch in den letzten Jahren der Mandschu-Dynastie nicht weniger hinfällig zu sein schien als Indien am Ende der Moghulzeit, sich als höchst widerborstig erwies. Allerdings gilt dieser Unterschied nur für die Politik, nicht jedoch für die Kultur; hier erwiesen sich beide als gleichermaßen souverän.

Auch die Größe des Territoriums sagt nicht unbedingt etwas über die Abwehrfähigkeit aus. Zwar liegt es auf der Hand, daß kleine Gebiete wie Ceylon, Malaysia, Kambodscha oder Laos leichter zu durchdringen waren als Riesengebiete vom Ausmaß Indonesiens, Indiens oder Chinas. Doch genügte bei diesen Mammutterritorien oft schon eine Teilbesetzung, um das Ganze unter Kontrolle zu bringen. So konzentrierten sich z. B. die Niederländer fast 300 Jahre lang nur auf Java und begannen erst im späten 19. Jahrhundert auch den «Rest» des indonesischen Archipels unter koloniale Vorherrschaft zu bringen. Kulturell freilich blieb sich das am längsten beherrschte Gebiet, nämlich Java, am treuesten.

Auch bei der Frage, wie lange ein Land der fremden Kultur ausgesetzt ist, erlebt man Überraschungen. So waren beispielsweise Ceylon, Java und Indien besonders lange Zeit kolonial beherrscht gewesen und haben trotzdem ihre Eigenart viel weniger verloren als andere nur kurzzeitig kolonisierte Gebiete wie Singapur oder die so rasch christianisierten malaiischen und indochinesischen Randkulturen.

Für die Fähigkeit, die Identität zu bewahren, müssen also andere Faktoren ausschlaggebend sein als das Alter der Tradition, die Größe des Territoriums oder aber die Dauer der Kolonialherrschaft. Man muß hier auf innere Strukturen achten, nämlich auf den Zusammenhalt der Gruppen an der Basis, auf die Effizienz der zentralen Kontrolle und auf die Gemeinsamkeit der Werte, wobei die beiden ersten Mechanismen eher der Abwehr politischer Beherrschung, die Wertegemeinsamkeit dagegen der Verteidigung gegen Einbrüche ins soziokulturelle System dienlich sind. So gesehen verwundert es nicht weiter, daß die säkular orientierten Kulturen mit homogener Bevölkerung, vor allem Korea, China und Vietnam, den kolonialen Übergriffen weitaus besser standhalten konnten als sakral ausgerichtete Gesellschaften mit heterogener Bevölkerung, wie z. B. Indien, Ceylon, Laos, Kambodscha oder Birma. Allerdings ist hier erneut zu betonen, daß auch die kolonisierten Völker letztlich nur ihre politische Unabhängigkeit, nicht dagegen ihr Wertesystem verloren haben – zumindest nicht durch die Kolonialherrschaft: Was in Jahrhunderten oder Jahrtausenden gewachsen ist, kann nicht von einem auf den anderen Tag verschwinden.

b) Die Instrumentalisierung von Traditionen als ihre Chance

Vor allem die drei Indochinastaaten liefern ein Musterbeispiel dafür, wie gefährlich es ist, mit der Tradition auf Konfrontationskurs zu gehen, und wie verhältnismäßig reibungslos andererseits gewisse Ziele durchsetzbar werden, wenn man die Tradition vor den Wagen der eigenen Vorstellungen spannt. Was es heißt, die gesamte Vergangenheit ausradieren und dem Neuen durch völlige Zerstörung des Alten zur Geburt verhelfen zu wollen, haben die Roten Khmer erfahren müssen. Der passive Widerstand der Bevölkerung war so stark, daß eine Rückkehr der Khmers Rouges an die Macht überhaupt nur Hand in Hand mit buddhistischen Wertvorstellungen erfolgen könnte.

Wie leicht andererseits neue Ziele im Gewande alter Vorstellungen zu realisieren sind, haben die kommunistischen Pathet Lao demonstriert, deren «synkretistischem» Geschick es gelang, der Bevölkerung lange Zeit marxistische Denkweisen im Gewande buddhistischer Begriffe zu «verkaufen». Der traditionelle Begriff «kaona», der in der Tradition so viel wie geistige Erbauung bedeutet, wurde z. B. für die Verinnerlichung von Partei- und Regierungsparolen instrumentalisiert. «Sati», früher gleichbedeutend mit Meditation, wurde von den Kommunisten zur «revolutionären Wachsamkeit» umgedeutet, und sogar der Zentralbegriff «Karma» erhielt eine neue Schattierung, insofern nämlich den Mönchen unter dem Siegel des «Verdienstesammelns» soziale Aufgaben als Krankenpfleger oder Gärtner zugewiesen wurden. Der Pathet Lao versäumte auch nicht, auf die Ähnlichkeit zwischen dem Sangha und der LRVP (Laotischen Revolutionären Volkspartei) hinzuweisen: Beide seien Hüter der «Wahrheit» – hier des Buddhismus, dort des Leninismus; beide hätten eine Hierarchie unabhängig von den Regierungsinstitutionen aufgebaut – hier vom Königshaus und der Aristokratie, dort von der Regierung in Vientiane und ihrer Bürokratie. Beide auch hätten sich unmittelbare Verdienste um die laotische Gesellschaftsbasis erworben, wobei allerdings die LRVP insofern erfolgreicher gewesen sei, als sie auch die Minoritäten in die gemeinsame Sache habe mit einbeziehen können.

Man mag über solche Gleichsetzungen von Berufsrevolutionären und Berufskonservativen sowie von Klassenkämpfern und Toleranzvertretern die Nase rümpfen. Tatsache bleibt am Ende, daß selbst kommunistische Parteien es für nötig halten, mit dem Buddhismus Kompromisse zu schließen und sich manchmal sogar seiner Wortregelungen und seiner Rituale zu bedienen[1]. Auch die Regierung der VR Kampuchea, deren führende Mitglieder früher mehrheitlich dem Khmer Rouge angehört hatten, untermauern ihren Legitimitätsanspruch seit 1979 u. a. durch Förderung des Buddhismus[2].

Ebenso haben es die birmanischen Kommunisten eine Zeitlang verstanden, marxistische Inhalte in buddhistische Terminologie zu kleiden. «Klassenlose Gesellschaft» beispielsweise wurde mit einem Begriff wiedergegeben, der dem traditionellen innerweltlichen Nirvana entspricht; «Streik» wurde gleichgesetzt mit einem Terminus, der so viel wie «Umdrehen der Reisschale» bedeutet, d. h. die Weigerung eines Mönches, von einem bestimmten Laien Gaben anzunehmen[3]. Der Marxismus erscheint in den Darstellungen linker birmanischer Ideologen als «niedere Wahrheit» des Buddhismus, die einem durchaus religiösen Anliegen diene, nämlich der Bereitstellung irdischer Güter, auf die gestützt es dem meditationswilligen Gläubigen möglich sei, sich nun ganz höheren Zielen zu widmen: Marxismus sozusagen also als Bestandteil des «Ashoka-Laienbuddhismus»! Auch die vietnamesischen Kommunisten verstanden es, traditionelle Vorstellungen für ihre Zwecke nutzbar zu machen. Ho Chi Minh beispielsweise präsentierte sich den Bauern als Vollzieher des «tianming», d. h. des «Himmelsauftrags». Ferner wurden die neuen Genossenschaften, wie Paul Mus in seiner «Sociologie d'une guerre» nachweist, als organisatorische Fortsetzung jener traditionellen Dorfgemeinde hingestellt, die immer schon um die Kultstätte des Dorfgottes herum angesiedelt war. Die Kader erschienen als Vertreter von Geheimgesellschaften, die im Laufe der Jahrhunderte immer wieder zu Führern gerechtigkeitssuchender bäuerlicher Protestbewegungen gegen das Mandarinat geworden waren. Sollten sich ferner die drei traditionellen Sehnsüchte nach «langem Leben, Glück und Reichtum» nicht am wirkungsvollsten mit Hilfe sozialistischer Methoden erreichen lassen?

In Birma sowie im theravadabuddhistischen Ceylon traten Staatsmänner wie U Nu und Solomon Bandaranaike als Verkörperungen des (künftigen) Buddha Maitreya auf. In Indonesien wurde verschiedene Male der Ratu-adil-Mythos neubelebt (Ratu = König, adil = gerecht). Unter der Herrschaft des «Gerechten Königs» werde Milch und Honig fließen. Alles geschehe unter seiner Herrschaft gleichsam von selbst. Er brauche seine Stimme nicht zu erheben, um sich Gehör zu verschaffen. Von ihm gehe der «sanfte Befehl» aus, dem alles «Grobe» abgehe[4]. Hier, in der Königsidee, finden sich zwei javanische Grundbegriffe wieder, nämlich «alus» (sanft, elegant, höflich, einfühlsam, unaufdringlich) und «kasar» (grob im Sinne von Disharmonie, Unausgeglichenheit, Häßlichkeit und mangelnder Selbstkontrolle). Eine königliche Gestalt wie der edle Arjuna ist, nach Magnis-Suseno[5], «dermaßen alus... und von innerer Kraft erfüllt», daß die Riesen, die im Schattenspiel vor ihm herumtoben, sich die Haare ausraufen, Erde fressen und Purzelbäume schlagen, keinen Augenblick an ihn herankommen.

«Mit einer gleichsam verächtlich geworfenen Bewegung seines Armes stößt er schließlich einen Dolch in den Riesen.»

Als «alus-hafte» Verkörperung eines «gerechten Königs» verstand sich auch Ahmed Sukarno: Freilich sorgte er nicht für Milch und Honig, sondern hinterließ eine in allen Fugen ächzende Wirtschaft. Auch moderne Cartoons und zeitgeschichtliche Denkmale in Indonesien verwenden bei jeder sich nur bietenden Gelegenheit traditionelle Symbole, vor allem aus dem reichen Fundus des Wayang-Schattenspiels, um so in den Köpfen der Bauernbevölkerung Legitimitätszustimmung hervorzurufen[6].

Wo selbst die als Vorkämpfer des Fortschritts auftretenden kommunistischen und nationalistischen Parteien nicht ohne die alten Symbole auskommen zu können glauben, besitzt die Tradition offensichtlich Lebenskraft!

c) Unterschiedliches Wandlungstempo bei primären und sekundären Werten

Besonders bei politisch geteilten Kulturnationen wie den beiden Koreas oder den beiden Chinas wird deutlich, daß sich innerhalb weniger Jahrzehnte zwar differierende «Sekundärwerte» herausentwickeln können, daß die «primären» Werte jedoch von der Spaltung nahezu unberührt bleiben. In Korea beispielsweise lassen sich bei den «sekundären» Maßstäben dreierlei Sonderentwicklungen feststellen: Der Legitimitätsbeweis wird in Südkorea mit der wirtschaftlichen Leistungsbilanz, in Nordkorea dagegen mit dem «koreanischen» Identitätserfolg im Zeichen des «Chuche» (Eigenständigkeitskurs) angetreten. Was die Verteilung des Erarbeiteten anbelangt, so erfolgt sie in Südkorea nach Leistungs-, in Nordkorea dagegen eher nach egalitären und politischen Gesichtspunkten. Die Machtnachfolge schließlich wird in Südkorea, sieht man einmal von den Zeiten der Militärherrschaft ab, eher im Zeichen des Contrat-social-Denkens, in Nordkorea dagegen nach marxistisch verbrämten «Himmelsmandats»-Kriterien geregelt.

Lenkt man das Auge nun auf die «primären Werte», die den Kern des (gesamt-)koreanischen Volkscharakters ausmachen, so haben sich seit 1945 keine wesentlichen Verschiebungen ergeben – man denke an das Kibun («Atmosphäre» – ein Zentralbegriff der koreanischen Verhaltenslehre), an die nun schon mehrere Male erwähnte «Schamkultur», an den emotionalen Personalismus (der Durchschnittskoreaner zeigt eher offene Zuneigung oder ist schneller zu begeistern als ein Japaner oder Chinese, er fährt jedoch andererseits auch schneller aus der Haut) sowie nicht zuletzt an die höchst ausgeprägte Sprache und an die künstlerische Überlieferung. Zu den Primärstrukturen, die sich in ihrer kulturspezifischen Eigenart ferner lange zu halten pflegen, gehören darüber hinaus das Raum-, Zeit-, Konflikt- und Kommunikationsverständnis. Umgekehrt pflegen sich dörfliche Brauchtümer schnell zu verflüchtigen, sobald sie mit städtischen Milieus in Konflikt geraten.

2. Das «Wie» des Kulturwandels

Der Wertewandel vollzieht sich heutzutage vor allem in den modernen Schulen und in den Streitkräften, nicht zuletzt auch im Umgang mit westlichem Fernsehen sowie mit moderner Technologie. Nur einen marginalen Einfluß andererseits hat der so häufig gescholtene Massentourismus, dessen Nutzen und Schaden sich in einem Satz zusammenfassen lassen: Er bringt Devisen (allerdings, da auch das Ausland mitverdient, lediglich mit einer Sickerrate), schafft Arbeitsplätze und trägt zur Erhaltung «sehenswerter» Traditionen bei, er fördert aber andererseits auch Bettelei, Prostitution und Kriminalität, läßt auf kleinstem Raum das Nord-Süd-Gefälle spürbar werden, stellt ungewollt einheimische Sittenvorstellungen in Frage und trägt dazu bei, die Vielfalt altehrwürdiger Traditionen fotogerecht auf Nippesformat zu reduzieren. Mit alledem berührt er freilich nur Randzonen.

Zentraler Ansatzpunkt für den Wandel von unten wäre theoretisch der Schulunterricht. Hier freilich zeigen sich überall Tendenzen zur Selbst- und damit Rückbesinnung, vor allem in den metakonfuzianischen Ländern, wo etwa ein Drittel des Unterrichts auf Lehrfächer entfällt, die zwar mit so verschiedenen Überschriften wie «Gemeinschaftskunde», «Ethik», «Religion», «Gesellschaftswissenschaft» o. ä. versehen sind, die aber alle mehr oder weniger auf dasselbe hinauslaufen, nämlich auf eine subtile Vergangenheitsbeschwörung. Es wird auch nach wie vor viel auswendig gelernt, vor allem Traditionsstoff. Auf der Fahrt in die Moderne legen die meisten asiatischen Gesellschaften also nur einen niedrigen Gang ein und drücken häufig auf die Bremse.

3. Der inhaltliche Wandel

In der Auseinandersetzung mit der europäischen Herausforderung wurde die Geschichte der asiatischen Kultur zu einem Selbsterfahrungsprozeß, der zwischen Verwestlichung und Rückkehr zur eigenen Tradition verläuft. Die daraus hervorgehende «Verschichtung» ist unter II. zu beschreiben.

II.
Kulturwandel in Richtung «Verschichtung»

Bereits unter dem Stichwort «Grundbedürfnisstrategie» (S. 173 ff.) wurde ausgeführt, daß es Ziel jeder wirklich echten «Entwicklung» sein müsse, die Europa-Schablone zu vermeiden und autochthone Anpassungslösungen hervorzubringen. Da die bodenständigen Traditionen auf absehbare Zeit wohl kaum verschwinden (selbst im hochtechnisierten Europa gibt es ja bekanntlich noch zahlreiche kulturelle Schattierungen), kommt es voraussichtlich eher zu einem Verschichtungs- als zu einem Verschmelzungsprozeß. «Verschmelzung» läuft auf ein Entweder-Oder hinaus, bei dem Alt und Neu im Sinne eines Systemziels gleichermaßen umgeformt werden, während bei der «Verschichtung» das Sowohl-Als-auch dominiert – mit der Folge, daß die einzelnen Traditionen oft unvermittelt übereinander eingebaut werden und in dieser Zusammensetzung nicht unbedingt «logisch» wirken. Die Verschichtungsmethode hat vor allem im Zeichen des Hinduismus eine uralte Geschichte, in deren Verlauf sich Tradition auf Tradition stapelte, ohne daß je etwas verlorenging oder als «überholt» betrachtet wurde. Als Folge der Übernahme hinduistischer Vorbilder haben sich auch in Südostasien ähnliche Verschichtungsgewohnheiten durchsetzen können.

Weitaus weniger «verschichtungsfreundlich» sind die konfuzianischen Kulturen: Die Mandschuren, die China von 1644 bis 1911 beherrscht haben, mußten diese Dominanz mit einem hohen Preis zahlen, nämlich mit dem Verlust ihrer völkischen Identität. Wie sehr die heute rund 2,6 Millionen Mandschuren «han-isiert» worden sind, zeigte sich bei einem «Kongreß zur Rettung der mandschurischen Sprache» im Oktober 1981, der feststellen mußte, daß in ganz China nur noch neun Personen das Mandschurische beherrschen[7]. Demgegenüber wurden die Minderheiten in Südostasien oder Indien nicht «verschmolzen», sondern lediglich «verschichtet», d.h. in ihrer soziokulturellen Identität belassen.

Die hier im Hinblick auf China gemachte Verschmelzungsaussage muß freilich nicht bedeuten, daß China nicht auch zur «Verschichtung» fähig wäre. In welcher Richtung dies geschehen kann, soll anhand einiger südostasiatischer Beispiele illustriert werden:

Religions-Verschichtung: Ein Besuch im buddhistischen Wat Po in Bangkok zeigt in für einen europäischen Besucher höchst eindrucksvoller «Unschuld» die völlig unproblematische Koexistenz von Buddhafiguren, hinduistischen Lingas, Geisterhäuschen und Wahrsageinstitutionen. In Birma wird die Hochreligion des Buddhismus mit den vorbuddhistischen Nat-Kulturen in «arbeitsteiliger» Weise zusammengewürfelt: Um ins Nirvana einzugehen, muß man Wohltaten üben, zu denen man freilich wiederum nur imstande ist, wenn man über genügend freie Mittel verfügt. Warum hier nicht die Nats um Wohlstandsbeihilfe bitten! Zu mühelosen Verschichtungen kommt es auch im Hinduismus, dem ja bekanntlich sämtliche Religionen als Heilswege geeignet erscheinen, wenngleich er zwischen höheren und etwas schlichteren Wegen unterscheidet. Sogar die monotheistischste aller Religionen, der Islam, mußte sich in Südostasien animistisch-hinduistische Hinzufügungen gefallen lassen. Man bekennt sich zwar zu Allah als dem einzigen Gott, läßt sich dadurch aber keineswegs davon abhalten, auch den Geistern der Türpfosten, der Bäume, Seen oder Berge Opfer zu bringen. Man leistet zwar die fünf täglichen Andachtsübungen, verfällt dabei aber gerne in mantra-ähnliche Gebetsübungen. Ein Höhepunkt synkretistischer Entwicklungen wurde bei den zwei neuen Religionen Südvietnams, dem Cao Dai und dem Hoa Hao, erreicht. Die 1926 gegründete Cao-Dai-Religion ist Sammelbecken fast aller wichtigen in Asien heimischen Religionen und Nationalmythen: Hier geben sich die Heroen Vietnams, aber auch Konfuzius, Lao Zi, der Katholizismus und der Buddhismus die Hand. Die Anhänger der Hoa-Hao-Bewegung unterscheiden sich von den Caodaiisten durch ihren eher «protestantischen» Charakter: Sie lehnen aufwendige Tempelkulte und -bauten, Kirchenbürokratie und byzantinische Zeremonien ab. Das einzige, was für sie zählt, ist verinnerlichter Glaube. Im Gegensatz zum Caodaiismus opfern sie auch nicht den Geistern, wohl aber dem Buddha, den Ahnen und den Nationalhelden. Selbst hier gibt es also ein vielfältiges Neben- und Übereinander.

Soziale Verschichtung: Klassisches Beispiel hierfür ist das durchaus konfliktgeladene Nebeneinander von «Communities» in Rangun, Singapur, Bangkok, Phnom Penh und Manila – gar nicht zu reden von Malaysia. Neben den bäuerlich wirkenden Kampongs der Bumiputra gibt es dort die Chinatowns mit ihrer drangvollen Enge und ruhelosen Geschäftigkeit sowie die indischen Viertel mit ihren von grellbunten Götterfiguren überwachsenen und von Weihrauch umkräuselten Tempelgebirgen. Auch in der Lebensweise gibt es ein scharf abgestuftes Nebeneinander, vor allem zwischen den drei Communities in Malaysia (dazu S. 85 f.). Von Furnival wurde dieser Tatbestand mit dem etwas unglücklichen Ausdruck «plural society» umschrieben – unglücklich deshalb, weil es sich lediglich um eine Pluralität von Communities, keineswegs jedoch, wie es der Begriff assoziiert, um eine pluralistische Gesellschaft handelt. Besonders kraß zeigte sich die Verschichtung im alten Phnom Penh, wo es französische, vietnamesische, indische und autochthone Khmer-Viertel gab und wo auch zahlreiche Ladenaufschriften viersprachig gehalten waren – ein Tatbestand, der von den Khmers Rouges als unzumutbar betrachtet und durch Liquidierung der Ausländer (vor allem der Auslandsvietnamesen) in brutaler Form beseitigt wurde – sehr zum Schaden Kambodschas, wie sich bald herausstellte; denn Verschichtung ist ein kulturgeschichtlich gesehen «natürliches» Phänomen in Südostasien, dessen Beseitigung nur zu «unnatürlichen» Konsequenzen führen kann.

Als weiteres Beispiel eines unvermittelten Nebeneinander sei hier die friedliche, aber keineswegs juristisch befriedigende Koexistenz von Shariah und Adat erwähnt, wie sie oben (S. 119f.) beschrieben wurde.

Verschichtung in der Politik: Als Beispiele seien hier NASAKOM, ASEAN und ZOPFAN angeführt: NASAKOM war ein Konzept Sukarnos, in dem drei auf den ersten Blick miteinander unvereinbare politische Richtungen, nämlich Nationalismus, Islam («Sarekat») und Kommunismus, miteinander verquickt wurden. ASEAN sollte fünf (später sechs) südostasiatische Staaten, die z. T. keinerlei historische Gemeinsamkeiten aufweisen können, zu einem Regionalbündnis zusammenschweißen – und hat diese Aufgabe bisher in überraschend harmonischer Weise gelöst. ZOPFAN schließlich soll alle zehn Staaten Südostasiens im Zeichen des Dreiklangs Kooperation, Neutralität und Neutralisierung durch die Großmächte zu einer Art «Super-Österreich» in Südostasien zusammenschweißen – und dies bei Staaten, von denen drei marxistisch, sechs aber prononciert antimarxistisch ausgerichtet sind! Kein Zweifel gleichwohl, daß dieser (1967 entworfene) Regionalisierungsplan – unter der einen oder anderen Bezeichnung – eines Tages Gestalt annehmen wird.

Eine echt «südostasiatische Lösung» schlug das malaysische Außenministerium am 9. April 1985 für die Lösung der Kambodscha-Frage vor. Da die beiden einander auf dem Schlachtfeld bekämpfenden Rivalen damals nicht zusammenkommen konnten (weil sie sich sonst gegenseitig anerkannt hätten), trotzdem aber zusammenkommen mußten (weil dem Leid der Bevölkerung ein Ende gesetzt werden sollte), brachte Kuala Lumpur einen typischen Sowohl-als-auch-Vorschlag, der unter der Bezeichnung «Proximity Meeting» («Beinahe-Treffen») stand. Die Gegner sollten sich zwar an einem bestimmten Ort in Asien zu Gesprächen treffen, jedoch nicht am selben Tisch, sondern in einander benachbarten Räumen, wobei ein neutraler Vermittler die Boten- und Moderatorenfunktion übernehmen sollte. Beide Seiten sollten also zusammenkommen und doch nicht «zusammenkommen», miteinander sprechen und doch nicht «miteinander sprechen»[8]. Hier zeigte sich erneut, daß ein «Entweder-Oder» dem südostasiatischen Denken fremd ist.

Verschichtung in der Kunst: Auch hier gibt es, wie bereits oben beim Wat-Po-Beispiel angedeutet, schier unerschöpfliche Kombinationsmöglichkeiten. Besonders charakteristisch der indonesische Batik, der eigentlich islamischen Ursprungs ist, in dem sich aber neben der abstrakten Musterung zunehmend auch hinduistische Motive (Garudas, Königsgestalten aus dem Wayang, traditioneller Lebensbaum) breitgemacht haben. Weitere Beispiele sind der Sultanspalast in Jogjakarta oder der Regierungspalast in Kuala Lumpur – jeder für sich ein Sammelsurium verschiedenster Stileinflüsse.

Daß übrigens auch metakonfuzianische Kulturen zur Verschichtung fähig sind, hat Japan bewiesen, das vor allem in den vergangenen Jahren «im Bauch» um so japanischer wurde, je mehr Hirn und Hände nach westlichen Mustern zu funktionieren hatten.

Folgende Thesen lassen sich nach alledem im Hinblick auf die weitere «Begegnung» zwischen asiatischem und westlichem Wertesystem aufstellen:

These Nr. 1: Nicht Verschmelzung und Absorption, sondern Verschichtung ist (zumindest mittelfristig) ein geeigneter Weg, um westliche Elemente zu rezipieren, ohne die eigene Persönlichkeit zu verlieren.

These Nr. 2: Nicht das Entweder-Oder, sondern das Sowohl-Als-auch dürfte zur panasiatischen Handlungsmaxime werden. Umgekehrt gibt es auch für die wissenschaftliche Interpretation Asiens nicht einen einzigen Ansatz (z. B. eine «duale» oder «plurale» Erklärung), sondern eine Vielheit von Ansätzen, die allein als solche der nun einmal vorhandenen Vielschichtigkeit Rechnung tragen können. Puristen sind in Asien fehl am Platz.

These Nr. 3: Während Europa ein Nacheinander der Entwicklungen erlebt hat, wobei das Neue im allgemeinen das Alte aufgehoben hat, findet in Asien ein Nebeneinander der Entwicklungen statt: nicht sukzessive Ablösung also, sondern simultanes Beibehalten. Kein Wunder, daß die oben beschriebene klassisch westliche Zuwachsstrategie, die von der Ablösung des Alten durch das Neue ausgeht, bereits im Ansatz verfehlt war. Erst recht mußten die maoistischen oder Pol Potschen Versuche einer totalen Liquidierung der Traditionen scheitern.

«Entwicklungs»-adäquat ist also nicht der «Neubau», sondern der «Anbau». Es muß der Entwicklung durchaus nicht schaden, wenn z. B. China auf der einen Seite mit Vorrang Hochleistungsgebiete errichtet (z. B. das Yangzi-Delta, die 14 Küstenstädte oder die Wirtschaftssonderzonen) und wenn es andererseits bewußt die Landwirtschaft auf verschiedenem – auch dem niedrigsten! – Entwicklungsniveau fördert. Man darf auch getrost mit einem fließend englisch sprechenden Thai rechnen, der trotz aller berufsbedingten «Modernität» jeden Tag noch den Geistern opfert, liebevoll dem buddhistischen Tempelkult nachgeht und astrologiegläubig ist. Ein Ausländer mag mit ihm zwar durchaus zurechtkommen, wenn er ihn als «Westler» behandelt; noch besser freilich kann er sich mit ihm arrangieren, wenn er ihn in seiner «geschichteten» Persönlichkeit erkennt und akzeptiert.

These Nr. 4: Bei der «Verschichtung» handelt es sich nicht etwa um eine Involution, sondern um eine Evolution asiatischer Machart. Während Involution zunehmende Komplizierung, Fortschrittslosigkeit und Stillstand nach sich zieht, bringt die Verschichtung durchaus innovative Elemente mit ins Spiel, insofern nämlich das «20. Jahrhundert» auf die Flöze der vergangenen Jahrhunderte aufgesetzt wird. Die darin zutage tretende logische Unvereinbarkeit ist ein westliches, nicht jedoch ein asiatisches Verständnisproblem.

Anhang

Anmerkungen

Einleitung

1 Systematisch dazu Oskar Weggel, «Der asiatisch-pazifische Mythos» in: Südostasien aktuell, Januar 1986, S. 56–67.
2 Die malerischen Details sind wiedergegeben in «Weltkulturen und moderne Kunst», Katalog der Ausstellung im «Haus der Kunst» anläßlich der Olympischen Spiele in München 1972.
3 Dekker.
4 Benedict 1969, S. 2.
5 Frankfurt/Main 1981.
6 Ausführlich dazu Fritjof Capra, «Wendezeit, Baustein für ein neues Weltbild», Bern-München-Wien 1983; Günther Schiwy, «Der Geist des Neuen Zeitalters. New Age – Spiritualität und Christentum», München 1987.

Asien und «der Westen»

1 Nakamura 1978, S. 21.
2 Magnis Suseno 1981, S. 78 f.
3 Weggel 1987, S. 243 ff.
4 Kirfel, Willibald, «Symbolik des Hinduismus und des Jainismus», Stuttgart 1959, S. 95 ff.
5 Yosida Mitukuni, «The Chinese Concept of Technology» in: Acta Asiatica, Nr. 36, Tokyo 1979, S. 49–66, 58.
6 Magnis Suseno, a. a. O., S. 78.
7 Ebenda, S. 62 ff.
8 Scott 1968, insbesondere S. 75 ff., 89 und 94.
9 Koestler 1961, S. 64.
10 Otto 1972.

Querschnitte durch die asiatischen Gesellschaften und Verhaltensstile

I. Wie asiatische Gesellschaften aufgebaut sind

1 Ausführlich zur Danwei vgl. Weggel, «China 1987», S. 67 ff.
2 Dazu Thomas T. W. Tan, »Voluntary Associations as a Model of Social Change», in: Southeast Asian Journal of Social Science, vol. 14, no. 2, 1986, S. 68–83, hier 72 ff.
3 Embree in: Evers 1980, S. 164–171.
4 Shway Yoe, 1963, S. 52 ff.
5 Masuo Kuchiba 1979, S. 166–169: 1948 lag die Scheidungsrate im Bundesstaat Kelantan sogar bei 93,1 %.
6 Kuchiba, ebenda.

7 Retzlaff 1962, S. 18 f.
8 Ebenda, S. 23.
9 Ludwig Alsdorf, «Indien von der mohammedanischen Eroberung bis zur Gegenwart», in: Waldschmidt, 1950, S. 230 ff.
10 Van de Sand 1973, S. 90 ff.
11 Ebenda, S. 165 ff.
12 Näheres dazu in: Weggel, «Indochina 1987», S. 13 ff.
13 Evers 1980, S. 247–261.
14 So Boonsanong Punyodyana in: Evers 1980, S. 182.
15 1970, S. 217 ff.
16 Das Vertikalitätsprinzip wird vor allem von Nakane 1985 verfochten.
17 Hirschmeier in: Kraus, Louven 1986, S. 134 f., 166, 174.
18 1985.
19 Mouer/Sugimato 1986.
20 Nakane 1985, S. 136 ff.
21 Bericht in: Asiaweek, 25. 5.. 86, S. 27.
22 Hirschmeier, a. a. O., S. 70–72.
23 Näheres dazu in: Wong Si-lun, «Modernization and Chinese Culture in Hongkong» in: China Quarterly, no. 106, June 1986, S. 306–325.
24 Karl D. Jackson in: Jackson, Pye 1978, S. 34 f.
25 Jackson in: Liddle 1973, S. 36.
26 Ebenda, S. 37.
27 Jackson, Pye 1978, S. 343–392.
28 Gary E. Hansen, «Bureaucratic Linkages and Policy-making in Indonesia: BIMAS Revisited» in: Jackson, Pye, a. a. O., S. 322–342.
29 Guthrie 1968.
30 N. Q. Zaman, «Patron-Client-Relations: The Dynamics of Political Action» in: A. P., vol. 11, no. 6, December 1983, S. 607–616.
31 Doi 1985.
32 Ebenda, S. 75.
33 S. 104 ff.
34 Fürer-Haimendorf, 1966.
35 Han 1987, S. 40.
36 Hongqi 1986, Nr. 18, S. 24–27.
37 Segal 1968, S. 136.
38 Blunt 1931, S. 88.
39 Dumont 1970, S. 133.
40 Ebenda, S. 142.
41 Weber 1921, Bd. II, S. 122 ff.
42 Der Terminus stammt von Srinivas 1960.
43 Ebenda, S. 42–62.
44 Maloney 1974, S. 205.
45 Nachweis bei Neelsen 1976, S. 70 f.
46 Ebenda, S. 73 mit Nachweisen.
47 Ebenda, S. 72; für städtische Berufe vgl. Kantowsky 1972, S. 163 mit Nachweisen.
48 Rothermund 1979, S. 302 ff.
49 Nakane, a. a. O., S. 60.
50 Oskar Weggel, «Der Vielvölkerstaat Vietnam», in: Südostasien aktuell, März 1986, S. 162–171.
51 Rama Krishna Mission, «Cultural History of India», vol. I, o. J., S. 53 ff.

52 Wilson 1967, S. 2 ff.
53 M. G. Swift, «Malay Peasant Society in Jelubu», London School of Economics, Monographs on Social Anthropology, Nr. 29, 1965, S. 66.
54 Wilson, a. a. O., S. 30.
55 Weitere Einzelheiten mit Nachweisen in: Oskar Weggel, «Der Vielvölkerstaat Vietnam» in: Südostasien aktuell, März 1986, S. 162–172; derselbe, «Minderheiten und Minoritätenpolitik in Laos» in: SOAa, Mai 1986, S. 288–297.
56 Ausführlich zu Zentralasien und zu Spannungen zwischen Bauern- und Hirtenkulturen in: Weggel, «Xinjiang», 1984, S. 3–5.
57 Fanon 1981.
58 Zu Japan vgl. H. Borton, «Peasant Uprisings in Japan of the Tokugawa Period», New York 1968; zu Thailand: Yoneo Ishi, «Sangha, State and Society. Thai-Buddhism in History», Honolulu 1986, S. 171–185; zu China: Chesneaux, Jean, «Weißer Lotus, Rote Bärte. Geheimgesellschaften in China», Berlin 1976; zu Indonesien: Ann Laura Stoler, «Capitalism and Confrontation in Sumatra's Plantation Belt, 1870–1979», New Haven 1985, Kap. 3.

II. Wie in Asien regiert wird

1 Dazu ausführlich Weggel 1980, S. 34 ff. und 101 ff.
2 Hier wird der Ausdruck «Harbour Principality» Van Leurs (1955) übernommen.
3 Wertheim 1956.
4 Zum Charisma-Thema vgl. Dahm 1969 und Lacouture 1970.
5 Samuel Huntington, «Political Order in Changing Societies», New Haven/Connecticut 1968.
6 Näheres dazu Weggel 1980, S. 102 f.
7 R. William Liddle, «Soeharto's Indonesia: Personal Rule and Political Institutions», in: Pacific Affairs, vol. L VIII, no. 1, spring 1985, S. 68–90.
8 Thomas B. Smith, «Referendum Politics in Asia», Asian Survey 1986, S. 793–814.
9 Einzelheiten dazu Oskar Weggel, «Die Kampagne ist tot, es lebe die Strukturreform», in: China aktuell, Januar 1984, S. 24–30.
10 Dazu John R. Bowen, «On the Political Construction of Tradition: Gotong royong in Indonesia», in: Journal of Asian Studies, May 1986, vol. XLV, no. 3, S. 545–561.
11 Einen guten Überblick gibt Regina von Reuben, «Nichtregierungs-Organisationen in Südostasien», Südostasien-Informationen 3/86, S. 2 ff.; eindrucksvoll auch Löhrke u. a. 1980.
12 Dazu N. Rajendra, «Chinese Secret Societies in Straits Settlements», in: Asian Profile, vol. XI, no. 2, April 1983.
13 Kulke/Rothermund 1982, S. 120.
14 Dazu im einzelnen Lewis P. Fickett, «The Politics of Regionalism in India», in: Pacific Affairs, Summer 1971, S. 193 ff.; Pradeep Kumar, «Growing Regionalism in India: A Theoretical Study», in: Asian Profile, vol.XII, no. 4, August 1984, S. 387 ff.
15 Chhabra und Jones 1980, S. 86 ff.
16 Handke 1982, S. 53.
17 Pye 1962.
18 G. H. Lande, «Party Politics in the Philippines» in: Guthrie 1968.
19 Lande, ebenda, spricht von «pervasiveness of politics».
20 Nachweis zum javanischen Machtbegriff bei Magnis-Suseno, 1981, S. 84 ff.
21 In diesem Sinne Bernhard Dahm bei einem Vortrag in Königstein/Taunus am 24. 3. 1985.

22　Ebenda.

23　Ray Huang, «1587. Ein Jahr wie jedes andere», Der Niedergang der Ming, Frankfurt/
　　M. 1986, S. 15 ff.

24　Vincent Lowe, «Symbolic Communication in Malaysian Politics – the Case of the Sul-
　　tanate», Southeast Asian Journal of Social Science, vol. X, no. 2 (1982), S. 71–89, 74 f.

25　Thailand News and Information, no. 54, April/May 1985.

26　Fleischmann 1976, S. 357 ff.

27　Weggel 1987 (China), S. 249 f.

28　Dahm, vgl. Anm. 18.

29　Weggel 1980, S. 192 f.

30　Ebenda, S. 174 mit Nachweisen.

31　Ahmad 1975, S. 147–216.

32　«Zur Adat und zum Adat-Recht in Indonesien», in: Verbum, SVD Fasciculum, vol.
　　XV, 1974, S. 171–175, 171.

33　Wu Min Aun 1978, S. 35.

34　Ahmad, a. a. O., S. 187.

35　Ebenda, S. 191.

36　Ebenda, S. 205 f.

37　Ebenda, S. 233.

38　Weggel 1980, S. 60 ff. und 177 f. («Vertragsbitte») mit Nachweisen.

39　Lewis 1958, S. 60 ff., und Dumont 1970, S. 97 ff.

40　NZZ, 23. 10. 1981.

41　Dumont 1970, S. 97 ff.

42　Rothermund 1979, S. 328.

43　Toshiyuki Nishikawa, «Capital Punishment in Japan», in: Asian Thought and Society,
　　vol. X, no. 29, July 1985, S. 81–94.

44　Hackmann 1931.

45　Einzelheiten dazu Oskar Weggel, «Buddhismus und Sozialismus. Die Völker Indochi-
　　nas auf der Suche nach der verlorenen Identität», Südostasien aktuell, Januar 1984,
　　S. 47–65, 49, 51.

46　Zu diesen und anderen Angaben vgl. kritisch Weggel, ebenda, S. 60.

47　Aziz/Grunebaum 1970, S. 153 ff.

48　«Jinnah's Speeches as Governour General of Pakistan», 1947–48, Karachi, o. J., S. 104.

49　Duran Khalid, in: Ende/Steinbach, 1984, S. 275.

50　Ebenda, S. 287 ff.

51　Binder 1961, S. 369 f.

52　Zillur R. Kahn, «Islam and Bengali Nationalism», in: Asian Survey, 1985, S. 834–851,
　　838.

53　G. A. Heeger, «Socialism in Pakistan», in: Desfosses und J. Levesque (ed.), «Socialism
　　in the Third World», New York 1975, S. 296 f.

54　K. B. Sayeed, «How Radical is the Pakistan People's Party?», in: Pacific Affairs, vol. I,
　　no. 48, September 1975, S. 53.

55　Richard Kurin, «Islamization in Pakistan. A View from the Countryside», in: Asian
　　Survey 1985, S. 852–862.

56　Ebenda, S. 860.

57　Im einzelnen Lowe, oben Anm. 24, S. 77 ff.

58　Olaf Schumann, in: Ende/Steinbach 1984, S. 326.

59　Kielmansegg/Weggel 1985, S. 65 ff.

60　«Die Geschichte von Hang Tuah. Eine Erzählung aus dem 16. Jh. über den malaiischen
　　Volkshelden», München 1986.

61 Asiaweek, 6.9. 1985, S. 55 ff.
62 Dazu Surachart Bamrungsuk in: «Südostasien-Informationen», 1986, Heft 1, S. 15–19.
63 Näheres mit Nachweisen SOAa, September 1985, Übersicht 70.
64 Zhang Qiyun 1975, Kap. 4.
65 Konfuzius, Analekten XIII/XVII.
66 Zimmer 1961.
67 Ebenda, S. 117f.
68 Ebenda, S. 112f.
69 Ebenda, S. 121f.
70 Einzelheiten dazu Bechert 1967, S. 7ff.
71 Schacht/Bosworth 1980, Bd. II, S. 181f.
72 Lucian W. Pye, «On Chinese Pragmatism in the 1980s», China Quarterly 1986, S. 209–234, 221.
73 Hackmann 1931.
74 Weitere Einzelheiten in: Weggel 1987 (China), S. 290–308.

III. Wie asiatische Gesellschaften wirtschaften

 1 Weggel 1980, S. 27.
 2 Kulke/Rothermund, 1982, S. 138f., 296.
 3 Weggel 1980, S. 124.
 4 E. Feder, «Agrarstruktur und Unterentwicklung in Lateinamerika», Frankfurt 1973.
 5 Kulke/Rothermund, a. a. O., S. 138f., 296.
 6 Ebenda, S. 144.
 7 Ausführlich dazu Weggel (China) 1987, S. 290ff.
 8 International Herald Tribune, 11. 10. 85.
 9 Kobayashi 1980; Pascale/Atos, 1981; Critchfield 1981; Morishima 1985; Griepenkerl 1987.
10 Pohl 1984, S. 3–13.
11 Koestler 1961, S. 219.
12 Adshead 1970.
13 Draguhn 1970, S. 167ff. und 26ff.; Gandhi 1963.
14 Weber 1921.
15 Hieber 1986, S. 53.
16 Röh 1968; ders. in Internationales Asienforum 1970, Nr. 2, S. 203–218 (212).
17 Brij Kumar, «Probleme der Unternehmensführung in Indien», Internationales Asienforum 1970, Nr. 2, S. 202.
18 Singh/Rai 1987.
19 Weber 1921.
20 Ebenda, S. 234.
21 Bechert 1966, S. 115.
22 Johannes Reissner in: Ende/Steinbach, 1984, S. 156ff.; Gaussy 1986.
23 Bouke 1953.
24 Hartmut Dürste und Manfred Fenner, «Wirtschaftliches Wachstum und soziokultureller Wandel» in: E. + Z. 1987, Nr. 2, S. 5ff.
25 Jürgen von Muralt, «Grenzen der Anwendbarkeit des Raiffeisen-Modells in den asiatischen Ländern» in: Jahrbuch des Südostasien-Instituts Heidelberg 1967/68, Wiesbaden 1968, S. 168–179.
26 Nik A. Rashid Ismail, «Value Systems of Malay and Chinese Managers. A Comparative Study» in: Journal Pengurusan, University Kebangsaan Bangi, July 1982.

27 Zusammenstellung in: China aktuell, November 1986, Übersicht 3.

28 Tiziano Terzani in: Der Spiegel 1986, Nr. 1, S. 82 ff.

29 Urs Schoettli, «Arbeitsbeschaffung durch Seidenzucht» in: E+Z 1987, Nr. 2, S. 16 f.

30 Zwiefelhofer, H. u. a., «Soziokultureller Wandel und Entwicklungspolitik», Bd. XXXVI der Forschungsberichte des BMZ, München, Köln, London 1982.

31 Hierzu Eckehart Ehrenberg in: E+Z 1986, Nr. 8 und 9, S. 12 f.

32 Bechert 1966, S. 67 ff.

33 Näheres dazu mit Nachweisen Oskar Weggel, «Sri Lanka. Konfliktpotential und Außenpolitik», Hamburg 1978, S. 17 ff.

34 Wertheim 1956, S. 202.

35 Dale Buskirk, «The Sarekat Islam: Islamic Modernism and the Indonesian Nationalist Movement» in: Asian Profile, vol. III, no. 1, February 1975, S. 83–95, 92.

36 Francine R. Frankel, «Compulsion and Social Change: Is Authoritanism the Solution to India's Economic Development Problems?» in: World Politics, 1978, S. 215–240.

37 »Why Total Revolution?» in: New York Times Magazine, 27. 3. 1977, S. 88.

38 Guha 1983.

IV. Wie Asiaten denken

1 Gegen die Auffassung, daß Xun Zi dem Menschen eine «angeborene schlechte» Natur unterstelle, wendet sich Rüdiger Machetzki, «Der Begriff der ‹menschlichen Natur› (Hsing in der Vor-Chin-Philosophie)«, Oriens Extremus, Heft 1/2, Dezember 1977, S. 53–65.

2 Alfred Forke, «Die Gedankenwelt des chinesischen Kulturkreises», München und Berlin 1927.

3 Haas 1967, S. 155 f.

4 v. Glasenapp 1958, S. 340 ff., 104 ff.

5 Zhang Qiyun 1975.

6 Zit. nach Suzuki, Daisetz T., «Introduction to Zen-Buddhism», New York 1949.

7 Mishima Yukio. «The Temple of the Golden Pavilion», New York 1959.

8 Magnis-Suseno, 1981, S. 133 f.

9 Die Ausdrücke «Umzingelungs-» und «Umklammerungsdenken» stammen von Lily Abegg, 1949, S. 48.

10 Dazu Dietrich Krusche, «Der deutsche Lektor in Asien. Ein Beitrag zum Problem der Überbrückung kulturhistorischer Distanz» in: Internationales Asienforum 1970, Nr. 2, S. 242–254, 251.

11 v. Glasenapp 1958, S. 185 ff.

12 Philip Kaplau, ed., «The Wheels of Death: Writings from Zen-Buddhism and other Sources», London 1972, S. 9.

13 Fuse Toyaomasa, «Death-Orientation in Japan's Religious-Moral Values» in: Asian Profile, vol. XII, no. 3, June 1984, S. 233–241.

14 Die Zahlen des «Selbstmord-Weißbuchs» zit. nach Xinhua, 30. 5. 86.

15 Weitere Einzelheiten in: Hassan Riaz, «A Way of Dying. Suicide in Singapore», Kuala Lumpur 1983, Tab. 2.4.

16 Magnis-Suseno, a. a. O., S. 98.

17 Zimmer 1972, S. 26.

18 Alan Watts, «Meditation», Basel 1976.

19 Kulke/Rothermund 1982, S. 82, 87, 92 mit Einzelangaben.

20 Granet 1963, S. 71 ff.

21 Bauer 1974, S. 117 ff.

22 Magnis-Suseno, a. a. O., S. 123.
23 «Blossoms in the Dust», London 1971, S. 30 f.
24 Segal 1968, S. 133.
25 I. J. Catanach, «Fatalism? Indian Response to Plague and other Crisis» in: Asian Profile, vol. XII, no. 2, April 1984, S. 183–192.
26 Dazu im einzelnen Manfred Lurker, »Wörterbuch der Symbolik«, Stuttgart 1983, 2. Aufl., vor allem S. 666.
27 Eberhard 1987, S. 10 ff.
28 Kirfel 1959, S. 101.
29 Ebenda, S. 95 ff.
30 «Ways of Thinking of Eastern Peoples», 1982.
31 Ebenda, S. 48.
32 Ebenda, S. 70.

V. Was Asiaten glauben: Religion und Frömmigkeit

1 v. Glasenapp 1960, S. 162.
2 Hierzu im einzelnen Gustav Mensching «Die Religion. Erscheinungsformen, Strukturtypen und Lebensgesetze», Stuttgart 1959 S. 84 ff., 158 ff., 168.
3 Nachweise dazu bei James George Frazer, «Der goldene Zweig», Leipzig 1928, S. 431 ff., 885 ff.
4 Evelyn Lip, «Chinese Geomancy», Singapore 1979, S. 104 ff. mit Abb.
5 Asiaweek, 12. 7. 85, S. 17.
6 Ebenda, S. 21.
7 Louis Fischer, «Indonesien, Vergangenheit und Gegenwart», Berlin 1960, S. 213.
8 Sarkisyanz, in Höfer, Prunner 1975, S. 421 ff.
9 Derselbe, ebenda, S. 483 ff., 498 ff.
10 Derselbe, ebenda, S. 405 ff.
11 Systematisch dazu Cho Hung-Youn 1982.
12 Mahatma 1960, vol. IV, S. 88.
13 Nietzsches Werke, Salzburg 1952 Band II, S. 983 f.
14 v. Glasenapp 1960, S. 94.
15 Zit. nach den bei Renou 1972, S. 138 ff. abgedruckten Textstellen.
16 Dazu im einzelnen Budiono Kusmohamidjojo in «Im Gespräch», im Rahmenthema «Fortschritt und Tradition», 84 Nr. 4, S. 30 ff.
17 Hierzu gibt es eine riesige Literatur, u. a. – mit weiterführenden Literaturangaben – Udo Reiter, Hrsg., «Meditation – Wege zum Selbst«, München 1976; Jürg Wunderli «Schritte nach innen. Östliche Meditation und westliche Mystik», Freiburg 1975. Höchst engagiert auch die Werke von Gerta Ital «Auf dem Wege zum Satori», Bern und München 1987 (2. Aufl.); «Meditationen aus dem Geist des Zen», Frankfurt/M., Berlin 1987; «Der Meister, die Mönche und ich», Frankfurt/M., Berlin 1987, 3. Aufl.
18 Einzelheiten Enya Flores Meiser, «Festival and Community in a Philippine Municipality» in Asian Profile, vol. XII, Nr. 2, April 1984, S. 171–181.
19 Hildred Geertz, «Indonesia», aus der Reihe «Human Research Area Files» o. O. 1963, S. 44.
20 Einzelheiten in Indonesian Observer, 27. 9. 85, Südostasien aktuell, November 1985, Übersicht 104.
21 Gesamtdarstellungen zu den asiatischen Religionen gibt es in Fülle; hier nur einige Beispiele: Alfred Bertholet, «Wörterbuch der Religionen», Stuttgart 1985; Brunner/Traut (Hrsg.), «Die fünf großen Weltreligionen – was sie unterscheidet, was sie verbindet»,

Freiburg, Basel, Wien 1974; Edsman C.-M., «Die Hauptreligionen des heutigen Asiens», Tübingen 1976; Helmuth v. Glasenapp, «Die nichtchristlichen Religionen», Frankfurt/Main 1957; Günter Lanczkowski, «Die neuen Religionen», Frankfurt 1974; Ringgren/Ström, «Die Religionen der Völker; Grundriß der Allgemeinen Religionsgeschichte», Stuttgart 1959; Hartwig Weber, «Religionen der Welt. Grundbegriffe in Christentum, Theologie und Kirche», Reinbek 1986.

22 Hans Schwalbe, «Acht Gesichter Japans», Tokyo 1970, S. 191 f.

23 Irmtraud Schaarschmidt-Richter, «So packt man in Japan», Fribourg, Tokyo 1966.

24 Olaf Schumann, «Die Ausprägungen des Islams im heutigen südostasiatischen Archipel», in Draguhn 1983, S. 15–30.

25 So Bernhard Dahm, «Islam in Sumatra», in: Draguhn, ebenda. S. 55 ff.

26 So Clifford Geertz, 1983, S. 105 ff.

27 So Margarete Schweizer in: Draguhn, ebenda, S. 75 ff., insbesondere S. 85.

28 Manning Nash, «Fundamentalist Islam: Reservoir for Turbulence» in: Journal of Asian and African Studies XIX 1–2, 1984, S. 7–79.

29 Hierzu M. L. Lyon, «The Dakwah Movement in Malaysia», Review of Indonesian and Malaysian Affairs, vol. XIII, no. 2, 1979, S. 34–45.

30 Dazu Ameer Ali, «Islamic Revivalism in Harmony and Conflict. The Experience in Sri Lanka and Malysia», Asian Survey 1984, S. 296–313.

31 Ebenda.

32 So O. Grabar und R. Ettinghausen in: Schacht-Bosworth 1983, Bd. II, S. 7–60.

33 Dietrich Seckel, «Buddhistische Kunst Ostasiens», Stuttgart 1957, S. 182.

34 Kulke/Rothermund 1982, S. 163.

35 Näheres dazu Santokh Singh Anant, «Caste Hindu Attitudes: the Harijans Perception» in: Asian Survey 1971, S. 271–278.

36 Kulke/Rothermund 1982, S. 169 ff.

37 Coedès 1968, S. 254.

38 Ebenda, S. 252.

39 Dazu ausführlich Magnis-Suseno 1981, S. 157–164.

40 Einzelheiten dazu mit Nachweisen bei Judith Becker, Stichwort «Südostasien» in der 14bändigen MGG (Die Musik in Geschichte und Gegenwart, Kassel 1980).

VI. Wie man «Asiate» wird: Lebenslauf, Sozialisation und Familienleben

1 Fei Hsiao-tung 1983, S. 30.

2 Tabelle in: A. D. Ross, «The Hindu-Family in the Urban City», Toronto 1961, S. 137.

3 Fei Hsiao-tung, ebenda, S. 31.

4 Kantowsky 1972, S. 131.

5 Fei Hsiao-tung, ebenda, S. 32.

6 Christian Science Monitor, 31. 8. 81.

7 Geertz, Hildred, 1961.

8 Rothermund 1979, S. 67.

9 Nachweise bei Weggel 1980, S. 183 ff.

10 Ebenda, S. 189 ff.

11 Han Suyin 1987, S. 28–32.

12 Ebenda.

13 So z. B. Y. K. Leong und L. K. Tao, «Village and Town Life in China», London 1915.

14 L. K. Hung, «The Myth of the Chinese Patriarchy» in: Asian Profile, vol. III, no. 1, February 1975, S. 1–4.

15 Beijing Rundschau 1986, Nr. 21, S. 26 f.

16 Kuchiba 1979, S. 170.
17 Ebenda, S. 166–169.
18 So Christa Wichterich in: «e+z» 1986, Nr. 10, S. 14.
19 Zum «Maria Clara»-Leitbild siehe Roces 1987, S. 147ff.
20 Singapore Sunday Times, 15.2.83; The Straits Times, 16.2.83.
21 Kantowsky, a. a. O., S. 131ff.
22 Doi 1985.
23 Ebenda, S. 20f.
24 Ebenda, S. 113ff.
25 Ebenda, S. 120.
26 Ebenda, S. 77.
27 Loan Eng Tjioe, «Asiatische Studentinnen in der Bundesrepublik», Vierteljahresberichte der Friedrich-Ebert-Stiftung. Nr. 47 (1972), S. 1–15.

VII. Vom alltäglichen Umgang zwischen und mit Asiaten

1 Loan Eng Tjioe, «Asiatische Studentinnen in der Bundesrepublik», Vierteljahresberichte der Friedrich-Ebert-Stiftung, Nr. 47 (1972), S. 1–15,13.
2 Zum Stellenwert des Kibun vgl. Crane 1967, S. 7ff.
3 Ebenda, S. 16f.
4 G. M. Guthrie und Fortuna M. Azores in: «Philippine Interpersonal Behaviour Patterns» in: Modernization: «Its Impact in the Philippines III, i.p.c. Papers, Nr. 6, 1968; dieselben in: «The Psychology of Modernization in the Rural Philippines», i.p.c. Papers, Nr. 8, 1971.
5 L. V. Lapuz, «Resistances in the Filipino to Economic Progress» in: «Human Factors in Philippine Rural Development», ed. by F. C. Madigan, Cagayan De Oro City 1967.
6 J. C. Bulatao, «Hiya. Philippine Studies Nr. 12», 1964, S. 424–438.
7 Phongphaew Pornsak 1976, S. 222f.
8 Louis Fischer, «Indonesien. Vergangenheit und Gegenwart», Berlin 1960, S. 203.
9 Handke 1982, S. 58.
10 Douglas Pike in: «Problems of Communism», May/June 1985, S. 67.
11 E.Q. Ram Reddy and G. Haragopal, «The Pyraveekar: The Fixer in Rural India» in: Asian Survey 1985, S. 1148–1162.
12 Phongphaew Pornsak 1976, S. 146.
13 Guthrie 1971, oben Anm. 4, spricht in diesem Zusammenhang von «levelling», a. a. O., S. 42.
14 Carl Crow, «400 Millionen Kunden», Berlin, Wien, Leipzig 1937, S. 20f.
15 N. N., «Gift-giving in a Modernizing Japan», Monumenta Nipponica 1968, Nr. 23, S. 445–456.
16 Helmut Morsbach, «The Psychological Importance of Ritualized Gift-exchange in Modern Japan» in: Annals of the New York Academy of Sciences, vol. 293 (1977), S. 98–113; D. Krusche, «Japan – konkrete Fremde. Eine Kritik der Modalitäten europäischer Erfahrung von Fremde», München 1973.
17 Dazu Guthrie 1968.
18 Pye 1962, S. 177ff.
19 Fischer, a. a. O. (vgl. Anm. 8), S. 201, 209f.
20 Rothermund 1979, S. 30ff.
21 E. T. und M. R. Hall, «Über den Umgang mit Japanern» aus der Reihe: «Verborgene Signale», Hamburg 1985, S. 32.

Wertewandel oder Werteeinbruch?

1 Ausführlich hierzu Oskar Weggel, «Buddhismus und Sozialismus – die Völker Indo-
  chinas auf der Suche nach der verlorenen Identität» in: Südostasien aktuell, Januar
  1984, S. 47–5, 56 mit Nachweisen.
2 Einzelheiten dazu ebenda, S. 61.
3 Manuel Sarkisyanz, »Die Rolle des Volksbuddhismus in der Politik der Länder Südostasiens» in: Vierteljahresschrift der Friedrich-Ebert-Stiftung, Nr. 32, Juni 1968,
  S. 121 ff.
4 Dazu im einzelnen Andreas Markaja Hardjamardjaja, «Javanese Popular Belief in the
  Coming of Radu Adil Righteous Prince», Rom 1962.
5 Magnis-Suseno 1981, S. 89.
6 Benedict Anderson, «Cartoons and Monuments: The Evolution of Politics and Communication under the New Order» in: Jackson and Pye, 1978, S. 281–321.
7 China aktuell, November 1981, Übersicht 16.
8 Südostasien aktuell, Mai 1985, S. 264 mit Nachweisen.

Literaturverzeichnis

Abegg, Lily, Ostasien denkt anders. Versuch einer Analyse des west-östlichen Gegensatzes, Zürich 1949.

Adshed, Sam, The Modernization of the Chinese Salt Administration, Cambridge, Mass. 1970.

Ahern, E. M., Chinese Ritual and Politics, London, New York u. a. 1981.

Ahmad, Ibrahim, Islamic Law in Malaya, ed. by Shirle Gordon, Kuala Lumpur 1975, S. 147–216.

Alsdorf, Ludwig, Vorderindien. Bharat-Pakistan-Ceylon. Eine Landes- und Kulturkunde, Braunschweig u. a. 1955.

Area Handbook-Serie, herausgegeben vom US-Government Printing Office Washington D. C.
- For Bangladesh, April 1975
- For Burma, June 1968
- For Cambodia, Oct. 1986
- For India, July 1964
- For Indonesia, Sept. 1964
- For Korea, Nov. 1964
- For North Korea, 2. ed., 1976
- For South Korea, 2. ed., 1975
- For Laos, June 1967
- For Mongolia, March 1970
- For the Philippines, Jan. 1976
- For Singapore, Febr. 1977
- For North-Vietnam, June 1967
- For South-Vietnam, April 1967

Aziz, Ahmed und G. E. von Grunebaum, Muslim Self-Statements in India and Pakistan 1857–1968, Wiesbaden 1970, S. 153 ff.

Bauer, Wolfgang, China und die Hoffnung auf Glück, München 1974; China und die Fremden. 3000 Jahre Auseinandersetzungen in Krieg und Frieden, München 1980.

Bechert, Heinz, Buddhismus, Staat und Gesellschaft in den Ländern des Theravada-Buddhismus, Band XVII/1 der Schriften des Instituts für Asienkunde, Frankfurt, Berlin 1966.

Bechtoldt, Heinrich, Indien oder China. Die Alternative in Asien, Stuttgart 1964.

Bellah, Robert N., Religion and Progress in Modern Asia, New York, London 1965.

Benedict, Ruth, The Chrysanthemum and the Sword, Patterns of Japanese Culture, Vermont and Tokyo (21. ed.) 1969.

Binder, L., Religion and Politics in Pakistan, Berkeley 1961, S. 369 f.

Blunt, E. A., The Caste System of Northern India with Special Reference to the United Provinces of Agra and Oud, London, Oxford 1931.

Bock, Emil, Wiederholte Erdenleben. Die Wiederverkörperungsidee in der deutschen Geistesgeschichte, Frankfurt/Main 1981.

Bonn, Gisela, Die indische Herausforderung. Eine Begegnung mit Indien, Stuttgart, Bonn 1986.

Bouke, J. H., Economics and Economic Policy of Dual Societies, New York 1953.

Bowls, Gordon T., The People of Asia, London 1977.

Brecher, Michael, The New States of Asia. A Political Analysis, London 1963.

Buxton, L. H. D., The Peoples of Asia, London 1968.

Chesneaux, J., Geschichte Ost- und Südoastasiens im 19. und 20. Jahrhundert, Köln 1969; Geschichte Vietnams, Berlin 1963.

Chhabra, H. K. und Jones, W. T., State Politics in India, Delhi 1980, S. 86 ff.

Cho Hung-Youn, Koreanischer Schamanismus, Hamburg 1982.

Coedès, George, Les Etats Hindoisés d'Indochine et d'Indonésie, Paris 1948.

Compton, Herbert, Indian Life in Town and Country, New York, London 1904.

Critchfield, Richard, Heirs of Confucius, Agenda September 1981.

Crane, Paul S., Korean Patterns, Seoul 1967.

Dahm, Bernhard, Sukarno and the Struggle for Indonesian Independence, Ithaca 1969.

Darling, Frank C., The Westernization of Asia. A Comparative Political Analysis, Boston, Mass. 1979.

Datta, Asit, Ursachen der Unterentwicklung. Erklärungsmodelle und Entwicklungspläne, München 1982.

Doi, Takeo, The Anatomy of Dependence, Tokyo, New York, San Francisco, 4. Aufl. 1985.

Downs, Richard, A Kelantenese Village in Malaya, in: J. Stewart (ed.), Contemporary Change in Traditional Societies, Illinois 1967.

Draguhn, Werner, Entwicklungsbewußtsein und wirtschaftliche Entwicklung in Indien, Wiesbaden 1970; (Hrsg.), Indochina: Der permanente Konflikt?, Band 117 der Mitteilungen des Instituts für Asienkunde, Hamburg 1981; (Hrsg.), Der Einfluß des Islams auf Politik, Wirtschaft und Gesellschaft in Südostasien, Band 133 der Mitteilungen des IfA, Hamburg 1983.

Dumont, Louis, Homo hierarchicus. The Caste System and its Implications, Delhi, Bombay u. a. 1970.

Dürr, Heiner und Hanisch, Rolf (Hrsg.), Südostasien. Tradition und Gegenwart, Braunschweig 1986.

Eberhard, Wolfram, Moral and Social Values of the Chinese. Collected Essays, distributed by Chinese Materials and Research Aids Service Centre Inc. 1971 (o. O.); Lexikon chinesischer Symbole, Köln 1987.

Ellinwood, D. C. und Enloe, C. H., Ethnicity and the Military in Asia, New Brunswick (USA) und London (UK) 1981.

Emmerson, Donald K., Indonesia's Elite. Political Culture and Cultural Politics, Ithaca and London 1976.

Ende, Werner und Steinbach, Udo, Der Islam in der Gegenwart, München 1984.

Evers, Hans-Dieter, Sociology of Southeast Asia. Readings on Social Change and Development, Kuala Lumpur 1980.

Fanon, Frantz, Die Verdammten dieser Erde, Frankfurt/M. 1981.

Fei Hsiao-tung, Peasant Life in China. A Field Study of Country Life in Yangtze-Valley, London 1976; Chinese Village Close-up, Beijing 1983.

Fieldhaus, David K. (Hrsg.), Die Kolonialreiche seit dem 18. Jahrhundert, Fischer Weltgeschichte, Band 29, Frankfurt/M. 1965.

Fleischmann, Klaus, Die neue Verfassung der Union von Birma. Vorgeschichte, Inhalte, Wirklichkeit, Bd. 82 der Mitteilungen des Instituts für Asienkunde, Hamburg 1976.

Fürer-Haimendorf, Christoph von, (ed.), Caste and Kin in Nepal, India and Ceylon. Anthropological Studies in Hindu-Buddhist Contact Zones, London 1960.

Gandhi, M. K., Hind Swaraj in: The Collected Works of Mahatma Gandhi, vol. X, Delhi 1963.

Geertz, Clifford (ed.), Old Society and New States. The Quest for Modernity in Asia and Africa, New York, London 1963; The Javanese Village, in: G. William Skinner (ed.), Local Ethnic and National Loyalties in Village Indonesia: A Symposium, New Haven/ Conn., Yale University, Southeast Asia Studies 1969; Dichte Beschreibung. Beiträge zum Verstehen kultureller Systeme, Frankfurt/M. 1983.

Geertz, Hildred, The Javanese Family. A Study of Kinship and Socialization, Clencoe 1961.

Ghaussy, A. Ghanie, Das Wirtschaftsdenken im Islam. Von der orthodoxen Lehre zu den heutigen Ordnungsvorstellungen, Bern und Stuttgart 1986.

Glasenapp, Helmuth v., Buddhismus und Gottesidee, Wiesbaden 1954; Die Philosophie der Inder. Eine Einführung in ihre Geschichte und Lehren, Stuttgart, 2. Aufl. 1958; Glaube und Ritus der Hochreligionen, Frankfurt/Main und Hamburg 1960. Die Literaturen Indiens, Stuttgart 1961.

Gochale, B. G. (ed.), Asian Studies. A Collection of Papers and Aspects of Asian History and Civilization, Bombay 1966.

Goldammer, Kurt, Die Formenwelt des Religiösen. Grundriß der systematischen Religionswissenschaft, Stuttgart 1960.

Granet, Marcel, Das chinesische Denken, München 1963.

Greenblatt, Sidney L., Wilson, Richard L., Wilson, Amy A. (ed.), Organizational Behaviour in Chinese Society, New York 1981; Moral Behaviour in Chinese Society, New York 1981.

Griepenkerl, Heiko, Von den Japanern lernen. Die Erfolgsgeheimnisse der jüngsten Wirtschaftsmacht, München 1987.

De Groot, J. J. M., Universismus. Die Grundlage der Religion und Ethik, des Staatswesens und der Wissenschaften Chinas, Berlin 1918.

Guha, Ranajit, Elementary Aspects of Peasant Insurgency in Colonial India, Delhi 1983.

Guthrie, George M. (ed.), Six Perspectives on the Philippines, Manila 1968.

Haas, William S., Östliches und westliches Denken. Eine Kulturmorphologie, Reinbek b. Hamburg 1967.

Hackmann, H., Die 300 Mönchsgebote des chinesischen Daoismus, Amsterdam 1931.

Halpern, Joel M., Economy and Society of Laos. A Brief Survey, Monograph Series Nr. 5, Yale University 1964.

Han Suyin, Nur durch die Kraft der Liebe. Ein autobiographischer Bericht, München und Hamburg 1987.

Handke, Werner, Regionalismus und Zentralismus in Indien, Band 130 der Mitteilungen des Instituts für Asienkunde, Hamburg 1982.

Harrell, Stevan, Ploughshare Village. Culture and Context in Taiwan, Seattle, London 1982.

Hickey, Gerald Cannon, Free in the Forest. Ethno-History of the Vietnamese Central Highlands 1954–1976, New Haven and London 1982.

Hieber, Wolfgang, Alltag in Indien, Düsseldorf, Wien 1986; Chinesen über ihr eigenes Land: Alltag in China, Düsseldorf und Wien 1983.

Höfer, Andreas und Prunner, Gernot (Hrsg.) u. a., Die Religionen Südostasiens, Stuttgart u. a. 1975.

Hooker, M. B., A Concise Legal History of Southeast Asia, Oxford 1978; Islam in Southeast Asia, Leiden 1983.

Hamphreys, Christmers, Buddhismus als Lebensweise, Stuttgart, Wien o. J.

Jackson, Karl D., Traditional Authority, Islam, and Rebellion. A Study of Indonesian Political Behaviour, Berkeley, L. A., London 1980.

Jay, Robert R., Javanese Villagers, Cambridge and London 1969.

Kantowsky, Detlef, Indien, Gesellschaftsstruktur and Politik, edition suhrkamp Nr. 543, Frankfurt 1972.

Keyserling, Hermann Graf. Das Reisetagebuch eines Philosophen, 2 Bände, Darmstadt 1920.

Kielmansegg, Johann Adolf und Weggel, Oskar, Unbesiegbar? China als Militärmacht, Stuttgart, Herford 1985.

Kirfel, Willibald, Symbolik des Hinduismus und des Jinismus, Stuttgart 1959.

Kobayashi, Hiroaki, Wirtschaftsmacht Japan. Strukturen und Organisationen, Köln 1980.

Koestler, Arthur, Von Heiligen und Automaten. Stuttgart u. a. 1961.

Kramers, Robert P., Konfuzius, Chinas entthronter Heiliger?, Bern, Frankfurt/M. 1979.

Kraus, Willy und Louven, Erhard (Hrsg.), Johannes Hirschmeier. Die japanische Unternehmung. Schriften aus dem Nachlaß, Hamburg 1986.

Kubitschek, Hans-Dieter, Südostasien. Völker und Kulturen, Berlin (Ost) 1984.

Kuchiba Masuo, Tsubouchi Yoshihiro, Maeda Narifumi (ed.), Three Malay Villages: A Sociology of Paddy-Growers in Westmalaysia, Honolulu 1979.

Kulke, Hermann und Rothermund, Dietmar, Geschichte Indiens, Stuttgart u. a. 1982.

Lacouture, The Demi-Gods: Charismatic Leadership in the Third World, New York 1970.

Lamb, Beatrice Pitney, India. A World in Transition, London and Dunmow 1963.

Lambert, Richard D., Resources for South Asian Area Studies in the United States, Philadelphia 1962.

Lanczkowski, Die neuen Religionen, Frankfurt/M. 1974.

Lang, Olga, Chinese Family and Society, Princeton 1968.

Lewis, Oscar, «Village Life in Northern India», Urbana 1958.

Lifton, Robert Jay. Die Unsterblichkeit des Revolutionärs. Mao Tse-tung und die chinesische Kulturrevolution, München 1970.

Lissak, Moshe, Military Roles in Modernization. Civil-Military Relations in Thailand and Burma, London 1976.

Löhrke, Britta, Multhaup, Bernd, Pränger, Klaus, Die stille Kraft des Bambus: Marginalisierung, Slumbildung in der Dritten Welt mit Ansätzen zur Selbstorganisation. Das Beispiel Manilas, München 1980.

Mäding, Klaus und Hellig, Bernd, Die von Mao Tse-tung geprägte Wertorientierung nach dem im April 1969 erklärten ‹Sieg der Großen Proletarischen Kulturrevolution›, Band 60 der Mitteilungen des Instituts für Asienkunde, Hamburg 1972.

Magnis-Suseno, Franz, Javanische Weisheit und Ethik. Studien zu einer östlichen Moral, München und Wien 1981.

Maloney, Clarence, Peoples of South Asia, New York, Chicago u. a. 1974.

Moore, R. J., Tradition and Politics in South Asia, New Delhi 1979.

Morishima, Michio, Warum Japan so erfolgreich ist. Westliche Technologie und japanisches Ethos, München 1985.

Mouer, Ross und Sugimoto, Yoshio, Images of Japanese Society: A Study in the Structure of Social Reality, London 1986.

Multatuli (Eduard Douwes Dekker), Max Havelaar oder die Kaffeeversteigerungen der Niederländischen Handelsgesellschaft, Halle a. d. S. o. J.

Murphy, G. and L. B., Asian Psychology, New York, London 1968.

Nakamura, Hajime, Ways of Thinking of Eastern Peoples. India, China, Tibet, Japan (ed. by Werner Philip F.), Honolulu 1978.

Nakane, Chie, Die Struktur der japanischen Gesellschaft, edition suhrkamp Nr. 1204, Frankfurt 1985.

Neelsen, John P., Schichtungsmodelle, Schichtungstheorien und die sozialstrukturelle Rolle von Erziehung. Eine theoretische Diskussion und eine empirische Fallstudie aus Indien, Wiesbaden 1976, S. 56ff.

Opitz, Peter J. (Hrsg.), Die Dritte Welt in der Krise. Grundprobleme der Entwicklungs-länder, 2. Aufl., München 1985.

Otto, Rudolf, Das Heilige, München 1972.

Pascale, Richard und Athos, Anthony, The Art of Japanese Management, New York 1981.

Phongphaew, Pornsak, The Political Culture and Personality of the Laotian Political-Bureaucratic Elite (Dissertation), Norman, Oklahoma 1976.

Pohl, Manfred, Tradition und Moderne in der japanischen Industriegesellschaft, Aus Politik und Zeitgeschichte B9–10/1984.

Pye, Lucian W., Politics, Personality and Nation Building. Burma's Search for Identity, New Haven and London 1962.

Renou, Louis, Der Hinduismus, aus der Reihe Die großen Religionen der Welt, Genf 1972.

Retzlaff, Ralph, Village Government in India, London 1962.

Riepe, Daile (ed.), Asian Philosophy today, London, New York, Paris 1981.

Riggs, Fred. W., Thailand. The Modernization of a Bureaucratic Policy, Honolulu 1966.

Roces, Alfredo u. Grace, Kultur-Knigge Philippinen, Nördlingen 1987.

Röh, Klaus, Zum Arbeitsverhalten der indischen Belegschaft in Rourkela, Nr. 24 der Mit-teilungen des Instituts für Asienkunde, Hamburg 1968.

Rothermund, Dietmar, 5mal Indien, München 1979; zusammen mit Hermann Kulke, Ge-schichte Indiens, Stuttgart u. a. 1982.

Sand, Klemens van de, Grundlagen und Probleme der ländlichen Lokalverwaltung in In-dien, Band 54 der Mitteilungen des Instituts für Asienkunde, Hamburg 1973.

Sarkisyanz, E., Buddhist Backgrounds of the Burmese Revolution, The Hague 1965.

Schacht, Joseph, Bosworth., C. E. (Hrsg.), Das Vermächtnis des Islams, Bd. 1 + 2, Zürich und München 1980.

Schecter, Jerrold, The New Face of Buddha. Buddhism and Political Power in Southeast Asia, London 1967.

Schinzinger, Robert, Japanisches Denken. Der weltanschauliche Hintergrund des heutigen Japan, Tokyo 1983.

Schweizer, Gerhard, Abkehr vom Abendland. Östliche Traditionen gegen westliche Zivili-sation, Hamburg 1986.

Scott, James C., Political Ideology in Malaysia. Reality and the Beliefs of an Elite, New Haven and London 1968.

Segal, Ronald, Die Krise Indiens, Stuttgart 1968.

Shway, Yoe (Pseudonym für James George Scott), The Burman, his Life and Notions, New York 1963.

Singh, Khushwand und Rai, Raghu, Die Sikhs, Stuttgart 1987.

Smith, Donald E. (ed.), South Asian Politics and Religion, New Jersey 1966.

Somers-Heidhues, Mary F., Politik in Südostasien. Grundlagen und Perspektiven, Band 136 der Mitteilungen des Instituts für Asienkunde, Hamburg 1983.

Srinivas, M. N., Castes in Modern India, London 1960.

Unschuld, Paul U., Medizin in China. Eine Ideengeschichte, München 1980.

Van Leur, Indonesian Trade and Society. Essays in Asian Social and Economic History, The Hague 1955.

Waldschmidt, Ernst u. a., Geschichte Asiens, München 1950.

Weber, Max, Gesammelte Aufsätze zur Religionsphilosophie, Bd. I, S. 276–573 (Konfuzia-nismus und Taoismus), Tübingen 1920, Bd. II, S. 1–378 (Hinduismus und Buddhismus), Tübingen 1921.

Wechsler, Howard J., Offerings of Jade and Silk. Ritual and Symbol in the Legitimation of the Tang-Dynasty, New Haven and London 1985.

Weggel, Oskar, Chinesische Rechtsgeschichte, Leiden, Köln 1980 (6. Band aus der Reihe 4 des Handbuchs der Orientalistik; Xinjiang/Sinkiang. Das zentralasiatische China. Eine Landeskunde. Hamburg 1984; Weltgeltung der VR China. Zwischen Verweigerung und Impansionismus, München 1986; China. Zwischen Marx und Konfuzius, München 1987, 2. Aufl.; Indochina. Vietnam, Kambodscha, Laos, München 1987.

Weiner, Myron, Political Change in South Asia, Calcutta 1963.

Wertheim, W. F., Indonesian Society in Transition. A Study of Social Change, 2nd ed., The Hague 1956.

Wilson, A. A. und Greenblatt, S. L., Deviance and Social Control in Chinese Society, New York, London 1977.

Wilson, Peter, A Malay Village and Malaysia, New Haven 1967.

Wittfogel, Karl A., Wirtschaft und Gesellschaft Chinas. Versuch der wissenschaftlichen Analyse einer großen asiatischen Agrargesellschaft, Leipzig 1931; Die Orientalische Despotie. Eine vergleichende Untersuchung totaler Macht, Köln, Marienburg 1977.

Wu Min Aun, An Introduction to the Malaysian Legal System, 2nd edition, Kuala Lumpur 1978, S. 35.

Zhang Qiyun, Kong xue jinyi (Der Konfuzianismus: Eine moderne Interpretation), Taibei 1975.

Zimmer, Heinrich, Philosophie und Religion Indiens, Zürich 1961; Indische Mythen und Symbole, Düsseldorf, Köln 1972.

Register

Aktuelle Länderkunden

Oskar Weggel
China
Zwischen Marx und Konfuzius
3., durchgesehene Auflage. 1988.
341 Seiten mit 9 Abbildungen. Paperback
(Beck'sche Reihe, Band 807)

Oskar Weggel
Indochina
Vietnam – Kambodscha – Laos
1987. 204 Seiten mit 8 Abbildungen, 4 Karten.
Paperback (Beck'sche Reihe, Band 809)

Kerrin Gräfin von Schwerin
Indien
1988. 188 Seiten mit 9 Abbildungen
und 2 Karten. Paperback
(Beck'sche Reihe, Band 820)

Ivo M. Maull/Hanns W. Maull
Korea
Geteiltes Land der Morgenröte
1987. 172 Seiten mit 6 Abbildungen.
Paperback (Beck'sche Reihe, Band 812)

Klemens Ludwig
Tibet
1989. 153 Seiten mit 2 Abbildungen
und 10 Karten. Paperback
(Beck'sche Reihe, Band 824)

Politisches Lexikon
Asien, Australien, Pazifik
Herausgegeben von Werner Draguhn,
Rolf Hofmeier und Mathias Schönborn
2., neubearbeitete Auflage. 1989.
Ca. 420 Seiten mit 2 Karten.
Paperback (Beck'sche Reihe, Band 827)

Verlag C.H. Beck München